Annika Frye
Design und Improvisation

Design | Band 34

Annika Frye, geb. 1985, ist Designwissenschaftlerin und Designerin. Sie ist Professorin für Designwissenschaften und -forschung an der Muthesius Kunsthochschule Kiel. Ihre Interessen gelten den ästhetischen Qualitäten der Serienproduktion, dem Designprozess als Quelle von Innovation sowie der Digitalisierung des Entwerfens.

Annika Frye

Design und Improvisation

Produkte, Prozesse und Methoden

[transcript]

Ursprünglich Dissertation an der Hochschule für Gestaltung Offenbach. Erstellt und publiziert mit Unterstützung des Promotionsbereichs der Hochschule für Gestaltung Offenbach. Zu dem Promotionsprojekt gehört auch ein praktischer Teil bestehend aus einer Reihe von Designprojekten, Workshops und Ausstellungen. Die Projektdokumentation dieses praktischen Teils ist online verfügbar unter: www.issuu.com/annikafrye/docs/praxis.

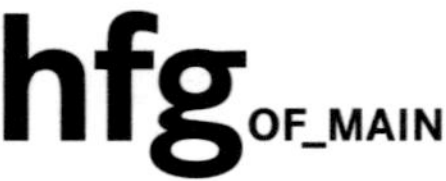

Bibliografische Information der Deutschen Nationalbibliothek
Die Deutsche Nationalbibliothek verzeichnet diese Publikation in der Deutschen Nationalbibliografie; detaillierte bibliografische Daten sind im Internet über http://dnb.d-nb.de abrufbar.

Umschlagkonzept: Annika Frye.
Umschlagabbildung: Vorderseite: Erster, handbetriebener Rasierer der Fa. Braun. Aus: Klatt/Braun 2007, S. 24. Abdruck mit freundlicher Genehmigung von Jo Klatt. Rückseite: *Gluegunfabber*, Sebastien Bailard 2009.
Innenlayout und Satz: Annika Frye
Lektorat und Korrektorat: Kathrin Junghans

Printed in Germany
Print-ISBN 978-3-8376-3493-8
PDF-ISBN 978-3-8394-3493-2

Gedruckt auf alterungsbeständigem Papier mit chlorfrei gebleichtem Zellstoff.
Besuchen Sie uns im Internet: *http://www.transcript-verlag.de*
Bitte fordern Sie unser Gesamtverzeichnis und andere Broschüren an unter: *info@transcript-verlag.de*

Inhalt

Einleitung

Als ich im Februar 2009 begann, im Designbüro des holländischen Autorendesigners Richard Hutten zu arbeiten, staunte ich nicht schlecht: Keines der dort bearbeiteten Projekte folgte derselben Methode. Jedes Projekt schien seine eigene Logik zu entwickeln, es gab keine vorgegebene Struktur, der ich hätte folgen können. Nie verlangte jemand, dass ich ein bestimmtes Programm, ein Material oder eine Technik benutzen sollte.

Es ging zu dem Zeitpunkt darum, eine Sitzbank aus übereinandergestapelten Styroporkugeln zu realisieren. Die Bank (*Air Spheres*, 2009) sollte nur wenige Wochen später in Mailand ausgestellt werden. Obgleich die vorgegebene Grundform der Bank mir ziemlich banal erschien, war die Verbindung der Kugeln eine keineswegs einfache Aufgabe. Vergeblich versuchte ich, eine Art doppelten Kunststoffhaken zu konstruieren, der die Styroporkugeln zusammenhält, ebenso vergeblich war der Versuch, durch das Verkleben mit Harz eine Verbindung der Kugeln zu schaffen.

Ziemlich oft habe ich in diesem Projekt Richard Hutten, der hinter seinem Schreibtisch über Zeichnungen und E-Mails brütete, mit meinen Fragen gelöchert. Ich hoffte, dass er mir zeigte, wie genau ich die Verbindung der Kugeln zu designen hätte. Richard Hutten erklärte mir jedoch, dass es für dieses Problem noch keine Lösung gibt, ebenso wie es für alle anderen Entwurfsprobleme keine einheitliche Lösung, keinen Plan und auch keine ›normale‹ Vorgehensweise gibt. Darin läge ja genau die Herausforderung des Designens.

Wie aber sollte ich, ohne eine festgelegte Methode anzuwenden, zu einer Form gelangen? Am Schluss habe ich bei einer Firma, die Volleybälle für den Sportunterricht produziert, 385 Mini-Schaumstoffbälle in Weiß und ohne Label bestellt, die ich dann mittels Sekundenkleber verbunden habe. Erstaunlicherweise hielt der Sekundenkleber an der gummiartigen Oberfläche der Bälle sehr gut, sodass es keinerlei zusätzliche Materialien brauchte. Um den Kleber an der richtigen Stelle aufzutragen, habe ich mir als Schablone eine Kiste aus Holz gebaut, die an jeder Seite in der Mitte ein Loch besaß. Damit markierte ich die Klebestellen. Auf diese Weise habe ich Ball für Ball die molekülartige Struktur erzeugt, die als Bank benutzt werden kann.

Erst einige Monate später, am Ende meines Praktikums, habe ich dann geahnt, was Richard in jenem Moment gemeint hatte. Er wollte, dass ich *improvisiere*, anstatt der Methode zu folgen, die ich in meinem Designstudium gelernt hatte. Im Designstudium fertigt man nach einer Phase von Recherche, Skizzen und Modellen erst am Schluss einen Prototypen an. Improvisation – also der Umgang mit Vorhandenem und das Finden von einfachen und direkten Lösungen – erwies sich dann auch im weiteren Verlauf meiner Arbeit als Designerin als keineswegs trivial.

Trotz ihrer Bedeutung für den Designprozess würde man Improvisation aber nicht per se mit Design in Verbindung bringen oder sie als typisch gestalterische Strategie bestimmen. Improvisation wird im Gegensatz zu Design gemeinhin mit Unvorhersehbarkeit, Vorläufigkeit, Unabgeschlossenheit und Spontanität assoziiert. So heißt es beispielsweise in einem einführenden Text zur Improvisation, dass »Improvisation [...] in einem Gegensatz zur Planung eines Verlaufs, seiner Kalkulation und der damit einhergehenden Kontrolle [...]« steht. Damit ist dann »der Gedanke einer radikalen Öffnung des Tuns verbunden, das sich auf Kontingenz und das Unvorhersehbare als Faktoren der Situation und der Ereignisse einlässt.«[1] Als unvorhersehbares, radikal offenes Tun tritt Improvisation in einen Gegensatz zur Planung.

Design wiederum formuliert Pläne für Serienprodukte. Diese Bestimmung von Design hat sich im Deutschland der Nachkriegsmoderne formiert. Design wurde hier als etwas bestimmt, das mehr durch Analyse und Kalkül und weniger durch Spontanität und Intuition entsteht.

Dies hat mit dem Prinzip der Serialität zu tun. Serialität ist konstitutiv für Design an sich. Designprodukte werden immer auf genau die gleiche Art hergestellt, sie müssen in hoher Stückzahl produziert werden, damit sich der ihnen vorausgehende Entwicklungsaufwand lohnt. Während der Herstellung kann nicht jedes Mal neu entschieden werden, wie genau das Produkt produziert werden soll. Improvisation wäre hier allenfalls als Notlösung, Ersatzhandlung oder Fehler, mitunter gar als unproduktiv zu bestimmen. Damit kann am Designprodukt selbst keine Improvisation mehr geschehen.

Dem seriell produzierten, geplanten Designprodukt steht jedoch der Alltag des Designens gegenüber, der sowohl von Planung als auch von Improvisation geprägt ist. Es gibt hier eine genuin gestalterische Improvisation, die in der prozesshaften Praxis des Designens selbst beobachtet werden kann. Sie kommt zwar am finalen Produkt selbst nicht mehr vor, aber sie bildet – bezogen auf den Designprozess – eine wichtige Kategorie. Sie setzt sich aus vorliegenden Formen, Materialien und

1 | Hans-Friedrich Bormann, Gabriele Brandstetter, Annemarie Matzke (Hg): *Improvisieren: Paradoxien des Unvorhersehbaren. Kunst – Medien – Praxis.* Bielefeld: transcript 2010, S. 7. In dem Band findet sich auch ein Beitrag des Literaturwissenschaftlers Edgar Landgraf, der die Bedeutung von Improvisation in den Künsten auf die im 19. Jahrhundert aufkommende Idee künstlerischer Autonomie zurückführt. Improvisation sei Landgraf zufolge für die moderne Kunstproduktion unerlässlich bzw. gar ihr basales Produktionsprinzip. Vgl. Edgar Landgraf: *Improvisation as art. Conceptual challenges, historical perspectives.* New York: Continuum 2011.

Gegenständen zusammen. Hier ist Improvisation, selbst wenn sie in einer auf den ersten Blick noch so banal anmutenden Zweckentfremdung von Werkzeugen besteht, als etwas Produktives zu bestimmen, weil sie schlichtweg dazu führt, dass Dinge gebaut, realisiert und produziert werden können. Improvisation ermöglicht jedoch nicht nur die Realisierung eines Modells oder eines Prototypen, sie erzeugt auch Neues, was die Improvisation zu einem für den Designer unverzichtbaren Entwurfsverfahren macht. Man kann sogar sagen, dass Designprozesse schon von ihrer Struktur her auf das Vorkommen von Improvisation abzielen. Denn Designer wollen stets Neues oder zumindest kleine Differenzen zu vorhergehender Gestaltung erzeugen, Design zielt auf Innovation.

Das Gelingen eines Designprojekts wird mitunter wesentlich davon bestimmt, ob sich an einer Form eine Differenz gegenüber bisheriger Gestaltung festmachen lässt.[2] Insofern nun ebendiese Differenzen durch Improvisation entstehen – und wie genau dies passiert, soll freilich noch anhand von Fallstudien rekonstruiert werden – bildet Improvisation eine basale Methode des Designs. Und so lautet die These, bei der diese Studie ihren Ausgangspunkt nimmt, dass das Produktdesign wesentlich von Improvisation bestimmt ist. Es gibt keine Designprozesse ohne Improvisation. Diese Beobachtung kann sowohl für das sogenannte ›Autorendesign‹, dem Richard Hutten zuzurechnen wäre, als auch für das klassische Industriedesign gemacht werden. Design ist auf Improvisation als formgebendes und problemlösendes Prinzip angewiesen. Mir geht es nun im Verlauf dieser Arbeit darum, die Voraussetzungen der Design-Improvisation herauszuarbeiten und ihre Bedeutung für das Design zu klären.

Zunächst gibt es einige Attribute, die jeder Improvisation zugeschrieben werden. So findet sich die Anmerkung, die Praxis der Improvisation ließe sich begrifflich nur schwer fassen, weil jede Improvisation sich von Fall zu Fall neu konstituiere, in vielen Abhandlungen zur Improvisation.[3] Insofern Improvisation »immer schon passiert ist«,[4] entziehe sie sich der direkten Beobachtung. Ein wesentliches Merkmal der Improvisation sei daher ihre Flüchtigkeit, Improvisation sei eine virtuose »Tätigkeit ohne Werk«.[5] Folglich gäbe es dann streng genommen kein Ergebnis,

2 | »Von Entwürfen ist zu erwarten, dass sie etwas Neues in die Welt bringen.« Susanne Hauser: *Verfahren des Überschreitens. Entwerfen als Kulturtechnik.* In: Sabine Ammon, Eva Maria Froschauer (Hg.): *Wissenschaft Entwerfen. Vom forschenden Entwerfen zur Entwurfsforschung der Architektur.* München: Fink 2013, S. 364.

3 | Vgl. dazu: Gary Peters: *The Philosophy of Improvisation.* Chicago: University of Chicago Press 2009, S. 1, Derek Bailey: *Improvisation. Kunst ohne Werk.* Übers. von Hermann J. Metzler und Alexander von Schlippenbach. Hofheim: Wolke 1987 (1980), S. 7 und Christopher Dell: *Prinzip Improvisation.* Köln: Walter König 2002, S. 7.

4 | »Improvisation has always already happened.« Peters 2009, S. 1.

5 | Paolo Virno: *Grammatik der Multitude. Untersuchungen zu gegenwärtigen Lebensformen.* Berlin: Id-Verlag 2005, S. 43.

das den Moment der Improvisation überdauere. Bei Edgar Landgraf heißt es in dieser Hinsicht:

> »Künstlerische Improvisation zielt [...] auf die Feßlung der Aufmerksamkeit des Publikums und damit auf Präsenz. [...] Hier stellt die Emergenz neuer Formen ein Ereignis dar, etwas Singuläres. Sie ist bereits deshalb besonders markiert, weil das einmal Vorgetragene sich nicht mehr zurücknehmen läßt.«[6]

Neben dem Aspekt des Ephemeren wird Improvisation – infolge des oft an sie herangetragenen Anspruchs der Regellosigkeit – auf Kategorien wie *Genie* und *Talent* zurückgeführt.

Diese Attribute haben das Verfahren der Improvisation als eine vor allem künstlerische Praxis bekannt gemacht. Für Edgar Landgraf wurde die Improvisation sogar zum Paradigma moderner Kunstproduktion insgesamt. Landgraf schreibt: »Als notwendig unbestimmte Ausgangsbewegung bildet sie nichts weniger als die Bedingung der Möglichkeit moderner Kunstbildung.«[7]

Was aber genau unterscheidet die Design-Improvisation nun von anderen Konzeptionen von Improvisation? Auch der Design-Improvisation kann man typisch improvisatorische Aspekte wie Unvorhersehbarkeit, Performativität, Intuition und Spontanität nicht absprechen. Sie haben im Design ebenso Gültigkeit wie in anderen Bereichen, in denen improvisiert wird. Sie sind aber nicht der ausschlaggebende Aspekt von jener Improvisation, von der diese Studie handeln soll. Die Performativität der Design-Improvisation ist nur dann bedeutsam, wenn Designer ihre Designprozesse oder ihre improvisierten Produktionsprozesse in Videos vorführen. Dies sind dann aber eben nicht die genuin gestalterischen Praktiken, um die es mir geht, sondern Randphänomene, die die Präsentation von Gestaltung betreffen.

Begriffe wie Talent, Intuition oder Kreativität, die man mit den allgemeinen Attributen von Improvisation assoziieren könnte, sollen hier ebenfalls nicht diskutiert werden. Insbesondere der Kreativitätsdiskurs erscheint mir problematisch mit Blick auf die prozesshafte Praxis des Designens. Freilich sind hier immer in einem gewissen Maße Kreativität und Intuition mit im Spiel. Aber schon der Begriff der Kreativität als solcher ist unbestimmt und vielleicht noch schwieriger zu fassen als der Begriff der Improvisation. Ohnehin gelingen Designprozesse selten aufgrund eines meist mit Kreativität assoziierten, einzelnen Heureka-Moments. Es handelt sich stattdessen um komplexe, langwierige Aushandlungsprozesse auf formaler, technischer und sozialer Ebene, an denen überdies verschiedene Akteure teilhaben.

6 | Edgar Landgraf: *Improvisation. Paradigma moderner Kunstproduktion und Ereignis.* In: Alexander Schlutz, Thomas Hilger: *Parapluie*, 2003. URL: http://parapluie.de/archiv/improvisation/kunstproduktion/ (letzter Zugriff 02.03.2015), S. 8.

7 | Landgraf 2003, S. 5. Während in der Moderne Ausführung und Übung an Bedeutung verlieren, gewinnt das unmittelbare und spontane Tun der Improvisation als Ausdruck von künstlerischer Autonomie an Bedeutung. Vgl. ebd., bes. S. 8.

Ebenfalls in eine Sackgasse führen, auf der anderen Seite, triviale Bestimmungen von Improvisation als Mangelerscheinung, Notlösung oder Provisorium.[8] Besonders im Alltag gibt es solche Improvisationen, die man mit Gestaltung assoziieren könnte. Etwa wenn ein Einmachglas zum Stiftebehälter wird oder wenn aus Euro-Paletten ein Bettgestell gebaut wird. Uta Brandes hat diese Improvisationen als »Non Intentional Design« bestimmt.[9] Es ist jedoch fraglich, inwiefern hier Design im emphatischen Sinne passiert: Diese Improvisationen wiederholen sich, an ihnen ist nichts wirklich Neues. ›Echtes‹ Design legitimiert sich über Innovation.

Die Improvisation, die ich meine, schlägt sich in den Artefakten nieder, die im Verlauf eines Designprozesses entstehen. Dies sind zum Beispiel behelfsmäßige Modelle und Apparaturen, sie sind vom kurzen Moment der Improvisation unabhängig. Anhand dieser Artefakte will ich die Improvisation rekonstruieren. Mit Blick auf die materielle Verfasstheit der Design-Improvisation ist für mich dann insbesondere ein Text des Architekturtheoretikers Charles Jencks interessant, der vor allem für seine Texte zum Postmodernismus in der Architektur bekannt ist.[10] Der etwas frühere Text, um den es mir geht und den Jencks gemeinsam mit Nathan Silver bereits 1972 verfasst hat, handelt jedoch weniger von dem Begriff der Postmoderne als von Strategien der Eigenproduktion und der Improvisation.

Schon im Titel des Buches »Adhocism. The Case for Improvisation«[11] benennen Jencks und Silver ihr Programm. Sie diskutieren eine materielle Form der Improvisation, die sich im Alltag, in der Kunst, aber eben auch auf der Ebene des Designs abspielt. Das von ihnen betrachtete Design bedient sich in seinen Produktionen aus einem Fundus von schon vorgeformtem, industriellen Material und setzt dieses neu zusammen. Jencks und Silver bestimmen die Improvisation dabei als eine vor allem *situative* Gestaltungsmethode und führen dafür den Begriff »Adhocism« ein.

8 | Siehe hierzu insbesondere Eckhart Ribbecks Studie zur ›informellen Moderne‹ in der Architektur: *Die informelle Moderne – spontanes Bauen in Mexiko-Stadt.* Graben-Neudorf: Awf-Verlag 2002.

9 | Es handelt sich um Gestaltung, die nebenbei im Alltag geschieht und dabei unbeabsichtigte Formen hervorbringt. Vgl. Uta Brandes, Sonja Stich, Miriam Wender: *Design durch Gebrauch. Die alltägliche Metamorphose der Dinge.* Basel 2009. Sowie: Uta Brandes, Michael Erlhoff, Ingo Wagner: *Non Intentional Design.* Köln: Daab 2006. Uta Brandes: *Non Intentional Design.* In: Michael Erlhoff, Tim Marshall (Hg.): *Wörterbuch Design.* Basel 2008, S. 292. Jane Fulton Suri: *Thoughtless Acts?: Observations on Intuitive Design.* San Francisco: Chronicle Books (CA) 2005.

10 | Siehe hierzu bes.: Jencks, Charles: *Die Sprache der postmodernen Architektur.* Stuttgart: Deutsche Verlagsanstalt 1978, und *Was ist Postmoderne?*, übers. von Kathrin Dobai, Zürich u. a.: Artemis 1990. Jencks' Texte zum Postmodernismus handeln, anders als der Text zur Improvisation, von einer eklektischen Kombination historischer und gegenwärtiger Stile. Siehe zu dieser Problematik auch weiterführend ein Aufsatz von Albrecht Wellmer: *Kunst und Industrielle Produktion. Zur Dialektik von Moderne und Postmoderne.* In: Ders.: *Zur Dialektik von Moderne und Postmoderne. Vernunftkritik nach Adorno.* Frankfurt am Main: Suhrkamp 1985, bes. S. 124.

11 | Charles Jencks, Nathan Silver: *Adhocism. The Case For Improvisation.* London: Doubleday and Company 1972.

»›Adhocism‹ [can] be applied to many human endeavors denoting a principle of action having speed or economy and purpose or utility. Basically it involves using an available system or dealing with an existing situation in a new way to solve a problem quickly and efficiently. It is a method of creation relying particular on resources which are already at hand. Incidentally, the word Adhocism has the property of itself being *ad hoc*.«[12]

Ad hoc bezeichnet für Jencks und Silver ›das Zusammengesetzte‹, aber auch ›für dieses‹, für diesen spezifischen Zweck oder Kontext.[13] Damit wollen sie hervorheben, dass ihre Improvisation sich von anderen verwandten Formgebungsstrategien, beispielsweise vom Zufall, unterscheidet, da Improvisation zielgerichtet geschieht.[14]

Dabei ist der *Adhocismus*, wie ich den Begriff im Folgenden der Einfachheit halber übersetzen will, ein basales, umfassendes Gestaltungsprinzip: »All creations are initially *ad hoc* combinations of past subsystems; nothing can be created out of nothing […]«,[15] konstatieren Jencks und Silver. Insbesondere das Design besteht für sie stets in der Kombination von Gegebenem, sowohl vorhandener Techniken als auch Formen. Es formiert sich – darin unterscheidet sich der *Adhocismus* von anderen, immateriellen Formen der Improvisation – anhand konkreter Materialien, Werkzeuge und bereits gestalteter Gegenstände.

Es ist ein für meine Untersuchung zentrales Argument, dass Improvisation sich aus Vorhandenem ableitet. Von einer ›Improvisation aus dem Nichts heraus‹ kann keine Rede sein. Vielmehr formiert sich die Improvisation erst im Rückgriff auf Vorhandenes, also unter Verwendung schon vorgeformter Materialien, Techniken und Artefakte. Improvisation ist eine Gestaltungsform, die retrospektiv vorgeht, aber nicht rückwärtsgewandt ist. Durch die Kombination der Materialien und Formen der Vergangenheit können Gestalter mittels Improvisation in beliebigen Situationen Neues schaffen, ohne jemals gänzlich von Neuem beginnen zu müssen.

Dies wiederum hat nicht nur Folgen für die Struktur des Gestaltungsprozesses, sondern auch für die Figur des Gestalters. Jencks' und Silvers Annäherung an den gestalterischen Formgebungsprozess unter der Prämisse, Neues könne sich nur durch den Rückgriff auf Bestehendes formieren, unterhöhlt eine Vorstellung vom kreativen Prozess gestalterischer Formgebung, die davon ausgeht, die Idee für ein Designprodukt würde aufgrund von kreativem Schaffen im Sinne eines künstlerischen Genies entstehen oder ausgehend von der alleinigen Leistung eines einzelnen Experten. Auch heute noch sind Narrative von Genie und Schaffen im Design weit

12 | Ebd. S. 9.

13 | Vgl. Charles Jencks (Hg.), Nathan Silver: *Adhocism. The Case For Improvisation. Expanded and updated edition. With a new foreword by Charles Jencks and a new afterword by Nathan Silver.* Cambridge: MIT Press 2013, S. VII.

14 | Vgl. Jencks / Silver 1972, bes. S. 15.

15 | Ebd., S. 39.

verbreitet.[16] Für Jencks und Silver steht stattdessen die Demokratisierung des Gestaltungsprozesses im Vordergrund. Sie wollen das seit der Moderne geltende Ideal der Autorschaft des Einzelnen revidieren.

Hier sei noch angemerkt, dass der Begriff des *Adhocismus* bei Jencks und Silver keinesfalls klar formuliert ist und die Improvisation in unterschiedlichsten Modi auftritt. Mal erscheint die Improvisation bei ihnen in Form alltäglicher Zweckentfremdungen, mal als politische Aktivität oder als Form der Kunstproduktion.

Die Idee der Improvisation wurde dann insbesondere in der gestalterischen Postmoderne als Gegensatz zu den modernen Designbegriffen in Anschlag gebracht. Die im gestalterischen Postmodernismus, besonders im ›Neuen Deutschen Design‹ entstandenen Einzelstücke beinhalten eine andere Art der Improvisation als diejenige, die beim Entwurfsprozess des Serienprodukts zur Anwendung kommt. Anders gesagt: Die Improvisation, die im Design geschieht, wenn Modelle gebaut, dann aber überarbeitet und zu einem Serienprodukt weiterentwickelt werden, unterscheidet sich von einer Improvisation, die am Objekt noch sichtbar bleibt. Ich unterscheide daher diese beiden Formen von Improvisation: Entweder ist die Improvisation der Vorläufer eines seriellen Produkts und geschieht innerhalb eines Designprozesses. Oder sie geschieht bei Einzelstücken, die nicht für die Serienproduktion konzipiert wurden. Hier bleibt die Improvisation dann am Produkt selbst noch sichtbar, Improvisation und Produkt fallen in eins. Dies ist insbesondere bei jener Form der Improvisation der Fall, die Claude Lévi-Strauss als *Bricolage* bestimmt hat.[17]

Improvisiert wird im Design immer vor dem Horizont eines Designprojekts, das zu Beginn noch nicht vollkommen überblickt werden kann, das aber auch durch die Übung und das Können des Entwerfers – sowie durch Rahmenbedingungen, die im Gegensatz zur Improvisation kalkulierbar zu sein scheinen – gelingt. Der Teil des Designs, den ich betrachte, liegt vor der Produktion. Eine solche Betrachtung von Design als Prozess erfreut sich erst in jüngster Zeit einer gewissen Konjunktur.[18] Diese Perspektive auf Design steht in Zusammenhang mit den von Bruno Latour formulierten Thesen zur Akteur-Netzwerk-Theorie (ANT). Die Darstellung

16 | Wie Claudia Mareis bemerkt, ist dies selbst in der aktuellen Designforschung noch der Fall: »[So] lebt das Narrativ eines besonderen, ›intuitiven‹ künstlerisch-gestalterischen Erkenntnispotenzials bis in die heutige Designforschung fort.« Claudia Mareis: *Experimente zu einer Theorie der Praxis. Historische Etappen der Designforschung in der Nachfolge des Bauhauses.* In: *kunsttexte*, Themenheft 1: *Kunst und Design.* G. Jain (Hg.), 2010 – www.kunsttexte.de (letzter Zugriff 26.11.2012), S. 8.

17 | Siehe: Claude Lévi-Strauss: *Das Wilde Denken.* Frankfurt am Main: Suhrkamp 1977, S. 29–36.

18 | Zur prozessorientierten Betrachtung des Entwerfens: Sabine Ammon, Eva Maria Froschauer (Hg.): *Wissenschaft Entwerfen. Vom forschenden Entwerfen zur Entwurfsforschung der Architektur.* München: Fink 2013. Ebenso der Vortrag von Bruno Latour vor der Design Research Society in Cornwall: Bruno Latour: *Ein vorsichtiger Prometheus? Einige Schritte hin zu einer Philosophie des Designs, unter besonderer Berücksichtigung von Peter Sloterdijk.* In: Marc Jongen, Sjoerd van Tuinen, Koenraad Hemelsoet (Hg.): *Die Vermessung des Ungeheuren. Philosophie nach Peter Sloterdijk.* Paderborn: Fink 2009, S. 356–373.

von Design als Prozess bringt eine Reihe von Vorteilen mit sich. Sie erlaubt nicht nur, die Entstehung des Designprodukts retrospektiv zu verstehen und Momente von Improvisation aufzuspüren (sodass zum Beispiel jenes die Designdiskurse lange Zeit prägende Planungsparadigma der 1950er und 1960er Jahre obsolet wird).[19] In einer Perspektive, die das Prozesshafte des Designs in den Vordergrund rückt, und damit die einzelnen Akteure des Designs in den Blick nimmt, wird auch die in Bezug auf das tatsächliche Arbeiten der Designer problematische Idee des singulären Entwerfers obsolet. Die Form, die während eines Designprozesses entsteht, kann dann als Ergebnis eines Aushandlungsprozesses vieler Akteure, die unter anderem durch Improvisation Formentscheidungen treffen, dargestellt werden.

Die Idee dieser Form des Gestaltungsprozesses ist neben Latours ANT insbesondere an das Konzept des ›Experimentalsystems‹ des Wissenschaftshistorikers Hans-Jörg Rheinberger angelehnt.[20] Rheinberger verortet die Entstehung des Neuen und auch das Vorkommen von Improvisation in den Naturwissenschaften in einem Experimentalsystem, das einerseits kanonisierte Formen strenger wissenschaftlicher Methodik und tradierte Techniken enthält, in dem der Forscher andererseits aber auch gestaltend vorgeht:

> »Experimentalsysteme sind die eigentlichen Arbeitseinheiten der gegenwärtigen Forschung. In ihnen sind Wissensobjekte und die technischen Bedingungen ihrer Hervorbringung unauflösbar miteinander verknüpft. Sie sind zugleich lokale, individuelle, soziale, institutionelle, technische, instrumentelle und, vor allem, epistemische Einheiten. Experimentalsysteme sind also durch und durch mischförmige, hybride Anordnungen; in den Grenzen dieser dynamischen Gebilde geben Experimentalwissenschaftler den Dingen Gestalt, mit denen sie sich beschäftigen.«[21]

Das System wird anhand von vorliegenden Materialien, Methoden und Routinen, die zunächst vor allem reproduziert werden, vom Forscher so »gestaltet«,[22] dass es »unvorwegnehmbare Ereignisse«[23] erzeugt, respektive den Forscher sogar zur »Improvisation« zwingt.[24] Erst durch diese spezielle Weise der Gestaltung eines Experimentalsystems kann, wie Rheinberger argumentiert, *Neues* entstehen.[25]

19 | Auf das Design bezogen bedeutet dies: Indem die Designforscher auf der Suche nach einer einheitlichen Methodik sind, haben sie ein ›Paradigma‹, und zwar das des planbaren Designprozesses. Vgl. dazu z. B.: Bruce Archer: *Foreword*. In: Klaus Krippendorff: *The Semantic Turn. A new Foundation for Design*. Boca Raton 2006, S. XIII.

20 | Hans-Jörg Rheinberger: *Experimentalsysteme und epistemische Dinge. Eine Geschichte der Proteinbiosynthese im Reagenzglas*. Frankfurt am Main: Suhrkamp 2006, bes. S. 23ff.

21 | Ebd., S. 8f.

22 | Vgl. ebd., S. 24.

23 | Vgl. ebd., S. 167.

24 | Norbert Haas, Rainer Nägele, Hans-Jörg Rheinberger, (Hg.): *Virtuosität*. Eggingen 2007, S. 7, sowie *Experimentelle Virtuosität*. In: dies.: *Virtuosität*. Eggingen: Edition Isele 2007, S. 13–28.

25 | Vgl. Rheinberger 2006 (2), S. 25.

Nicht nur die Verweise auf das designmäßige Tun der Forscher machen diesen Ansatz für das Design und die Designwissenschaft produktiv. Das Konzept ist insbesondere für die Frage nach der Emergenz der Improvisation sowie für die Bestimmung ihrer Rahmenbedingungen interessant. Es dient mir dazu, die Methoden, Techniken und Ideen des Designs darzustellen sowie Improvisation und Methodik zusammenzudenken.

Für die Analyse der Improvisation ist überdies eine bestimmte Auffassung von Entwerfen bedeutsam. Entwerfen ist zukunftsgerichtetes Tun. Der Entwurf nimmt etwas vorweg, das noch nicht existiert, er wird erst durch den Prozess des Entwerfens konkretisiert.[26] Dass improvisiert wird, liegt in der besonderen Struktur von Designprozessen begründet. Die konkrete Praxis des Entwerfens ist, anders als die traditionellen Vorstellungen von Designtätigkeit es zum Teil nahelegen, von Unbestimmtheit geprägt. Designprodukte werden weder ausschließlich durch Antizipation und Analyse noch anhand einer im Kopf des Entwerfers schon vorliegenden – gleichsam genialen – Idee gewonnen. Sie entstehen durch die sukzessive Erarbeitung einer Form anhand von vorliegenden Materialien und Techniken. Diese Materialien und Techniken werden wiederum durch Improvisation zu etwas Neuem verbunden. Es werden vorläufige Repräsentationen eines noch zu produzierenden Produktes erstellt, zum Beispiel Modelle. So setzt gerade der Prozess des Entwerfens, der zur Erstellung des Planes für ein Serienprodukt notwendig ist, Improvisation voraus.

Das im Designprozess sich konkretisierende, anfangs unbestimmte Produkt ist dem Designer zunächst nur anhand vorläufiger Materialisierungen gegeben, also durch Zeichnungen und im Besonderen durch Modelle. Trotz ihres produktiven Potentials in diesen Prozessen wurde die Improvisation bislang jedoch weitestgehend unterschätzt und weniger als Gestaltungsprinzip denn als Notlösung betrachtet.

Improvisiert wird dann, wenn Modelle gebaut, Prototypen hergestellt und schließlich Werkzeuge zur Produktion eines Designprodukts entwickelt werden müssen. Der Designprozess und das gesamte Produktdesign handeln von konkreten, materiellen Dingen. Die materielle Verfasstheit des Designprodukts und die Art und Weise, wie Improvisation im Design in Erscheinung tritt, scheinen dabei einander zu bedingen.

26 | Oftmals wird in diesem Zusammenhang auf Heidegger verwiesen, der die Kategorie des Entwurfs als das in der Zukunft liegende, als Potenzialität versteht. Und zwar bestimmt Heidegger ›Entwerfen‹ als einen Modus der Struktur des Verstehens: »Der Entwurfscharakter des Verstehens konstituiert das In-der-Welt-sein hinsichtlich der Erschlossenheit seines Da als Da eines Seinskönnens. Der Entwurf ist die existenziale Seinsverfassung des Spielraums des faktischen Seinskönnens.« Martin Heidegger: *Sein und Zeit.* Tübingen: Klostermann 2006 (1927), S. 145.

Innerhalb einer solchen Studie, die Design als prozesshaftes Tun untersucht, ist auch ein besonderer Umgang mit dem Designbegriff erforderlich.[27] Während die Designprodukte selbst nicht improvisiert sind und auch nicht improvisiert sein können, muss in den Prozessen, die zu ihrer Konzeption notwendig sind, improvisiert werden. Dass innerhalb des Designprozesses, jedoch möglichst nicht während der Produktion des serienreifen Designprodukts improvisiert wird, setzt dann auch eine genauere Konzeption des Designbegriffes voraus. In Bezug auf den Begriff »Design« wird eine Unterscheidung zwischen Produkt und Prozess notwendig. Das englische Wort *design*, das Verb und Nomen zugleich ist, legt diese Distinktion jedoch nicht unbedingt nahe, somit wird im Folgenden anzugeben sein, ob jeweils von *Produkten* oder *Prozessen* des Designs die Rede ist.[28]

Wenn ich der Improvisation nun methodische Züge zuschreibe, so gilt es auch zu klären, was hier mit ›Methode‹ gemeint ist. Eines vorweg: Mit ›Methode‹ ist kein Ratgeber und kein Leitfaden zur gelungenen Gestaltung gemeint. Im Design ist die Frage nach der Methode keinesfalls trivial, sondern von besonderer Brisanz, weil mit ihr einhergehend ein ganzes diskursives Feld angesprochen ist, das von der Gestaltung des Gestaltungsprozesses handelt. Zu der Frage, ob Designer planerisch-analytisch oder spontan-improvisierend vorgehen sollten, wurden im Design besonders in den 1960er Jahren innerhalb des *Design Methods Movement* im deutschsprachigen und angelsächsischen Raum zahlreiche Debatten ausgetragen.[29] Das *Design Methods Movement* war eine Bewegung zur Strukturierung von Designprozessen, in der man entgegen der Verwirklichung der Ideen Einzelner und entgegen der Tradition des Handwerks versuchte, die Emergenz von Neuem im

27 | Zur Genese des Designbegriffs und zur Frage der Designmethodologie: Claudia Mareis: *Design als Wissenskultur. Interferenzen zwischen Design- und Wissensdiskursen seit 1960.* Bielefeld: transcript 2011. Claudia Mareis: *Theorien des Designs zur Einführung.* Hamburg: Junius 2014, S. 35–63. Bernhard E. Bürdek: *Design. Geschichte, Theorie und Praxis der Produktgestaltung.* Basel / Boston / Berlin: Birkhäuser 2005. Bernhard E. Bürdek: *Design – auf dem Weg zu einer Disziplin.* Hamburg: Kovač 2012. Zur Unterscheidung von Design und (Natur-) Wissenschaft: Herbert Simon: *The Sciences of the Artificial.* Cambridge: MIT Press 1969. Zum Verständnis der Designansätze der Postmoderne: Klaus Krippendorff: *The Semantic Turn. A new Foundation for Design.* Boca Raton / London / New York: Taylor and Francis Group 2006. Zum Industriedesign der 1950er und 1960er Jahre: Wilhelm Braun-Feldweg: *Industrial Design heute. Umwelt aus der Fabrik.* Hamburg: Rowohlt 1966.

28 | Vgl. bes.: Mareis 2011, S. 25. Man könnte zudem strenger zwischen ›Design‹ und ›Gestaltung‹ unterscheiden. ›Gestaltung‹ wird im Deutschen oft als Bezeichnung für ›Design‹ im engeren Sinne gebraucht. Etwas zu ›gestalten‹ bedeutet, ›Aussehen oder Beschaffenheit‹ eines Gegenstandes zu bestimmen, das Verb ›gestalten‹ wurde abgeleitet von ›stellen‹. Vgl. Kluge: *Etymologisches Wörterbuch der deutschen Sprache.* Berlin / New York: De Gruyter 2002, S. 353. Der Begriff ›Gestaltung‹ dient den Designern zur Abgrenzung von Tätigkeiten wie Softwaredesign und Hairdesign, das englische Wort ›design‹ hat hier gegenüber dem deutschen Begriff ›Gestaltung‹ eine gewisse Beliebigkeit. Siehe weiterführend zu der Differenz von Design und Gestaltung: Mareis 2014, bes. S. 41 und S. 56. Insofern in dieser Arbeit ohnehin von Design in einem engeren Sinne die Rede ist – nämlich von Design als Produktdesign –, verwende ich beide Begriffe meist synonym. Wenn ich im Text auf typisch designmäßiges Tun oder auf spezifische ästhetische und strukturelle Qualitäten von Designgegenständen abhebe, verwende ich den Begriff der Gestaltung.

29 | Vgl. hierzu bes. Mareis 2011, S. 35.

Design in wissenschaftliche Methoden zu fassen. Im Sinne eines technokratischen Rationalismus hat man versucht, den Designprozess als Planungsprozess zu beschreiben. Christopher Alexander etwa setzte in den *Notes on the Synthesis of Form* eine Konzeption des Designs voraus, die gänzlich ohne ein konkretes Produkt auskam, er bestimmte das Entwerfen als ein vor allem streng analytisches und zudem vom Material abgekoppeltes Tun.[30]

Der in den 1950er und 1960er Jahren begründete und noch in heutigen Designdiskursen wirksame Planungsgedanke läuft einer Idee des Designprozesses, wie ich sie präferiere, zuwider. Im Gegensatz zu solch strengen Auffassungen von Methodik kann es sich bei Improvisation schon qua Definition nicht um eine einzelne, fest umrissene Methode handeln, ist doch Improvisation stets etwas Situatives, ein von bestimmten Rahmenbedingungen abhängiges Phänomen. Improvisation bleibt, auch wenn sie in allen Designprozessen vorkommt, etwas Singuläres, Unwiederholbares – ähnlich wie der Designprozess als Ganzer. Weil jeder Designprozess sich von Entwurf zu Entwurf neu konstituiert, wird ein solcher Prozess vermutlich auch seine je eigene, neue Improvisation hervorbringen – die dann innerhalb dieser Studie von Fall zu Fall herausgearbeitet werden soll.

Mein Ansatz besteht also nicht in der Betrachtung einzelner, in sich abgeschlossener Designprodukte oder in der Suche nach einer übergeordneten, abstrakten Theorie. Theoretische Annahmen über das Design sollen allenfalls in Zusammenhang mit der Beobachtung der Praxis des Designs getroffen werden, sofern die Improvisation nur anhand spezifischer Fälle konturiert werden kann.

An der Improvisation will ich verschiedene Formen der *Gestaltung des Gestaltungsprozesses*[31] diskutieren: Ist ein Gestaltungsprozess offen oder geschlossen konzipiert und welcher Spielraum wird der Improvisation eingeräumt? Je nachdem wie der Gestaltungsprozess im Detail aussieht und ob darin Improvisation eine Rolle spielt, kommen jeweils auch verschiedene Bestimmungen von Design insgesamt zum Ausdruck. Meine Arbeit entnimmt ihre Beispiele und Materialien dabei weitestgehend einem Diskurs, der sich infolge des deutschen Industriedesigns seit den 1950er Jahren bis hinein in die Gegenwart entwickelt hat.

Ich beginne mit einem zeitgenössischen Beispiel: Das folgende Kapitel handelt vom Entwurfsprozess des deutschen Autorendesigners Sebastian Herkner.[32] Hier wird Improvisation zur Formfindung für ein Serienprodukt genutzt.

30 | Christopher Alexander: *Notes on the Synthesis of Form*. Cambridge (Mass.): Harvard University Press 1994 (1964).

31 | Claudia Mareis spricht diesbezüglich von einer ›Wissensgestaltung‹. Vgl. Claudia Mareis: *Eine multidisziplinäre Geschichte. Designforschung, Kreativitätstechniken und Methodenfragen.* In: Claudia Mareis, Christof Windgätter (Hg.): *Long Lost Friends. Wechselbeziehungen zwischen Design-, Medien- und Wissenschaftsforschung.* Zürich 2013, S. 222.

32 | ›Autorendesigner‹ heißen selbstständige Gestalter im Jargon der Designer deshalb, weil ihr lizenzbasiertes Bezahlungsmodell dem eines Buchautors ähnelt. Sie arbeiten – anders als festangestellte Mitarbeiter einer Firma – für verschiedene Produzenten oder sie produzieren ihre Entwürfe selbst und verkaufen sie direkt. Einen sehr guten Überblick über das zeitgenössische Autorendesign liefert der Blog matandme.com der polnischen Kuratorin Matylda Krzykowski.

Teil I: Serienprodukte und Improvisation

1. Die Improvisation des Designers Sebastian Herkner

Der Sessel *Coat*, den der deutsche Designer Sebastian Herkner für die italienische Möbelfirma *Moroso* gestaltet hat, ist ein typisches Beispiel für eine Tradition im Möbeldesign, die inzwischen nur noch einen kleinen Bereich der Designproduktion umfasst. Udine – die Gegend in Norditalien, in der die Firma ansässig ist – war einst das Zentrum der europäischen, handwerklich orientierten Möbelmanufakturen, die im Zuge der Globalisierung nach Fernost verlagert wurden. Die heute noch in Udine ansässigen Firmen haben sich – wie auch *Moroso* – im Luxussektor etabliert. Bei *Moroso* findet keine Massenproduktion im engeren Sinne statt. Stattdessen positioniert sich Moroso in einem Zwischenbereich von Handwerk und Industrie. In handwerklich orientierter Manufakturarbeit produziert *Moroso* seit den 1950er Jahren Möbeleditionen in Zusammenarbeit mit bekannten Gestaltern und bespielt beim alljährlichen *Salone del Mobile* in Mailand stets eine große Fläche. Im Frühjahr 2012 wurde hier auch der Sessel *Coat* präsentiert. Anhand von Improvisation konnte der Sebastian Herkner bei dem Entwurf eine bestimmte Form von Originalität erzeugen, die *Coat* von anderen Sesseln unterscheidet.

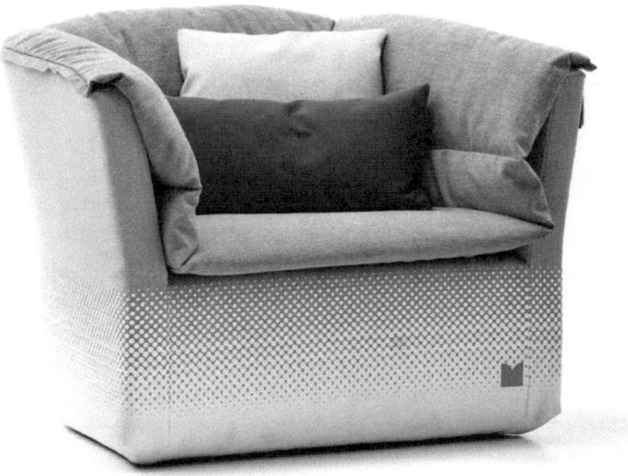

Abb. 1: *Coat*, Sebastian Herkner für *Moroso*, 2012.

In seiner basalen Form und Machart ähnelt auch der Sessel *Coat* zunächst anderen Sesseln. *Coat* ist etwa 70 cm hoch, hat zwei Armlehnen und eine Rückenlehne. Der Korpus des Sessels besteht aus Schaumstoff und wird mit einem Wollstoff bezogen. Es handelt sich um eine typische Polsterarbeit. Mit Blick auf den Designprozess entpuppen sich aber einige Besonderheiten.

Die erste Besonderheit liegt in der speziellen Bedruckung des Stoffes. Der Bezug des Möbels besitzt einen Farbverlauf, der aus vielen Punkten besteht, die ein Raster bilden. Das Raster löst sich nach oben hin auf. Es wird in einem Siebdruckverfahren aufgebracht und erinnert nicht nur von der Form her, sondern auch aufgrund der technischen Ausführung an die Siebdrucke der Pop-Art. Ähnliche Farbverläufe fanden in den letzten fünf Jahren zunehmend auch als Dekoration bei anderen Möbeln Verwendung, Judith Seng etwa benutzt Lack, um Holzstümpfe teilweise mit einer glänzenden Oberfläche zu überziehen.[1] Damit könnte man das Muster als eine Art zeitgenössisches Ornament verstehen.

Tatsächlich hat die Bedruckung aber eine über den Aspekt des Dekorativen hinausgehende Funktion. Die Bedruckung besteht bei genauerer Betrachtung aus einem gummiartigen Material, das in dieser Weise noch nicht bei einem Möbelstück Verwendung fand. Die Silikon-Bedruckung wurde nicht nur, wie in der Abbildung zu sehen ist, um den Fuß des Sessels herum angebracht, sondern auch an der Unterseite des Sessels fortgeführt. Daher benötigt der Sessel keine Füße. Der Sessel kann direkt auf dem Boden stehen, weil er aufgrund der Anti-Rutsch-Bedruckung aus Silikon bei glatten Böden nicht verrutscht. Die Bedruckung wird damit zu einem funktionalen Element.[2]

Auch andere *Moroso*-Entwürfe weisen solche Ornamente auf, die eine Funktion besitzen. Die Designerin Patricia Urquiola beispielsweise hat für *Moroso* Möbel gestaltet, bei der sich Ornamente ausgehend von Raffungen und Steppungen sowie aus miteinander verflochtenen Schnüren entwickeln. Die Raffungen, Faltungen und Steppungen erzeugen dabei ein Volumen, das als ein Polster fungiert.

In dem funktionalen Ornament besteht also die erste Pointe des Entwurfs. Die zweite Besonderheit liegt darin, dass der Sessel aus zwei unterschiedlichen Teilen besteht.[3] Das Gemütliche der Kissen kontrastiert mit der gummiartigen, industriell

1 | Die Hocker der Serie *Trift* von Judith Seng (2009–2011) bestehen aus einem rechteckigen, rohen Holzstumpf, der teilweise mit Lack besprüht ist. Am Übergang zwischen Holz und Lack bildet sich ein Farbverlauf. Auch *Nendo* verwenden ähnliche Farbverläufe, etwa bei den Tischen *Colored Pencil Tables* (2013), bei denen der Verlauf durch eine Buntstiftschraffur erzeugt wird.

2 | Ornamente müssen nicht per se ein Gegensatz zur Funktion sein. Adorno bezeichnet in seinem Vortrag *Funktionalismus heute* die Streitschrift von Adolf Loos und damit den Funktionalismusgedanken als dogmatisch und eindimensional: Das Zweckfreie sei geschichtlich begründet: »Zweckfreies und Zweckhaftes in den Gebilden sind darum nicht absolut voneinander zu trennen», weil sie geschichtlich ineinander waren.« Theodor W. Adorno: *Funktionalismus heute.* Vortrag gehalten auf der Tagung des Deutschen Werkbundes in Berlin am 23. Oktober 1965. Aus: *Gesammelte Schriften* (Band 10, 1). Frankfurt am Main: Suhrkamp 1977, S. 378.

3 | Ein ähnliches Konzept, bei dem Überwurf und Gestell separat gestaltet sind, findet sich bei dem Entwurf *Ruché* (Inga Sempé für Ligne Roset, 2010).

wirkenden Bedruckung. Während das Untergestell eine klar definierte, feste Form hat, scheint das Polster darüber aus einzelnen, mit Federn gefüllten Kissen zu bestehen. Es scheint – ähnlich einer Husse – schnell über den Sessel geworfen worden zu sein. Daraus leitet sich im Übrigen auch der Name des Sessels – *Coat* (Überzug) – ab. Wie aber gelangte der Designer zu dieser Form?

Dreidimensionales Skizzieren

Der Sessel scheint aus einer Mischung verschiedener Stile, Materialien und Formen hervorgegangen zu sein. Anders, als man nun vermuten könnte, waren jedoch weder kunsthistorische Referenzen oder die Bezüge zu anderen Sessel-Entwürfen Ausgangspunkt des Entwurfsprozesses. Stattdessen waren zufällig gefundene Materialien und Formen, die mit der tradierten Produktionsweise des Polsterns kombiniert wurden, der Ausgangspunkt. Der Blick in das Atelier des Designers zeigt, dass die Vorbilder für den Entwurf *Coat* eine Kindersocke, die eine mit einem gummiartigem Material und dem Punkte-Muster bedruckte Sohle besitzt, sowie ein Bild von einem Winterschuh waren (siehe Abb. 2). Die Idee, den Sessel mit einem gummiartigen Raster zu bedrucken, geht auf das gepunktete Muster der Socke zurück, während die Gestaltung des oberen Teils des Sessels der Anmutung der umgeklappten Lasche des Schuhs nahekommt. Zunächst waren die Objekte Teil einer dreidimensionalen Mindmap, die der Designer zu Beginn des Projekts an seiner Atelierwand arrangiert hatte.[4]

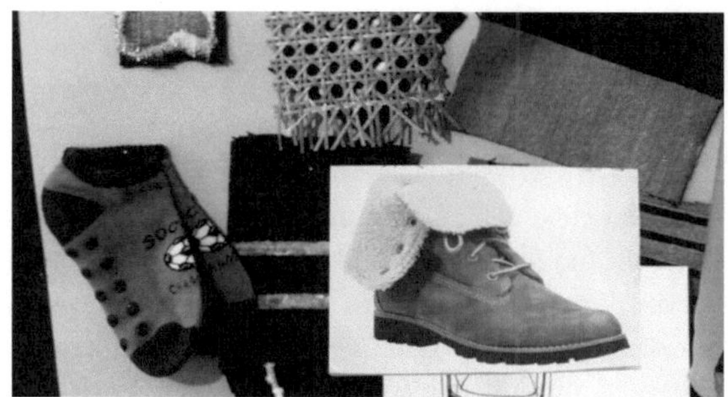

Abb. 2: ›Dreidimensionale Mindmap‹ im Atelier des Designers.

Dann wurden die besonderen Merkmale der beiden Dinge, also das eigentümliche gummiartige Material der Socke und die Anmutung der umgestülpten Lasche des Schuhs, auf den Sessel übertragen. In einem Interview, das ich im Folgenden

4 | Teil von Sebastian Herkners ›Sammlung‹ war auch die Auseinandersetzung mit dem Programm der Firma. Das Produktportfolio von *Moroso* hing während des Entwurfsprozesses als Plakat an der Pinnwand des Designers.

ausschnittweise wiedergebe, hat mir Sebastian Herkner diesen Teil seines Entwurfsprozesses erläutert:[5]

> SH: Meine Wohnung und mein Büro sind mein Materialfundus. [...] Ich kann sozusagen aus einer Idee, die ich erst für ein Sofa hatte, eine Leuchte machen. Oder ein Porzellanteller wird zum Lampenschirm [...]. Das eine Mal ist es die komische Babysocke, dann wiederum fällt einem auf der Autobahn am Randstreifen etwas auf. Oder auf dem Flohmarkt. Diese Methode nenne ich ›Material-Driven‹. Dabei kommt es aber immer auf die Transformation an.

Die Materialien Sebastian Herkners sind nicht Materialien im unmittelbaren Sinne. Er betrachtet vielmehr alle Dinge, die ihm im Alltag begegnen, als Material, beziehungsweise als ein Formenrepertoire. Sie werden im übertragenen Sinne zweckentfremdet, es kann auch ein Porzellanteller zum Lampenschirm umgedeutet werden. Es werden alltägliche, vorgefundene Formen untereinander kombiniert, sodass etwas Neues, Originelles oder Überraschendes entsteht. Auch in der Transformation des Socken-Musters in ein Ornament für den Sessel liegt ein solches Moment von Originalität, das den Sessel von anderen Sesseln unterscheidet.

Man könnte die Methode Sebastian Herkners nun leicht mit Improvisation verwechseln. Die Originalität und die Umdeutung von bekannten Formen sowie deren Kombination machen hier jedoch nicht die Improvisation als solche aus. Sebastian Herkner verwendet weder die Socke noch den Schuh als Material im buchstäblichen Sinne und im Sinne einer unmittelbaren Zweckentfremdung, sondern nur die *Idee* ihres Ornaments sowie die materiellen Eigenschaften der Bedruckung. Die Technik der Anti-Rutsch-Bedruckung wurde in einen anderen Kontext übertragen, und zwar von einem Kleidungsstück auf ein Möbel.

Die Übertragung von einem Verfahren oder einem Material in einen neuen Kontext, wie im Fall der Stoppersocke und des Schuhs, hat methodische Züge. Mit Blick auf die Mindmaps und Sammlungen, die Herkner immer wieder anfertigt, hat das Vorgehen etwas durchaus Kalkuliertes, wenig Spontanes. Es handelt sich um eine typische Vorgehensweise, die sich schließlich auch bei anderen Designern findet. Dahinter liegt also ein ganz üblicher Entwurfsprozess.

Richard Hutten beispielsweise arbeitet ähnlich, was am Fall der *Air Spheres*-Bank zu Anfang schon deutlich wurde. Die Improvisation – und dies ist ein zentraler Punkt meiner Untersuchung – liegt noch nicht in der Anfangsidee und in der oben beschriebenen Kombination von Materialien und Formen. Auch die Verwendung des Socken-Musters ist noch keine Improvisation. Um zu verstehen, worin in diesem Fall die Improvisation genau besteht, muss der Blick nicht auf den Sessel bzw. die Idee mit der Socke, sondern stattdessen auf die handwerklichen Aspekte

5 | Das vollständige Interview, das ich mit dem Designer Sebastian Herkner am 28.02.2012 geführt habe, findet sich im Anhang.

im Prozess Sebastian Herkners – auf die tatsächlichen Momente der Formgebung – gelenkt werden.

Um von seiner Idee ausgehend zu der konkreten Form des späteren Sessels zu gelangen, brauchte der Designer eine Reihe von sukzessiven Modellen und Überarbeitungen dieser Modelle (siehe Abb. 4). Dabei markiert insbesondere ein kleines 1:5-Modell ein wesentliches Moment der Formfindung (siehe Abb. 3).

Es handelt sich um eine sogenannte dreidimensionale Skizze, an der die eigentliche Improvisation, auf die es mir ankommt, sichtbar wird: Das erste von Sebastian Herkner angefertigte 1:5-Modell hat zwar bereits die Proportionen, die Materialität und die Form des späteren Produkts. Aber es unterscheidet sich in seiner Vorläufigkeit wesentlich von den recht ausgeklügelten Modellen in Abbildung 4, die zu einem späteren Zeitpunkt angefertigt wurden. Als skizzenhaftes Modell lässt es noch deutlich erkennen, wie es gemacht wurde: Es besteht aus einem Rest Wollstoff, Draht, Schaumstoff, Styropor und Latexfarbe. Der Siebdruck mit dem gummiartigen Material im unteren Bereich des Sessels wurde als unregelmäßiger

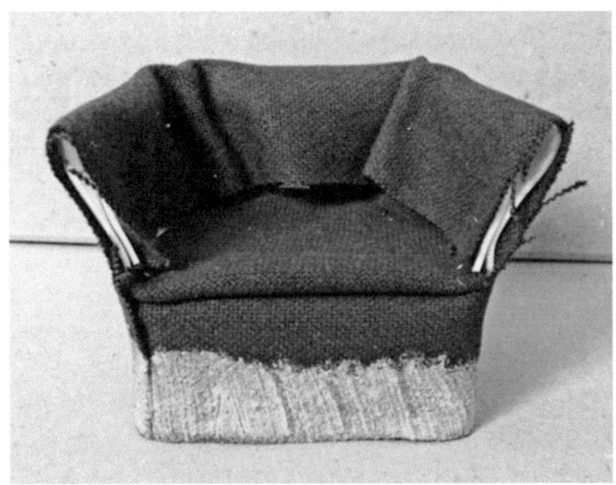

Abb. 3

Abb. 3: Erstes 1:5-Modell. Die grundlegende Idee des Entwurfs hat sich seit dem ersten 1:5-Modell nicht wesentlich geändert. Sie wird von dem Modell vorweggenommen.
Abb. 4: Spätere 1:5-Modelle. Die Bedruckung wurde, was besonders bei dem ersten Modell ganz rechts zu sehen ist, schon als Druck aufgebracht. Im Hintergrund ist immer noch noch das erste Modell zu sehen.

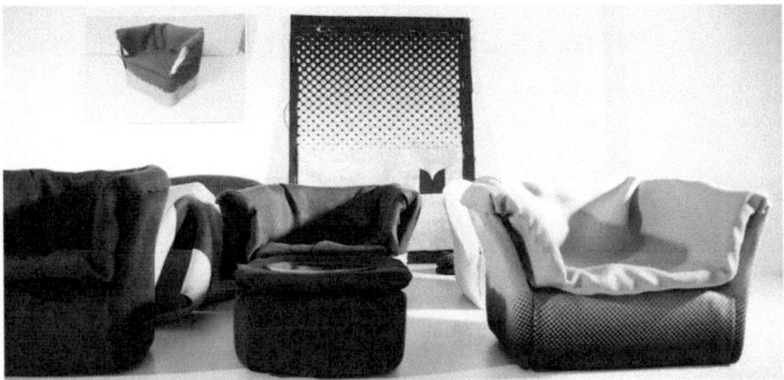

Abb. 4

Pinselstrich angedeutet. Für die in die Sitzfläche drapierte Polsterung wurde ein an der Unterkonstruktion befestigter Stoffrest benutzt.

Das Modell wirkt in seiner Gesamtheit improvisiert. Anstatt hier in Antizipation des späteren Herstellungsprozesses kleine Stoffstückchen zusammenzunähen, hat der Designer den Stoffrest mit Draht an dem Sesselkorpus aus Styropor nur lose befestigt. Die Unterkonstruktion der Armlehnen aus einem schaumstoffartigen Material, das man im Hobbyladen kaufen kann, ist an der Vorderseite noch sichtbar. Zudem wurde auf die untere Hälfte des Sessels mit einem groben Pinsel hellblaue Latexfarbe aufgetupft. Wie Sebastian Herkner mir erzählte, sollte damit bereits die gummiartige Bedruckung angedeutet werden, die Punkte sollten durch den Pinselstrich simuliert werden. Aber erst durch die ungenaue Kante der aufgetupften Farbfläche entstand die Idee, nicht nur ein Raster aus Punkten anzubringen, sondern die Punkte mit unterschiedlicher Dichte aufzubringen, sodass ein Farbverlauf entsteht. Dies ist zwar nur ein Detail, aber damit wird deutlich, dass der Modellierungsprozess Einfluss auf die Form des späteren Produkts hatte.

Man könnte diese erste dreidimensionale Skizze ihrer Ungenauigkeit wegen als trivial abtun. Das Besondere dieses 1:5-Modells besteht jedoch darin, dass es nicht trotz, sondern gerade wegen seiner Ungenauigkeit wichtig für den Entwurfsprozess war. Rückblickend kann gesagt werden, dass hier schon die wichtigsten Merkmale des späteren Sessels zusammentreffen, auch wenn sie dort noch nicht bis ins Detail ausformuliert sind. Sowohl die lose auf die Sitzfläche drapierte Polsterung als auch die Bedruckung kommen hier andeutungsweise schon vor.

Warum aber hat der Designer hier kein ›genaueres‹ Modell gebaut? Dass hier improvisiert wurde, liegt an der technischen Umsetzung, insbesondere an der Veränderung des Maßstabs. Die Improvisation war notwendig, um das Modell als Verkleinerung des Sessels überhaupt herstellen zu können. Bei einem verkleinerten Modell kann die Materialstärke des Textils nicht ›herunterskaliert‹ werden. Deshalb verwendet man für ein solches 1:5-Modell üblicherweise ein anderes Textil, das dünner ist. Das Textil würde sich sonst anders verhalten als später in der Originalgröße. Weil das 1:5-Modell schon aus 1:1-Materialien besteht (Textil, Gummi, Polsterung), die sich in ihrer Materialstärke, Dichte usw. nicht noch einmal selbst im Maßstab 1:5 verkleinern lassen, musste hier auf vorläufige Ersatzmaterialien – nämlich Draht anstatt Nähte, Schaumstoff anstatt Polsterung, Pinselstrich anstatt Drucktechnik – zurückgegriffen werden.

Man könnte dies nun als Einschränkung der gestalterischen Freiheit verstehen. Die Notwendigkeit der Improvisation liegt jedoch nur vordergründig in den technischen Bedingungen des Modellbaus. Sie ist schon in der Struktur des Designprozesses angelegt. Weil der Sessel zu dem Zeitpunkt, als das Modell gemacht wurde, noch gar nicht existierte, hat der Designer die Form des Sessels – beim Erstellen des Modells – anhand von Improvisation überhaupt erst entwickelt. Ähnlich wie eine Zeichnung dazu dienen kann, eine Form nach und nach zu konkretisieren, half das Improvisieren dem Designer, die Form des Sessels zu finden, ohne sich schon von vornherein über jedes Detail im Klaren sein zu müssen. Tatsächlich handelt es sich dann nicht um problematische Einschränkungen der gestalterischen Freiheit, vielmehr sind ebendiese Einschränkungen rückblickend als produktiv zu bestimmen – der Modellbau erzeugte hier aus ebenjener Einschränkung heraus überraschende Momente von Originalität.

Es gibt im Fall dieses improvisierten Modells ein Moment der ›Überschreitung‹, das nicht im Vorhinein absehbar war.[6] Auf jenes produktives Potential der Improvisation verweist auch Sebastian Herkner selbst, wenn er erklärt, dass Improvisation in seinem Designprozess durchaus eine wichtige Rolle spielt.[7] Er scheint die Improvisation gewissermaßen ›herauszufordern‹. Die Improvisation diente ihm nicht nur dazu, den Entwurf anhand des Modells abzubilden, im Sinne etwa der bloßen Ausführung einer Idee, die im Kopf des Designers schon fertig vorliegt. Gleichzeitig entwickelte sich durch das Improvisieren auch die Idee einer Form.

So können sich erste dreidimensionale Skizzen als bedeutsam für den gesamten Prozess erweisen. Die Struktur des Sessels wurde nicht in Einzelteile zerlegt, die separat gestaltet und schließlich zusammenfügt wurden.[8] In dieser Hinsicht konstatiert beispielsweise Hans-Jörg Rheinberger, »[...] dass im Modell die Erkenntnis des Ganzen dem Verständnis der Teile vorausgeht [...].«[9] Die Vorgehensweise war eine ganzheitliche: Der Sessel wurde ungenau, aber als gesamter Sessel gebaut, ebenso wie eine Skizze zwar einen ganzen Entwurf zeigt, jedoch nicht in all seinen Details. Die verschiedensten Aspekte des Entwurfs wurden im Modell gebündelt. Sebastian Herkner suchte nicht nach Detaillösungen, sondern nach einer Gesamtform.

Materialität und Haptik sowie Proportion und Gesamtkonzept des späteren Produkts wurden wesentlich anhand des Modells bestimmt. So scheint auch der Sessel *Coat* noch die Anmutung und das Vorläufige des ersten improvisierten

6 | Die Architekturtheoretikerin Susanne Hauser beispielsweise bestimmt Entwerfen als Überschreitung des Gegebenen. Siehe Hauser 2013, S. 363.

7 | SH: Durch Improvisation komme ich zu neuen, anderen Lösungen, an die ich vielleicht zunächst nicht gedacht hätte. Die ich aber im Endeffekt spannender finde, als das, was ich eigentlich erzielen wollte. Improvisationen sind ja ursprünglich Notlösungen, um zum Ziel zu kommen. Bei dem Sessel hatte ich erst nicht das richtige Material da. Ich wollte auch keine Siebdruckvorlage für ein kleines erstes Modell machen müssen. Also habe ich die Latexfarbe, die noch in meinem Regal war, auf den Stoff gepinselt. Plötzlich kam diese ungenaue Kante zustande, daraus hat sich der Verlauf entwickelt. [...] Durch Improvisation. Solche Ideen wie der Verlauf entwickeln sich durch den Prozess: durch den Modellbau, durch Kommunikation, durch Diskussion und so weiter.

8 | Gui Bonsiepe beispielsweise bemerkt hierzu: »Nun ließe sich das Gestalten recht einfach an, wenn jede Variabel isoliert von den anderen betrachtet werden könnte. Das aber ist nicht möglich, da die Variablen mehr oder weniger eng miteinander verknüpft sind [...].« Gui Bonsiepe: *Arabesken der Rationalität. Anmerkungen zur Methodologie des Design / Arabesques of Rationality. Notes on the Methodology of Design.* In: ulm. 19/20 1967, S. 15.

9 | Hans-Jörg Rheinberger: *Epistemologie des Konkreten. Studien zu einer Geschichte der modernen Biologie.* Frankfurt am Main: Suhrkamp 2006, S. 15. Rheinberger bezieht sich hier auf Claude Lévi-Strauss. Siehe: Lévi-Strauss 1977, S. 37.

Modells zu nutzen. Der spätere Sessel ist zwar nicht als solcher improvisiert, aber sein spezieller, lose am Korpus befestigter Bezug und die verschiedenen Farben und Muster gehen auf das improvisierte Modell zurück. Wie aber hängt die Improvisation hier mit der Struktur des Designprozesses zusammen? Hat sie darin vielleicht sogar ihre Ursache?

Das Modell hat nicht nur einzelne Aspekte des Sessels mit hervorgebracht. Es spielt wegen seiner Originalität eine besondere Rolle im Entwurfsprozess als Ganzen (siehe Abb. 6, S. 31). Bei dem Modell tritt etwas zutage, das bei den zahlreichen anderen Modellen, die in dem weiteren Prozess entstanden sind, nicht in dem Maße vorhanden ist. Es verkörpert die Grundidee des Entwurfs, während die anderen Modelle bloß kleinere Verbesserungen dieses Modells sind. Der Designer brachte das Modell im September 2011 mit zu einer Designmesse nach London, bei der er sich mit Patrizia *Moroso*, der Produktmanagerin der Firma, traf. Es diente ihm schon in diesem ersten Arbeitstreffen dazu, den Auftraggeber von der Grundidee zu überzeugen.

> AF: Du hast nur dieses eine Modell präsentiert?
> SH: Genau. Dieses kleine Modell, das du hier fotografiert hast. Zusammen mit Materialtests und der Socke. Ich habe nur die eine Idee präsentiert, weil ich die super fand. Es geht ja am Anfang nicht darum, ein genaues Modell von einem perfekten Produkt zu präsentieren oder ganz viele verschiedene Varianten. Es geht um die Story. Die muss gut sein. Und die konnte ich schon mit dem Modell und der Socke erzählen. Patrizia *Moroso* fand die Idee mit dieser Bedruckung gut – sowohl das Funktionale als auch das Ornamentale des Drucks. Sie sagte: »Ok, arbeite es aus«.

Das Modell verkörpert die Quintessenz von Herkners Idee. Noch in späteren Treffen wurde das Modell immer wieder benutzt, um über den Entwurf zu diskutieren. Sebastian Herkner bewahrte es auf seinem Schreibtisch auf, es diente ihm im weiteren Verlauf des Designprozesses als Anhaltspunkt. Es kann sogar gesagt werden, dass alle späteren Schritte des Entwurfsprozesses (siehe Abb. 6) – sogar noch beim Prototypenbau in der Werkstatt von *Moroso* – letztlich darauf abzielten, die Originalität dieser ersten Modellbau-Improvisation in ein Produkt zu übertragen.

Die Analyse des Prozesses und die Beobachtung der Modelle eröffnet also völlig andere Perspektiven auf den Entwurf *Coat*. Der Entwurfsprozess ist schon im Ansatz anders, als man sich einen Designprozess normalerweise vorstellen würde. Die Formentscheidungen für dieses Serienprodukt werden quasi beiläufig beim Modellbau und durch Improvisation getroffen – nicht durch Antizipation. Der Prozess folgt keinem genauen Schema oder einer strengen Methodik. Es gibt zwar eine grobe Vorstellung von der Materialität und Anmutung des Sessels, der Designer weiß aber zu Beginn noch nicht, zu welcher Form er genau gelangen wird. Der Prozess beginnt stattdessen mit einem improvisierten Modell. Meine

Diskussion der Rolle des skizzenhaften Modells des Sessels *Coat* und seiner Rolle im Entwurfsprozess enthält in dieser Hinsicht schon einige Vermutungen mit Blick auf eine allgemeinere Konzeption von Designprozessen. Zwar entwirft der Designer am Ende einen Plan für ein Serienprodukt. Der Prozess zur Erstellung dieses Planes als solcher muss aber keineswegs selbst geplant sein. Darin liegt eine strukturelle Eigenschaft, die vermutlich allen Designprozessen gemeinsam ist und die mit der Eigenlogik des Entwerfens zu tun hat.[10] Anders als man es vielleicht vermuten könnte handelt Design nicht von klaren Vorgaben. Diese gilt es vielmehr erst zu gestalten.

Dies ist im Designbegriff bereits angelegt. So bedeutet das Wort ›Design‹ ›beabsichtigen‹ oder ›bezeichnen‹, es wurde vom italienischen ›disegnare‹ abgeleitet.[11] Etwas ›bezeichnen‹ meint in dieser Hinsicht auch, aus einer Vielzahl an möglichen Formen eine bestimmte Form auszuwählen[12] respektive Formentscheidungen zu treffen. »The ultimate object of design is form«,[13] heißt es etwa zu Beginn der *Notes on the Synthesis of Form* von Christopher Alexander. Die Form – der Entwurf im engeren Sinne – ist zunächst unbestimmt und konkretisiert sich erst im Designprozess selbst. Demzufolge ist Design ein Prozess mit unbestimmtem Ausgang, an dessen Anfang man das Ergebnis noch nicht kennt und an dessen Ende ein konkret umrissenes Produkt steht. Diese prinzipielle Unbestimmtheit bedingt dann die Improvisation. Solange es noch keinen Entwurf gibt, muss improvisiert werden. An improvisierten Modellen entlang tastet sich der Designer zu seiner Form vor.

Rahmenbedingungen der Improvisation

Die Improvisation ist bei Sebastian Herkner Teil seines Entwurfsprogramms. Sie ist Generator von Neuem und Entwurfsverfahren. Improvisation geschieht aber auch, weil er seine Ideen anhand von Materialien und Techniken konkretisieren muss. Als Autorendesigner arbeitet Sebastian Herkner vornehmlich allein. Er hantiert mit begrenzten technischen Mitteln. Ebendiese Notwendigkeiten führen ihn zu überraschenden Lösungen, sie entstehen im Umgang mit Gegebenheiten. An dem oben beschriebenen Modell von Sebastian Herkner zeigt sich, dass für die Improvisation die Dinge und Materialien, die der Designer in seiner Werkstatt findet, sowie die Techniken, die ihm zur Verfügung stehen, wesentlich sind. Das Modell verweist in seiner improvisierten Machart auf die Ressourcen des Designers, die sich – im Unterschied zur sehr gut ausgestatteten Modellbauabteilung einer

10 | Von der Notwendigkeit der Improvisation sprechen auch Jencks und Silver im Zuge ihres umfassenderen Konzepts des *Adhocismus*. Siehe: Jencks / Silver 1972, bes. S. 16ff.

11 | Vgl. z. B.: Michael Erlhoff, Tim Marshall: »Design«. In: dies. (Hg): *Wörterbuch Design*. Basel: Birkhäuser 2008, S. 88.

12 | Oder auch: »Was bestimmt ist liegt fest. Design verwandelt Vagheit in Bestimmtheit durch fortgesetzte Differenzierung.« Holger van den Boom, zit. in: Bürdek 2005, S. 13.

13 | Alexander 1994 (1964), S. 15.

großen Firma – auf den Raum seiner Atelierwohnung und auf wenige Werkzeuge beschränken.[14]

Sebastian Herkner hat daher eine umfangreiche Sammlung von Materialien und Artefakten (siehe Abb. 5). Er besitzt, neben Prototypen, Materialproben und Modellen, auch Entwürfe von anderen Designern, er sammelt Schalen und Glasobjekte, ebenso wie Bürsten, Textilien und Flohmarktfundstücke. Sebastian Herkner bewahrt eigentlich alle Dinge auf, die er findet, und die aufgrund des Materials, der Verarbeitung, der Form oder aus anderen Gründen für ihn interessant sein könnten.

Dem ungeübten Betrachter würde sich der Sinn dieser Objekte, die eigentlich gewöhnliche Alltagsdinge sind, nicht unbedingt erschließen. Doch sie können, wie im Fall der Socke, als Inspirationsquelle dienen oder irgendwann zu einem Modell verarbeitet werden. Der Stoff zum Beispiel, den Sebastian Herkner beim 1:5-Modell des Sessels benutzt hat, war Teil seiner Sammlung. Der feste Wollstoff war für das kleine Modell eigentlich ungeeignet und konnte nur lose drapiert und dann festgesteckt werden. Er ließ sich nicht richtig zusammennähen, was man als Einschränkung in der Formgebung auffassen könnte. Aber auch der spätere Sessel *Coat* besitzt nun, ähnlich dem Modell, einen Bezug, der nur an manchen Punkten mittels eines Reißverschlusses mit dem übrigen Sessel verbunden ist. Weil die Verwendung kruder und ungeeigneter Materialien überhaupt erst bestimmte ungewöhnliche, neue Kombinationen und Ideen provoziert, wird der Materialfundus zu einem entscheidenden Faktor in Sebastian Herkners Entwurfsprozess.

Ich will diese Rahmenbedingungen als zentrales Element des Entwerfens und als zentralen Aspekt gestalterischer Innovation auffassen. Meine Wendung gegenüber den Designbegriffen der späten Moderne liegt dabei weniger in der Einsicht, dass Entwerfen unbestimmt ist – Züge eines solchen Designverständnisses finden sich bereits bei Christopher Alexander. Die Wendung liegt vielmehr in der Darstellung des Designprozesses als einen Umgang mit dem Vorhandenen.

Wie aber lassen sich diese Rahmenbedingungen darstellen? Anstelle von einer linearen Struktur auszugehen orientiere ich mich überdies, ich hatte es in der Einleitung bereits angedeutet, an Bruno Latours Thesen zur Akteur-Netzwerk-Theorie (ANT) sowie an Hans-Jörg Rheinbergers Überlegungen zum »Experimentalsystem«. Während Rheinbergers Arbeiten vor allem wichtig für das spezielle Problem der Rekonstruktion von Improvisation innerhalb des Prozesses sind, so ist Latours ANT wichtig für mein Verständnis von Design als Solchem. Mit Latours ANT können unterschiedlichste Instanzen des Prozesses, seine Materialien, Akteure und Techniken zusammengedacht werden. Designprozesse sind Latour zufolge komplexe Aushandlungsprozesse auf materieller, technischer und sozialer Ebene mit verschiedenen Akteuren.

14 | Zu dem Zeitpunkt meiner Recherche arbeitete der Designer noch in seiner Wohnung, die ihm als Atelier diente. Inzwischen hat Sebastian Herkner ein Büro bezogen.

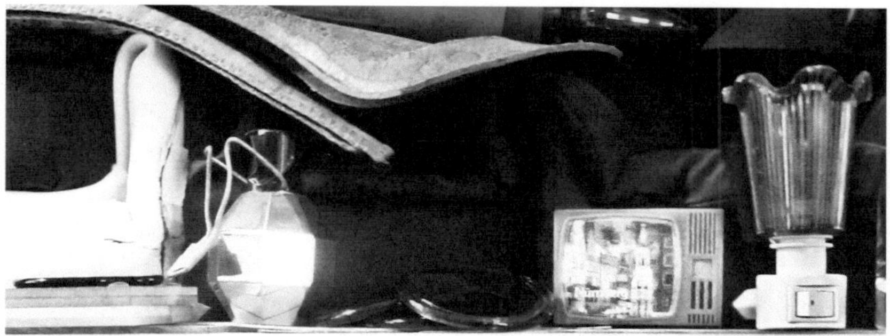

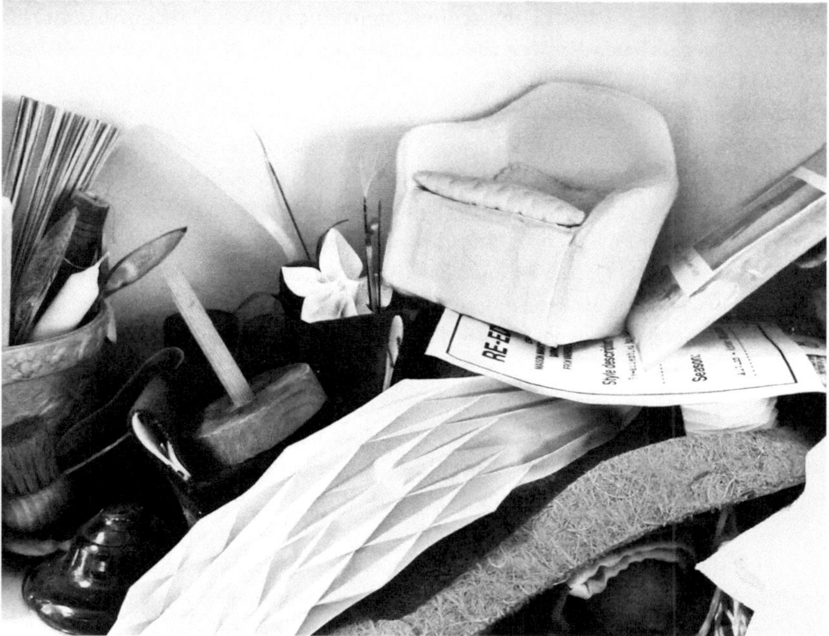

Abb. 5: Ein Ausschnitt aus der (Material-) Sammlung des Designers. Teilweise handelt es sich um Prototypen und Modelle, aber auch um ungeformte Materialien.

Ein Designprodukt kann in dieser Lesart nicht ohne seinen Kontext, der ebenfalls aus einer Vielzahl von technischen, materiellen und sozialen Faktoren besteht, verstanden werden. Für Latour sind die Dinge des Designs eingelassen in eine offene, netzwerkartige Struktur. Latour betont dies in seinem Aufsatz »Der Berliner Schlüssel«.[15] Der sogenannte Berliner Schlüssel ist ein Schlüssel mit zwei Bärten, der den Bewohner eines Mietshauses dazu bringt, die Haustür stets hinter sich abzuschließen, weil es sonst nicht möglich ist, den Schlüssel aus dem Schloss herauszuziehen und mitzunehmen. Für Latour ist der ›Berliner Schlüssel‹ ein Beispiel, wie Gegenstände unser Handeln – hier das soziale Handeln im Mietshaus – beeinflussen können.[16] Sie sind insbesondere dem Designer selbst – der die Dinge ja entwerfen, also verändern soll – nicht als abgeschlossene, unveränderliche Objekte gegeben. Dies bringt Latour dann schließlich in einem für die Designwissenschaft kanonisch gewordenen Vortrag vor der *Design Research Society* in Cornwall 2008 auf den Punkt:

> »Artefakte begreife ich als komplexe Versammlungen widersprüchlicher Sachverhalte – ich erinnere daran, dass dies die etymologische Bedeutung des Wortes »Ding« im Deutschen wie auch in anderen europäischen Sprachen ist (z. B. *thing* im Englischen). Wenn man Dinge als gut oder schlecht designt ansieht, dann erscheinen sie nicht länger als unabänderliche Tatsachen. In dem Maße, in dem sich ihre Erscheinung als unabänderliche Tatsachen abschwächt, wird ihr Platz unter den vielen veränderbaren Dingen, die uns angehen, um die wir uns kümmern müssen, gestärkt.«[17]

Ein Designartefakt ist diskutabel und wird durch Gestaltung, technischen Fortschritt und Gebrauch stets weiterentwickelt. Daher betont Latour, dass Design immer schon auf gegebenen Bedingungen beruht:

> »[...] [D]esignen heißt immer redesignen. Stets ist bereits etwas da, das als Gegebenheit, als Sachverhalt, als Problem existiert. Design ist eine nachfolgende Aufgabe, um dieses Etwas lebendiger, kommerzieller, verwendbarer, benutzerfreundlicher, annehmbarer, nachhaltiger und so weiter zu machen, je nach den Anforderungen, denen das Projekt genügen soll.«[18]

15 | Der Aufsatz ist erschienen in dem Band *Der Berliner Schlüssel. Erkundungen eines Liebhabers der Wissenschaften.* Berlin: Akademie Verlag 1996. Weiterführend zu den auch politischen Implikationen der Akteur-Netzwerk-Theorie Latours: *Das Parlament der Dinge: Für eine Politische Ökologie.* Frankfurt am Main: Suhrkamp 2010.

16 | Ebd.

17 | Latour 2009, S. 360.

18 | Ebd., S. 361.

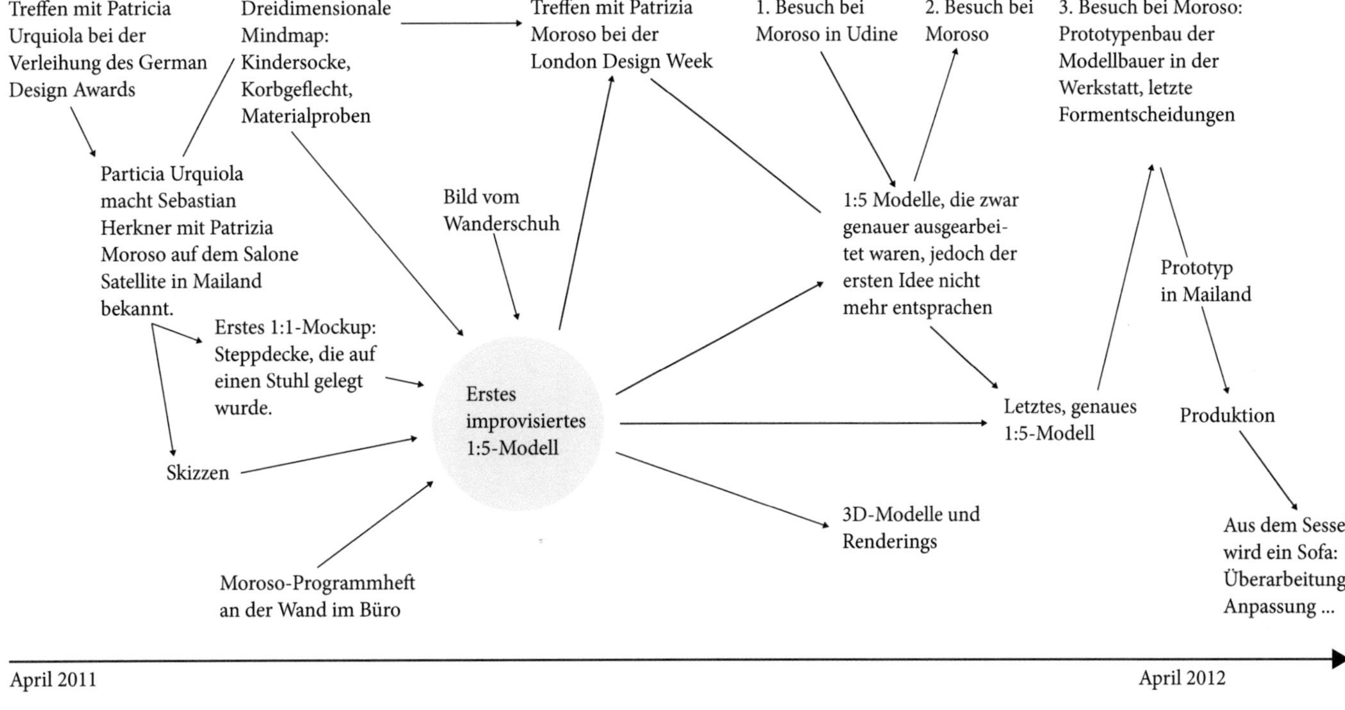

Abb. 6: Sebastian Herkners gesamter Entwurfsprozess in schematischer Darstellung.

Design, so könnte man auch sagen, ist im Sinne Latours nur eine Anpassungsleistung, also ein »redesign«, anstatt die ständige Neuerfindung von Alltagsprodukten. Der Designer beginnt seine Arbeit nicht mit einem weißen Blatt Papier. Stets hat er ein Vorbild, also einen vorliegenden Gegenstand oder ein vergangenes Projekt vor Augen. Umgemünzt auf das Problem dieser Studie, die sich auf die technischen Rahmenbedingungen von Improvisation und deren Rekonstruktion fokussiert, heißt dies nicht nur, dass sich Gegebenheiten auf die Ergebnisse der Arbeit auswirken, sondern dass gerade dies Design als solches konstituiert: Design ist per se ein Umgang mit Gegebenheiten, weil diese die Gestalt des Produktes mit beeinflussen können. Dies wiederum führt dann zu dem Problem, das diese Studie im Einzelnen verhandelt. Die Entstehung der Improvisation kann man nun zumindest teilweise aus den materiellen Faktoren, die den Designprozess und seine Voraussetzungen bilden, ableiten.

Prozesshaftigkeit von Gestaltung

Dass ich so sehr auf der Bedeutung von Material und Technik für die Improvisation insistiere, hat jedoch noch einen weiteren Grund. Aus der Beobachtung, dass sich Sebastian Herkner in seinen Entwürfen von Materialien und Techniken aus seiner Sammlung sowie von Improvisation leiten lässt, ergibt sich eine unübliche Perspektive auf das Tun des bekannten deutschen Designers. Würde man nur den fertigen Sessel *Coat*, unabhängig von seinem Designprozess, betrachten, so könnte man vermuten, dass die Gestaltung des Sessels auf einem einzelnen Einfall beruhe. Im Autorendesign ist man, was die Entwurfsprozesse und die Hervorbringung von Neuem angeht, oftmals fokussiert auf die Figur des einzelnen Gestalters und sein besonderes Talent. Qua seiner natürlichen Gabe sei der Gestalter dann dazu befähigt, einen Entwurf frei zu imaginieren und zu zeichnen. Diese Lesart des Designprozesses ist durchaus gängig, sie wird sogar in avancierteren Designtheorien noch verteidigt. Auf das Konzept der einzelnen Idee stützt sich beispielsweise Nigel Cross in seinem Buch *Designerly Ways of Knowing*, das Atelierstudien zum Gegenstand hat. Für Cross entsteht Originalität im Designprozess durch den »Kreativen Sprung« (»*Creative leap*«).[19] Dies wäre jedoch eine einseitige Rückführung der Neuheit auf einen einzelnen Eureka-Moment und würde einer Diskussion um Kreativitätsbegriffe und Genie den Weg ebnen.

In diesem Sinne deckt die Betrachtung der Improvisation hier ein gängiges Missverständnis auf, was die Entstehung von Neuem oder, anders gesagt, von Originalität im Designprozess betrifft. Wenn hier Materialien und Techniken sowie ein

19 | Nigel Cross: *Designerly Ways of Knowing*. Basel [u. a.]: Birkhäuser 2007, S. 65–82. Mit *Creative leap* meint Cross die plötzliche Überbrückung einer Lücke zwischen einem Designproblem und der in eine Form gefassten Lösung, sodass etwas Neues entsteht. Ziel des Buches von Nigel Cross ist die Bestimmung von Design als ›dritte‹ Wissensform im Unterschied zu den Natur- und Geisteswissenschaften. Den *Creative leap* arbeitet Cross dabei als zentrales Distinktionsmerkmal heraus. Dies geschieht anhand von Gesprächsprotokollen sowie in Versuchsaufbauten, in denen Designer einen fiktiven Entwurf zeichnen und ihre Gedanken laut äußern können.

1:5-Modell wesentlichen Anteil am Entwurf hatten, kann von ›Genie‹, ›Schaffen‹ und ›Freiheit‹ im Designprozess allein nicht die Rede sein. Insbesondere die Improvisation, die hier wesentliche Formentscheidungen provoziert hat, geschieht nicht ex nihilo, sondern ausgehend von Materialien und Techniken. Bereits mit Blick auf Sebastian Herkners Modelle erweisen sich die materiellen Voraussetzungen der Improvisation – die unabhängig vom Talent des Autors sind – als ebenso entscheidend, wie seine Fähigkeit, mit ihnen umzugehen. Dies gilt, wie ich an dieser Stelle schon vorwegnehmen kann, nicht nur für das Autorendesign, sondern auch für die größeren firmeneigenen Designabteilungen im Industriedesign.

Dabei haben längst auch andere Theoretiker der Improvisation – besonders das Feld der künstlerischen Produktion betreffend – den ambivalenten Status der Improvisation zwischen Freiheit und Einschränkung hervorgehoben. So fasst beispielsweise der Literaturwissenschaftler Edgar Landgraf zusammen:

> »Improvisation cannot be decoupled from structure and repetition; rather than being the expression of unbridled freedom, improvisation must be seen as a mode of engaging existing structures and constraints.«[20]

Für Landgraf entlarven insbesondere die Texte von Heinrich von Kleist einen Widerspruch zwischen der an die künstlerische Produktion herangetragenen Erwartung der Freiheit und der tatsächlichen, quasi aus der Not und der Einschränkung heraus geborenen Improvisation.[21] Eine ähnliche Position vertreten auch Charles Jencks und Nathan Silver. Sie argumentieren, dass Improvisation in der Architektur und im Design ausschließlich auf die jeweiligen Rahmenbedingungen zurückgeht. ›Genie‹ und ›Talent‹ werden dabei von Jencks und Silver zurückgewiesen, das Gestaltungsprinzip der Improvisation basiert für sie vielmehr auf dem Rückgriff auf vorhandene Subsysteme. Dies sind typischerweise Halbzeuge, Fertigteile und Artefakte der industriellen Massenproduktion.

Dabei gelangt man nicht nur, indem man im Sinne des Adhocismus improvisiert, schneller zu einem neuen Ergebnis. Der Adhocismus ist für Jencks und Silver in einem nächsten Schritt sogar Ursprung von Gestaltung an sich:

> »Perhaps the oldest and simplest method of creation consists of readily available subsytems *ad hoc*, since it is always easier to work with what is familiar and at hand than what is removed in space and time.«[22]

Gestaltung kann ihre Formen niemals aus dem Nichts heraus produzieren und muss daher notwendigerweise auf Vorhandenes zurückgreifen. Die Originalität liegt für Jencks und Silver darin – genau entgegen der Idee von Genie und Talent

20 | Landgraf 2011, S. 11.

21 | Vgl. Landgraf 2003, S. 2.

22 | Jencks / Silver 1972, S. 16.

– aus dem bereits Vorhandenen etwas Neues (respektive Originelles) zu machen, anstatt aus reiner Einbildungskraft heraus eine Idee zu schaffen:

> »Beyond passive, feeble and active optimization lies true creativity, some would say. But support for adhocism implies suspicion of the idea that progress is mainly due to isolated geniuses who ignore the work of others. Novelty isn't important to an adhocist – because a search for true novelty is usually fruitless.«[23]

Jencks und Silver weisen an dieser Stelle nicht nur Ideen von Genie und Talent zurück, sondern sogar den allgemeinen Anspruch an die Gestaltung, sie müsse überhaupt Neues produzieren. Gleichwohl wäre es pessimistisch, zu behaupten, Design könne keine neuen Formen hervorbringen, bloß weil es Gegebenes verwenden muss. Diese radikale Haltung soll später noch mit Blick auf den Diskurs zur Postmoderne im Design erörtert werden. Mir geht es hier zunächst darum, das Design ausgehend von seinen Voraussetzungen zu verstehen und die Emergenz des Neuen aus dem Prozess heraus darzustellen.

Die Fokussierung auf den Designprozess und seine Materialien schlägt sich noch auf anderer Ebene in der gegenwärtigen Designpraxis nieder. Die Einsicht, dass Designprozesse komplexe Zusammenhänge mit verschiedenen Akteuren sind, hat auch Folgen für die Art und Weise, wie die Designer ihre Arbeiten präsentieren. Das Zeigen des Designprozesses erfährt derzeit eine Konjunktur, viele Präsentationen haben nicht das einzelne Produkt, sondern den gesamten Gestaltungsprozess zum Gegenstand. Insgesamt kann eine Rückbesinnung auf das Materielle, Unabgeschlossene und Prozesshafte des Designs beobachtet werden. Nicht mehr der einzelne Autor steht im Fokus, zahlreiche Ausstellungen rücken anstelle der fertigen, abgeschlossenen Produkte die Modelle und Studien aus den Designprozessen, und damit auch die darin enthaltenen Momente von Improvisation in den Vordergrund.

So hatte bereits 2009 das DAMN-Magazin in Mailand eine Ausstellung initiiert, in der verschiedene Studien für Sitzmöbel von internationalen Designern gezeigt wurden, unter denen sich jedoch kein einziges ausgearbeitetes Möbel befand. Stattdessen wurden vorläufige Studien für bekannte Designmöbel gezeigt. Die Zusammenschau all dieser im Grunde völlig unterschiedlichen und unfertigen Sitzobjekte dokumentierte die jeweils eigenen Strategien der Designer, anhand von Modellen zu einer Form zu gelangen. Viele dieser Modelle waren improvisiert.[24] Auch in der von Joseph Grima kuratierten Ausstellung *Adhocracy* im Rahmen der Design Biennale in Istanbul im Herbst 2012 in der Galata Greek School standen improvisatorische Produktionsweisen im Fokus.

23 | Ebd., S. 128.

24 | Die Ausstellung mit dem Titel *Prophets and Penitrents* fand in einer ehemaligen Kirche statt.

Gezeigt wurden Werkzeuge der »postindustriellen Produktion«[25] wie zum Beispiel modifizierte 3D-Drucker.

Auch die 2012 von Jan Boelen und Matylda Krzykowski in Genk kuratierte Ausstellung *The Machine* versammelte Produktionsapparaturen, die durch Improvisation und Vorläufigkeit gekennzeichnet waren. In der Ausstellung *The Machine* erfuhren die behelfsmäßigen Maschinen eine Aufwertung als Objekte des Designs, indem ihre Funktionsweisen mit gestalterischen Mitteln, z. B. Videos, in Szene gesetzt wurden, während die tatsächlich produzierten Dinge zur Nebensache wurden.[26]

Schließlich untersuchte eine von den amerikanischen Designforschern Tim Parsons und Jessica Charlesworth initiierte Installation von Gebrauchsgegenständen im Museum of Contemporary Art in Chicago im Juli 2013 die Möglichkeiten der Zweckentfremdung und Aneignung von schon gestalteten Alltagsobjekten durch die Nutzer und führte darin dem Betrachter die prinzipielle Unabgeschlossenheit des Designs vor Augen. Die Ausstellung hatte den Titel *Adhocism* – in bewusster Anlehnung an das Buch von Jencks und Silver. Auch Sebastian Herkner zeigt, wie viele andere Designer, auf seiner Portfolio-Website nicht nur die Fotografien des fertigen Sessels, sondern auch Bilder der Modelle und Techniken, die zu dessen Herstellung notwendig sind (siehe Abb. 7).

Es muss jedoch mit Blick auf diese Tendenzen angemerkt werden, dass die Authentizität der Prozess-Narrationen kritisch zu hinterfragen ist. Welche Motive letztlich Eingang in die Geschichten über Designprozesse erhalten, wird ebenso vom Gestalter bestimmt, wie die von ihnen verantwortete Erscheinung des Produkts. So bemerkt etwa Gerrit Terstiege, der ehemalige Chefredakteur der Zeitschrift *form*, die nicht zufällig über mehrere Jahre hinweg den Untertitel *the making of design* hatte:

> »Gewiss ist nicht immer [...] überprüfbar, inwieweit das scheinbar authentische Feilen am Modell nicht längst ein kalkuliertes Sichtbarmachen »schöner Fehler« ist, während manches aus der holprigen Startphase eines Projekts verschwiegen wird. [...] Filmische »Making of«-Features, also Kommentare von Schauspielern

25 | Ich meine damit eine vor allem technische, die Idee der seriellen Massenproduktion verändernde Entwicklung. Erst in zweiter Linie ist eine nachindustrielle Gesellschaft im Sinne Daniel Bells gemeint: »Wenn hier von postindustrieller Gesellschaft die Rede ist, so sind in erster Linie die Änderungen in der sozialen Struktur gemeint, also der wirtschaftliche Wandel, die Verschiebungen innerhalb der Berufsgliederung und das neue Verhältnis zwischen Theorie und Empirie, vor allem zwischen Wissenschaft und Technologie.« Daniel Bell: *Die nachindustrielle Gesellschaft*. In: Welsch, Wolfgang (Hg.): *Wege aus der Moderne. Schlüsseltexte der Postmoderne-Diskussion*. Weinheim: VCH, 1988, S. 144.

26 | Jan Boelen und Matylda Krzykowski haben die Ausstellung selbst als unabgeschlossenes Ausstellungsformat konzipiert. Die Ausstellung *The Machine* fand erstmals in Genk im Zusammenhang mit der Manifesta 9 statt. Eine zweite Präsentation erfolgte 2012 bei der Dutch Design Week, in die dritte Show 2013 im Nederlands Architectuurinstituut wurden neue Arbeiten integriert.

> oder Regisseuren, vermischt mit verworfenen Szenen, missglückten Stunts und Dialogen, sind heute fester Bestandteil der Vermarktungskette großer Hollywoodproduktionen.«[27]

Der Designprozess, der vor der Produktion liegt, ist also längst selbst Gegenstand von Gestaltung geworden. Das am Making-Of-Video sichtbar werdende neue Verständnis gestalterischer Originalität könnte nun durchaus auf eine Verschiebung im Originalitätsdiskurs hinweisen. Design ist dann nicht mehr Tun des Einzelnen, sondern bedeutet ein Zusammenspiel verschiedener Akteure.

Die Verschiebung – vom einzelnen Autor hin zum Prozess – deutet (unabhängig von den öffentlichkeitswirksamen Prozessnarrationen der Autorendesigner) auf einen weiteren Diskurs in den Designwissenschaften hin, in dem derzeit ebenfalls ein Interesse am Prozess formuliert wird, und zwar unter der Prämisse, Design wirklich im Moment seiner Entstehung zu beleuchten. Bruno Latour und Steve Woolgar leisteten mit der Studie »Laboratory Life«[28] einen grundlegenden Beitrag zu den Laborstudien der 1970er und 1980er Jahre, die auch für das Verständnis von Interaktionsprozessen in Designstudios hilfreich sein kann. In »Laboratory Life« formulierten sie die für die bisherige Wissenschaftsforschung provokante These, dass Dinge der Naturwissenschaft sozialen Aushandlungsprozessen unterliegen, ja sogar *sozial konstruiert* sind, weil »soziale Faktoren die alltägliche Praxis der Wissenschaft bestimmen«.[29] Dies hat die Wissenschaftsforschung für das Design anschlussfähig gemacht. Nicht nur sind die Dinge des Designs von jeher ›konstruiert‹. Designprozesse sind neben ihrer technischen Seite auch von sozialer Seite zu betrachten. So hat man in den Designwissenschaften – mit dem Vorbild der Laborstudien im Hinterkopf – begonnen, die Bedingungen, unter denen gestaltet wird, genauer zu untersuchen, ähnlich wie ich es auf den letzten Seiten mit Sebastian Herkners Designprozess getan habe.[30] Die Ausstellungen, die Websites der

27 | Gerrit Terstiege: *The making of design. Vom Modell zum fertigen Produkt.* Basel: Birkhäuser 2009, S. 7.

28 | Die Studie »Laboratory Life« handelt bereits von der Idee des Netzwerks. Hier beschreibt Latour gemeinsam mit dem Wissenschaftsforscher Steve Woolgar Beobachtungen aus dem Labor des Wissenschaftlers Roger Guillemin im Salk Institute in Kalifornien, die sie über zwei Jahre hinweg gemacht hatten. Sie legen ihr Augenmerk auf die Prozesse im Labor und deren Zusammenhänge, was besonders an einer Abbildung deutlich wird, die einen Zusammenhang zwischen dem Raum des Labors, seinem ›Input‹ (in Form von Materialien) und dessen ›Output‹ (in Form von Artikeln) herstellt. Siehe: Bruno Latour, Steve Woolgar: *Laboratory Life: The [social] Construction of Scientific Facts.* Princeton: University Press Group Ltd 1986. Nachdruck 2013, S. 46f.

29 | Andréa Belliger und David J. Krieger: *Einführung in die Akteur-Netzwerk-Theorie.* In: Dies. (Hg.): *ANThology. Ein einführendes Handbuch zur Akteur-Netzwerk-Theorie.* Bielefeld: transcript 2006, S. 21.

30 | Bes.: Albena Yaneva: *Made by the Office for Metropolitan Architecture. An Ethnography of Design.* 010 Publishers: Rotterdam 2009, sowie von Seiten der Soziologie: Roger Häußling: *Zum Design(begriff) der Netzwerkgesellschaft. Design als zentrales Element der Identitätsformation in Netzwerken.* In: Jan Fuhse, Sophie Mützel (Hg.): *Relationale Soziologie. Zur kulturellen Wende der Netzwerkforschung.* Wiesbaden: VS Verlag 2010.

Designer und die Videos stehen für eine neue Beobachtungsperspektive von Design, die Design als per se unabgeschlossenen Prozess versteht.

Die Prozess-Narrationen im Design und in den Designwissenschaften können etwas zum Verständnis von Designtätigkeit heute beitragen, weil sie einen anderen Blick auf das Design eröffnen, ähnlich wie die Laborstudien von Bruno Latour und Steve Woolgar sowie von Karin Knorr-Cetina in den 1970er und 1980er Jahren eine neue Perspektive auf das Tun der Wissenschaftler im Laboratorium eröffnet haben.

In dieser Lesart werden anstelle der fertigen, geplanten Designprodukte auch die Zeit und Mühe, die sozialen Aushandlungsprozesse, die Bastelei, das Handwerkliche und schließlich auch die Unfälle, Improvisationen und Zufälle im Design sichtbar. Diese Prozessdarstellungen legen die weitergehende Vermutung nahe, dass Improvisation als Moment der Formfindung nicht nur auf das Autorendesign, wie ich es oben anhand von Sebastian Herkner diskutiert habe, beschränkt bleibt. Improvisation bestimmt alle Designprozesse vom Einzelstück bis zum Serienprodukt, hier bildet selbst das klassische Industriedesign keine Ausnahme.

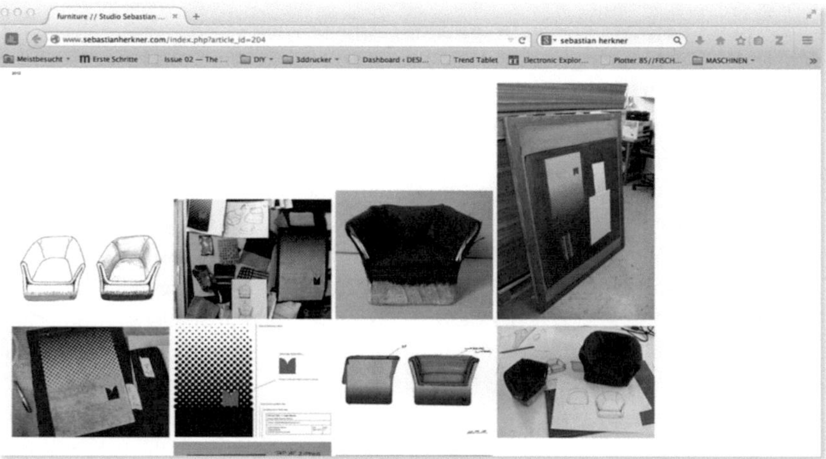

Abb. 7: Screenshot von der Webseite Sebastian Herkners, auf der dieser seinen Designprozess präsentiert. An prominenter Stelle findet sich auch das erste improvisierte 1:5-Modell des Sessels *Coat*.

Um zu verstehen, warum dies nun gegenüber bisherigen Designauffassungen einen maßgeblichen Paradigmenwechsel darstellt, gilt es ein paar Schritte in der Designgeschichte zurückzugehen. Im Folgenden will ich die andere Seite, nämlich eine vor allem auf das geplante, abgeschlossene Designprodukt fokussierte Sicht betrachten. Hier wurde das handwerkliche Arbeiten, und damit auch die Improvisation aus den Designprozessen verdrängt.

2. Handwerk und Improvisation

Design – also der Prozess des Entwerfens von Dingen des Gebrauchs, die in Serie produziert werden – wird meist weniger mit Improvisation als mit Planung in Verbindung gebracht. Wenn von Design die Rede ist, ist meist das klassische Industriedesign im traditionellen Sinne gemeint. Design geht vom Paradigma der Serienproduktion aus und bestimmt sich ausgehend von Grenzziehungen aus den 1950er Jahren, etwa der strengen Unterscheidung von Handwerk und Kunst.[31] So verstanden scheint Design, wie ich oben angedeutet hatte, auf den ersten Blick in keinem Zusammenhang zu solchen improvisierten, vorläufigen und gebastelten Momenten des Designprozesses zu stehen, wie ich sie untersuche und als legitimes Gestaltungsmittel verteidige. In den Designtheorien der 1950er und 1960er Jahre führte das für das Design so zentrale Paradigma der Serienproduktion zu einem grundsätzlichen Missverständnis in Bezug auf die Prozesse des Designs. Damit es nicht bei dieser starken Behauptung bleibt, will ich die Entstehung dieses Missverständnisses im Folgenden rekonstruieren.

Der Designbegriff ist an die Entstehung einer industriellen Produktkultur und an die Idee einer gestalterischen Moderne gekoppelt. So könnte man zwar schon in Bezug auf vorindustrielle Entwurfstätigkeit, etwa mit Blick auf die Musterbücher, die Kunsthandwerkern als Vorlage für ihre Produktionen dienten, von Design sprechen. Aber erst in der Industrialisierung und mit der Serienproduktion wurde Design im emphatischen Sinne überhaupt erst notwendig, wie die Designwissenschaftlerin Claudia Mareis bemerkt:

> »Die neue Warenwelt verlangte nach innovativen Formen der ästhetischen Gestaltung und Inszenierung, [...] nach unverbrauchten Formensprachen.«[32]

31 | Vgl. hierzu bes. Mareis 2014, S. 48f. Ich bestimme Design im Unterschied zur Kunst als dasjenige, das wir als Design *rezipieren*. Dem liegt die Einsicht zugrunde, dass wir einen Tisch, einen Stuhl, eine Lampe, auch wenn es sich um Einzelstücke handelt, die in Galerien und Museen präsentiert werden, immer noch als Tisch, Stuhl oder Lampe erfahren. Kunst hingegen ist mehrdeutig, rätselhaft, unbestimmt und insbesondere Gegenstand einer genuin *ästhetischen Erfahrung*. Vgl. Juliane Rebentisch: *Theorien der Gegenwartskunst zur Einführung*. Hamburg: Junius 2013, S. 33f.

32 | Mareis 2014, S. 50. Man könnte nun einwenden, dass Design schon mit dem Konzept des *disegno* in der Renaissance begonnen hat. Aber das Design hat im Gegensatz zum *disegno* seinen Ursprung in den industriellen Techniken. Vgl. ebd., S. 47ff.

Die neuen Formensprachen waren bestimmt vom Prinzip der Serie. Serialität ist nicht nur konstitutiv für das einzelne Designprodukt, es ist sogar die basale Bedingung von Design an sich. ›Designen‹ oder, etwas eleganter formuliert, ›Entwerfen‹ meint, die Herstellung, Präsentation und den Gebrauch eines später in einer bestimmten Auflage zu produzierenden Gegenstandes in einem Plan zu antizipieren. Der Plan, der ›Entwurf‹, die Vorlage oder ›das Design‹ für ein Produkt umfasst eine Gesamtheit aus Techniken und Materialien, die zu seiner Fertigung benutzt werden, sowie die konkrete Form des Produkts.

Die industrielle Produktion erforderte im Gegensatz zur handwerklichen Produktion die Gestaltung von Dingen des Gebrauchs durch Experten, die sich ausschließlich auf das Entwerfen von Serienprodukten fokussierten. Bis zur Industrialisierung waren Entwurf und Fertigung in der handwerklichen Tätigkeit zusammengefasst, mit der industriellen Produktion aber entstand die Notwendigkeit, den Entwurfsprozess von der Produktion abzulösen. Dies schlägt sich in der formalen Erscheinung des Designprodukts ebenso wie in der Gestaltung der Designprozesse nieder, die in einem nächsten Schritt auf eine bestimmte Art und Weise ebenfalls ›designt‹ wurden.

Handwerkliche Produktion vs. industrielle Produktion

Wer aber waren die Figuren dieses modernen Industriedesigns? Einer der ersten Protagonisten in dem sich in den 1950er Jahren formierenden Feld des Industriedesigns war der Designer und Kunsthistoriker Wilhelm Braun-Feldweg. Braun-Feldweg war ursprünglich ein Handwerker. Sein Interesse an der Gestaltung hatte ihren Ursprung in seiner eigenen handwerklichen Praxis als Stahlgraveur sowie in seinem Studium der Kunstgeschichte. Siegfried Gronert nennt ihn daher einen »Macher und Handwerker«.[33] Braun-Feldwegs frühe Texte zum Industriedesign waren als Lehrbücher für Designer und für Unternehmer konzipiert, denen die Praxis des Designs und die Möglichkeiten der industriellen Formgebung verständlich gemacht werden sollten. Sie waren noch stark von dem Gedanken einer handwerklichen Ausrichtung des Designs geprägt. Der Beitrag zum damaligen Diskurs um das Design liegt bei diesen Texten Braun-Feldwegs vor allem in der Schärfung des Begriffs ›Industrial Design‹ mit handwerklicher Prägung. Daran wird das für das Design typische, ambivalente Verhältnis zum Handwerk deutlich, das nicht nur damals, sondern auch heute noch die Designdiskurse prägt.[34] Die Schriften Braun-Feldwegs waren zudem – wie viele Designtheorien zu Anfang des 20. Jahrhunderts – getragen von einem Versprechen der Demokratisierung der gut gestalteten Alltagsprodukte mit Hilfe der Massenproduktion. Seine späteren Texte

33 | Siegfried Gronert (Hg.): *Form und Industrie. Wilhelm Braun-Feldweg.* Frankfurt am Main: Verlag form 1998, S. 12.

34 | Wilhelm Braun-Feldweg: *Normen und Formen industrieller Produktion.* Ravensburg: Maier 1954; *Beiträge zur Formgebung.* Essen 1960; *Industrial Design heute. Umwelt aus der Fabrik.* Hamburg: Rowohlt 1966.

stehen dann im Gegensatz dazu für eine Haltung, die technische Entwicklungen und die vollkommene Automatisierung der Produktion als für das Design zentral ansieht. Braun-Feldweg nahm dabei, wie Siegfried Gronert bemerkt, einen Begriff von Design vorweg, wie er an der HfG Ulm propagiert wurde.[35]

An der Figur Braun-Feldwegs kann die Veränderung, die das Konzept des Entwerfens in der späten Moderne erfuhr, gut rekonstruiert werden. Braun-Feldwegs Schrift *Industrial Design heute,* die 1966 erschien, konturiert den Designbegriff zunächst vor dem Hintergrund der Designbegriffe aus den Anfängen – also der Designkonzepte von Werkbund, De Stijl und Bauhaus.[36] Bauhaus und Werkbund hatten die Rolle des Handwerks im Design im Kontext des Spannungsverhältnisses von Singularität und Serialität diskutiert. Insbesondere der Widerspruch zwischen dem Individuellen der handwerklichen Formgebung und der Gleichartigkeit der Serienproduktion, die anonyme Produkte hervorbringt, war in einem umfassenderen Sinne bereits Gegenstand dieser ersten Gestaltungsdebatten.

Handwerk, Kunst und Industrie wieder miteinander zu versöhnen, dies war, wie auch Albrecht Wellmer hervorhebt, das Projekt des Werkbundes gewesen:

> »Seine führenden Vertreter glaubten, daß technologischer und ästhetischer Modernismus langfristig zu einer Art von Konvergenz gebracht werden könnten. Sie hofften, daß die seit dem Ende der handwerklichen Produktionsweise auseinandergetretenen Bereiche von Kunst und Industrie miteinander versöhnt werden, daß die Funktionen des Künstlers, des Technikers und des Kaufmanns – vormals in der Person des Handwerkers miteinander verbunden – auf einer höheren Stufe der Differenzierung wieder zu einer harmonischen Einheit verknüpft werden könnten. Das Resultat würde die Freisetzung und Entfaltung einer genuin modernen ästhetisch-moralischen Kultur sein.«[37]

Gerade der Umstand, dass Produkte sich nicht mehr allmählich veränderten, sondern schlagartig und aufgrund neuester Techniken, schien eine neue Form der Gestaltung notwendig werden zu lassen. So ging es insbesondere um die Frage, ob die neue industrielle Form von der Technik her bestimmt werden sollte oder durch die Verwendung althergebrachter Formen aus der vorindustriellen Zeit. Werkbund und Bauhaus strebten, in Rücksichtnahme auf die handwerkliche Tradition, in der Figur des Designers eine Verbindung von Handwerker, Künstler und Techniker an.

In dieser Linie argumentiert zunächst auch Wilhelm Braun-Feldweg. So spricht er von Design als einem »Zwischenbereich von Kunst und Technik« und stimmt darin zunächst mit den Ideen von Werkbund und Bauhaus überein.[38]

35 | Vgl. Gronert 1998, S. 11.

36 | Vgl. Braun-Feldweg 1966, S. 24–39.

37 | Wellmer 1985, S. 117.

38 | Vgl. Braun-Feldweg 1966, S. 64.

»Die [im 19. Jh.] einsetzende retrospektive Betrachtung schied, im Gegensatz zum ganzheitlichen Denken der Alten, die gesamte Kultur in ›Kunst‹ und ›Nichtkunst‹, wobei schlicht und einfach das Nützliche zur Zweiten, das Nutzlose zur Ersten geschlagen wurde.«[39]

Handwerk und Industrieproduktion haben für ihn unterschiedliche Qualitäten, gleichzeitig aber haben sie beiderseits ihre Berechtigung.

»Der Charme des Handwerks liegt in der Skizzenhaftigkeit und Mühseligkeit; der Reiz der Maschinenarbeit liegt in der fehlerlosen Ausführung, die an den Entwerfer hohe Anforderungen stellt.«[40]

Dann jedoch wendet Braun-Feldweg das Design in eine auf das industrielle Massenprodukt fokussierte Richtung. Er betrachtet die Aktivitäten von Bauhaus und Werkbund als »Regenerationsbemühungen«, weil die Industrie nach und nach alle Gegenstandsbereiche erfasse, und zwar in einem rasanten Tempo, mit dem Schritt zu halten den ersten Designern schwerfallen musste.[41] Dabei hebt auch Braun-Feldweg gegenüber der handwerklichen Produktion als wesentlichsten Unterschied das Serielle des Designs hervor. In der Darstellung der strukturellen Bedingungen von Serienproduktion liegt einer der zentralen Aspekte von Braun-Feldwegs Designbegriff. Die wichtigste Eigenschaft des Serienprodukts bildet für Braun-Feldweg zunächst die Gleichartigkeit der Form:

»Die verschiedenen Methoden der Herstellung – das Werkzeug und seine manuelle Führung einerseits, die unabhängige Mechanik der Maschine andererseits – können nicht die alleinige Ursache des besonderen sein, das wir als ›technische Form‹, ›technischen Charakter‹ oder ähnlich bezeichnen. [...] Weit stärker als der Produktionsvorgang an sich charakterisiert das massenhafte Auftreten des Gleichartigen die industrielle Serie.«[42]

Sowohl das Technische als auch das Repetitive bestimmen Form und Charakter des Serienprodukts. Der Umstand, dass mehrere Tausend Exemplare von einem Gegenstand hergestellt werden, erfordert nicht nur die genaue Planung im Vorhinein. Die Serialität erfordert auch neue Formensprachen.

Dabei, dies sei hier angemerkt, wird im Design zwischen verschiedenen Abstufungen von Serie unterschieden. Erstens gibt es Kleinserien – sie werden zumeist handwerklich hergestellt, daher kann diese Form der Serie auch mit Improvisation korrelieren. Zweitens wird im Design auch eine Reihe von formal

39 | Ebd., S. 22.

40 | Ebd., S. 123.

41 | Vgl. ebd., S. 24.

42 | Ebd., S. 75.

zusammenhängenden, aber funktional unterschiedlichen Entwürfen, etwa eine Möbelserie (Tisch, Stuhl, Sofa, Leuchte), als Serie bezeichnet. In ähnlicher Weise können Varianten eines Entwurfs, die durch generative Prozesse oder durch Zufallsverfahren entstehen, als Serie bezeichnet werden. Drittens gibt es Zwischenformen von Industrie und Handwerk, insbesondere im schon diskutierten Möbelbereich, in der Glasbläserei oder auch bei der Produktion von Porzellan. Dies gilt auch noch heute im Zeitalter der digitalen Produktion. Insbesondere bei der Produktion von Polstermöbeln wie dem Sessel *Coat* kann technisch gesehen gar keine vollständige Automatisierung stattfinden, weil das Nähen der Textilien von Hand erfolgen muss. So umfassen viele industrielle Prozesse weiterhin manuelle Arbeiten. Dies räumt auch Braun-Feldweg ein: Handwerk wird für ihn beispielsweise dann notwendig, wenn es darum geht, Glasbecher für den Haushalt zu produzieren:

> »Eine vollautomatisch arbeitende Maschine ist so teuer und ihr täglicher Ausstoß so gering, daß sie nur zur Herstellung von Bierbechern, Flaschen und anderen massenhaft benötigten Behältern eingesetzt werden kann. Die üblichen Haushaltsglaswaren bläst auch heute noch der Glasmacher mit seiner Pfeife.«[43]

Das Möbeldesign wiederum betrachtet Braun-Feldweg als einen »Zwischenbereich«, es handelte sich um eine »halb manufakturelle, halb technisierte Produktion«.[44]

Für Braun-Feldweg verbergen sich dann hinter dem Begriff der Serie ebenfalls verschiedene Abstufungen, auf lange Sicht jedoch ist das Ziel für Braun-Feldweg die Automatisierung aller Produktionsformen, und schließlich auch die Fokussierung des Designs auf die vierte Kategorie der Serienproduktion: Das Massenprodukt.[45] Manuelles Arbeiten, das bei Braun-Feldweg hier nur noch als repetitives, stets dieselbe Form reproduzierendes Handwerk erscheint, soll dann sukzessive durch Techniken der automatisierten Produktion ersetzt werden. Das Design wird von der Massenproduktion bestimmt. Jenen Entwürfen, deren Auflage mehrere Tausend Stück umfasst, wie bei der industriellen Herstellung von Flaschen, Gläsern und Ähnlichem, soll – auch im Sinne der von Werkbund und Bauhaus angestrebten Demokratisierung von Alltagsprodukten – die meiste Aufmerksamkeit der sich formierenden neuen Disziplin gelten.

Die Massenproduktion ist dabei durch hohe Investitionskosten gekennzeichnet, am deutlichsten sichtbar wird dies an der industriellen Glasherstellung. Der automatisierte Glasproduktionsprozess beginnt mit dem heißen, lavaartigen Glas im Ofen und besteht aus einer Reihe von Maschinen, die hintereinander, in verschiedenen Schritten, das heiße Glas in Form bringen. Jede Maschine bearbeitet 20 bis 30

43 | Ebd., S. 25.

44 | Ebd., S. 71.

45 | Vgl. ebd., S. 66. Auch in der Gegenwart ist manuelles Arbeiten in Fabriken gängig, nicht alle Produktionsprozesse können von Robotern ausgeführt werden. Dies gilt besonders für die Textilindustrie.

Glasteile gleichzeitig. Ein Arbeitsschritt erfordert eine ganze Batterie von Formen aus Werkzeugstahl, pro Design gibt es also nicht nur eine Form, sondern viele. Die Kosten für die Werkzeuge sind im Verhältnis zum einzelnen Produkt enorm, sodass eine einmal festgelegte Form nicht mehr geändert werden kann. Mit dem Grad der Automatisierung wird das einzelne Erzeugnis immer billiger, während die Investitionen in Maschinen und Werkzeuge zunehmen. Die Geräte können sich also nur durch eine möglichst grosse Anzahl verkaufter Teile amortisieren. Darin liegt für Braun-Feldweg der wesentlichste Unterschied zum Handwerk. Während die industrielle Glasproduktion einen erheblichen Investitionsaufwand bedeutet, weil ganze Batterien von Formen aus Werkzeugstahl und Graphit für die Glasbecher benötigt werden, schlägt im Fall der kleineren Serie (z. B. Glasleuchtenschirme) die Arbeitsleistung des Glasmachers zu Buche. Das, was in der Massenproduktion durch Effizienz und Automatisierung an Zeitersparnis gewonnen wird, muss also durch höhere Investitionen erkauft werden.

Im Vorhinein kann der Designer jedoch keinesfalls wissen, ob sein Entwurf eine hohe Stückzahl erreichen wird. Wie hoch die Auflage eines Produkts ist, entscheidet sich erst aufgrund seines kommerziellen Erfolgs, Vorserien beispielsweise können anfangs Aufschluss über die zu erwartenden Verkaufszahlen geben. Erst im Verlauf eines Produktionsprozesses, nachdem also ein Produkt auf den Markt gelangt, zeigt sich, welche Stückzahlen es letztlich erreicht. »Weil nur im Hinblick auf die vermutete Nachfrage produziert werden kann, steht am Anfang keinesfalls fest, ob das Einzelstück von der Kleinserie über die Großserie bis zum Gegenstand einer Massenproduktion avancieren kann.«[46]

Mir scheint die Frage nach der Anzahl jedoch nicht das Entscheidende zu sein. Die Frage, wie viele Exemplare beispielsweise von einem Sessel hergestellt werden sollen, beeinflusst zwar durchaus die Arbeit des Designers: Wenn nur eine geringe Anzahl von Sesseln hergestellt wird, muss er mehr Entwürfe für mehr Firmen produzieren, um mittels Lizenzen verdienen zu können. Aber strukturell sind Designprodukte immer auf das Serielle hin angelegt, egal ob wir von einer handwerklich-seriellen Produktion wie bei der Möbelmanufaktur *Moroso* oder von einer automatisierten Produktion wie bei den Braun-Rasierapparaten sprechen. Ob ein Entwurf nun als Designprodukt gilt oder nicht, hat mit der später produzierten Anzahl nichts zu tun. Serialität bezeichnet daher weniger die Art und Weise der Produktion oder die reine Anzahl als vielmehr eine strukturelle Eigenschaft von Design. So wäre es zum Beispiel ein Missverständnis, zu sagen, ein Polstermöbel wie der Sessel *Coat* wäre kein Design, weil später Handwerker die Serienproduktion übernehmen und die Stückzahlen geringer sind als bei einem Massenprodukt. Maßgebend für Design ist, dies betont auch Braun-Feldweg, dass der Entwurfsprozess vor der Produktion liegt.[47] Das Prinzip der Serie bleibt, egal ob

46 | Braun-Feldweg 1954, S. 25.

47 | Braun-Feldweg 1966, S. 141.

Kleinserie, Serie, oder Massenprodukt, immer gleich.[48] Die industrielle Produktion ist dadurch bestimmt, dass Konzeption und Herstellung, anders als noch im Handwerk, getrennt sind. So kann gesagt werden, dass die ganze Idee des Designs – und zwar bis heute – darauf basiert, dass ein Produkt unabhängig von seiner Herstellung im Vorhinein gestaltet und seine Form festgelegt wird.

> »Jede Reproduktion bedarf einer Urform, eines Originals. Reproduktionsfähig, auch im industriellen Produkt, ist nur die vorausgegangene Gestaltung. Sie läßt noch im x-ten Exemplar der Serie das ursprüngliche Bild wiederkennen. Und dieser Urform gilt unser besonderes Interesse.«[49]

Einer Vorlage beziehungsweise der Idee folgend werden dann viele gleichartige Produkte gefertigt.

> »Handwerkliche Erzeugnisse können und dürfen ungleich ausfallen, Serienprodukte niemals. Dieses Gesetz der Serie zwingt den Entwerfer zu klaren Entscheidungen. Er muß in einem einzigen Modell alle erreichbaren Vorzüge zusammenraffen, denn Varianten der Form gestattet zwar die Entwicklungsarbeit, nicht aber die Serienausführung.«[50]

Damit kommt der Idee, respektive der »Urform«, eine maßgebliche Bedeutung zu.

> »Die Gesetze der modernen Serienfabrikation [bestimmen], daß der Urheber nur ein Modell schaffen kann, gleichgültig ob es sich um eine Zahnbürste, eine Teekanne oder um ein Automobil handelt. Dieses Modell muss reproduzierbar sein [...].«[51]

Entwurf und Produktion können nicht in eins fallen, es gibt eine Arbeitsteilung zwischen dem Designer, der den Entwurf oder die Idee konzipiert und dem

48 | Viele Designprodukte gehen gar nicht in Serie, sie verbleiben in einem konzeptionellen Stadium. Ein Beispiel: Die auf der Mailänder Möbelmesse präsentierten Prototypen, etwa der Sessel von Sebastian Herkner, gehen erst bei entsprechendem Interesse von Händlern in Serie. Das birgt viele Probleme in sich: Die Designer erhalten erst ein Honorar, wenn die Produkte in Serie gehen und verkauft werden. In dieser Weise leisten sich Möbelfirmen oft eine ganze Reihe aufsehenerregender Neuheiten, verkauft werden aber meist nur ›Standard‹-Möbel. Hierzu gab es während der Möbelmesse 2011 eine Debatte, die in der Online-Ausgabe des Guardian zusammengefasst wurde: Siehe hierzu besonders den Artikel von Justin McGuirck: *Designs for life won't make you a living*. Auf: theguardian.com, abgerufen am 18. April 2011.

49 | Braun-Feldweg 1966, S. 75.

50 | Braun-Feldweg 1954, S. 26.

51 | Braun-Feldweg 1966, S. 185.

Produzenten, der die Herstellung in Serie übernimmt.[52] Mit ›Idee‹ ist dann an dieser Stelle nicht ein singuläres Moment gemeint, sondern vor allem die Gesamtheit aus Form, Material und Konzept, die vorliegt, wenn der Plan für das zu produzierende Produkt fertig ist. Während für den Designer die Idee im Zentrum steht, so ist für den Handwerker jedoch die Ausführung wichtiger:

> »Wir können jetzt den Schluß ziehen, handwerkliche Form-Qualität beruhe vor allem auf der Vollkommenheit der Ausführung, während die Form-Idee meist übernommen oder geringfügig variiert erscheint, beim Industrieprodukt hingegen sei die Form-Idee das Primäre, die Form-Ausführung hingegen standardisiert, das heißt, weder über noch unter einem geplanten Niveau möglich. Der Form-Idee kommt damit eine Bedeutung zu, die sie bisher nicht in gleichem Maße besaß.«[53]

Die Produkte der Industrie unterscheiden sich insofern wesentlich von den Eigenproduktionen des Handwerks, als dass an den Produkten selbst keine Differenzen mehr vorkommen können. Die Form kann im Produktionsvorgang nicht mehr angepasst werden. Gestaltung ist für Braun-Feldweg »schöpferischen« Ursprungs und liegt daher *vor* der Produktion.

> »[...] [K]onstruktive, funktionelle oder formale Qualität ist selbstverständlich nach wie vor von schöpferischen, menschlichen Fähigkeiten abhängig, und diese liegen außerhalb, oder besser gesagt: vor der eigentlichen Produktionsphase.«[54]

Die Trennung von der handwerklichen Produktion ist also absolut. Der Designhistoriker Nikolaus Pevsner, auf den sich Braun-Feldweg hier bezieht, macht sogar deutlich, dass Designer, wenn Sie ihre Produkte selbst herstellen würden, ihren Status als Designer verlieren würden. Pevsner schreibt:

> »Unter Industrie verstehe ich hier die Herstellung einer größeren Anzahl gleichartiger Gegenstände, während ich im Designer jenen erblicke, der Gebrauchsgegenstände gestaltet und zeichnet. [...] Sobald aber der Entwerfer, der Designer, das, was er erfunden und gezeichnet hat, auch selbst herstellt, hört er auf, ein Designer zu sein. Doch er bleibt es, wenn auch nur ein einziges Exemplar nach seiner Idee und seinem Entwurf hergestellt wird.«[55]

52 | Das Design der Gegenwart zeigt in dieser Hinsicht eine der Trennung von Entwurf und Fertigung entgegengesetzte Tendenz. Siegfried Gronert räumt ein, dass mit dem Einsetzen der Postmoderne auch Braun-Feldwegs Unterscheidung keine Gültigkeit mehr hatte. Die Designer werden wieder zu Produzenten. Siehe: Gronert 2013, S. 126.

53 | Braun-Feldweg 1966, S. 67.

54 | Ebd., S. 141.

55 | Nikolaus Pevsner zitiert nach: Siegfried Gronert: *Design und Wissen. Erkenntnis, Modell, Projekt.* In: Claudia Mareis, Christof Windgätter (Hg.): *Long Lost Friends. Wechselbeziehungen zwischen Design-, Medien- und Wissenschaftsforschung*. Zürich / Berlin: Diaphanes 2013, S. 123.

Welche Folgen ergeben sich nun für den Gestaltungsprozess und die darin stattfindende Improvisation? Der Prozess der Serienproduktion als automatische Produktion unterscheidet sich strukturell von einem handwerklichen Materialisierungsprozess, da hier kein Subjekt vorkommt (etwa ein Designer, Modellmacher oder eben ein Handwerker), das im letzten Moment noch Formentscheidungen treffen kann. Somit gibt es prinzipiell keine Improvisation im Produktionsprozess als solchen. In der automatisierten Produktion gibt es dem Prinzip nach keine Differenzen, und in der Serienproduktion höchstens Zufälle, die dann jedoch veritable Fehler sind – was auch bei einem Designbegriff, der Improvisation als produktiv ansieht, berücksichtigt werden muss. Die Improvisation kann durch die Art und Weise, wie Prozesse der Serienproduktion funktionieren, nicht beim Serienprodukt vorkommen, Unvorhersehbarkeiten sind kategorisch von der Serienproduktion ausgeschlossen. So bemerkt auch Braun-Feldweg, dass am »Einzelding« keine »Spielerei« mehr vorkommt.[56] Ein industrieller Produktionsprozess ist im Gegensatz zum handwerklichen Prozess ein straff organisierter Prozess.

> »Die Maschine arbeitet im Normalfall exakt, präzise und perfekt. [...] Der Produktionsprozess, eine endlose Wiederholung absolut gleichartiger mechanischer Vorgänge, schließt den Zufall und seine nicht vorauszuberechnenden Wirkungen aus. Jedes Erzeugnis innerhalb einer Serie ist dem anderen völlig gleich, Variationen gibt es nicht.«[57]

Improvisation hingegen widersetzt sich der Serienproduktion, sofern sie – wie ich es schon erläutert hatte – als ein einmaliges, unvorhersehbares Moment bei der Formfindung bestimmt ist, das sich am Material vollzieht. An der Improvisation wird sichtbar, dass es einen prinzipiellen Unterschied zwischen der Serialität und der Einheitlichkeit in der Produktion und dem unkalkulierbaren Gestaltungsprozess gibt.

Braun-Feldweg geht von einer allmählichen Verdrängung des Handwerks durch das Design aus, und darin geht er über bisherige Designansätze hinaus, die, bedingt durch technische Einschränkungen, noch auf handwerkliche Arbeitsweisen angewiesen waren und daher Handwerk als Teil von Designtätigkeit betrachteten. Das Bauhaus beispielsweise hatte, wie Braun-Feldweg konstatiert, zunächst wenig unmittelbaren Einfluss auf die Produktionen der Industrie. Anfangs mussten die Entwürfe des Bauhauses entgegen der Idee von Serienproduktion mittels handwerklicher Eigenarbeit in den Bauhaus-Werkstätten von den Designern selbst produziert werden. Zwar waren sie in den 1930er Jahren bereits auf die industrielle Produktion hin angelegt. Aber die Umsetzung in Form großer Serien brauchte noch Zeit.[58] In den 1960er Jahren aber erscheint eine Eigenproduktion der Designer nicht

56 | Braun-Feldweg 1966, S. 71.

57 | Ebd.

58 | Vgl. ebd., S. 37f.

mehr notwendig. Zum einen erfordern neue technische Möglichkeiten andere Weisen der Formgebung, zum anderen erzeugt ein zunehmender Wettbewerb innerhalb der Marktsegmente die Notwendigkeit, sich über das Design der Produkte von anderen Firmen zu unterscheiden. Designabteilungen in Unternehmen werden zunehmend selbstverständlicher. Design geht nun in der Industrie auf und bezeichnet nicht mehr nur das Tun einer kleinen Avantgarde, die ihre Entwürfe selbst produziert.

Die Verdrängung des Handwerks bei der Produktion von Alltagsobjekten veränderte jedoch nicht nur die Typologie der Artefakte des Designs und die Wege der Produktion. Die individuelle, handwerkliche Form stand in einem Spannungsverhältnis zur industriellen, massenproduzierten Form. Es veränderte sich auch die Rolle, die man der handwerklichen Arbeit in den Designprozessen, also beim Entwerfen zusprach. Dies will ich im folgenden Abschnitt erläutern.

Abwertung von Handwerk im Designprozess

Ein radikal auf die Massenproduktion fokussierter Designbegriff ist nicht unproblematisch. Auch Braun-Feldweg hatte – trotz aller Affirmation der Serienproduktion – zunächst Zweifel, ob die Industrie gelungene, dem Menschen angemessene Formen hervorzubringen weiß. Massenproduktion hatte mit der ihr inhärenten Standardisierung gegenüber der handwerklichen Herstellung zwar eine Qualitätssteigerung der Produkte hinsichtlich ihrer Ausführung, ihrer Materialität und ihrer Funktionalität zu Folge, aber die Menschen, konstatiert Braun-Feldweg, haben den Bezug zu diesen Dingen verloren: »Was den Menschen heute umgibt, ist zugleich von ihm geschieden. Denn an seiner Hervorbringung hat er keinen Anteil gehabt. Seine Umwelt ist ihm geliefert worden, geliefert von der Industrie.«[59] So geht mit der demokratischen, effizienten Serienproduktion einher, dass industrielle Produkte einen »unleugbar rationalen Charakterzug« haben.[60] Ihnen scheint das »Individuelle« der handwerklichen Produktion zu fehlen.[61] In dieser Weise problematisiert auch Braun-Feldweg den Bruch in der Umstellung vom Handwerk auf die Serienproduktion, er argumentiert zunächst in der Linie von Werkbund und Bauhaus.[62]

59 | Ebd., S. 12.

60 | Vgl. ebd., S. 71.

61 | Dies war bereits in der *Arts and Crafts*-Bewegung die basale Kritik an der industriellen Produktion. Siehe zur *Arts and Crafts*-Bewegung: Richard Sennett: *Handwerk*. Berlin: Berlin-Verlag 2009, bes. S. 181 und S. 150f. Die Dichotomie von Handwerk und Industrie kann gerade in den frühen Phasen der Industrialisierung nicht als Gegensatz gedacht werden.

62 | Etwa hier: »Handwerkliche Tradition und Gestaltungskraft erwiesen sich auch im 18. Jahrhundert, ja besonders in diesem Jahrhundert, als lebendig und schöpferisch. Erst im Zusammenprall mit der fast gleichzeitig einsetzenden ersten industriellen Revolution sollten sie erliegen. Der lebendige und organische Charakter der früheren, vor allem der immer noch zu Unrecht ›primitiv‹ genannten Formleistungen ist es nun, der uns anzieht und als nicht mehr erreichbar beunruhigt. Denn mit Beginn des Maschinenzeitalters wird eine Zäsur sichtbar, zwischen dem Formschaffen bis dahin und dem nun folgenden, dem eigentlich technisch bedingten.« Braun-Feldweg 1966, S. 16.

Man kann Braun-Feldwegs Designbegriff daher nicht ausschließlich auf eine Affirmation der seriellen Massenproduktion reduzieren.

Das ambivalente Verhältnis zum Handwerk spiegelt sich insbesondere in der Art und Weise wieder, wie Braun-Feldweg über die Designprozesse, die der Serienproduktion vorausgehen, spricht. Handwerk ist für ihn insbesondere dann von Bedeutung, wenn er den Gestaltungsprozess ausgehend von seiner eigenen Praxis betrachtet. So erkennt er die Bedeutung des materiellen Experimentierens in der Werkstatt zunächst noch an:

> »Normalerweise ist die endgültige Form nur auf dem Weg zahlreicher Versuche in Behelfsmaterialien und im eigentlichen Werkstoff zu finden, und die Zeichnung hat nur noch das fertige Ergebnis mit seinen Maßen und Herstellungsanweisungen dokumentarisch festzuhalten.«[63]

Auch wendet sich Braun-Feldweg gegen die Idee des Designers als Konstrukteur, der mit der Ausführung in keiner Verbindung steht.[64] In dieser Hinsicht kritisiert er etwa das Paradigma der Zeichnung, denn Design, dies merkt er an, wird oft fälschlicherweise auf die Tätigkeit des Zeichnens reduziert.

> »Eine allgemeine Vorstellung verbindet ohne Weiteres die Begriffe ›Entwerfen‹ und ›Zeichnen‹ miteinander. Aber der Entwurf muss nicht auf Zeichenpapier entstehen, er wächst am Modell. ›Designer‹ bedeutet auch nicht einfach ›Zeichner‹, die englische Fachsprache unterscheidet zwischen Design und Drawing: Entwurf und Zeichnung.«[65]

Mit der Zeichnung alleine ist es also nicht getan, sie bleibt ohne Modell folgenlos. Modelle und Versuchsstücke sind dann das Ergebnis einer langwierigen forschungsähnlichen Tätigkeit, »[...] die aus Funktion, Material, Fertigungstechnik und Preisbindungen im Hin und Her der Erwägungen und Versuche die besten Lösungen findet. Und zu dieser Arbeit sind vor allem Ideen, aber auch handwerklich-technische Fertigkeiten und Kenntnisse nötig.«[66]

Hier bildet der »alte Handwerker«[67] noch eine wichtige Bezugsgröße. Handwerk erscheint als grundlegende Fertigkeit des Designers, die jahrelang eingeübt wurde. Es ist entscheidend für das Gelingen eines Designprojektes. Eine hand-

63 | Braun-Feldweg 1954, S. 11.

64 | Vgl. ebd.

65 | Ebd., S. 49.

66 | Ebd., S. 11.

67 | Der Charakter ist für Braun-Feldweg ein wichtiger Bezugspunkt – aber nicht hauptsächlich wegen dessen manueller Fertigkeiten, sondern wegen dessen Haltung: »[...] wenn die handwerkliche Herkunft des künftigen Industrieentwerfers besonders betont werden muss, dann weniger seiner manuellen Fertigkeiten und Erfahrungen wegen [...] noch wichtiger – weil seine Haltung bestimmend – bleibt die Besinnung auf das Arbeitsethos, das den alten Handwerker bestimmt hat.« Ebd., S. 18.

werkliche Fertigkeit verleiht dem Designer einerseits Unabhängigkeit von Werkstattarbeitern, er kann seine Modelle selbst herstellen, es fällt ihm andererseits auch leichter, seine Formentscheidungen mit den Handwerkern abzustimmen.[68]

In dem späteren Text *Industrial Design heute* – hier betrachtet Braun-Feldweg das Design vorrangig ausgehend von den strukturellen Bedingungen der Serienproduktion – ist Design dann ganz im Gegensatz zu seinen früheren Texten auf das Technische hin ausgerichtet. Design sollte auch von seinem Prozess her weniger handwerklich als ebenfalls technisch sein.

Während das althergebrachte Handwerk Veränderung noch in einem evolutionären, langwierigen Prozess erzeugte, so zwingt die rasante technische Entwicklung den Entwerfer, die Form des Gebrauchsgegenstandes gänzlich neu zu denken. Die Verschiebung hin zum Industriellen betrifft jetzt, wie Braun-Feldweg schreibt, sämtliche Alltagsprodukte:

> »Es wird mehr und mehr überflüssig, zwischen betont technischen und weniger technischen (›manufakturellen‹) Formen der Industrieerzeugnisse zu unterscheiden. Auch Haushaltsgeräte, selbst Tischbestecke und Gläser [...] unterliegen in ihrer Herstellung Bedingungen technologischer Art, die sich auf den Formcharakter auswirken. Je konsequenter ihre Entwicklung sich unter dem Vorzeichen moderner Produktionsverfahren vollzieht, desto klarer tritt die neue, von der Technik bedingte Form hervor und desto mehr verschwinden die Relikte traditioneller Formvorstellungen.«[69]

Die ersten Versuche, Formen für die serielle Produktion zu gestalten, mündeten im Chaos. Es gab kein strukturiertes Vorgehen. Die technische Form fiel hinter die handwerkliche Form zurück.[70] Der Verselbstständigung der Technik kann, wie Braun-Feldweg anmerkt, nur noch durch eine neue Herangehensweise an den Prozess der Hervorbringung von Formen begegnet werden, die der technischen Veränderung Rechnung trägt. Und so gibt Braun-Feldweg Normen an, die sich durch die Massenproduktion ergeben und die für jedes Produkt gelten:

68 | Vgl. ebd., S. 13.

69 | Ebd., S. 70.

70 | Vgl. Braun-Feldweg 1966, S. 13. Dies hatte insbesondere der Werkbund als Problem adressiert. In ähnlicher Weise argumentierte bereits Le Corbusier in der *Charte d'Athènes* in Bezug auf die Architektur: »Die Städte, so wie sie heute existieren, sind so gebaut, daß ihre Beschaffenheit dem öffentlichen und privaten Wohl widerspricht. Die Geschichte zeigt, daß ihre Entstehung und Entwicklung tiefe Gründe hatten, deren einzelne Schichten zeitbedingt waren, und daß sie im Laufe der Jahrhunderte nicht nur gewachsen sind, sondern sich oft erneuert haben, und das auf ein und demselben Boden. Das Maschinenzeitalter hat sie – indem es gewisse jahrhundertealte Bedingungen brutal veränderte – ins Chaos geführt. Unsere heutige Aufgabe ist es, sie aus ihrer Ordnungslosigkeit herauszureißen durch Planungen, die die Einstufungen der Unternehmungen in die Zeit voraussehen.« Le Corbusier: *An die Studenten – die ‹Charte d'Athènes›*. Hamburg: Rowohlt 1962, S. 83.

> »[1.] ›Was die Funktion fordert‹ [2.] ›Was die Produktion verlangt‹ [...] Die Rationalisierung wird sichtbar mit allen Konsequenzen: Vereinfachung des Produkts zur Massenerzeugung, zur Preissenkung das Anpassen an Betriebseinrichtung, Herstellungsmethoden, Halbzeugnormen; Arbeitszeit, Lohn und Kalkulation erscheinen als bestimmende Faktoren. [3.] ›Was der Markt wünscht‹ [...].«[71]

Anhand der Normen soll der Designer zu einer Form gelangen: Er bestimmt nun sowohl das produzierte Produkt als auch den Entwurfsprozess von der Technik der seriellen Produktion her. Denn, so schreibt Braun-Feldweg, die Technik »diktiert« die Form.[72] Demzufolge müsste man nur eine Technik ausreichend analysieren und dann eine ›Gute Form‹ gestalten.[73] So ist schließlich die technische Rationalisierung für Braun-Feldweg mit Blick nicht nur auf die Produktion, sondern auch mit Blick auf die Designprozesse unaufhaltsam.

Von diesem Punkt an läuft auch die Argumentation Braun-Feldwegs über weite Strecken auf eine starke Hervorhebung des Technischen und auf eine Abwertung des Handwerks hinaus. Das ambivalente Verhältnis des Designs zum Handwerk wird damit auch an seinen Texten selbst anschaulich. Zwar diskutiert er zunächst die Frage der Vermittlung zwischen der handwerklich bedingten individuellen Form und der monotonen, gleichartigen Form der Serienproduktion. Schließlich schlägt er sich aber auf die Seite der Pragmatiker, die eine Entwicklung hin zur reinen Serienproduktion und das Primat der Planung anerkennen. Hierin setzt er sich nun vom Designbegriff des Werkbundes ab, insbesondere von dessen Idee der Verbindung von Technik, Kunst und Handwerk.

Dennoch – dies stellt auch Braun-Feldweg fest – kann das Design seine Formen nicht alleine aus technischen Produktionsvorgängen ableiten. Die maschinelle Produktionsform soll zwar als Prinzip der Formgebung in das Produkt selbst eintreten, allerdings kann das Produkt nicht alleine aus den technischen Normen entstehen. Damit eine gelungene Form zustandekommen kann, muss noch etwas Neues hinzutreten, das durch die technische Norm alleine nicht erfasst wird. Produkte benötigen, wie Braun-Feldweg konstatiert, eine »ästhetische Qualität«.[74]

71 | Braun-Feldweg 1966, S. 58.

72 | Ebd., S. 53.

73 | Die Formel, die das Desiderat der Gestaltung in der Nachkriegszeit – insbesondere die von Braun-Feldweg formulierten Gestaltungskriterien – auf den Begriff bringt, war die ›Gute Form‹. Die ›Gute Form‹, die von dem Schweizer Architekten und Designer Max Bill begründete Idee, war der Versuch, »[...] überzeitlich gültige Kriterien und Standardformen für ›gute‹, vorbildliche Formgebung festzulegen.« Mareis 2014, S. 86. Kriterien für die ›Gute Form‹ waren eine sinnvolle Verbindung von Form, Funktion und Materialität. Vgl. ebd., S. 87. An der HfG Ulm gelangte mit Max Bill als ihrem ersten Rektor die ›Gute Form‹ zu einem allgemeinen, normativen Gestaltungsprinzip, das erst in den Debatten um den Funktionalismusbegriff in den 1970er und 1980er Jahren verstärkt kritisiert wurde. Bis heute wirkt das Ideal der ›Guten Form‹ implizit in den Designdiskursen nach. Unverkennbar vorhanden in den Texten von Braun-Feldweg ist auch jener ›erzieherische Duktus‹, der für die Idee der ›Guten Form‹ als typisch gilt. Vgl. Gronert 1998, S. 13.

74 | Ebd., S. 64.

Diese ästhetische Qualität entsteht durch das Moment der Idee. Das Moment der Idee ist für Braun-Feldweg ein durch Planung und rationales Denken nicht erfassbares Moment. Darin bildet es aber auch den Anteil des Individuellen, Ästhetischen an einem Serienprodukt. Im irrationalen Moment der Idee liegt für Braun-Feldweg der Ursprung der Form eines Produkts. »Der irrationale Ursprung der Form bringt es mit sich, daß sie sich jeder präzisen Beschreibung und Kennzeichnung entzieht [...].«[75] An anderer Stelle heißt es: »[...] damit ist der komplexe Charakter und auch die intuitive Seite eines Schaffens gekennzeichnet, dem man mit analytischen Methoden nur bis zu einem gewissen Grad nachspüren kann.«[76] Zwar wird ein Produkt in Serie produziert. Aber seine Form geht auf eine originelle, singuläre Idee zurück. Dies erscheint als entscheidender Punkt für den Designprozess, der sich in diesem Aspekt nicht planen lässt. Gleichwohl führt dieser Gedanke Braun-Feldweg dann nicht zu einer weiteren Untersuchung der Entstehung von Formen. Die Frage, wie Ideen und Formen entstehen, bleibt ein blinder Fleck, die Emergenz einer Idee scheint dem irrationalen Schaffen des Designers geschuldet zu sein.[77]

Dem Designer kommt nun mit Braun-Feldweg die Aufgabe zu, zwischen der seriellen Produktionsweise und der singulären Idee zu vermitteln. Und in dieser Hinsicht skizziert Braun-Feldweg ein Spannungsfeld zwischen ›Norm‹ und ›Form‹, wobei er der Form zuspricht, dass sie frei und quasi künstlerisch ist, und im Gegenzug die ›Norm‹ diese Freiheit reguliert:

> »Normen vernachlässigen individuelle Wünsche zugunsten allgemeiner Bestimmungen. Sie führen zur Uni-Form, zur Typisierung und zum Standard, sind das Ergebnis von Übereinkünften und Kompromissen, des konsequenten praktischen Denkens, das auf Nutzen und schärfste Zweckbestimmung zielt. [...] Aber die Form ist das Kennzeichen des freien Geistes. Als Widerpart der Norm steht sie über der bloßen Notwendigkeit.«[78]

Dieses Spannungsfeld muss der Designer bei jedem Entwurf neu aushandeln. Die gelungene Verwirklichung des Ineinanderwirkens von Form und Technik findet sich für Braun-Feldweg etwa in den Entwürfen von Wagenfeld, der Firma Braun, den Eames u.a. Schließlich hat die industrielle Form für Braun-Feldweg zwei Ursprünge: Die Intuition einerseits und die technische Produktionsweise andererseits.

75 | Ebd., S. 60.

76 | Ebd., S. 85.

77 | Die Frage nach der individuellen, eventuell auch originellen, aber zugleich in Serie produzierbaren Form, zog sich infolge der Industrialisierung quer durch die Designgeschichte und ist auch heute noch bedeutsam – besonders dann, wenn Designer ihre Entwürfe in Kleinserien produzieren.

78 | Wilhelm Braun-Feldweg: *Normen und Formen industrieller Produktion.* In: Klaus Thomas Edelmann, Gerrit Terstiege (Hg.): *Gestaltung denken. Grundlagentexte zu Design und Architektur.* Basel / Boston / Berlin: Birkhäuser 2010, S. 49.

> »[...] am Zustandekommen einer industriell produzierten Form – mag es sich nun um einen Kunststoffbehälter oder ein Fahrzeug handeln – ist niemals die künstlerische Intuition allein, vielfach nicht einmal vorwiegend beteiligt. Selbst da, wo sie einer fachlich befangenen Konstruktion kraft ihrer freieren, undogmatischen Schau neue Wege zu weisen vermag, hat sie sich doch schon mit dem technischen Prozeß identifiziert.«[79]

Wenn hier nun Braun-Feldweg der Intuition eine gewisse Bedeutung einräumt, so gilt dennoch weiterhin die Unterscheidung zwischen Entwurf und Ausführung. So überwiegt für Braun-Feldweg an einem Serienprodukt schließlich das Technische gegenüber der Intuition. Wo aber in diesem Spannungsfeld aus Intuition und Technik findet sich das handwerkliche Arbeiten am Modell, das Braun-Feldweg anfangs noch als wesentliches Moment herausgestellt hatte? Die intuitiven formgebenden Momente liegen auf Seiten des Entwerfers, während das handwerkliche Arbeiten am Modell nur eine ausführende, reproduzierende Tätigkeit ist. Damit wird die formgebende und bei Braun-Feldweg als intuitiv gekennzeichnete Tätigkeit des Entwerfens als allein gedankliches Tun bestimmt. Modellbau-Improvisationen, wie ich sie mit Blick auf den Designprozess von Sebastian Herkner als Teil des Formgebungsprozesses betrachte, müssten dann der Ausführung einer Form zugeschlagen werden, sie könnten nicht als Teil eines Entwurfsprozesses verstanden werden. Am Schluss seiner Ausführungen gelangt Braun-Feldweg daher zu einer Deutung des Designs, die über die Abwertung des materiellen Arbeitens hinausgeht. Schließlich sollen Designer kaum mehr einzelne Formen entwickeln, sie sollen vielmehr Projekte planen:

> »Ein ganz auf zukünftige Planung ausgerichtetes Designatelier befaßt sich nur noch am Rande mit dem eigentlichen Produkt und seiner Gestaltung. Es überwiegen die analytischen Untersuchungen und die auf ihnen basierende Projektplanung.«[80]

Das eigentliche Produkt entsteht dabei am Ende eines Prozesses der vollkommenen Durchdringung und Analyse des Herstellungsprozesses oder des Designproblems. Es spielt nur noch eine untergeordnete Rolle gegenüber den anderen Aspekten des strategischen Planens und Analysierens. Hier geschieht eine einseitige Rückführung des Designs auf das Planerische vor dem Hintergrund der Annahme, dem durchrationalisierten Produktionsprozess des fertigen Produkts müsse auch ein ähnlich durchrationalisierter Designprozess vorangehen. So räumte Braun-Feldweg letztlich der Planung gegenüber dem Experimentieren am konkreten Artefakt das Primat ein. Diese Tendenz zum Planerischen, die bei Braun-Feldweg jedoch zunächst

79 | Braun-Feldweg 1966, S. 55.

80 | Ebd., S. 112.

nur andeutungsweise durchscheint, ist vor allem für das Gros der Designtheorien der 1950er und 1960er Jahre kennzeichnend.

Hierbei darf jedoch nicht vergessen werden, dass die Fokussierung auf das Planerische auch im Entwurfsbegriff als solchem angelegt ist. So könnte man vermuten, dass die Abwertung des materiellen Tuns gegenüber gedanklichen Entwürfen erst mit der Industrialisierung eingesetzt hat, also eine Erfindung der Moderne ist. Aber es muss daran erinnert werden, dass die für das Design basale Idee der Trennung von Entwurf und Produktion – von der ausgehend die Abwertung des Handwerks vollzogen wurde – keine erst mit der industriellen Produktion und ihren technischen Anforderungen einsetzende Entwicklung ist. Die Trennung von Entwurf und Ausführung ist vielmehr ein allgemeiner Zug in der Designtheorie, der sich bis in die italienische Renaissance und zu ihrem Konzept des *disegno* zurückverfolgen lässt. Schon beim *disegno* unterschied man zwischen der Idee (*idea*) und der konkreten Form (*forma*).[81] Schließlich gelangte aber die Idee zu mehr Bedeutung, und nicht etwa das Entwerfen anhand von »Papier oder einem anderen materiellen Träger.«[82] Dieses Konzept wird, wie Mareis bemerkt, »[...] bis heute in Theorien des Designs aufgerufen, um damit das Primat der geistigen Ideenfindung vor der materiellen Produktion zu verdeutlichen.«[83] Eine einseitige Rückführung des Designs auf den geistigen Entwurf marginalisiere die materielle Qualität des Designs sowie dessen technische Grundlagen.[84] Nicht das *disegno* als solches ist problematisch, sondern die Reduktion des *disegno*-Konzepts auf den rein gedanklichen Entwurf.

Braun-Feldweg hatte den Designprozess von einem durch Handwerk und Technik bestimmten Vorgehen zu einem rationalistischen Planungsprozess entwickelt. Ich will hier jedoch festhalten, dass es mir nicht darum geht, einen Industriedesignbegriff, wie ihn Braun-Feldweg formuliert, gänzlich zurückzuweisen. So kann gesagt werden, dass Braun-Feldwegs Schrift hinsichtlich der Konturierung des Designbegriffes anhand der Prinzipien der Serienproduktion auch heute noch basal für ein Verständnis von Industriedesign ist. Designprodukte werden nach wie vor mit Blick auf die Serienproduktion entworfen. Entscheidend für das von mir betrachtete Problem der Emergenz der Improvisation im Entwurfsprozess ist daher nicht die Beobachtung, dass industrielle Produktionsprozesse in einem strengen Sinne keine handwerklichen Momente und damit keine Improvisation enthalten können.[85] Dies ist auch weiterhin der Fall. Zu problematisieren ist vielmehr der Umstand, dass von der durchrationalisierten Serienproduktion auf das Entwerfen

81 | Siehe Mareis 2014, S. 45.

82 | Ebd.

83 | Vgl. ebd., S. 47.

84 | Ebd.

85 | Wenn industrielle Prozesse handwerkliche Momente enthalten, wiederholen sich diese. Sie dienen der Reproduktion einer Form und können deshalb ebenso wenig improvisatorisch sein wie die rein automatische Reproduktion einer Form.

geschlossen wurde, das von nun an ebenfalls keine Momente handwerklicher Formfindung mehr enthalten sollte. Modellbau-Improvisation, wie sie Sebastian Herkner in seiner Alltagspraxis vollzieht, wurde mit der Abwertung des Handwerks marginalisiert.

Das in Braun-Feldwegs Designbegriff verankerte Prinzip der Serienproduktion, das eine Trennung von Formgebung und Herstellung voraussetzt, und das noch heute als das basale Prinzip von Design gilt, ging auf Kosten des Handwerks. Die Trennung bedingte in letzter Konsequenz eine Abwertung der handwerklichen Anteile des Designs, dessen Prozesse ohne handwerkliches Tun in der Praxis jedoch nicht denkbar sind. In einer Konzeption von Design, die das Handwerk marginalisiert, kann Improvisation, die ich als materielles Tun bestimmt habe, nicht mehr vorkommen. So hatte die Serienproduktion zwar die reproduzierenden, langwierigen und mühsamen Anteile des Handwerks zugunsten einer effektiveren Serienproduktion überwunden, aber die konzeptionellen entwerferischen Aspekte des Handwerks wurden damit ebenfalls aufgegeben.

Die Affinität zum Planerischen, wie sie in Braun-Feldwegs Designbegriff zum Ausdruck kommt, ist daher weniger mit Blick auf die Produkte des Designs problematisch als im Hinblick auf die Prozesse des Designs. Die Praxis des Designs zeigt – entgegen aller Rationalisierungsbemühungen in den 1950er und 1960er Jahren – dass wir es, wenn wir Entwurfsprozesse betrachten, nicht mit einem klar strukturierten Plan und einer finalen Idee zu tun haben, die im Kopf des Entwerfers schon vollständig vorliegt. Design kann nicht als ausschließlich vorausschauendes, planendes Tun beschrieben werden, wir haben es vielmehr mit einem prozesshaften Hin und Her zwischen dem gedanklichen Entwurf und seinen materiellen Ausprägungen in Form von Modellen und Prototypen zu tun, die sich, weil bei ihrer Umsetzung improvisiert werden muss, notwendigerweise von dem Entwurf unterscheiden. Die Idee, es bedürfe nach dem Plan nur noch der Umsetzung, wird durch ein Konzept des Designs, das Improvisation berücksichtigt, unterlaufen. Wie sich Improvisation in der täglichen Praxis der Entwicklung von industriell gefertigten Produkten darstellt und wie das Verhältnis von Designern, Handwerkern und Ingenieuren bei der Improvisation strukturiert ist, das möchte ich anhand einer nächsten Fallstudie – der Entwicklung des Braun-Rasierapparates – untersuchen.

3. Improvisation im Entwicklungsprozess des Braun-Rasierapparates

Mein erstes Beispiel handelte von einem einzelnen Designer, der in seiner Werkstatt improvisiert hat. Das volle Spektrum der Improvisation zeigt sich jedoch erst dann, wenn technisch komplexe Dinge entworfen werden müssen, die das Können einer ganzen Gruppe von Spezialisten erfordern. Um die Bedeutung der Improvisation, mithin die Entstehung von Neuem an einem Serienprodukt zu durchdringen, muss man einen Blick in die Werkstätten und in die Technikabteilungen der Unternehmen werfen und ihre Prozesse untersuchen.

Paradigmatisch für das deutsche Industriedesign ist die Entwicklung der Rasierapparate der Firma Braun aus Kronberg.[86] Zu den Rasierapparaten hat sich über Jahrzehnte hinweg ein umfangreicher Forschungszusammenhang zu Fragen der Ergonomie, der Technik, der Produktion und der Bedienbarkeit entwickelt. Am Braun-Rasierapparat und den ihm vorausgehenden Improvisationen können die Verflechtungen eines Entwurfsprozesses mit den Bereichen des Handwerks und der Technik besonders gut sichtbar gemacht werden. Daran zeigt sich auch eine Tendenz des Designs zur Tüftelei.

Die Produkte der Firma Braun galten lange Zeit als die Speerspitze des deutschen Industriedesigns. Aufgrund ihrer Verbreitung und wegen ihrer Gestaltung haben insbesondere die Braun-Rasierapparate Eingang in viele Designsammlungen gefunden (v.a. das von Gerd A. Müller und Hans Gugelot entworfene Modell *Sixtant*, siehe Abb. 8).[87]

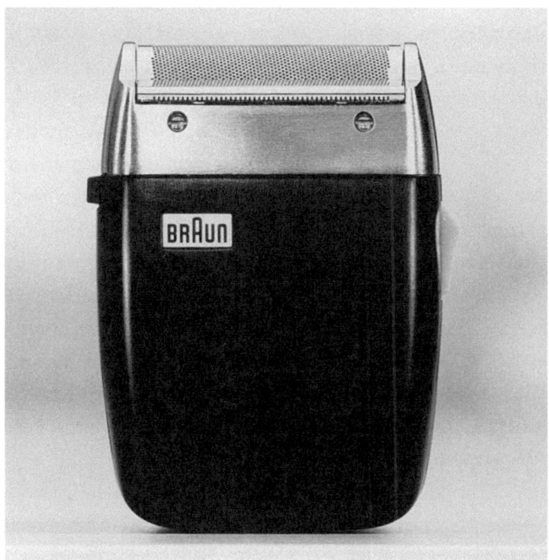

Abb. 8: *Sixtant SM 31*, schwarz, strichmattiert. Entwurf: Gerd A. Müller und Hans Gugelot, 1962.

86 | Zur Geschichte der Braun-Designabteilung bes.: Klaus Klemp: *Entstehung des Braun Design*. In: Klaus Klemp, Keiko Ueki-Polet (Hg): *Less and More. The Design Ethos of Dieter Rams*. Berlin: Gestalten 2009, S. 393–433.

87 | Der *Sixtant* gelangte beispielsweise in die Sammlungen des Museum of Modern Art in New York oder des Centre Pompidou in Paris.

Im Braun-Rasierer treffen sowohl der Funktionalismus der Nachkriegsmoderne als auch die Vorstellung einer Form, die aus Technik resultiert, zusammen. Dabei ist er zum einen typisch für den von der HfG Ulm geprägten Gedanken der gelungenen, ›Guten Form‹ – auch Braun-Feldweg erwähnt den Rasierapparat in diesem Zusammenhang.[88] Der Braun-Rasierapparat ist aber auch insofern paradigmatisch für das Industriedesign, als dass es sich hier tatsächlich um ein massenproduziertes Produkt handelt, das viel höhere Stückzahlen erreichte als andere Braun-Produkte wie etwa die Hi-Fi-Anlagen von Braun, die zwar Sammlerstücke wurden, sich jedoch nicht eines so breiten kommerziellen Erfolgs erfreuten wie die Rasierapparate.

Mir dient im Folgenden eine Gedenkschrift als Material, die Artur Braun gemeinsam mit dem Braun-Chronisten Jo Klatt über seinen Vater Max Braun, dem Firmengründer, verfasst hat.[89] Darin ist die Entwicklung der Rasierapparate beginnend mit den ersten Tests bis in die 1960er Jahre hinein dokumentiert.

Den Technikern bei Braun ging es darum, die grundsätzliche Struktur des Rasierers, und zwar den ersten Ur-Rasierer zu entwerfen. Zwar firmierten die Entwürfe aus den 1950er Jahren noch nicht unter dem offiziellen Label ›Design‹. Aber auch die Techniker bei Braun gestalteten die Produkte in bestimmter Weise, und dies wird besonders an Momenten von Improvisation sichtbar – von denen ich hier freilich nur einige wenige herausgreifen kann.

Die erste Testapparatur: Kombination von vorliegenden Formen

Max Braun war kein Unternehmer im heutigen Sinne, der sich vor allem für die immateriellen, ökonomischen Aspekte eines Unternehmens interessiert, sondern ein Techniker und Tüftler, mit einem konkreten Interesse an der handwerklichen Arbeit. Oft baute er die Geräte anderer Hersteller auseinander und wieder zusammen, um zu sehen, wie sie funktionierten, aber auch, um mögliche Schwachstellen aufzudecken. Das erste Produkt Max Brauns war ein von ihm selbst konstruierter Riemenverbinder zum Verbinden von gerissenen Treibriemen für Industriemaschinen. Mit dieser Erfindung gründete er seine Firma, die anfangs »Max Braun Apparatefabrik« hieß.

Zunächst war seine Firma vor allem als Hersteller von Kofferradios bekannt. Später wagte sich Max Braun, der stets offen für die Entdeckung neuer Geschäftsfelder war, auch an die Produktion von kleineren Elektrogeräten. So entstand zu Anfang der 1940er Jahre die *Manulux*-Taschenlampe (siehe Abb. 10).[90] Die

88 | Vgl. Braun-Feldweg 1966, S. 112ff.

89 | Jo Klatt, Artur Braun: *Max Brauns Rasierer. Die Geschichte einer erfolgreichen Erfindung*. Limitierte Nachauflage eines Privatdrucks von 1996, Königstein 2007. Jo Klatt ist gewissermaßen der Chronist der Braun-Designabteilung. Eine weitere, neben der Gedenkschrift wertvolle Informationsquelle war dessen mit Günter Staeffler herausgegebener Band: *Braun + Design Collection. 40 Jahre Braun Design – 1955 bis 1995*. Hamburg: Jo Klatt Design Verlag 1995.

90 | Klatt / Braun 2007, S. 19ff.

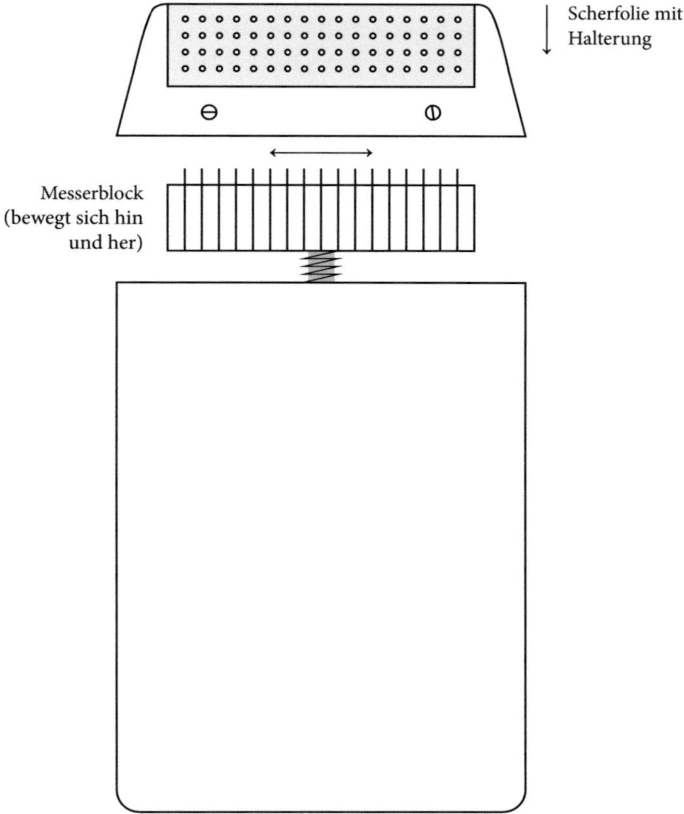

Abb. 9: Schematische Darstellung des elektrischen Rasierapparats von Braun. Das sogenannte ›Scherblatt‹, ein sehr dünnes perforiertes Blech, ist über den ›Messerkopf‹ gespannt. Dieser besteht aus mehreren, zu einem Zylinder angeordneten Messern. Der gesamte Messerkopf ist auf einer Feder beweglich gelagert, er bewegt sich unter der Scherfolie hin und her.

Taschenlampe mit Dynamo-Handbetrieb kann als eine Art Vorläufer des Braun-Rasierers betrachtet werden und war zeitweise das am meisten verkaufte Produkt bei Braun. Sie erreichte eine Stückzahl von mehreren Millionen.[91]

Der Erfolg der Taschenlampe ermunterte Max Braun ähnliche Produkte zu entwickeln. Insbesondere elektrische Rasierapparate schienen Max Braun ein zukünftig lohnenswertes Geschäftsfeld zu sein, da es zu dem Zeitpunkt noch keine deutschen Modelle gab.[92] Die Taschenlampe und der Rasierer hatten überdies eine auffällige formale Analogie. Wie sich sein Sohn Artur Braun erinnert, lag die Entwicklung eines eigenen Rasierapparates auch deshalb nahe, weil der Rasierapparat und die schon sehr erfolgreiche Taschenlampe eine ähnliche Größe hatten. Beide werden in der Hand gehalten: »Da war ein Produkt, das täglich gebraucht wurde, für seinen Betrieb vorzüglich geeignet und in Größe und Herstellung seiner *Manulux* sehr ähnlich, mit der er schon Erfahrung in der Massenproduktion hatte.«[93] So entschied sich Max Braun, einen solchen Apparat für den deutschen Markt zu entwickeln.

Dennoch war die Entwicklung des Rasierapparates kein leichtes Unterfangen. Weil elektrische Rasierapparate als solche im Deutschland der Nachkriegszeit noch unbekannt waren, musste Max Braun nicht nur ein Produkt und seine Technik entwickeln, sondern auch einen ganz neuen Produkttypus etablieren.

Wie aber funktioniert ein solcher Apparat? ›Elektrorasierer‹ – Artur Braun nennt sie ›Trockenrasierer‹ – schneiden, anders als bei der Nassrasur, die Haare nicht direkt ab (siehe die schematische Darstellung des Apparats in Abb. 9). Denn über dem Messer, das eigentlich aus mehreren nebeneinander liegenden Messern besteht – dem sogenannten ›Messerblock‹ – befindet sich eine Folie. Diese Folie, die ›Scherfolie‹, ist ein dünnes, gelochtes Blech, das über den Messerkopf gespannt wird. Der Messerkopf bewegt sich unter der Scherfolie hin und her, sodass die Haare, die durch die Löcher in der Folie dringen, abgeschnitten werden. Dabei ist der Messerblock auf einer Feder beweglich gelagert und wird von einem Elektromotor angetrieben, der im Griff des Rasierers verborgen ist. Im Unterschied zu anderen Rasierern, die ebenfalls mit einem Blech und einem Scherkopf arbeiten, liegt die Folie direkt auf dem Scherkopf auf. Der Abstand zum Messerkopf, wo die Haare abgeschnitten werden, ist daher sehr gering. Diese Idee Max Brauns, bemerkt Artur Braun, sei eine wichtige Innovation und der Grund für den späteren Erfolg des Apparats gewesen: »Seine Idee, bei einem Trockenrasierer eine flexible, gelochte Folie so über hin- und hergehende Untermesser zu spannen, daß sie sich auf diesem abstützt, sollte das Kernstück des späteren Erfolgs werden!«[94] Max Braun hatte, um die Technik besser verstehen zu können, Rasierer anderer

91 | Vgl. ebd., S. 9.

92 | Vgl. ebd., S. 24. Von einer Reise in die Schweiz 1941 brachte Max Braun einen ersten ›Trockenrasierer‹ mit.

93 | Ebd.

94 | Klatt / Braun 2007, S. 28.

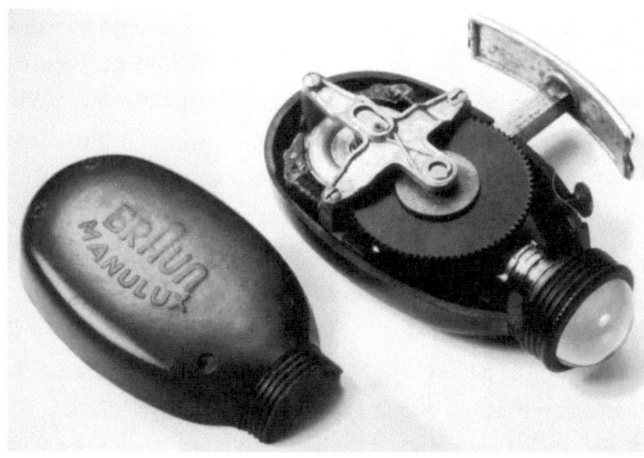

Abb. 10

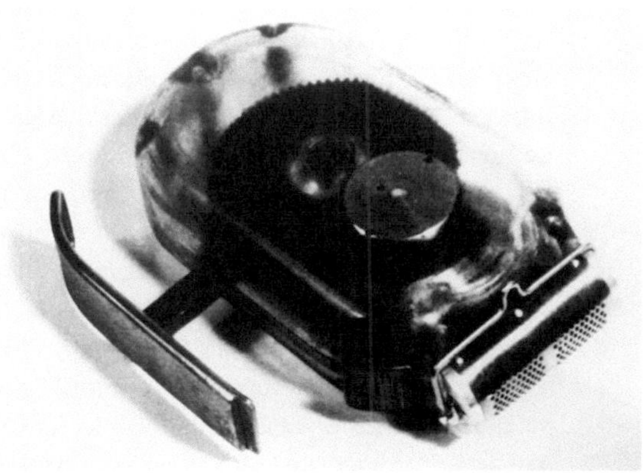

Abb. 11

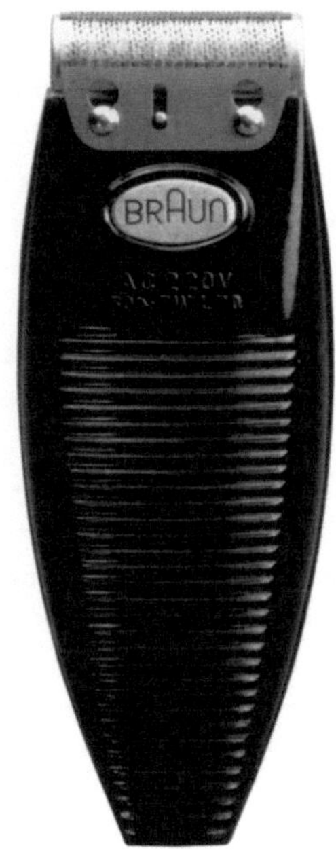

Abb. 12

Abb. 10: Die Braun-*Manulux*-Taschenlampe, die 1940 auf den Markt gelangte und nicht mit Batterien funktionierte, sondern mit einem Dynamo. Dieser wurde durch den Griff an der Seite betrieben.
Abb. 11: Erster handbetriebener Rasierapparat. Funktionsmodell mit transparentem Gehäuse aus Plexiglas, 1943.
Abb. 12: *S 50*, erster industriell hergestellter Rasierer der Firma Braun. Entwickelt u. a. von Max Braun, Artur Braun, Karl Pfeuffer, 1950.

Firmen, etwa aus den USA und Holland, gesammelt. Sie wurden auseinandergenommen und studiert, um Ideen für mögliche Verbesserungen zu finden. Besonders der amerikanische *Sunbeam-Rasierer* diente für die später folgenden Modelle als Vorbild. Es ging Max Braun nicht darum, eine vollkommen neue Technik zu erfinden, sondern den Rasierer ausgehend von Bestehendem zu entwickeln.

Basierend auf seinen Beobachtungen fertigte Max Braun Konstruktionszeichnungen an, anhand derer sein Sohn, Artur Braun, der Konstrukteur Albert Tränkner, der Mechaniker Karl Pfeuffer und der Werkzeugbauer Ernst Pauli eine erste Version des Rasierers entwickelten (siehe Abb. 11).[95] Diese erste Apparatur besaß einen Messerkopf mit darüber liegender Scherfolie. Im Gegensatz zu dem amerikanischen Vorbild hatte das Gerät allerdings einen Dynamo-Handantrieb, wie er schon bei der *Manulux*-Leuchte zum Einsatz kam. Die Verwendung des Dynamo-Handantriebs lag für Max Braun insofern nahe, als dass die *Manulux*-Lampe sich aufgrund der Elektrizitätsausfälle in Zeiten des Krieges großer Beliebtheit erfreute. In ähnlicher Weise erhoffte er sich nun auch von dem handbetriebenen Rasierer einen Erfolg. Die Testapparatur hatte außerdem – wie auch spätere Prototypen von Rasierapparaten im Braun-Archiv des MAK – ein transparentes Gehäuse. Dies erleichterte das Auffinden von Fehlern, wenn die Apparate getestet werden mussten.

Die Apparatur mutet jedoch, zumindest im Vergleich mit dem später tatsächlich in Serie produzierten Modell *S 50*, improvisiert an. Sie unterscheidet sich wesentlich von den anderen Entwürfen. Die Einzelteile sind noch sichtbar, der Hebel, das Gehäuse und der Scherkopf scheinen nicht so recht zusammenzugehören. Es wurden Teile kombiniert, die ursprünglich nicht in diesen Verwendungszusammenhang gehörten. So war der Dynamo für den Betrieb der *Manulux*-Taschenlampe, nicht aber für den Betrieb des Rasierers konzipiert worden. Die Einzelteile des Antriebs wurden nicht extra angefertigt, vielmehr wurden schon vorhandene Teile verbaut. Auch die Scherfolie wurde nicht eigens gestanzt, sondern einem schon vorliegenden Rasierapparat entnommen. Schließlich wurde die ›Hülle‹, also das transparente Gehäuse des Rasierers, das dem Apparat seine Form verlieh, nicht explizit ›designt‹, sondern zunächst nur so konstruiert, dass es die Einzelteile zusammenhielt.

Dass diese erste noch unbeholfen wirkende Testapparatur aus vorliegenden Teilen quasi zusammengeschustert wurde, ist jedoch keineswegs trivial. Das Beispiel der Taschenlampenapparatur zeigt, dass Innovation in der Wiederverwertung des Vorhandenen besteht. In der Improvisation ist der Entwerfer oder Konstrukteur auf vorliegende Formen und Materialien angewiesen. Zugleich benötigt er die Improvisation, um seinen Designprozess voranzutreiben. Damit wird die Improvisation zu einem notwendigen Element von Gestaltung. Die Improvisation als solche wird jedoch am späteren Rasierer nicht mehr sichtbar sein. Die Apparatur diente den Entwicklern der Firma Braun lediglich dazu, ihre Idee zu konkretisieren und

95 | Ebd., S. 24f. und 30. Artur Braun war im Zeitraum der Entwicklung der ersten Rasierer Lehrling bei Braun und übernahm als Techniker ähnliche Aufgaben wie die Handwerker. Vgl. ebd., S. 32.

dann in weiteren Schritten zu überarbeiten – so lange, bis das Produkt die Serienreife erreicht hat.

Die Improvisation ist jedoch kein Zeichen mangelnder Professionalität. Im Gegenteil: Wir haben es mit einem unter Designern und Ingenieuren durchaus gängigen Vorgehen zu tun. Damit der Rasierer gebaut werden konnte, wurde unmittelbar vorhandene Technik kombiniert und nicht das komplette Produkt von Beginn an neu erfunden. Damit fällt das Beispiel unter die von Charles Jencks und Nathan Silver beschriebene und für meine Idee des Designs maßgebliche Improvisations-Methode, die von der erfinderischen *ad hoc*-Kombination einzelner Subsysteme handelt.

Jencks und Silver argumentieren, dass den meisten Dingen des Alltags, der Kunst und der Architektur eine Improvisation im Sinne einer Kombination disparater Elemente zugrunde liegt.[96] Dabei werden, so wie bei der Taschenlampenapparatur, die einzelnen Bausteine und ihr ursprünglicher Verwendungszusammenhang am Gegenstand selbst noch sichtbar. »By combining diverse subsystems *ad hoc*, the designer shows what their previous history was, why they were put together and how they work.«[97]

Sofern der ›Adhocismus‹ auf vorhandene Formen zurückgeht, wollten Jencks und Silver ihr Konzept als eine Kritik an moderner Gestaltungsmethodik verstanden wissen, die sich über die ständige Neuerfindung der Form im Sinne des unaufhaltsamen technischen Fortschritts legitimiert hatte. Der moderne Designbegriff gerät unter Druck, wenn die für diesen Begriff eigentlich typischen Produkte, wie der Braun-Rasierapparat, nicht durch Technik, Planung und Ideen der ›Guten Form‹ bestimmt sind, sondern durch Improvisation.

Wie ich schon weiter oben dargelegt hatte, besteht die Originalität eines Produkts dann eben nicht in der Neuerfindung seiner Form. Sie besteht meist in der Neuinterpretation von bekannten Formen.

Produktives Nichtkönnen

Max Braun setzte viele Hoffnungen auf sein neues Produkt. Mit all seiner technischen Erfahrung war er zunächst vollständig überzeugt, dass der Handantrieb – in Zeiten ständiger Stromausfälle – den Erfolg des Produktes, wie schon im Fall der Taschenlampe, garantieren würde. Bald zeigte sich jedoch, dass die Testapparatur nicht richtig funktionierte. Das Prinzip des elektrischen Rasierapparats ließ sich nicht mit dem Handdynamo verbinden, schon allein deshalb, weil das gleichzeitige Bewegen des Antriebs und die Bewegung des Apparats zu kompliziert waren. Der Rasierer wackelte durch das ständige Bewegen des Griffs, der Scherkopf drehte sich nicht gleichmäßig.[98]

96 | Vgl. Jencks 2013, S. VIII.

97 | Ebd., S. 9.

98 | Vgl. Klatt / Braun 2007, S. 30.

So könnte man diesen ersten Versuch auch als Fehlschlag bezeichnen. Bernd Polster, Verfasser eines Braun-Katalogs, schreibt zum Beispiel: »Der erste Prototyp eines ›Trockenrasierers‹ war ein Rohling mit noch völlig unzureichender Leistung.«[99] Während der spätere Rasierapparat, insbesondere der berühmte *Sixtant*, eine technische und gestalterische Errungenschaft war, so mutet die erste Testapparatur noch unfertig an. Obwohl sie eine strukturell wichtige Rolle im weiteren Entwurfsprozess spielte, findet die Apparatur daher in der meisten Braun-Literatur keine weitere Erwähnung.

Als gescheitertes Experiment erscheint die Apparatur jedoch nur aus einer Perspektive, die den Entwurf allein von seinem im Produkt realisierten Ergebnis her denkt. Die Techniker der Firma Braun sahen in der ersten Apparatur keinen Grund, aufzugeben. An der Idee des elektrischen Rasierapparats wurde weitergearbeitet.[100] Durch den improvisierten und vermeintlich gescheiterten Prototypen veränderte sich bloß die Richtung des Projekts: Hatte Max Braun zunächst geglaubt, sein Rasierer würde später einmal einen Handantrieb besitzen müssen, so verschob sich das Ziel des Prozesses. Von nun an galt es, einen Rasierer mit Elektromotor zu gestalten. Das konnten die Konstrukteure im Vorhinein jedoch nicht wissen. Dass der erste Prototyp nicht funktionieren konnte, zeigte sich erst rückblickend, also nachdem man ihn schon gebaut hatte.

Dies liegt in der Eigenlogik von Designprozessen. Vieles, was in einem solchen Prozess auf dem Papier zunächst wie ein funktionierendes Konzept erscheint, erweist sich beim Ausprobieren als unvollständig und unfertig. Improvisation ist dabei von besonderer Bedeutung, weil sie das Ausprobieren wie im Fall der Testapparatur überhaupt erst ermöglicht. Die erste Testapparatur war nicht gescheitert, sie bildete die Grundlage allen weiteren Vorgehens.

So könnte man auch spekulieren, dass mit dem ersten Apparat unabsichtlich auch bereits eine erste Vorstellung von der Grundform des späteren Rasierapparates entstanden ist. Das hatte vor allem aus pragmatischen Gründen jene Form erhalten: In dem Gehäuse musste schließlich der Dynamobetrieb Platz finden und das Scherblatt sollte möglichst breit sein. Das technische Innenleben war zunächst weitaus wichtiger. Trotzdem führte die basale Anordnung mit dem Griff, der Hülle und dem Scherblatt zu einer – wenn auch provisorischen – Form. Die Hülle des Rasierers war, anders als die eiförmige *Manulux*-Leuchte, tendenziell rechteckig – die Seiten verliefen gerade, das Gehäuse war genauso breit wie die Scherfolie und unten war das Gehäuse abgerundet.

Darin kam dieser erste Apparat dem *Sixtant* (siehe Abb. 8), der 1962 auf den Markt gelangte, näher als dem früheren 1950 eingeführten *S 50* (siehe Abb. 12), dessen Griff viel schlanker ist. Sowohl die Taschenlampe als auch der Rasierapparat

99 | Bernd Polster: *Braun. 50 Jahre Produktinnovation*. Köln: DuMont 2005, S. 264.

100 | Es gab auch technische, politische und materielle Widrigkeiten. Die Braun-Werkshallen wurden im Krieg teilweise zerstört, ausserdem geschah die Rasiererforschung im Verborgenen. Vgl. Klatt/Braun 2007, S. 25–28.

erinnern ein wenig an ein Stück Seife. So zeigt dieser Fall von Improvisation letztlich auch, dass in Produktentwicklungs- wie in Gestaltungsprozessen einzelne Projektschritte nicht immer klar voneinander getrennt werden können. Designprodukte sind vielmehr eingelassen in eine komplexe Struktur aus Artefakten und Personen, die den Designprozess bilden. Manchmal nehmen Zwischenformen wie die Taschenlampenapparatur darin etwas vorweg, was sich dann erst später im eigentlichen Produkt manifestiert.

Scheitern wird auf diese Weise in etwas Produktives gewendet. Alles Design, auch das Design gestalterischer Ikonen wie der Braun-Rasierer, basiert letztlich auf Zweckentfremdungen, Zwischenlösungen und Improvisationen. Behelfslösungen sind dabei notwendig, um den Entwurf umzusetzen, aber auch um überhaupt erst zu den Fragestellungen und Problemen zu gelangen, die eine provisorische Materialisierung aufwirft. Damit kann ich an dieser Stelle schon zusammenfassen, dass jegliche Ergebnisse, auch diejenigen, die nicht richtig funktionieren, den Prozess lenken.

Meine Sichtweise auf das Design hat Vorbilder, auch wenn diese möglicherweise von Vorstellungen von Design, die vornehmlich das Abgeschlossene und Geplante betonen, überlagert wurden. Ich hatte oben angedeutet, dass es in der Designtheorie im Anschluss an das *Design Methods Movement* eine Hinwendung zur prozesshaften Praxis gab, fast zeitgleich mit einer ähnlichen Hinwendung zur prozesshaften (Forschungs-) Praxis in der Wissenschaftsforschung, dem ›Practice Turn‹, wo das Scheitern, die Zufälle und schließlich auch die Improvisation als Teil der Forschung einflussreich wurden.[101]

Donald A. Schön beispielsweise versuchte bereits in den 1980er Jahren anhand von Gesprächsprotokollen (den sogenannten »Protocol Studies«) der Praxis des Entwerfens näherzukommen. So dokumentiert er etwa die Konsultation einer Architekturstudentin bei ihrem Professor Quist.[102] Die Studentin wird dabei mit einem Wechselspiel von Versuch und Scheitern konfrontiert, sie gibt an, in ihrem Entwurfsproblem (die Gestaltung eines Kindergartens an einem Hanggrundstück) ›festzustecken‹. Schnell entspinnt sich zwischen den beiden ein dialogischer Prozess des Zeichnens und Diskutierens, in dem schließlich eine andere Anordnung für den Grundriss des Kindergartens gefunden wird. Nun konstatiert Donald A. Schön:

101 | Siehe: Theodore R. Schatzki, Karin Knorr-Cetina, Eike von Savigny (Hg.): *The Practice Turn in Contemporary Theory.* London u. a.: Routledge 2006. Beispielhaft für diese Strömung ist, neben den schon genannten Texten von Latour und Rheinberger insbesondere ein Buch der Wissenschaftsforscherin Karin Knorr-Cetina: *Die Fabrikation von Erkenntnis. Zur Anthropologie der Naturwissenschaft.* Revidierte und erweiterte Fassung. Frankfurt am Main: Suhrkamp 2012 (Titel im engl. Orig.: *The Manufacture of Knowledge. An Essay on the Constructivist and Contextual Nature of Science.* Oxford: Pergamon Press: 1981) bes. S. 118–123, und zum zielgerichteten ›Basteln‹ der Forscher bes. S. 110.

102 | Siehe: Donald A. Schön: *The Reflective Practitioner: How Professionals Think in Action.* New York: Basic books 1983, S. 79–102.

> »[The student's] problem solving has lead her to a dead end. Quist reflects critically on the main problem she has set, reframes it, and proceeds to work out the consequences of the new geometry he has imposed to the screwy site. The ensuing inquiry is a global experiment, a reflection-in-action on the restructured problem.«[103]

Gleichwohl bleibt dieser ›Umweg‹ auch für Schön ein wichtiger Teil des Entwurfsprozesses. Ohne die vorherige Auseinandersetzung mit dem Problem, insbesondere ohne vorherige Zeichnungen, wäre der weitere Entwurfsprozess nicht in dieser Weise verlaufen. Für Schön sind Versuch und Scheitern notwendiger Teil eines sich sukzessive konkretisierenden Entwurfsprozesses:

> »In the designer's conversation with the materials of his design, he can never make a move which has only the effects intended for it. His materials are continually talking back to him, causing him to apprehend unanticipated problems and potentials. As he appreciates such new and unexpected phenomena, he also evaluates the moves that have created them.«[104]

Design konkretisiert sich anhand von Materialien und Techniken sowie durch das Ausprobieren einer Idee mittels Modellen, Zeichnungen und Prototypen, welche die Konsequenzen einer Idee sichtbar werden lassen. Der Designprozess besitzt für Schön demnach eine dialogisch-reflexive Struktur, er organisiert sich durch jede Handlung neu.[105]

Im diesem Sinne darf auch eine vermeintlich gescheiterte Improvisation wie die erste Testapparatur nicht als triviale Notlösung oder als vorläufige Bastelei verstanden werden. Insbesondere komplexe Produkte wie der Braun-Rasierapparat entstehen in einem Designprozess, der auf ständige Konkretisierungen und Versuche angewiesen ist. Erst durch die behelfsmäßige Apparatur konnten die nachfolgenden Geräte entwickelt werden. Der erste Rohling war ebenso ein Vorläufer der späteren Rasierapparate wie die Taschenlampe und in einem weiteren Sinne auch der von der Firma Braun zuvor entwickelte Riemenverbinder.

Dies zeigt: Über die einzelnen Produkttypen hinweg können Projekte und Verantwortungsbereiche ineinandergreifen. Die normalerweise streng gegliederten Rollen von Planern auf der einen und Handwerkern auf der anderen Seite können sich wechselseitig beeinflussen und durch Improvisation transformieren. Dies will ich im nächsten Kapitel an einem weiteren Beispiel aus dem Entwicklungsprozess der Rasierapparate noch genauer darstellen.

103 | Ebd., S. 101.

104 | Ebd.

105 | Vgl. hierzu auch: Rheinberger 2007 (1), S. 16.

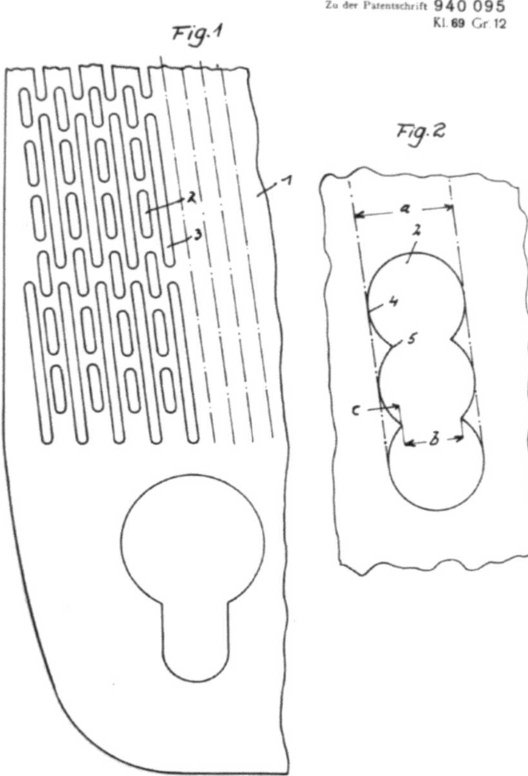

Abb. 13

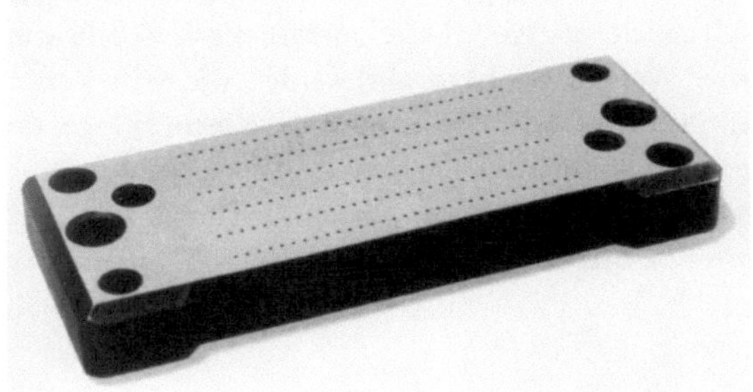

Abb. 14

Abb. 13: Zeichnung aus der Patentschrift für das Stanzmuster der Scherfolie des *S 50*, ca. 1949.
Abb. 14: Lochplatte für die Rasierfolie des *S 50*, Fa. Braun, ca. 1947.

Das Design der Ingenieure vs. das Design der Designer

Mir geht es im Folgenden um die Entwicklung eines kleinen Details, und zwar um die Entwicklung der Scherfolie – dem Herzstück des Rasierapparates, das zugleich den kommerziellen Erfolg des Apparates begründete. Die Scherfolie ist ein hauchdünnes, ca. zwei mal drei cm großes gelochtes Blech, das über den Messerkopf gespannt wird (siehe Abb. 13). Form und Anordnung der Löcher sind bei der Scherfolie maßgeblich, damit der Rasierer richtig funktioniert. Diese Löcher mussten zunächst mühsam von Hand in die Folien gestanzt werden, erst ab den 1960er Jahren war es möglich, die Löcher in die Folie zu ätzen.

Die Braun-Techniker waren zum Zeitpunkt der Entwicklung der Scherfolie schon etwas weiter fortgeschritten und kurz davor den ersten Rasierer, und zwar den *S 50* (siehe Abb. 12), auf den Markt zu bringen.[106] Die Zeit vor der Markteinführung des *S 50* war jedoch von ständigem Materialmangel geprägt, die Entwicklung der Scherfolie war insbesondere wegen des Mangels an Werkzeugstahl ein aufwändiges Unterfangen.[107] Denn bei der Entwicklung der Scherfolien reichte es nicht aus, ein Produktionswerkzeug ein Mal zu konstruieren. Die Werkzeuge mussten immer wieder verändert werden. So schreibt Artur Braun:

> »Das Herzstück [des Rasierers], ein Scherblatt aus nur 0,05 mm starkem Stahlblech, hatte Karl Pfeuffer – sie nannten ihn später Vaters ›Leibmechaniker‹ – mit einem einreihigen Lochwerkzeug in vielen einzelnen Schritten Reihe für Reihe gelocht. Auf einer Gehäuseseite hing es an zwei Knöpfen, auf der anderen zog es ein federnder Schlitten über den Messerkopf.«[108]

Das Stanzwerkzeug für das Lochmuster bestand aus zwei Teilen, und zwar aus einem Stempel und einer Grundplatte. Die gelochte Grundplatte wurde als Führung benötigt, auf der die Folie beim Stanzen aufliegt (siehe Abb. 14). Beim Bau dieser Führungsplatte mussten die Löcher, die nur einen Durchmesser von etwa 0,45 mm hatten, mühsam von Hand in den Werkzeugstahl gebohrt werden, wie Artur Braun erklärt. »Nach dem ersten einfachen Lochwerkzeug war schon ein mehrreihiges im Entstehen, aber wer konnte schon so kleine Löcher von nur 0,45 mm in eine Schnittplatte aus Werkzeugstahl bohren? Wenn ein Bohrer abbrach, war alles verdorben.«[109] Mit einiger Mühe schafften es die Werkzeugmacher trotzdem, diese Platte herzustellen.

106 | So schreibt Dieter Rams: »Bereits der erste Braun Rasierer – der S 50 von 1950 – hatte den Grundaufbau, den alle Braun Rasierer bis heute zeigen: Netzteil, Schwingankermotor, Scherkopf sind übereinander angeordnet. Es ist eine Konfiguration, die sich logisch aus Konstruktion und Funktion ergab.« Rams 1995, S. 88.

107 | Hier handelt es sich zwar um eine Situation des Mangels, aber es ist nicht die Improvisation als Notlösung, die mich interessiert.

108 | Klatt / Braun 2007, S. 30.

109 | Ebd., S. 35.

Als man dann die ersten, mit Hilfe des neuen Stanzwerkzeugs hergestellten Folien testete, zeigten sich jedoch neue Schwierigkeiten. Ein regelmäßiges Muster aus runden Löchern schien für das Rasieren ungeeignet zu sein. Stattdessen wurden Langlöcher und zugleich runde Löcher benötigt, um ein optimales Resultat beim Rasieren zu erreichen.[110] Zwar war man nun hinsichtlich des Lochmusters der Folie weiter fortgeschritten. Aber wenn es schon ein Problem darstellte, überhaupt Löcher in die kleine Platte zu bohren – wie sollten dann viele Löcher nebeneinander gebohrt werden, sodass ein Langloch entsteht? Es schien unmöglich zu sein, ein Werkzeug herzustellen, das sehr kleine, 0,45 mm-breite Langlöcher stanzen kann.

Anstatt hier aufzuhören und sich mit der vorliegenden Lösung zufriedenzugeben (die Rasierapparate der anderen Hersteller besaßen ebenfalls allesamt Scherfolien mit runden, regelmäßigen Löchern), suchte man weiter nach einer Verbesserungsmöglichkeit. Artur Braun und Karl Pfeuffer kamen irgendwann auf die Idee, die Langlöcher in der Folie einfach aus einzelnen runden Löchern zusammenzusetzen. Der Stanzvorgang wurde bei jedem Scherblatt mehrfach wiederholt, die Langlöcher ließen sich erzeugen, indem versetzt gestanzt wurde. Auf diese Weise konnte das schon vorhandene Werkzeug einfach weiter benutzt werden.

Dies erschien Artur Braun und Karl Pfeuffer zunächst, vor allem mit Blick auf das aus dem teuren und seltenen Werkzeugstahl hergestellte Stanzwerkzeug, als etwas riskant, denn: »Ein Experte hatte vor Stempelbrüchen gewarnt, falls ein Loch angeschnitten würde.«[111] Aber es zeigte sich, dass dieser Experte unrecht hatte: »Wir fanden […] heraus, daß getrost ineinander gestempelt werden konnte, und auf diese Weise auch längere Schlitze oder gemischte Muster aus Löchern und Schlitzen herzustellen waren. Später bekamen wir dafür ein Patent.«[112] Wie die Zeichnung aus der Patentschrift in Abbildung 13 zeigt, ergeben drei Löcher in Kombination ein Langloch. Das Werkzeug wurde also anders verwendet als ursprünglich vorgesehen, es geschah eine Zweckentfremdung.

Gerade die vermeintlich dilettantischen Lösungen, von denen Experten Abstand nehmen würden, können in einem Designprozess zu sinnvollen Lösungen führen. Im Gesamtprozess ist die Scherfolie zwar nur ein Detail. Aber es handelt sich bei dieser Zweckentfremdung um ein wesentliches Moment im Designprozess der Firma Braun. Das besondere Lochmuster ließ den Rasierer – insbesondere gegenüber dem amerikanischen *Sunbeam-Shavemaster*-Modell – als avanciert erscheinen. Daher wurde das Muster auch patentiert.[113] Der erste in Serie produzierte Rasierer war dann der *S 50*, der zur Frankfurter Frühjahrsmesse 1950 auf den Markt kam und als wesentlichstes Verkaufsargument ein flexibles Scherblatt besaß, das auf ebenjenem Prinzip basierte. Die Folie wurde letztlich zum Distinktionsmerkmal gegenüber Konkurrenzprodukten.

110 | Ebd.

111 | Ebd.

112 | Ebd.

113 | Vgl. ebd., S. 22.

Die beiden von mir betrachteten Beispiele aus dem Braun-Designprozess, nämlich der Taschenlampenrasierer und die Scherfolie, lassen nun ferner Schlüsse für die Analogie von Improvisation und Design insgesamt zu. Dass das Stanzwerkzeug anders benutzt wurde als gedacht, kann man schon als einen ersten Hinweis auf Improvisation verstehen. Dass es sich tatsächlich um eine Improvisation handelt, liegt jedoch daran, dass die Zweckentfremdung auch in einer neuen Form resultiert, also etwas Neues zu dem bereits bestehenden Entwurf hinzutritt: Das Scherblatt besitzt ein eigenes Muster, eine Mischung aus Langlöchern und runden Löchern. Das Muster setzt sich im Detail betrachtet aus vielen einzelnen Löchern zusammen, weil ein Werkzeug, das Langlöcher stanzen kann, nicht ohne Weiteres konstruiert werden konnte.

Das Zusammensetzen vorhandener Formen zu einer neuen Form ist wiederum ein wesentliches Prinzip der Improvisation respektive des *Adhocismus*, den Charles Jencks und Nathan Silver beschreiben. Für sie bedeutet Improvisation, vorhandene Subsysteme zu einem neuen Ganzen zusammenzufügen, sie argumentieren sogar, dass neue Formen überhaupt erst hierdurch möglich werden. Vom gänzlichen Neusein kann auch beim Braun-Rasierer nicht die Rede sein. Neu waren auf der Ebene des Produkts und im Vergleich zu den anderen Modellen anderer Hersteller nur subtile Details wie die Scherfolie. Gleichwohl findet dann im Produktionsprozess der Apparate keine Improvisation mehr statt. Streng genommen sind die Rasierapparate selbst nicht improvisiert, weil sie immer auf die gleiche Art und Weise hergestellt werden. Selbst das Stanzen des Musters in die Scherfolie wird, auch wenn es ursprünglich auf einer Improvisation basiert, im Produktionsablauf bei jeder Scherfolie genauso wiederholt.

Hier findet eine Verstetigung der Improvisation statt. Die Improvisation erscheint zunächst als Bruch, der dann aber durch Wiederholung Eingang in die routinierten Arbeitsabläufe findet. Improvisation verschwindet gewissermaßen in der Serienproduktion.

Während das serielle Produkt an sich mittels einer Vorlage immer wieder produziert wird, sich also ein Vorgang wiederholt, ist der Prozess, der zur Erstellung ebendieser Vorlage notwendig ist, ein singulärer, einmaliger Prozess. Designer improvisieren, während sie entwerfen – und zwar tun sie dies, noch bevor das Produkt in die Serienproduktion eintritt.[114]

Dies hat im nächsten Schritt auch Folgen für die Art und Weise, wie der Produktentwicklungsprozess als Ganzer zu denken ist. Nicht nur veränderte die Improvisation die Form der Folien in einem wesentlichen Detail. Dass hier improvisiert wurde – und zwar noch in einem recht späten Stadium des Entwicklungsprozesses – zeigt, dass selbst die technische Umsetzung noch Einfluss auf die Form eines Produkts haben kann. Diese Prozesse der Umsetzung scheinen für die

114 | Man könnte diese Unterscheidung zwischen Produkt und Prozess als selbstverständlich voraussetzen. Aber die Designbegriffe, die ich bislang diskutiert habe, haben ebendiese Unterscheidung zwischen Produkt und Prozess nicht vorgenommen.

Produktentwicklung ebenso bedeutsam zu sein wie die rein gedankliche Konzeption. Dieses Wechselspiel zwischen Konzeption und Improvisation mag zwar auf den ersten Blick wie ein mühsamer und von vielen Fehlschlägen geprägter Prozess erscheinen. Dabei handelt es sich jedoch, wie ich meine, um das einzig mögliche Vorgehen, denn Designer, Techniker und Ingenieure hantieren hier mit Materialien, Techniken und Dingen, wenn sie ein Produkt entwickeln. Das Zusammenwirken dieser Materialien und Techniken lässt sich in einem Plan niemals vollständig antizipieren.

An der Improvisation werden auch soziale Zusammenhänge des Designprozesses sichtbar. Der Entwicklungsprozess der Scherfolie zeigt, dass es sich hinsichtlich der Formgebung um eine rückblickend nur schwer durchschaubare Konstellation von Entwicklern handelte, die allesamt Einfluss auf die Gestaltung des ersten Rasierers der Firma Braun hatten. Auf den Formentscheidungen, die die Designer bei einem Produkt treffen, beruht jedoch in großen Teilen ihre Autorschaft. Wodurch können sie diese aber noch rechtfertigen, wenn, wie im Fall der Produkte der Firma Braun, auch Techniker und Handwerker an der Gestaltung teilhaben? Können sie sich der streng verteilten Rollen und der Unterscheidung von Planer und Handwerker überhaupt noch sicher sein? Oder haben nicht Karl Pfeuffer, der Werkzeugbauer und Artur Braun, der Sohn des Geschäftsführers, bei ihrer Improvisation auf Augenhöhe operiert?

Wenn sich die Form eines Gegenstandes auch zu einem so späten Zeitpunkt des Prozesses noch ändern kann, so scheint nicht nur die strenge Definition von Design als Planungsprozess, sondern auch die Distanz zum Handwerk hinfällig zu sein.

Vor dem Hintergrund der hier betrachteten Improvisation wird somit eine für das Design ansonsten sehr bedeutsame Unterscheidung problematisch, und zwar die Abgrenzung des Designs der Designer vom Design der Handwerker und Ingenieure. Die Improvisationen der Handwerker und Ingenieure, dies zeigt der Blick in ihre Werkstätten und auf die Prozesse, hatten Einfluss auf die Form des Rasierapparates. In ihrem Tun dringen sie vor auf das Feld der Designer.

In der grafischen Anmutung der Scherfolie beispielsweise liegt eine besondere gestalterische Qualität. Das Buch von Artur Braun über die Geschichte des Rasierapparates verwendet die Linienzeichnung daher als Titelbild. Auch der ›Taschenlampenrasierer‹ kann mit seiner seifenartigen Griffform als Vorbild für die basale Struktur und die Form späterer Modelle gesehen werden.

Die Improvisation im Prozess der Rasiererentwicklung legt die Formentscheidungen von Handwerkern, Tüftlern und anderen Protagonisten in der Braun-Werkstatt offen. So werden die Grenzen zwischen den Aufgabenfeldern von Designern und Nicht-Designern nivelliert. In dieser Hinsicht schreiben auch Jencks und Silver: »Opposed to purism and exclusivist design it accepts everyone as an architect and all modes of communication, whether based on nature or culture.«[115] In der Improvisation sind alle gleich: Designer, Architekten, Nutzer – denn sie alle gelangen schließlich zu einer irgendwie gestalteten Form.

Dass den Rasierapparaten ein handwerklicher Prozess vorausging, bei dem Ingenieure und Handwerker durch Improvisation Formentscheidungen trafen, verweist darauf, dass ein Designbegriff, der ausschließlich auf das offizielle Design der Designer fokussiert ist, zu kurz greifen würde. Die Formentscheidungen von Nicht-Designern, wie ich sie oben betrachtet habe, wurden im Jargon der Gestalter jedoch meist abschätzig »Design der Ingenieure« oder »Werksdesign« genannt.[116] Als Werksdesign versteht man im Allgemeinen pragmatische, rein auf Berechnungen basierende Formentscheidungen. Etwa die Verwendung größerer Wandstärken, um in jedem Fall Stabilität zu gewährleisten – während Designer im Gegenzug möglichst versuchen, Volumen und Material einzusparen, um zu einer materialgerechten Form zu gelangen.[117]

Gerade in der Anfangsphase des Industriedesigns, als die Tätigkeit des Designers noch wenig etabliert war, legte man daher viel Wert auf die Unterscheidung des Designs von dieser Gestaltung der Ingenieure. Zwar leugneten die ersten Industriedesigner nicht, dass Techniker und Handwerker auch einen Anteil an der Form hatten. Braun-Feldweg etwa betonte immer wieder, dass Design aus der Technik heraus entstehe. Auch Dieter Rams, der über 40 Jahre lang die Braun-Designabteilung leitete, gestand dem Design der Ingenieure eine gewisse Gestaltungshöhe zu:

> »Von Design war in diesem ersten Lebensabschnitt des Unternehmens noch keine Rede. Die Geräte wurden von Konstrukteuren mitgestaltet. Dieses Ingenieursdesign war in vielem unbeholfen, aber keineswegs durchweg schlecht. Auch Max Braun ging es darum, den Produkten eine zweckgerechte Form zu geben.«[118]

So war man in der Firma Braun von Anfang an darauf bedacht, alle Teile des Geräts auch formal aufeinander abzustimmen. Vieles spricht daher dafür, dass schon in den 1940er Jahren ein allmählicher Transformationsprozess hin zu einem avancierteren Design begonnen hat.

Gemeinhin gilt jedoch die Gründung der Designabteilung 1955, als Dieter Rams zu Braun kam, als Zäsur und als Zeitpunkt, von dem an erst von einer

115 | Jencks/Silver 1972, S. 9.

116 | Hiermit kann auch die ›Inhouse‹-Gestaltung durch eine Designabteilung, die in der Firma implementiert ist, gemeint sein. Diese Bedeutung von Werksdesign wird meist benutzt, um zu betonen, dass eine Gruppe von Gestaltern, die im Unternehmen arbeiten, den Entwurf zu verantworten hat und nicht ein einzelner Autor.

117 | Vgl. hierzu z. B.: Rudolf Schönwandt: *Wie arbeitet Dieter Rams und sein Team bei Braun?* In: François Burkhardt und Inez Franksen: *Design. Dieter Rams.* Berlin: Gerhardt 1980, S. 40.

118 | Dieter Rams: *40 Jahre Design für Braun.* In: Ders.: *Weniger, aber besser = Less but better.* Hamburg: Jo Klatt Design Verlag 1995, S. 88.

›richtigen‹ Gestaltung die Rede sein kann.[119] Dies wird unter anderem daran festgemacht, dass es seitdem ein neues Corporate Design gab und die Produkte überarbeitet wurden, sodass sie in ihrer Form klarer und zeitgemäßer wirkten.[120] Im Zuge der Gegenüberstellung von alter ingenieursgelenkter Formgebung und neuer designter Form wurden jedoch die alten Entwürfe und ihre Bedeutung marginalisiert. Die Namen der Ingenieure, die an den Produkten mitgewirkt haben, finden keine Erwähnung, weil ihre Leistungen als anonymes Werksdesign firmieren. Der Braun-Chronist Jo Klatt etwa erwähnt zwar in seiner Rekonstruktion der Produktgeschichte der Firma Braun den *S 50*, den ersten Rasierer, der fünf Jahre vor der Gründung der Designabteilung in Serie gegangen ist. Allerdings führt er den *S 50* strikt getrennt von den anderen Rasierern an, die später designt wurden. Eine Liste in dem Buch *Braun+Design Collection*, in der Klatt die Rasierermodelle sowie auch alle übrigen in der Designabteilung unter Dieter Rams entstandenen Entwürfe aufführt, beginnt explizit erst 1955 mit dem *300 Special DL 3* von Gerd A. Müller und Hans Gugelot. Die Angabe zum Entwerfer bleibt beim *DL 3* leer.[121] Tatsächlich aber war der *DL 3* das Ergebnis einer Zusammenarbeit zwischen der Technikabteilung und Wilhelm Wagenfeld, sie entwickelten etwa die Netzschnur des Apparates gemeinsam.[122]

Auch die Zwischenschritte, Improvisationen und Momente des Scheiterns, die in der Firma Braun stattfanden, bleiben außen vor. Sowohl der Band *Braun+Design Collection* als auch das Buch *Braun. 50 Jahre Produktinnovationen* von Bernd Polster und sogar die aktuellste Publikation über Dieter Rams von der Designhistorikerin Sophie Lovell richten ihren Fokus vor allem auf die fertigen Produkte. Obwohl er eine notwendige Vorstufe des Braun-Rasierapparats darstellt, bleibt insbesondere der erste Apparat – die Taschenlampenapparatur – unerwähnt, vermutlich weil er

119 | Die Gründung der Designabteilung wurde immer wieder als ein Umdenken in der Unternehmensstrategie bezeichnet. Diese strategische Neuausrichtung vollzog sich mit der Weiterführung der Firma durch Artur und Erwin Braun nach dem Tod Max Brauns. Einen Beginn ihres Nachdenkens über Design in einem engeren Sinne markierten dabei die Arbeiten von Wilhelm Wagenfeld. Dessen Rede vor dem Werkbund 1954 in Darmstadt war für Erwin und Artur Braun ein Schlüsselerlebnis (vgl. Rams 1995, S. 9). Eigentlich kann die ›Gründung‹ der Abteilung jedoch nicht auf den Punkt genau datiert werden, die Etablierung der Braun-Designabteilung war vielmehr selbst prozesshaft. So entwickelten externe Designer von der HfG Ulm, wie z. B. Hans Gugelot, Produkte für Braun. Dieter Rams wiederum kam als erster interner Gestalter erst etwas später zu Braun, wo er zunächst als Architekt angestellt war. Formalisiert wurde dieses lose Zusammenwirken von externen Designern aus der Hochschule für Gestaltung Ulm und internen Designern erst 1961, als die Firma in eine Aktiengesellschaft umgewandelt wurde. Bald zeigte sich, dass die im Hause tätigen Gestalter die Wechselwirkungen von Technik und Gestaltung besser überblickten als die externen Gestalter.

120 | Vgl. Rams 1995, S. 11f. Die Gestaltungsauffassung bei Braun stand auch in der Tradition der (Frankfurter) Moderne, die nicht nur von der Ulmer Hochschule ausging, sondern auch von der Werkkunstschule in Wiesbaden, an der Dieter Rams studiert hatte. Vgl. Klaus Klemp: *Dieter Rams. Frühe Arbeiten.* In: Klaus Klemp, Keiko Ueki-Polet (Hg): *Less and More. The Design Ethos of Dieter Rams.* Berlin: Gestalten 2009, S. 332.

121 | Siehe Klatt 1995, S. 182.

122 | Klatt/Braun 2007, S. 81.

nicht richtig funktionierte, dilettantisch anmutete und formal nicht zu den späteren Produkten passte.

Gleichwohl merkt Sophie Lovell an, dass die Modellbauer der späteren Designabteilung an den Designprozessen maßgeblichen Anteil hatten, was so weit ging, dass sie sich sogar das Büro mit den Designern teilten.[123] Aber der Umstand, dass sie Anteil an der Formgebung hatten, wird nicht in dem Sinne betont, dass man sie als Autoren mitgenannt hätte, respektive ihre Prozesse genauer betrachtet hätte. Dies ist aus meiner Sicht ein Effekt der starken Fokussierung auf das finale Produkt.

Anders ist es in der Gedenkschrift von Artur Braun, an der Jo Klatt ebenfalls mitgearbeitet hat. Dieser Text offenbart die Wechselwirkungen von Improvisation und Planung in der Rasiererentwicklung bzw. wird diesen gerecht.[124] Hierdurch wird deutlich, dass der Prozess in der Firma Braun ein offener, experimenteller Prozess war, dem man mit der Betrachtung finaler Produkte letztlich nicht auf die Spur kommen kann. Auch der Designhistoriker Klaus Klemp zeigt in seinem Ausstellungsband *Less and More. The design ethos of Dieter Rams* eine Reihe von Modellen und Prototypen, die nicht in Produktion gegangen sind und die in dieser Hinsicht als gescheitert gelten könnten.[125] Er behandelt sie aber im Gesamtprozess der Rasiererentwicklung als notwendige Schritte, wobei er die Designabteilung als ein Laboratorium begreift.[126]

In den Werkstätten der Industrie entstehen improvisierte Modelle, Testapparaturen, Prototypen und sogar Produktionswerkzeuge. Sie erweisen sich nicht nur als notwendig, damit der Designprozess gelingt – in ihnen dehnt sich das Design auch auf das Tun der Handwerker aus. Denn durch die Improvisationen der Handwerker verändern sich wiederum die ursprünglichen Pläne der Ingenieure und Designer. Der Text von Artur Braun, insbesondere die hier zum Ausdruck kommende Improvisation, deutet darauf hin, dass eher eine Verbindung zwischen Design, Technik und Handwerk besteht als eine Arbeitsteilung.[127] Mit Blick auf die Historie der Designabteilung verschiebt sich das Verhältnis von Design und Handwerk: Ein Fokus auf das Design der Apparate bestand schon vor der Gründung der eigentlichen Designabteilung 1955. Sowohl auf Seiten der Gestalter als auch auf Seiten der Handwerker kommt es durch Improvisation zu Formentscheidungen, die das beeinflussen, was man Design nennt. Diese Wechselwirkung von Design und Technik beschreibt auch Artur Braun:

123 | Vgl. Sophie Lovell: *Dieter Rams. So wenig Design wie möglich.* Hamburg: Edel Germany 2013, S. 236.

124 | Vgl. bes. Klatt / Braun 2007, S. 62–65.

125 | Vgl. Klemp 2009, S. 637.

126 | Vgl. ebd., S. 348.

127 | Wenn ich hier Techniker, Ingenieure und Handwerker zusammenziehe, dann deshalb, weil auch ihre Berufe bei Braun nicht immer klar auseinandergehalten werden können. Karl Pfeuffer etwa, eigentlich ein Werkzeugmacher, entwickelte in der frühen Phase der Rasiererentwicklung Funktionsmodelle. Vgl. Klatt / Braun 2007, S. 30.

»Sollte nun ein Formgestalter einem technischen Gerät eine Hülle anziehen, oder war ein Techniker gezwungen, seine Technik in einen Topf hineinzubauen? Beide Fälle schienen uns nicht ideal. Schon damals ahnten wir, daß das Geheimnis guter Gestaltung in der Zusammenarbeit zwischen Technikern und Gestaltern zu suchen war.«[128]

Die allzu starke Trennung des Designs vom Handwerk würde nicht nur auf Kosten des Handwerks gehen, sondern auch auf Kosten des Designs. Ohne handwerkliches und tüftlerisches Ausprobieren würden die Designer als diejenigen erscheinen, die bloß Hüllen für Produkte gestalten.[129]

Konzeptionelles vs. reproduzierendes Handwerk

Ich will nun zu Braun-Feldwegs Designbegriff zurückkehren. Die Grenzen des klassischen Industriedesigns erscheinen nicht mehr so deutlich, wie es in den Darstellungen Braun-Feldwegs der Fall ist. Bei Braun-Feldwegs Designbegriff liegt das Problem nicht in der Zurückweisung des Handwerklichen innerhalb der Serienproduktion. Die Verdrängung des Handwerks war zentral für die Emergenz von Design an sich, denn im Vergleich zur industriellen Massenproduktion musste Handwerk tatsächlich ungenauer und weniger effizient erscheinen. Das Problem liegt stattdessen in einem für den Designprozess einseitig formulierten Handwerksbegriff. Braun-Feldweg schlug das Handwerk der Ausführung zu, und die Rationalität der Massenproduktion führte ihn hin zu dem Schluss, der Designprozess müsse ebenso rational und damit unhandwerklich organisiert sein wie die Serienproduktion an sich. Designer sollten Planer sein, Modelle kämen in ihren Prozessen kaum mehr vor. Damit werden jedoch jene Momente von Handwerk, die konzeptionell sind, und die das Design ebenso mitbeeinflussen wie die Planung, unterschlagen. Hier liegt eine der wesentlichen Problematiken nicht nur mancher Narrative über die Braun-Designprozesse, sondern das Problem der meisten Industriedesignkonzeptionen der 1960er Jahre.

Wie können Design und Handwerk stattdessen in einen Zusammenhang gesetzt werden? An dieser Stelle braucht es ein anderes Verständnis von Handwerk, das Elemente von Konzeption umfasst und auf diese Weise die technische Umsetzung als Teil des Entwerfens versteht. Ein solcher Handwerksbegriff sieht Handwerk nicht ausschließlich auf der Seite der Ausführung.

128 | Ebd, S. 80.

129 | Angemerkt sei hier, dass die Hülle nicht mit dem, was ich als ›Form‹ bezeichnet habe, zu verwechseln ist. Denn die Form steht immer in Austauschbeziehung zum weiteren Kontext der Produktion, des Materiellen und der Technik. Ein Beispiel für einen Designbegriff, der vor allem Hüllen meint, ist Raymond Loewys Streamline-Design. In seinem Ratgeber *Häßlichkeit verkauft sich schlecht* (der englische Originaltitel lautete *Never leave well enough alone*) verglich Loewy Bilder von seinen Streamline-Formen mit den von Ingenieuren gestalteten Produkten. Siehe Raymond Loewy: *Häßlichkeit verkauft sich schlecht. Die Erlebnisse des erfolgreichsten Formgestalters unserer Zeit.* Düsseldorf u. a.: Econ 1953.

Der amerikanische Soziologe Richard Sennett setzt in seiner Schrift zum Handwerker bei einer allgemeinen Abwertung des materiellen Tuns an.[130] Darauf hatte ich bereits in Bezug auf das *disegno* hingedeutet. Für Sennett liegen die Ursachen dafür aber noch weiter zurück. Die Abwertung des Handwerks war, wie er argumentiert, bereits in den hierarchischen Strukturen des Bauwesens in der römischen Antike vorhanden und geht schließlich auf die aristotelische Trennung zwischen Theorie und Praxis zurück.[131] Hieraus resultiert für Sennett die Abwertung des materiellen, praktischen Tuns gegenüber »geistigen« Tätigkeiten.

> »In der westlichen Geschichte hat man praktische Tätigkeiten für minderwertig erklärt und gegenüber angeblich höheren Bestrebungen abgegrenzt. Technisches Geschick wurde aus dem Bereich der Phantasie verbannt [...]«[132]

Während die moderne Arbeitsteilung bei Braun-Feldweg mit einem unaufhaltsamen Fortschritt verknüpft war, so bewirkte sie in der Darstellung Sennetts ganz im Gegenteil die Entfremdung des Einzelnen von den Dingen – sofern er diese entweder nicht mehr selbst herstellte oder nur noch einen kleinen Teil ihrer Herstellung überblickte.

Die Figur des Handwerkers ist dadurch gekennzeichnet, dass dieser seine Arbeit so gut wie möglich machen will. So schreibt Sennett:

> »Ausdrücke wie ›handwerkliche Fertigkeiten‹ oder ›handwerkliche Orientierung‹ lassen vielleicht an eine Lebensweise denken, die mit der Entstehung der Industriegesellschaft verschwunden ist. Doch das wäre falsch. Sie verweisen auf ein dauerhaftes Grundbestreben: den Wunsch, eine Arbeit um ihrer selbst willen gut zu machen.«[133]

So assoziiert Sennett das Handwerk zuallererst mit Übung, Reproduktion und Wiederholung. Ein Schreinermeister etwa benötigt 10.000 Stunden Erfahrung, um

130 | Richard Sennett: *Handwerk*. Berlin: Berlin-Verlag 2009.

131 | Vgl. ebd., S. 181.

132 | Ebd., S. 33. Hier bezieht sich Sennett u. a. auf den amerikanischen Philosophen John Dewey. Dewey sah die in der Antike begonnene Abwertung des praktischen Tuns gegenüber der geistigen Erkenntnis darin begründet, dass die praktischen Tätigkeiten, im Gegensatz zur geistigen Erkenntnis, nur auf singuläre, kontingente Situationen der Realität bezogen sind. Siehe: John Dewey: *Die Suche nach Gewissheit. Eine Untersuchung des Verhältnisses von Erkenntnis und Handeln*. Frankfurt am Main: Suhrkamp 2001, S. 10. Dewey schreibt beispielsweise: »Das Reich des Praktischen ist die Region des Wandels, und Wandel ist immer kontingent, er hat ein Element des Zufalls in sich, das nicht eliminiert werden kann. Wenn sich ein Ding verändert, ist seine Veränderung ein überzeugender Beweis für seinen Mangel an wahrem oder vollständigem Sein.« Ebd., S. 23. Dewey führt Theorie und Praxis dann schließlich im Begriff des Experiments zusammen.

133 | Ebd., S. 19.

ein Level zu erreichen, von dem aus er in qualitativ hochwertiger Weise produzieren und seine Arbeit gut machen kann.[134]

Bei Sennett zeigt der Handwerker sein Können jedoch nicht nur anhand eingeübter Fertigkeiten, sondern insbesondere dann, wenn er über einen Plan hinausgeht und durch Improvisation eine vorgegebene Form verändert. Improvisation erscheint als ein entscheidender Aspekt in Sennetts Argumentation. Bereits in der Einleitung heißt es:

> »Die Verwendung unvollkommener oder unvollständiger Werkzeuge drängt die Phantasie, die Fähigkeiten des Reparierens und des Improvisierens zu entwickeln. [...] Wer handwerklich gute Arbeit leisten will, darf solche Erfahrungen nicht abwehren, sondern muss daraus lernen.«[135]

Technische und materielle Widerstände machen die Improvisation zu einem notwendigen Teil guter handwerklicher Arbeit; Improvisation und Qualität stehen hier keinesfalls in einem Widerspruch zueinander.

Dabei ist die Improvisation auch für den Handwerker selbst von Bedeutung. Sie kann für ihn ein konzeptionelles Moment beinhalten, sofern sie Formentscheidungen und Planveränderungen mit sich bringt. Dies zeigt Sennett am Beispiel eines Handwerkers in der Antike, der sich durch Improvisation in die Projekte anderer einbringt. Als einfacher Sklave hatte der Handwerker den Angaben der Architekten zu folgen. Die Architekten fertigten sehr genaue Baupläne und Gipsmodelle an, anhand dieser Vorgaben sollten ihre Projekte originalgetreu umgesetzt werden. »Um ihre Herrschaft zu rechtfertigen [...]«, argumentiert Sennett, »[...] stützten die Römer sich auf die griechische Unterscheidung zwischen Theorie und Praxis.«[136] Der Handwerker stand in einem Verhältnis der unmittelbaren Abhängigkeit zu den Römern und in der Hierarchie des Bauwesens weit unten. Vor allem durfte der Handwerker in seiner Arbeit nicht als Individuum in Erscheinung treten. Der Handwerker der Antike lebte »[...] in einem anonymen Raum, der zwischen dem Kriegswesen und dem anonymen Sklaventum lag.«[137] Trotz dieser Unterscheidung brachten sich die Handwerker auch auf konzeptioneller Ebene ein.

In ihren ansonsten eintönigen und anonymen Arbeitsprozessen markierte die Improvisation ein entscheidendes Moment. Ein Plan musste notwendigerweise vom tatsächlichen Gebäudes abstrahieren. Nicht alle Aspekte eines Planes konnten von den Handwerkern umgesetzt werden. Improvisation ging hier aus einem Freiraum zwischen dem Plan und seiner Anwendung hervor. Genauer: Die

134 | Ebd., S. 33.

135 | Ebd., S. 21.

136 | Ebd.

137 | Ebd., S. 181.

Handwerker mussten improvisieren, um die Pläne der Architekten überhaupt realisieren zu können.

> »Man musste viele formale »Fehler« begehen, wenn man Häuser, Straßen und Abwasserkanäle so bauen wollte, dass sie tatsächlich ihre Funktion erfüllten. Korrektur und Anpassung gehörten unverzichtbar zum Denken der manuell Arbeitenden, und dieses Denken war gefährlich, da viele Zunftmeister solche notwendigen Abänderungen als Insubordination verstanden. Manche Formen von Improvisation waren einfach deshalb unerlässlich, weil viele Sklaven aus fernen Ländern kamen und die römischen Vorbilder nicht kannten.«[138]

An dieser Stelle wird die Improvisation für Sennett zu einem identitätsstiftenden Moment. Der Handwerker geht in dem Anspruch, seine Arbeit gut auszuführen, über den gegebenen Plan hinaus:

> »Bei jedem guten Handwerker stehen praktisches Handeln und Denken in einem ständigen Dialog. Durch diesen Dialog entwickeln sich dauerhafte Gewohnheiten und diese Gewohnheiten führen zu einem ständigem Wechsel zwischen dem Lösen und dem Finden von Problemen.«[139]

Der Handwerker befindet sich in einem Dialog mit dem Gegenstand, den er herstellt, sodass sein Tun konzeptionell wird. In der improvisatorischen Praxis gelingt dem Handwerker die Verbindung von »Hand und Kopf«,[140] er befindet sich stets in einem Wechselspiel von Planung und Ausführung. Über die Improvisation bringt er sich selbst in das Projekt ein. Indem Improvisation eine retrospektive Teilhabe des Handwerkers an Planungsprozessen ermöglicht, erscheint die Arbeit des Handwerkers zudem weniger entfremdet von dem hergestellten Gegenstand. Der konzeptionelle Aspekt unterscheidet ihn zum Beispiel vom Fabrikarbeiter – der Handwerker avanciert zum Gestalter.

Handwerk wird von Sennett als umfassendes Konzept und im Sinne einer allgemeinen Hinwendung zu den Entstehungsprozessen der Dinge verstanden. Sennett konzipiert seinen Handwerker nun als Gegenfigur zum technokratischen Planer, er versteht den Begriff Handwerk umfassender als es ein bloßes Alltagsverständnis nahelegen würde. So bezieht er etwa auch die Arbeit von Programmierern, Architekten, Ingenieuren und Technikern in seine Überlegungen mit ein – die Tätigkeit des Handwerkers kennzeichnet für ihn alle Arbeiten, die im weitesten Sinne materiell sind.[141]

138 | Ebd., S. 182.

139 | Ebd., S. 20.

140 | Ebd., bes. S. 55 ff.

141 | Vgl. Sennett 2009, S. 19 und 31.

Indem man den Entstehungsprozess eines Produkts von der Idee bis zur Herstellung eines Gegenstandes selbst nachvollzieht, wird das einst durch die Trennung von Hand und Kopf gestörte Verhältnis zu den materiellen Dingen wieder ins Lot gebracht: »Wir können das materielle Leben humaner gestalten, wenn wir das Herstellen von Dingen besser verstehen lernen«,[142] heißt es etwa. Damit ist jedoch nicht gemeint, dass von nun an jedermann wieder handwerkliche Fertigkeiten wie Schreinern oder Glasblasen erlernen soll.[143] Dies käme einer romantisierenden Vorstellung von Handwerk gleich, wie sie von John Ruskin und William Morris vertreten wurde. Sennett plädiert nicht im Sinne der *Arts and Crafts*-Bewegung für eine Rückkehr in vorindustrielle Zeiten.[144] Stattdessen sollen industrielle Herstellungsprozesse nachvollziehbar sein, sie sollen Partizipation erlauben und sie sollen so offen gestaltet sein, dass nachträgliche Veränderung möglich ist.

Freilich ist Sennetts Kritik am technokratischen Rationalismus der Moderne nicht die Einzige. In ähnlicher Weise kritisiert beispielsweise Bruno Latour die moderne Gestaltungsauffassung. Er macht auf die handwerkliche Tradition aufmerksam, in der Designprodukte auch heute noch stehen, und die das moderne Design durch völlig neue Formen zu überwinden versuchte:

> » ›Gehe vorwärts, breche radikal mit der Vergangenheit und überlasse die Konsequenzen sich selbst!‹ Das war der alte Weg – bauen, konstruieren, zerstören, radikal überholen: ›Nach mir die Sintflut!‹ Aber so ist man nie an ein Design-Projekt herangegangen.«[145]

Moderne Designbegriffe, zu denen auch das Konzept Braun-Feldwegs zählt, hatten eine gänzliche Neugestaltung der Dinge des Alltags gefordert. Latour bestimmt den Designer im Gegensatz dazu als einen handwerklich begabten Akteur:

> »Schon mit der Definition von Design-Fertigkeiten war stets eine unglaubliche Aufmerksamkeit für das Detail verknüpft. Und ›Fertigkeiten‹ ist ja ein Begriff, der ebenfalls mit Design verbunden ist, so wie Design auch mit den Wörtern ›Kunst‹ und ›Handwerk‹ verknüpft wird. Neben Bescheidenheit gibt es als Zweites also einen Sinn für die Bedeutung von Geschicklichkeit und Kunstfertigkeit sowie eine obsessive Aufmerksamkeit fürs Detail, die eine wichtige Konnotation von Design ausmachen.«[146]

142 | Ebd., S. 18.

143 | Handwerk wäre »nur unzureichend erfasst, wenn man es allein mit handwerklichen Fertigkeiten nach der Art des Schreiners gleichsetzt.« Ebd., S. 32.

144 | Ebd., S. 161.

145 | Latour 2009, S. 360.

146 | Ebd.

Der Designer ist kein reiner Planer, der radikal Neues konstruiert. Ähnlich dem Handwerker feilt er an einer Form, wie es beispielsweise die Braun-Techniker im Fall der Scherfolie taten. Insbesondere die Detailversessenheit zeichnet für Latour einen Designer aus.

Die Einsicht, dass Design im Sinne Latours keine revolutionäre Tätigkeit ist, sondern in der Iteration des Gegebenen besteht, erweist sich auch für einen Designbegriff, wie ich ihn verteidigen will, als äußerst folgenreich. Weil Designer die Dinge, die sie entwerfen, nie von Beginn an neu konstruieren, arbeiten sie immer mit vorhandenen Formen. Dies wird nicht nur an der handwerklichen Orientierung der Designpraxis sichtbar, also wenn etwa der Designer Sebastian Herkner mit herumliegenden Restmaterialien ein Modell gestaltet. Es wird insbesondere dann sichtbar, wenn wir ein improvisiertes Modell oder einen Prototypen wie die Taschenlampenapparatur Max Brauns betrachten.

In meiner Lesart des Designprozesses, den ich als umfassende, netzwerkartige Struktur begreife, kann die Tätigkeit der Techniker und Konstrukteure daher nicht unterschlagen werden. Design kann nicht auf einen reinen Planungsprozess reduziert werden, wie dies klassische Designbegriffe getan haben. Eine Form entsteht stattdessen in einem größeren Arbeitszusammenhang, der im Fall der Firma Braun zunächst durch Entwürfe von Ingenieuren und Handwerkern geprägt war. Die aus der Trennung vom Handwerk für den Designbegriff abgeleiteten Paradigmen erscheinen damit prekär: Die Idee vom Designer, der das Primat über Formentscheidungen besitzt, ebenso wie der Anspruch, traditionelles Handwerk im Design irgendwann ganz zu überwinden. Tüftler und Ingenieure improvisieren in ähnlicher Weise wie Designer.[147]

Es muss nun davon ausgegangen werden, dass es – anders als es bei Braun-Feldweg suggeriert wird – eigentlich zwei Modi von Handwerk gibt: erstens Handwerk als einen Plan reproduzierendes Tun und zweitens Handwerk als eine konzeptionelle Leistung. So ist beispielsweise die Modellbastelei, die der Designer Sebastian Herkner vollzieht, handwerklich geprägt, aber dennoch nicht gleichzusetzen mit den reproduzierenden Vorgängen jenes Handwerkers, der in semi-industrieller Fertigung bei der späteren Produktion des Möbels letztlich immergleiche Formen herstellt. Die Autorschaft an neuen Formen, die unter anderem durch Improvisation entwickelt werden, kann nicht nur auf das Team der Designer begrenzt sein. Im Gegenteil: Auch die Ingenieure und Handwerker haben Anteil daran. In der Improvisation überlappen sich die Einflussbereiche der verschiedenen Experten. Und so muss man Handwerk und darin die Improvisation als unabdingbares Element von Gestaltung berücksichtigen, wie ich für diesen Teil der Arbeit nun resümieren kann.

147 | Es ist kein Zufall, dass Claude Lévi-Strauss in seiner Konzeption der *Bricolage* zunächst von einem Gegensatz zwischen dem Laien und dem Ingenieur ausgeht, aber beide dann auf unterschiedlichen Wegen zu ähnlich effektiven Ergebnissen gelangen. Vgl. Lévi-Strauss 1973, S. 29–36.

Teil II: Die Gestaltung des Gestaltungsprozesses

Die Analyse von Improvisationsprozessen im Design streift auch Aspekte von Designmethodologie. Ich hatte dieses Thema bislang allenfalls angedeutet, denn unter dem Stichwort der Designmethodologie versammeln sich auch einige Ratgeber zur gelungenen Gestaltung für Nicht-Designer bzw. Methoden zur Businessoptimierung. Man könnte Methodologie, also die Auseinandersetzung mit dem Handwerkszeug des Entwerfens, vor diesem Hintergrund als eine eminent erfahrungsbasierte und wenig konzeptionelle Tätigkeit verstehen.

Die Frage nach den Methoden des Designs ist jedoch keinesfalls trivial. Dies wird insbesondere an historischen Kontroversen zu Fragen der Designmethodologie sichtbar. Designmethodologie und die Diskussion darüber, was der Kern der Designdisziplin ist, waren stets eng miteinander verwoben. An der Frage, wie Designprozesse gestaltet werden sollten und welche Methoden darin zur Anwendung kommen, wurden besonders in den 1960er und 1970er Jahren – parallel zur Entwicklung einer eigenen Formensprache des *Industrial Design*s – ganze (design-) theoretische Debatten ausgetragen. Die im *Design Methods Movement* entwickelten Methoden knüpften an die Trennung des Designs von Handwerk und Kunst an. Sie setzten voraus, dass Design im Sinne eines klassischen Designbegriffes zu verstehen ist, wie ihn zum Beispiel Wilhelm Braun-Feldweg formuliert hatte. Insbesondere an der Hochschule für Gestaltung Ulm wurde Methodologie eben nicht als eine gestalterische Praxis verstanden, die sich situativ entwickelt. Stattdessen entstand hier ein ganzes diskursives Feld, für das der Planungsgedanke dominierend war und das sich an Methoden anderer Disziplinen ausserhalb des Designs orientierte. An der HfG Ulm wurden ›wissenschaftliche‹ Methoden der Produktplanung und die quantitative Darstellung von Prozessen gegen alles ›Intuitive‹ und ›Künstlerische‹ in Anschlag gebracht. So schreiben beispielsweise Tomás Maldonado und Gui Bonsiepe: »Nach den bis heute vorliegenden Erfahrungen dürften […] mathematische Disziplinen als für den Produktgestalter bei seiner praktischen Entwurfstätigkeit operabel betrachtet werden [...]«.[1] Die Einzelheiten des Entwerfens schienen dabei weniger von Bedeutung zu sein als die Suche nach einer allgemeinen, übergreifenden Vorgehensweise. Design wurde, wie Claudia Mareis schreibt, als »[...] eine universelle Form des Handelns aufgefasst, die in den unterschiedlichen Fächern und Disziplinen unabhängig vom Gegenstand des Entwurfes ein und demselben Muster zu folgen schien.«[2]

Auf einer abstrakten Ebene sollten Designer sich den Ideen der Methodenbewegung zufolge weniger der Gestaltung von einzelnen Formen als der Planung von Prozessen widmen. Diese Fokussierung auf die Planung von Prozessen geschah insbesondere in dem Wunsch, Design als wissenschaftliche Disziplin zu etablieren und Design strukturiert lehren zu können.

Die Darstellung von Designprozessen geschah hier zwar auf ganz andere Weise als es in meiner Darstellung geschieht, die auf den Prozess und den improvisatorischen Umgang mit Materialien und Formen fokussiert ist. Improvisation erscheint als den Methoden der 1960er Jahre entgegengesetztes Prinzip. Aber die wichtigste Frage, um die das Feld der Designmethodologie stets kreiste – also wie der Gestaltungsprozess auf struktureller Ebene und unabhängig von einzelnen Praxisformen erfasst werden kann – hängt auch zusammen mit der Frage, wie möglicherweise aus den einzelnen Designprozessen und den Improvisationen eine allgemeinere Konzeption des Entwerfens abgeleitet werden kann.

So verwundert es nicht, dass auch Charles Jencks und Nathan Silver versuchten, die Improvisation in die Nähe eines methodischen Vorgehens zu rücken und dabei ein eigenes Verständnis methodischen Arbeitens voraussetzten. Momente der Improvisation und der Zweckentfremdung können sich für den Gestaltungsprozess insgesamt als produktiv erweisen, weil sie neue Formen hervorbringen. Daher, so argumentierten sie, könne man daraus schließlich eine Gestaltungsmethode ableiten: »[Improvisation] is a method of creation relying particulary on resources which are already at hand.«[3] Dieser Gedanke ist nicht von der Hand zu weisen. Dass Improvisation auch in (vermeintlich) planerisch orientierten Designprozessen vorkommen kann, zeigt zum Beispiel der Designprozess des Braun-Designers Roland Ullmann.

Dies aber will ich erst am Ende dieses Kapitels diskutieren. Vorerst gilt es, die mit den klassischen Designbegriffen der späten Moderne verbundenen Auseinandersetzungen zur Frage nach der Methode zu erörtern. Die Beschreibungsmodelle, die im *Design Methods Movement* für den Designprozess entwickelt wurden, sollen mir dabei als Kontrastfolie zu der von mir vertretenen Beschreibung von Design als

1 | Tomás Maldonado, Gui Bonsiepe: *Wissenschaft und Gestaltung.* In: Ulm 10/11 1964, S. 13. Neben der Topologie integrierte man Kombinatorik, Gruppentheorie, Kurventheorie, Polyedergeometrie usw. in den Lehrplan.

2 | Claudia Mareis: *Eine multidisziplinäre Geschichte. Designforschung, Kreativitätstechniken und Methodenfragen.* In: Claudia Mareis, Christof Windgätter (Hg.): *Long Lost Friends. Wechselbeziehungen zwischen Design-, Medien- und Wissenschaftsforschung.* Zürich: Diaphanes 2013, S. 208.

3 | Jencks/Silver 1972, S. 9.

Wechselspiel zwischen Planung und Ausführung dienen. Der Einblick in die Designprozesse und die Beobachtung, dass Formentscheidungen durch Improvisation getroffen werden, wirkt sich dabei auch auf die Vorstellung von Designtätigkeit als solcher aus, und damit schließlich auf den Designbegriff.

4. Das Planungsparadigma im *Design Methods Movement*

Die Trennung des Designs vom Handwerk führte in den 1960er Jahren zu einer strikten Fokussierung auf die Planungstätigkeit der Designer. Im *Design Methods Movement* lehnte man künstlerisches ebenso wie handwerkliches Vorgehen ab und entwarf in Abgrenzung zum Bauhaus und zum Werkbund ein rationalistisch-technokratisches Bild des Designprozesses. So geschah eine vollständige Verdrängung der materiellen Anteile des Entwerfens – und in gewisser Weise eine Reduktion des Designs auf seine analytischen Momente. Was aber versteht man unter dem *Design Methods Movement*? Die Designwissenschaftlerin Claudia Mareis charakterisiert das *Design Methods Movement* wie folgt:

> »Als *Design Methods Movement* wurde eine interdisziplinäre Bewegung zur Systematisierung des Design bezeichnet [...]. Sie wurde durch technologische Interessen und eine bis dahin kaum gekannte methodologische Neugier am Entwurf motiviert, die tief in den gesellschaftspolitischen Entwicklungen ihrer Zeit fußte.«[4]

Die im Zuge der immer größeren Verbreitung des Industriedesigns entstandene Bewegung hatte 1962 in Großbritannien ihren Ausgangspunkt genommen. In Deutschland war es die 1953 als Nachfolgeinstitution des Bauhauses gegründete Hochschule für Gestaltung Ulm, die den Methodendiskurs vorantrieb. Als Strömung innerhalb der sich damals ebenfalls entwickelnden Designtheorie hatte das *Design Methods Movement* zunächst zwar wenig unmittelbaren Einfluss auf die konkreten Designprozesse der Praxis. Für die Diskurse über Design und für das (Selbst-)Verständnis von Design jedoch war die Bewegung – trotz des relativ kurzen Zeitraums, in dem sie Bestand hatte – bis in die 1970er Jahre äußerst wirksam. Indem man hier erstmals der Frage nach der Gestaltung des Gestaltungsprozesses nachging, wurde zugleich auch die Professionalisierung des Designs vorangetrieben. Ziel war, wie Claudia Mareis schreibt, »[...] Entwurfsprozesse rational erfassbar und diskursiv vermittelbar zu machen. Man wollte das Design aus dem Zustand ›einer blinden Ad-hoc-Praxis‹ [...] befreien und methodisch fundieren.«[5] Durch die hier entwickelten rationalen Gestaltungsmethoden sollten die industriellen, technischen Produkte entstehen, die auch Braun-Feldweg ins Zentrum seines Designbegriffes gestellt hatte.

4 | Mareis 2011, S. 35.

5 | Mareis 2010, S. 4.

Der Designtheoretiker Gui Bonsiepe etwa, der an der HfG Ulm zunächst Student und dann Dozent war, hielt damals die Rationalisierung der Designprozesse und des Designs für unausweichlich: »Das kalte Bad der Verwissenschaftlichung und Rationalisierung dürfte einem auf Technik ausgerichteten Beruf nicht erspart bleiben.«[6] So wurde Methodologie hier quasi mit Planungstheorie gleichgesetzt. Bernhard E. Bürdek etwa betrachtet eine detaillierte Auseinandersetzung mit dem Begriff der Planung als bedeutsam, »[...] zumal sich Methodologien und systematische Verfahren im Industriedesign eng verknüpft mit der allgemeinen Planungstheorie darstellen.«[7] Die Figur des Planers der HfG Ulm war als Gegenmodell zur Figur des Handwerker-Künstlers konzipiert, die Bauhaus und Werkbund geprägt hatte. Dieter Rams, der den Idealtypus des Planers quasi verkörpert, lehnte künstlerische Methoden – ganz in der Linie der HfG Ulm – als Grundlage des Entwerfens ab.[8]

Dennoch wäre es unpräzise, zu behaupten, die Methodologie der 1960er Jahre hätte ausschließlich im Sinne eines Planungsgedanken argumentiert.[9] So gab es insbesondere innerhalb der HfG ständige Kontroversen über die Strenge der Methodik und über die Anteile von Handwerk und Kunst am Design. Max Bill, Mitgründer und erster Rektor der HfG Ulm, betonte immer wieder deren Bedeutung für das Design.[10] Wie Claudia Mareis anmerkt, wäre es »[...] reduktionistisch, die unterschiedlichen Akteure und Ansätze, die das *Design Methods Movement* ausmachten, auf einen Nenner bringen zu wollen.«[11] Gleichwohl weisen die meisten der hier entstandenen Texte und Positionen eine deutliche Tendenz zu jenem technokratisch-rationalistischen Bild des Designprozesses auf, das für die späte Moderne prägend war. Der Designprozess wurde als Planungsprozess gedeutet, man abstrahierte stark vom eigentlichen Entwerfen.

Vom heutigen Standpunkt aus mag die Fokussierung auf das Planerische anachronistisch erscheinen. Aber das *Design Methods Movement* fiel, wie Claudia Mareis betont, in eine allgemeine Konjunktur der Planungsmethoden auch in den Ingenieurwissenschaften und der Architektur.[12] Als wichtigste Publikation des *Design Methods Movement* gilt neben den *Notes on the Synthesis of Form* von Christopher

6 | Gui Bonsiepe: *Arabesken der Rationalität. Anmerkungen zur Methodologie des Design / Arabesques of Rationality. Notes on the Methodology of Design.* In: Ulm 19 / 20 (1967), S. 9.

7 | Bernhard E. Bürdek: *Design-Theorie. Methodische und systematische Verfahren im Industrial Design.* Stuttgart: Selbstverlag 1971, S. 23.

8 | Vgl. Lovell 2013, S. 339.

9 | Siehe hierzu bes. die anfängliche Darstellung in Bernhard E. Bürdeks *Einführung in die Designmethodologie.* Hamburg: Redaktion Designtheorie, 1975.

10 | Vgl. Max Bill: *Schönheit aus Funktion und als Funktion.* In: Klaus Thomas Edelmann, Gerrit Terstiege (Hg.): *Gestaltung denken. Grundlagentexte zu Design und Architektur.* Basel / Boston / Berlin: Birkhäuser 2010, S. 33.

11 | Mareis 2011, S. 46.

12 | So heißt es zum Beispiel: »Die Versuche, das Entwerfen in der Nachkriegszeit wissenschaftlich zu systematisieren waren [...] keineswegs auf das Design im engeren Sinne beschränkt, sondern waren eingebettet in multidisziplinäre Wissenschafts- Technik- und Kreativitätsdiskurse der Zeit.« Mareis 2013 (1), S. 208.

Alexander sowie den Arbeiten aus der HfG Ulm zum Beispiel der Tagungsband der Designmethodenkonferenz von 1962.[13]

In dem Band wird nicht nur die Vielfalt der Einflussbereiche sichtbar, die das *Design Methods Movement* prägten. Es handelt sich um ein Handbuch, in dem Jones die damals diskutierten Methoden zusammenfasst: Synektik, Brainstorming, Morphologischer Kasten u. a. Viele der Methoden, etwa das Brainstorming, entstammten den Think-Tanks der USA, hier hatten sie dazu gedient, neuartige Lösungen für komplexe, militärische Probleme zu erarbeiten.[14]

Für seine Tendenz zum Planerischen wurde das *Design Methods Movement* schließlich scharf kritisiert. Mit dem Einsetzen der gestalterischen Postmoderne, die das Gestaltungsideal der ›Guten Form‹ und den auf Technik fokussierten Rationalismus des Industriedesigns hinterfragte, verloren die Planungsmethoden gegenüber semantischen Ansätzen an Bedeutung.[15] Die Bewegung schien gescheitert zu sein.[16]

Das *Design Methods Movement* kann jedoch nicht nur anhand der Rekonstruktion seiner Verbindungen zu Diskursen aus Wissenschaft und Technik verstanden werden. Die Fokussierung des Designs auf das Planerische ist zwar in erster Linie einer Konjunktur des technokratischen Rationalismus in den Entwurfsdisziplinen geschuldet. Versteht man die Methoden aber als eine eigene Kategorie von Gestaltung und nimmt sie als Design ernst, so zeigt sich, dass das *Design Methods Movement* auf der nächsten Ebene auch ein Problem der Form und der Darstellungsweise hatte.

Ich will die Methoden des *Design Methods Movement* daher hinsichtlich ihrer Gestaltungsprinzipien und Darstellungsweisen untersuchen. Mich interessieren hier insbesondere zwei Aspekte: zunächst die Frage, wie hier der Gestaltungsprozess gestaltet wurde. Im nächsten Schritt interessiert mich, wie und ob Materialisierungen und Improvisationen in diese Konzepte integriert werden konnten.

Am deutlichsten wird die Gestaltung des Gestaltungsprozesses als Planungsprozess an der *Pattern Language* sichtbar, einer Methode, die der Architekt und Stadtplaner Christopher Alexander in seiner Dissertation, den *Notes on the*

13 | John Christopher Jones: *Design Methods: Seeds of Human Futures.* New York: John Wiley & Sons Ltd. 1970.

14 | Vgl. Mareis 2011, S. 36.

15 | Hier ist besonders der *Offenbacher Ansatz* zu nennen. Vgl. Hierzu bes.: Dagmar Steffen (Hg.): *Design als Produktsprache. Der «Offenbacher Ansatz» in Theorie und Praxis. Mit Beiträgen von Bernhard E. Bürdek, Volker Fischer, Jochen Gros.* Frankfurt am Main: Verlag form theorie 2000.

16 | Zur Kritik am *Design Methods Movement* zum einen die schon erwähnten Publikationen der Designforscherin Claudia Mareis, bes. Mareis 2010, S. 2f.; sowie ein einschlägiger Aufsatz von Jesko Fezer: *A non-Sentimental Argument. Die Krisen des Design Methods Movement 1962–1972.* In: Daniel Gethmann, Susanne Hauser (Hg.): *Kulturtechnik Entwerfen. Praktiken, Konzepte und Medien in Architektur und Design Science.* Bielefeld: transcript 2009, bes. S. 287.

Synthesis of Form, 1964 am MIT skizzierte. Innerhalb der Methodenbewegung gelten die ›Notes‹ als das einflussreichste und berühmteste Buch.[17]

Die *Notes on the Synthesis of Form*: Ableitung der Form aus dem Kontext

Grob formuliert handeln Alexanders ›Notes‹ davon, dass der Designer sogenannte Entwurfsmuster, die ›Patterns‹, entwickelt (siehe Abb. 15–17). Patterns sind strukturelle Darstellungen einer Form in Diagrammen wie etwa die Darstellung einer Straßenkreuzung in Abbildung 15. Für Alexander beruhen alle gelungenen Entwürfe, wie beispielsweise die Architekturen Le Corbusiers, retrospektiv auf einem solchen Pattern – beziehungsweise Diagramm:

> »Le Corbusier's ville radieuse is a diagram, which expresses the physical consequences of two very simple basic requirements: that people should be housed at high overall density, and that they should yet all have equal and maximum access to sunlight and air.«[18]

Sie repräsentieren strukturell den Zusammenhang von Form und Kontext. Anders als eine gewöhnliche Handzeichnung kann ein Pattern aber nur durch einen komplexen Analyseprozess gewonnen werden. Das Pattern entwickelt sich aus einer Vielzahl von Beziehungen zwischen den Faktoren, die seinen Kontext bilden:

> »The constructive diagram can describe the context, and it can describe the form. It offers us a way of probing the context, and a way of searching for form. Because it manages to do both simultaneously, it offers us a bridge between requirements and form, and therefore is a most important tool in the process of design.«[19]

Der Kontext bildet einen wichtigen Baustein in Alexanders Designtheorie. Mit Kontext meint Alexander ein komplexes Gefüge von Interaktionen, deren Darstellung und Abstraktion der größte Teil der ›Notes‹ gewidmet ist. Der Designprozess besteht für Alexander darin, den Kontext und die Form zur Deckung zu bringen, also eine Form zu generieren, die zu einem Kontext passt.

17 | Vgl. Mareis 2011, S. 40. Die *Pattern Language* (Mustersprache) wurde von Christopher Alexander in seinem späteren Buch *A Pattern Language: Towns, Buildings, Construction* (Oxford University Press 1978) weiter ausformuliert. Ich beziehe mich jedoch vor allem auf die ›Notes‹, weil hier das Beispiel eines Teekessels vorkommt, das die *Pattern Language* für das Produktdesign anschlussfähig macht.

18 | Alexander 1994 (1964), S. 85.

19 | Ebd., S. 92.

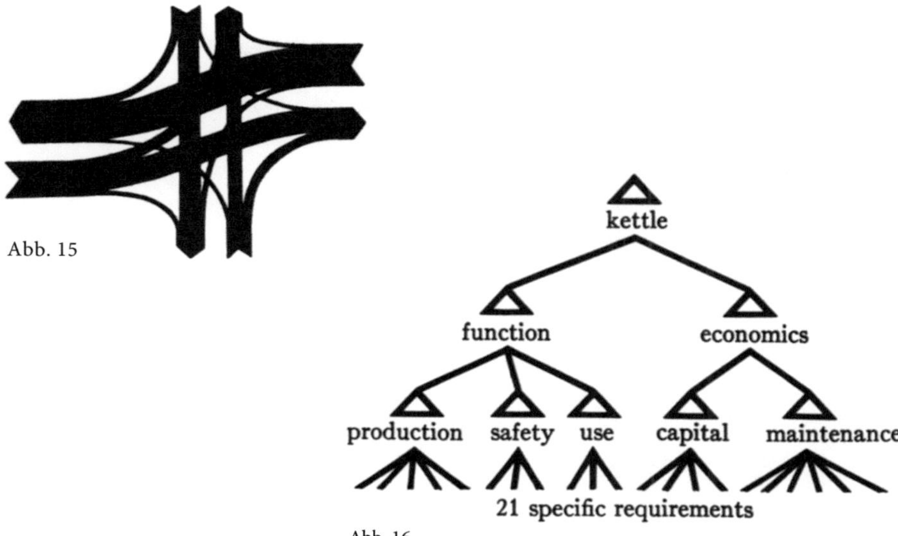

Abb. 15

Abb. 16

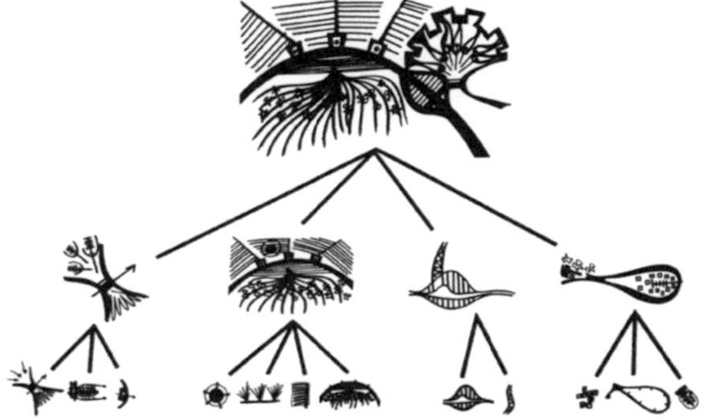

Abb. 17

Abb. 15: Diagramm einer Straßenkreuzung von Christopher Alexander.
Abb. 16: Hierarchische Darstellung der Subsysteme eines Teekessels (Christopher Alexander).
Abb. 17: Diagramm eines indischen Dorfes (Christopher Alexander).

> »The ultimate object of design is form. [Every] design problem begins with an effort to achieve fitness between two entities: the form in question and its context [...] The form is the solution to the problem; the context defines the problem.«[20]

Den Aushandlungsprozess zwischen Form und Kontext vollziehen Designer normalerweise in einem iterativen Prozess durch Ausprobieren und anhand von Modellen und Zeichnungen. Dieser Aushandlungsprozess wird bei Alexander in ein analytisches System übertragen, um den iterativen Prozess zu umgehen und sofort – ohne Ausprobieren – eine passende Form zu gestalten. Alexander unterteilt das Gesamtproblem, beispielsweise einen Teekessel, daher in einzelne Teilprobleme. Diese Teilprobleme – Christopher Alexander nennt sie Subsysteme – sind voneinander weitestgehend unabhängig. Um ihre Anordnung und den Zusammenhang der Teilprobleme mit dem Gesamtproblem darzustellen, wählt Alexander die Form eines Baumdiagramms. Darin sind die einzelnen Designprobleme hierarchisch angeordnet, sodass sich Kaskaden von Problemen und Subproblemen ergeben, die Alexander ›Sets‹ nennt:

> »A set, just as its name suggests, is any collection of things whatever, without regard to common properties, and has no internal structure until it is given one. [...] The elements of a set can be as abstract or as concrete as you like. It must only be possible to identify them uniquely and to distinguish them from one another.«[21]

Das Baumdiagramm bietet, wie Alexander argumentiert, einen besseren Überblick über die vielen Systeme und Subsysteme als die bisherigen Vorgehensweisen des Trial and Error.[22] Alexander zufolge ermöglicht die Darstellungsform des Baumdiagramms die Bearbeitung einzelner Probleme in Verbindung mit den anderen Teilen des Gesamtproblems.

Um den im Baumdigramm dargestellten Kontext mit seinen Systemen und Subsystemen in Beziehung zur Form zu setzen, wird in jedem der genannten Subsysteme das Verhältnis von Form und Kontext in eine binäre Codierung übertragen. Jedes einzelne Subsystem, bestehend aus Form und Kontext, kann dabei entweder den Zustand ›fit‹ = 0 (passend) oder ›misfit‹ = 1 (nichtpassend) haben.[23] Um Kontext und Form jedoch überhaupt in einen Zusammenhang setzen zu können, muss zunächst einmal die Form als solche bestimmt werden. Hier behilft sich Alexander mit einer zunächst lediglich imaginierten Form, deren Beschreibung sich im Verlauf des Prozesses immer weiter verändert. Es werden dabei nicht die passenden Faktoren der Form bestimmt, sondern umgekehrt jene, die den Zusammenhang von Form und Kontext stören – also die nicht passenden Faktoren.

20 | Ebd., S. 15.

21 | Ebd., S. 78.

22 | Vgl. ebd., S. 62.

23 | Vgl. ebd., S. 27.

Durch ein kompliziertes System von Berechnungen werden nun im weiteren Verlauf der Methode die einzelnen Subsysteme nach und nach zueinander in Beziehung gesetzt. Auf diese Weise wird eine Problembeschreibung gewonnen, die Christopher Alexander ›Programm‹ nennt.[24]

Mit dem Programm ist jedoch noch kein Entwurf gewonnen, wie auch Alexander bemerkt: »But what kind of physical form, exactly, is the designer likely to realize with the help of such a program?«[25] Die Lösung liegt für Alexander in den Diagrammen, die der Designer nun mit dem Programm im Hinterkopf zeichnet – das Ganze wird am Fall eines indischen Dorfes durchgespielt.[26] Alexander setzt dabei voraus, dass eine Form quasi in einem Zug mit der Analyse gewonnen werden kann, denn für Alexander sind alle Designgegenstände ähnlich hierarchisch aufgebaut wie das analytische System seiner Designmethode.

Die einzelnen Diagramme werden dann in einem nächsten Schritt nach dem Schema des Baumdiagramms in ein Verhältnis zueinander gesetzt. Zusammengenommen ergeben sie schließlich das konstruktive Diagramm für den Entwurf. Ein Diagramm, so vermutet Alexander, hat die Lösung für das Designproblem und damit auch für die Form schon in sich. Es ist jedoch fraglich, ob der Weg zu einem Diagramm, das im Grunde bloß eine elaborierte Form der zeichnerischen Darstellung ist, nicht – gemessen an seinem Ergebnis – viel zu umständlich ist.

Wie also rechtfertigt Alexander die Notwendigkeit des komplizierten Analyseprozesses? Während Braun-Feldweg hervorhob, dass Design sich aus der Technik heraus entwickeln müsse, begründet Christopher Alexander seine Methode mit dem Verweis auf die zunehmende Komplexität von Designproblemen: »Today more and more design problems are reaching insoluble levels of complexity.«[27] Weil Designprobleme in die Sphären des Ökonomischen, Politischen und Sozialen hineinreichen, können sie nicht mehr allein durch Intuition gelöst werden. Sie werden unüberschaubar. Diese Komplexität wird für Alexander schon am vermeintlich einfachen Fall eines Teekessels anschaulich. In spätmodernen Gesellschaften braucht es daher anstelle des Zeichnens und Modellierens eine neue Herangehensweise an den Designprozess. Zwar gelangte handwerkliche Gestaltung, wie Alexander anmerkt, in vormodernen Zeiten ebenfalls zu gelungenen Formen.[28] Die Anpassung einer Form an den Kontext gelang aber mehr durch unbeabsichtigte Variation als durch die grundlegende Veränderung des Designs.

24 | Vgl. ebd., bes. S. 73.

25 | Ebd., S. 129.

26 | Ebd.

27 | Ebd., S. 3.

28 | Vgl. ebd., S. 33.

»[The variation] occurs automatically because the craftsman has too little control over the process to upset the pattern of adaptation implicit in the ensemble. Unfortunately this situation no longer exists; the number of variables has increased [...]«[29]

Es handelte sich um eine Art evolutionären Prozess. Die Methode Alexanders sollte stattdessen einen Überblick über das komplexe Designproblem vermitteln sowie den ursprünglich handwerklichen Anpassungsprozess der Form an den Kontext im Zeitraffer simulieren.[30]

Und so kann man die *Pattern Language* als einen Versuch sehen, die Komplexität von Designproblemen zu visualisieren und zugleich zu strukturieren. Die Besonderheit dieser Darstellungsweise gegenüber gängigen Formen der Visualisierung wie der gewöhnlichen Handskizze ist, dass hier den jeweiligen, in das Diagramm gefassten Formentscheidungen ein analytisches Vorgehen zugrunde liegt. Im gesamten endgültigen Diagramm des indischen Dorfes finden sich Elemente der einzelnen Diagramme für die Subsysteme wieder. Die einzelnen Teile des Diagramms bilden den Zusammenhang von Form und Kontext auf abstrakte Weise ab, sie sind dabei in einer hierarchischen Kette miteinander verknüpft. Die Analyse von Form und Kontext tritt in die Form selbst ein – und damit hat Alexander quasi eine neue Weise des zeichnerischen Entwerfens erfunden, die das normalerweise intuitive Zeichnen auf bestimmte Weise rationalisiert.

In der abstrakten Darstellung sowie in der besonderen Verknüpfung zeichnerischer Formfindung mit der Logik eines Computerprogramms lag vermutlich die Anziehungskraft dieser Methode. Sie wurde von Designern und Architekten als beispielhaft für die geforderte Rationalisierung des Gestaltungsprozesses aufgegriffen. Auch Alexander sieht rückblickend den Grund für den Erfolg seiner Methode in der Idee der Diagramme: »Today, almost ten years after I wrote this book, one idea stands out clearly for me as the most important in the book: *the idea of the diagrams.*«[31] Neben den Diagrammen erwies sich jedoch auch Alexanders Verständnis von Kontext und Komplexität für die Designforschung als produktiv. Beide Begriffe wurden – vermutlich infolge Alexanders – zu zentralen Kategorien der Designforschung. Komplexität diente immer wieder als Begründung für ein streng analytisches, rationales Vorgehen, wie auch Claudia Mareis bemerkt:

»Die Übertragung von wissenschaftlichen Methoden auf das Design erfolgte in den 1960er Jahren geradezu programmatisch. [...] Ein markantes Stichwort dazu war der Begriff der Komplexität [...]. Komplexe Probleme wurden in der Planung von Städten und Verkehrssystemen, bei Fragen des Umweltschutzes oder in der Weltraumforschung diagnostiziert und die Forderung erhoben, dass Planer und

29 | Ebd., S. 73.

30 | Vgl. ebd., S. 35.

31 | Alexander 1994, aktualisiertes Vorwort von 1971. Kursiv im Original.

Designer sich zu ihrer effizienten Lösung nicht länger nur auf 'intuitive' Vorgehensweisen verlassen könnten.«[32]

In der besonderen Darstellungsweise lag nun einerseits der Grund für den Erfolg der ›Notes‹, aber andererseits auch ihr Problem. Vor dem Hintergrund der Komplexität der Designprobleme musste es zwar verlockend erscheinen, eine abstrahierende Darstellungsmethode zu wählen, die dem Gestalter einen Überblick über sein Problem verschafft und dieses in Gänze erfassbar macht. In ihrer starken Abstraktion von den materiellen und technischen Rahmenbedingungen von Gestaltung konnte die Methode Alexanders jedoch dem tatsächlichen Designprozess – der notwendigerweise immer von sehr konkreten Formen handelt – nicht gerecht werden. Sofern die Parameter des Programms über eine binäre Codierung abgebildet wurden, konnte eine Form hier nur den Zustand 0 oder 1 haben. Alexander berücksichtigte daher keine halbfertigen Ergebnisse oder vorläufige Prototypen, wie sie zum Beispiel bei improvisierten Modellen vorkommen, die zwar bloß teilweise funktionieren, aber dennoch einen Schritt auf dem Weg hin zu einem erfolgreichen Produkt markieren.

Alexander setzte mit seinem Beschreibungsmodell eine Programmierbarkeit des Entwurfsprozesses voraus. Wie sich nicht zuletzt an Alexanders Rückgriff auf die binäre Codierung zeigt, war Alexanders Methode inspiriert von der damaligen Kybernetik.[33] Sein Vorbild war nicht der Handwerker-Künstler, sondern die Figur des Programmierers.

Eine konkrete Form ist mit den Diagrammen jedoch nicht gewonnen. Streng genommen betrifft Alexanders Analyse nur die Ebene des Entwurfsprozesses, die vor dem konkreten Produkt liegt. Und dies war dann auch der Vorwurf, den man Alexander – sowie auch den anderen Verfechtern der rationalen Designmethodologie – wenig später machte. Gui Bonsiepe, der ein analytisches Vorgehen zunächst verteidigt hat, bemerkte bereits gegen Ende der 1960er Jahre das Problem einer mangelnden Anwendungsbezogenheit der gesamten Designmethodologie, das selbst die *Pattern Language* nicht lösen könne:

»Ohne mit einer voreiligen Erklärung aufwarten zu wollen, sei nur verzeichnet, daß bislang keine Designmethodologie – auch nicht in ihrer fortgeschrittensten Gestalt wie bei Ch. Alexander – Techniken verrät, diesen Übersetzungsprozeß eines analytischen Schemas in eine Form erfolgreich zu bewerkstelligen. Hier also

32 | Mareis 2010, S. 4.

33 | In ihrer Ähnlichkeit zur Kybernetik ist die *Pattern Language* ein typisches Beispiel für Designmethoden der 1960er Jahre. Man versuchte, die angestrebte Wissenschaftlichkeit insbesondere durch die Übertragung von Methoden aus den Computer- und Ingenieurwissenschaften zu realisieren. Vgl. Mareis 2011, bes. S. 34–51. Insgesamt erhofften sich die Designer von den zukünftigen CAD-Programmen entscheidende Impulse zur Professionalisierung des Designs. Siehe auch hierzu: Bonsiepe 1967, S. 20.

> hätten zukünftige Bemühungen in eine methodologische Appretur des Designprozesses anzusetzen.« [34]

Tatsächlich fand Alexanders Methode dann Anwendung in der Informatik, wo sie noch heute unter dem Stichwort ›Entwurfsmuster‹ benutzt wird.[35]

Der Designprozess als Schaltkreis mit Rückkopplungsschleifen – HfG Ulm

Im deutschsprachigen Raum war es die HfG Ulm, die eine ähnliche methodologische Grundlage des Designprozesses zu entwickeln versuchte. Bis zu ihrer Schließung im Oktober 1968 war die HfG Ulm die wichtigste Designinstitution im Deutschland der Nachkriegszeit. Die HfG Ulm gelangte aufgrund der Designauffassung, die sie vermittelte und insbesondere wegen ihrer im Sinne der ›Guten Form‹ gestalteten Entwürfe schnell zu einiger Berühmtheit.

Dies lag auch an dem besonderen Lehrkonzept der HfG. Man versuchte – im Unterschied zu der noch künstlerisch geprägten Ausbildung des Bauhauses – eine Synthese von wissenschaftlicher Forschung und Industriedesign zu realisieren. In Bezug auf diese Verbindung von Entwurf und Wissenschaft spricht man meist auch vom speziellen ›Ulmer Modell‹. Dies skizziert beispielsweise René Spitz:

> »Kurz gesagt verbindet sich dahinter der versuch, die traditionelle teilung der hochschulpädagogik in forschung und lehre durch die verbindung mit einem dritten kompositum aufzuheben. Otl aicher hat dieses element entwicklung genannt, und auch die wesentlichen argumente dieses pädagogischen modells gehen auf ihn zurück. Er verstand unter entwicklung die herstellung praxisfähiger und serienreifer prototypen für auftraggeber der öffentlichen hand und der privatwirtschaft.«[36]

Und so folgte die Ausbildung in Ulm dem Anspruch, die dort entstehenden Entwürfe tatsächlich serienreif und produktionsfertig bei der Industrie unterzubringen.[37]

Daher arbeitete auch die Firma Braun eng mit der HfG Ulm zusammen. Hans Gugelot, Dozent an der HfG, und der Braun-Designer Gerd A. Müller hatten etwa den berühmten *Sixtant* gemeinsam entworfen. Die HfG Ulm und die Firma Braun beeinflussten sich in ihren Designauffassungen wechselseitig.

Dieter Rams, Leiter der Braun-Designabteilung, vertrat in radikaler Weise die Idee der Reduktion eines Produkts auf seine allernotwendigsten Teile, ganz wie es

34 | Bonsiepe 1967, S. 16.

35 | Vgl. Kühn 2009, S. 177 und Gethmann / Hauser 2009, S. 13.

36 | René Spitz: *hfg ulm. der Blick hinter den Vordergrund. die politische Geschichte der Hochschule für Gestaltung 1953 – 1968*. Stuttgart [u. a.]: Edition Axel Menges 2002, S. 22 (Hier verwendet Spitz eine ungewöhnliche Mischung von Groß- und Kleinschreibung, was vermutlich als ironischer Verweis auf die in der Abteilung für Kommunikation übliche Kleinschreibung aller Texte gemeint ist).

37 | Vgl. Otl Aicher: *die hochschule für gestaltung. neun stufen ihrer entwicklung*. In: François Burkhardt und Inez Franksen: Design. Dieter Rams. Berlin: Gerhardt 1980, S. 179.

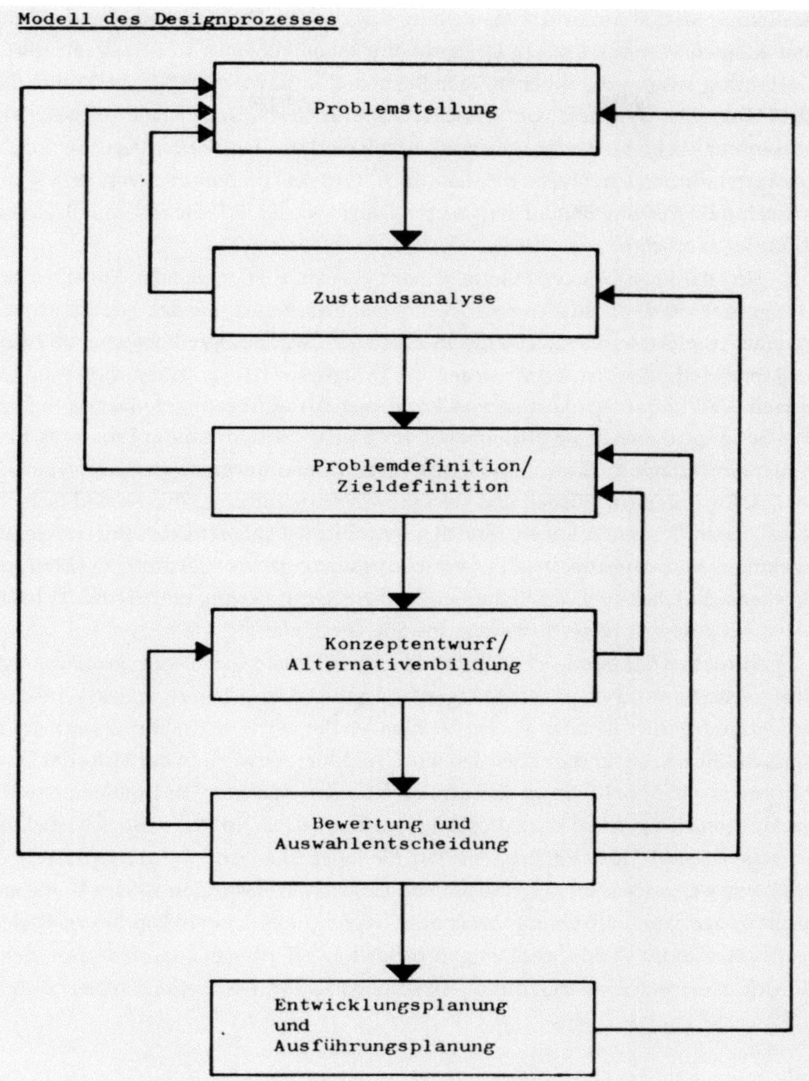

Abb. 18: *Modell des Designprozesses,* Bernhard E. Bürdek, 1975.

das Ulmer Modell forderte.[38] Man wollte sich von der Designauffassung des Bauhauses sowie von den anderen Designinstitutionen, die noch von einer intuitiven Gestaltung ausgingen, abheben. Wie Bernhard E. Bürdek erklärt, versuchte die HfG Ulm eine »Synthese von Wissenschaft und Gestaltung«[39] zu erreichen. Die wissenschaftliche Methodik erhielt innerhalb der HfG den Vorzug gegenüber dem konkreten Entwerfen. Davon handelte auch Bürdeks Diplomarbeit von 1971 – sowie seine *Einführung in die Designmethodologie* von 1975,[40] die ich im Folgenden diskutieren möchte.

Bernhard E. Bürdeks Designmethodologie baut auf bestehenden Modellen des Designprozesses auf. Bürdek entwickelt Visualisierungen, die den Designprozess als eine Art elektronischen Schaltkreis darstellen. Sein Beschreibungsmodell kann als Meta-Methode verstanden werden, die Designprozessdiagramme sind weniger einzelne Verfahren zur Lösung von Problemen als weiträumigere Darstellungen des Designprozesses.[41] Sie dienen dazu, im jeweiligen Stadium des Prozesses eine sinnvolle Strategie zu finden, und trotzdem den Gesamtprozess im Blick zu behalten. Dafür unterteilt Bürdek den Designprozess in einzelne Phasen und bezieht sich dabei insbesondere auf ein Modell des Architekturtheoretikers John Luckman. Luckmans Modell gliedert den Entwurfsprozess in einzelne Schritte: Definition des Problems, Entwicklung von Kriterien, Synthese, Optimierung und Feedback. Jeder dieser Schritte beinhaltet dann einzelne Sub-Methoden.[42]

Bürdeks Meta-Methode folgt der Idee, man müsse vom Designprozess möglichst weit abstrahieren, um ein übergreifend gültiges Vorgehen zu finden. Zunächst ist Design für Bürdek daher ein beobachtendes Vorgehen: In drei Prozessschritten muss die Situation, für die entworfen wird, analysiert werden. In der Mitte des Diagramms (siehe Abb. 18) findet sich als Ergebnis dieser Schritte die Problemdefinition. Um hier eine gewisse Rückkopplung an die Situation, für die entworfen wird, zu erreichen, sieht Bürdek Experimente vor. Sie sollen helfen, die vermuteten Designprobleme weiter einzugrenzen und deren Relevanz zu überprüfen. Dieses Vorgehen bleibt daher nicht vollständig linear oder folgt der Logik einer Top-Down-Systematik. Weil es im Verlauf des Designprojekts zu Änderungen kommen kann, sieht Bürdek in seinem Flussdiagramm ein ›Feedback‹ vor. Dies wird markiert durch

38 | In seinen *10 Thesen für gutes Design* formulierte Rams insbesondere die Formel »Gutes Design ist so wenig Design wie möglich«, siehe Rams 1995, S. 7.

39 | Bürdek 1971, S. 13.

40 | Bernhard E. Bürdek: *Einführung in die Designmethodologie*. Hamburg: Red. Designtheorie 1975, S. 82.

41 | Dem Prozess werden einzelne Methoden, darunter auch die *Pattern Language*, zugeordnet. Vgl. Bürdek 1975, S. 67.

42 | Siehe Bürdek 1971, S. 101. Andere Weisen der Visualisierung, neben unzähligen Diagrammen und Prozessabläufen wie dem hier Gezeigten, waren etwa der *Morphologische Kasten*, Christopher Alexanders *Pattern Language* und schließlich Tabellen und Listen, in die Ergebnisse und Prozessschritte eingetragen wurden.

eine große Rückkopplungsschleife, die es ermöglicht, an den Anfang des Prozesses zurückzukehren.

Gleichwohl entstehen hier keine konkreten Formen. Mit der möglichst gründlichen Problembeschreibung, insistiert Bürdek, sei schon ein Großteil der Gestaltung beziehungsweise der konstruktiven Arbeit geleistet: »Ein Großteil der konstruktiven Arbeit besteht darin, festzustellen, ob ein konkretes Problem vorhanden ist und wie es aussieht.«[43]

Dennoch ist zu fragen, ob und wie hier etwas Konkretes entworfen wird. Dazu findet sich der Schritt ›Konzeptentwurf‹. Damit sind jene klassischen Designaufgaben gemeint, die ich bisher betrachtet habe, also die Entwicklung von Formen und Produktionsprozessen für Designprodukte. An dieser Stelle soll der Designer Kreativität einsetzen und qua der vorher ermittelten Spezifikationen ein möglichst umfassendes Designkonzept entwickeln.[44]

Dazu führt Bürdek klassische Kreativitätstechniken an, wie sie John Christopher Jones in dem Tagungsband zur ersten Designmethodenkonferenz von 1962 zusammengetragen hatte. Dies sind insbesondere Techniken zur Ideenfindung, die auf spontaner Assoziation basieren, wie das Brainstorming, die wohl bekannteste Methode, und andere, ebenfalls auf Assoziation und Intuition beruhende Methoden wie ›Synektik‹, ›Bionik‹, ›Morphologischer Kasten‹ u. a.[45] Ein ausschließlich rationales, analytisches Vorgehen scheint also nicht auszureichen, wenn es um die Lösung eines Designproblems geht. Die hier gewonnenen Ideen werden dann bewertet und ausgewählt. Schließlich wird ihre Entwicklung und Ausführung geplant.

Bürdek will seine Methode jedoch als ein geschlossenes System verstanden wissen, in dem verschiedene Methoden in Beziehung zueinander gesetzt werden:

> »Die Designmethode ist eine geschlossene Schleife, in der Erfahrungen, die während der verschiedenen Stufen der Ausführung und Vervollständigung des Prozesses gewonnen werden, die Basis für die folgenden Stufen abgeben. Die Methode ist aus zahlreichen untereinander verbundenen Schleifen und zusätzlichen Vorgängen zusammengesetzt, aber diese sind nur von der grundlegenden Methodologie abhängig und können von der individuellen Situation variieren.«[46]

Dabei ist die Methode kein starres Konstrukt, sondern innerhalb des jeweiligen Prozesses veränderlich. Wegen der Feedbackschleifen erscheint Bürdeks Konzept auf die Situation des Entwurfsprozesses hin anpassbar, es wirkt etwas dynamischer als der von Christopher Alexander hierarchisch in einem Baumdiagramm organisierte Designprozess.

43 | Ebd., S. 107.

44 | Vgl. ebd.

45 | Siehe: John Christopher Jones: *Design Methods: Seeds of Human Futures.* New York: John Wiley & Sons Ltd. 1970. Vgl. hierzu auch Bürdek 1975, S. 82.

46 | Bürdek 1971, S. 128.

Dennoch sind in Bürdeks Konzept ebenfalls keine Materialisierungen vorgesehen. So findet sich in dem Flussdiagramm kaum ein Hinweis auf die langen und oft mühsamen Materialisierungsprozesse, die Entwürfe bis zur Produktion durchlaufen müssen. Sie erscheinen als vom vorherigen Teil des (Planungs-)Prozesses abgekoppelte Arbeitsschritte und sind damit nicht mehr Teil des Designprozesses. Auf diese Weise vollzieht sich der Designprozess allein auf gedanklicher Ebene. Ein solcher, rein gedanklicher Prozess lässt insbesondere das synthetisierende Potential von materiellen Modellen außer Acht.

Dies hat vermutlich damit zu tun, dass man im *Design Methods Movement* auf der Suche nach einem allgemeinen, übergreifenden Vorgehen war, während Modelle immer auf spezifische Situationen bezogen sind. So resümiert Bürdek: »Im Verlauf der letzten Jahre hat es sich gezeigt, daß ein allgemeiner Problemlösungsprozeß im Design beschreibbar ist.«[47]

In der Art und Weise der Darstellung des Designprozesses besteht – ähnlich wie in Alexanders von der Kybernetik inspirierten Methode – eine auffällige Analogie zu technischen, automatischen Prozessen, die in ganz ähnlichen Diagrammen abgebildet werden.[48] Die Flussdiagramme des *Design Methods Movement* suggerieren, wie Claudia Mareis hervorhebt, ein »systemisches Muster« des Designprozesses.[49] In einer solchen Darstellung scheint das Entwerfen, wie Mareis weiter ausführt, »[...] von einer individuellen Gestalterpersönlichkeit entkoppelt und durch parametrische Feedbackmechanismen [...] ersetzt worden zu sein.«[50]

Diese Lesart war zwar, wie wiederum Bernhard E. Bürdek heute betont, ein Missverständnis in der späteren Rezeption des Methodendiskurses. Die Methoden sollten den Entwurfsprozess mehr unterstützen und lenken, als ihn zu automatisieren. Gleichwohl lässt sich der Eindruck eines linearen, geschlossenen Systems nicht vermeiden. Es scheint vom tatsächlichen Entwerfen – das eine netzwerkartige Struktur mit mehreren Akteuren ist – abgekoppelt zu sein.

Die Flussdiagramme mit Feedbackschleifen können den Designprozessen daher nicht gerecht werden. Nicht nur, weil dort die materielle Dimension des Entwerfens übergangen wird. Auch die Unvorhersehbarkeiten des Designprozesses können in einem solch geschlossenen System keine Beachtung finden. Die Diagramme suggerieren eine Planbarkeit des Entwerfens, wo es eigentlich ein Wechselspiel zwischen Plänen und neuen Formentscheidungen während ihrer Anwendung gibt.

Woher aber kam dieses Missverständnis? An dieser Stelle besteht ein enger Zusammenhang zwischen der Designmethodologie der HfG Ulm und technischen Produkten. Man leitete die Systematik der Designmethoden und der Flussdiagramme aus der Struktur der Produkte selbst ab. Besonders sichtbar wird dies an einem

47 | Bürdek 1975, S. 12.

48 | Vgl. Mareis 2010, S. 4.

49 | Mareis 2013 (1), S. 209.

50 | Ebd.

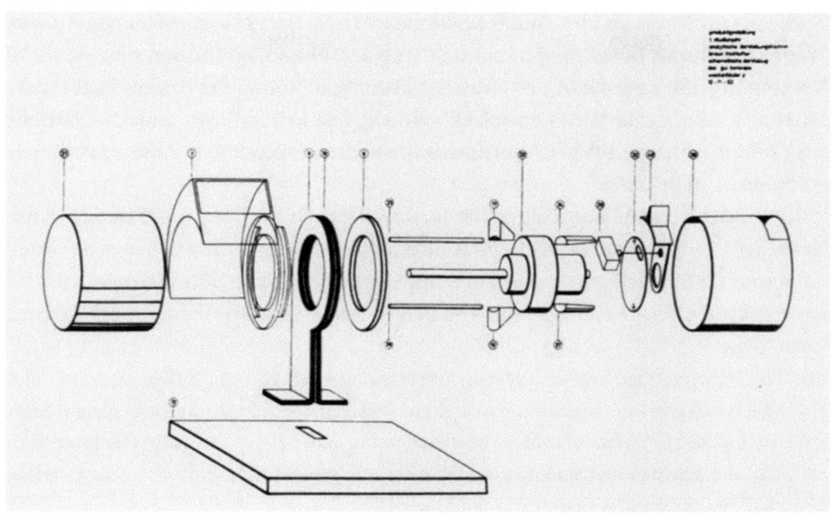

Abb. 19: Tischlüfter *HL11* von Reinhold Weiss für Braun (1961), Explosionszeichnung.

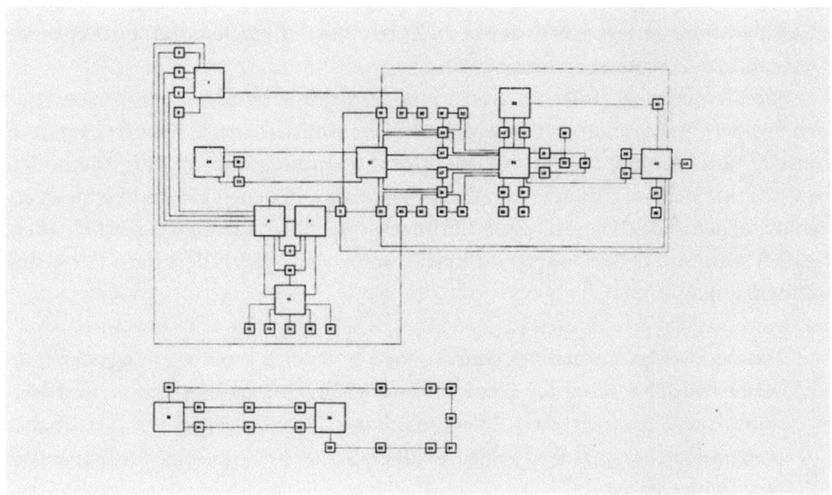

Abb. 20: Strukturschema des Tischlüfters. Aus: Tomás Maldonado, Gui Bonsiepe: *Wissenschaft und Gestaltung.* In: ulm, 10/11 1964, S. 17.

Text von Gui Bonsiepe und Tomás Maldonado. In ihrem 1964 erschienenen Aufsatz *Wissenschaft und Gestaltung* findet sich eine den Flussdiagrammen sehr ähnliche Darstellung, die ausgehend von einer Explosionszeichnung des Braun-Tischlüfters *HL11* von Rheinhold Weiss entwickelt wurde. Die Darstellung zeigt die Bauteile des Lüfters in hierarchischer Anordnung sowie ihre funktionalen Zusammenhänge (siehe Abb. 19 und 20).[51]

Bonsiepe und Maldonado erklären, dass diese Darstellung nicht nur der Analyse eines Produkts im Nachhinein, sondern schon von vornherein dem Entwerfen dienen soll.[52] Ein Design, davon gehen Bonsiepe und Maldonado aus, muss von der konstruktiven Seite her betrachtet und in Systeme und Subsysteme zerlegt werden:

> »Das Produkt kann als ein System betrachtet werden, das aus Subsystemen besteht, die wiederum aus Elementen bestehen. Das heißt, ein Produkt kann als ein hierarchischer Elementenverband genommen werden, bei dem zwischen Subsystemen auf der einen Seite und zwischen Wechselwirkungen innerhalb von Subsystemen auf der anderen Seite unterschieden wird [...].«[53]

Vor dem Hintergrund der Idee, dass einem technischen Produkt auch ein rationaler Prozess vorausgehen müsse, suggeriert die Darstellungsweise hier, dass ein in Einzelbausteine zerlegbares Produkt im Zuge eines in Einzelbausteine zerlegbaren Designprozesses entstehen muss.

So dienten weite Teile des an der HfG Ulm gelehrten Designprozesses, ähnlich wie bei Christopher Alexander, nicht dem unmittelbaren Entwerfen, sondern nur der Vorbereitung des Entwerfens. Der Anwendungshorizont der Methoden beschränkte sich auf Momente im Designprozesses, in denen bloß grobe Ideen erzeugt wurden, jedoch keine Visualisierungen – die für das Design eigentlich unerlässlich sind. Auf diese Diskrepanz macht wenig später auch Bernhard E. Bürdek aufmerksam:

> »Bis auf wenige Ausnahmen sind die oben erwähnten Problemlösungsverfahren nicht visuell orientiert [...] Gleichwohl werden Entwurfsprozesse zwei- und dreidimensional realisiert. Das [...] Versäumnis der Designmethodologie, darauf näher einzugehen, hat u. a. dazu geführt, daß die sinnliche Erfahrung des Entwerfens verschüttet wurde.«[54]

51 | Vgl. Maldonado / Bonsiepe 1964, S. 16 f.

52 | »Es läßt sich [...] mit Sicherheit sagen, daß mit der Abbildung der konstruktiven Ebene auf die Gestaltungsebene und dieser auf die Methoden ein großer Schritt auf die Versachlichung der Gestaltungsarbeit hin getan sein wird.« Ebd, S. 16.

53 | Ebd., S. 17.

54 | Bürdek 1975, S. 100.

Es hat daher, wie er schreibt, bei allem Nachdenken über wissenschaftliche Methodik immer auch »[...] eine Rückkopplung über die Praxis zu erfolgen [...].«[55]

So schienen die Planungsmethoden der Theoretiker stets in einem Spannungsverhältnis zu den konkreten Entwurfsprozessen der Praktiker zu stehen. Die Widersprüchlichkeit des ganzen Methodendiskurses, der einerseits praktische Relevanz zu erreichen versuchte und andererseits wissenschaftlich sein sollte, zeigt nicht zuletzt Bürdeks Kommentar zur Frage der Praxisbezogenheit der Methodologie. So gab es, auch wenn man im Nachhinein eine Einheitlichkeit des Ulmer Diskurses annehmen könnte, in Ulm tatsächlich stets Diskussionen darüber, wie abstrakt und wissenschaftlich die Designprozesse gestaltet werden sollten.[56]

Dabei ging es weniger um die Frage des Verhältnisses von Theorie und Praxis – man setzte gleichsam voraus, dass die Modelle für den Designprozess selbstverständlich auch in der Praxis anwendbar seien – als vielmehr um die Frage, ob die Lehre in Ulm dem wissenschaftlich-rationalen Denken oder dem künstlerisch geprägten Leitbild des Bauhauses folgen sollte. Am 31. März 1957 musste Max Bill die HfG Ulm verlassen, weil sein vom Bauhaus geprägtes Lehrkonzept (insbesondere für die Grundlagenausbildung) nicht der Idee entsprach, »Design als eine objektive, wertfreie (Natur-) Wissenschaft zu entwickeln [...].«[57]

Verwechslung von Produkt und Prozess in den Designbegriffen der 1950er und 1960er Jahre

Die gesamte Idee der wissenschaftlichen Designmethoden war schon bald einer harschen Kritik unterworfen. Man hatte sich – obwohl das Ziel gerade in der Anwendbarkeit der Methoden bestand – immer weiter vom konkreten Entwurfsprozess entfernt.[58] Die so entstandene Lücke zwischen Planung und Anwendung schien die Methodenbewegung schließlich in eine Sackgasse zu führen. Seine führenden Vertreter wandten sich von dem Methodendiskurs ab. So schreibt Bernhard E. Bürdek: »Mit der Weiterentwicklung der Methodologie setzte [...] rasch eine ›Methodengläubigkeit‹ großen Ausmaßes ein. Es wurde unterstellt, daß Lösungen quasi als Output der Methoden herausfallen müßten.«[59] Wie Bürdek fest-

55 | Ebd., S. 13.

56 | Eine Kohärenz des Ulmer Diskurses kann daher nicht behauptet werden. Bei Klaus Krippendorff beispielsweise finden sich einige Verweise auf die internen Differenzen. Siehe: Krippendorff 2006, S. 279–313.

57 | René Spitz: *Kurze Geschichte der HfG Ulm.* Abrufbar online unter: http://renespitz.de/index.php?id=54 (letzter Zugriff 20.09.2016).

58 | Vgl. hierzu bes.: Jesko Fezer: *A non-Sentimental Argument. Die Krisen des Design Methods Movement 1962–1972.* In: Daniel Gethmann, Susanne Hauser (Hg.): *Kulturtechnik Entwerfen. Praktiken, Konzepte und Medien in Architektur und Design Science.* Bielefeld: transcript 2009, S. 287. Für Claudia Mareis war genau der Umstand, dass das *Design Methods Movement* »intuitive« und »kreative« Momente im Designprozess ausblendete, ein Grund für sein Scheitern. Sie argumentiert, dass der Designprozess »entzaubert« wurde. Mareis 2010, S. 3.

59 | Bürdek 1975, S. 13.

stellt, steckten die Designmethoden in einer »Überformalisierung« des Entwurfsprozesses fest.[60] Und Klaus Krippendorff wiederum bemerkt, dass die naturwissenschaftlichen Referenzmodelle in der Methodenbewegung schlichtweg missverstanden wurden:

> »Looking back to how information theory was handled in Ulm: we, faculty and students at Ulm, had a vastly overextended and mainly discursive understanding of it. The lack of mathematical training to look through its formalism, the absence of computers, and perhaps naively equating counting with being scientific, prevented us from experiencing its limitations and contributing to it.«[61]

Christopher Alexander bestritt sogar, jemals überhaupt Mitglied der Methodenbewegung gewesen zu sein:

> »I have been hailed as one of the leading exponents of these so-called design methods. I am very sorry that this has happened, and want to state, publicly, that I reject the whole idea of design methods as a subject of study, since I think it is absurd to separate the study of designing from the practice of design.«[62]

Dies bedeutet aber nicht, dass Alexander die *Pattern Language* als überkommen ansah. Stattdessen wollte Alexander seine Methode nun als einen Beitrag zum Diskurs um Partizipation in der Stadtplanung rezipiert wissen.[63] Ähnlich wie Christopher Alexander und Bernhard E. Bürdek distanzierten sich schließlich auch Nigel Cross und John Christopher Jones vom Projekt der Methodenbewegung.

Im Anschluss verschob sich der Fokus der Designforschung wieder hin zur Praxis des Designens. Der Offenbacher Ansatz, den etwa Bernhard E. Bürdek mitentwickelte, forderte, dass Produkte mehr semantische Potentiale besitzen sollten, im Sinne seines Credos *From Function to Meaning*.[64] Sie sollten nicht mehr einer allgemeinen Methode oder ausschließlich der Technik folgen. Auch partizipatorische Ansätze sollten für mehr Praxisnähe sorgen, die Nutzer sollten in die

60 | Etwa hier: Bürdek 2012, S. 47.

61 | Krippendorff 2006, S. 304.

62 | Alexander 1994, Vorwort zur Ausgabe von 1971.

63 | Vgl. zur Geschichte der *Pattern Language* bes. dieser Aufsatz von Christian Kühn: *Erste Schritte zu einer Theorie des Ganzen. Christopher Alexander und die »Notes on the Synthesis of Form«*. In: Daniel Gethmann, Susanne Hauser (Hg.): *Kulturtechnik Entwerfen. Praktiken, Konzepte und Medien in Architektur und Design Science*. Bielefeld: transcript 2009.

64 | Der Offenbacher Ansatz ist allerdings mehr ein Beschreibungsmodell bestehender Produkte als eine Methode. Er liegt auf der Seite der Rezeption, nicht auf der Seite der Produktion.

Gestaltungsprozesse einbezogen werden.[65] Außerdem gab es, neben Produktsemantik und Partizipation, ein verstärktes Interesse an In-Situ-Beobachtungen des Designprozesses. Ein Beispiel dafür sind die Arbeiten von Donald Schön und Nigel Cross.

Schön und Cross wollten der Praxis der Entwerfer wieder näherkommen. Sie analysierten in sogenannten ›Protocol Studies‹ Gespräche aus den Ateliers. Dies ist insofern interessant, als dass hier auch Momente von Improvisation zutage treten können. Die Studien bilden einen wichtigen Schritt in Richtung des Verständnisses der Prozesshaftigkeit von Gestaltung. Schön und Cross konzentrieren sich mit ihren Gesprächsprotokollen aber auf die dialogisch-reflexiven Momente des Entwurfsprozesses und auf das implizite Wissen der Designer, während ich das materielle Entwerfen gegenüber den inneren, gedanklich-reflexiven Momenten betone.[66]

Ich will wieder auf das Problem einer falsch verstandenen Rationalität des Entwerfens zurückkommen. Der Designbegriff Braun-Feldwegs und das Designverständnis im *Design Methods Movement* kreuzten sich in einem gemeinsamen Problem. Nicht nur wurden die materiellen Anteile des Entwerfens verdrängt. Man setzte die Rationalität der Serienproduktion mit dem Designprozess gleich.

Das Prinzip der Serienproduktion und die Arbeitsteiligkeit zwischen dem Entwerfer und dem Produzenten markierten zwar den Ursprung der Designdisziplin, und sie müssen als konstitutiv für das Design an sich gesehen werden. Diese Paradigmen hatten aber zur Folge, dass man auch die Tätigkeit des Gestaltens selbst als rational und planbar betrachtete.[67] Sowohl die Methode Christopher Alexanders als auch die schaltkreisartigen Diagramme im Methodenkanon der HfG Ulm gingen davon aus, dass sich der Designprozess – wie auch das industrielle Produkt – in einzelne voneinander unabhängige Subsysteme einteilen lässt.[68] Sie übertrugen das Technische der Produkte auf den Designprozess und seine Struktur.

Eine solche Verwechslung von Produkt und Prozess, so vermutet Bruno Latour, ist ein wesentlicher Zug moderner Gestaltungstheorien:

65 | Vgl. Mareis 2011, S. 50. Projekte der Partizipation verfolgten im Anschluss an die Methodenbewegung unter anderem Nigel Cross, aber auch Christopher Alexander und John Christopher Jones. Vgl. Mareis 2011, S. 51–54. Vgl. zu diesem Diskurs um Partizipation bes. Claudia Mareis: *Wer gestaltet die Gestaltung? Zur ambivalenten Verfassung von partizipatorischem Design.* In: Claudia Mareis, Matthias Held, Gesche Joost (Hg.): *Wer gestaltet die Gestaltung? Praxis, Theorie und Geschichte des partizipatorischen Designs.* Bielefeld: transcript 2013.

66 | Die bekannte Formel bei Michael Polanyi lautet: »[...] we can know more than we can tell.« Michael Polanyi, Amartya Sen: *The Tacit Dimension.* Chicago / London: University of Chicago Press 2009 (1966). Gemeint ist, dass wir mehr wissen, als wir zu sagen vermögen. Dieses implizite Wissen entsteht durch Praxis, beispielsweise beim Gebrauch eines Werkzeugs (ebd., S. 16).

67 | Vgl. Mareis 2013 (1), bes. S. 218.

68 | Siehe hierzu das Beispiel des Tischlüfters von Bonsiepe und Maldonado (Abb. 19 und 20 auf S. 93) sowie Maldonado /Bonsiepe 1964, S. 16 f.

> »Die Modernen haben Produkt und Prozeß verwechselt. Sie haben geglaubt, daß die Produktion bürokratischer Rationalisierung rationale Bürokraten voraussetzt; daß die Produktion einer universellen Wissenschaft von universalistischen Wissenschaftlern abhängt; daß die Produktion von Abstraktionen selbst abstrakt ist und die von Formalismen selbst formal.«[69]

Produkt und Prozess unterscheiden sich jedoch schon von ihrer Struktur her. Während das Serienprodukt selbst anhand einer Vorlage immer wieder produziert wird, ist der Prozess, der zur Erstellung ebendieser Vorlage notwendig ist, ein singulärer, einmaliger Prozess. Während der serielle Prozess stark rationalisiert ist, wiederholbar und somit planbar ist, kann dies nicht genauso für den Designprozess behauptet werden. Denn hier werden Entwürfe nicht in einem rationalen Planungsprozess, sondern in immer neuen Konstellationen verschiedener Akteure, mit konkreten Materialien, besonderen Techniken und durch Improvisation entwickelt. Rückblickend müssen auch solche Designprojekte, die in der Tradition der gestalterischen Moderne stehen, als unabgeschlossen und netzwerkartig verstanden werden. So machte beispielsweise Albrecht Wellmer auf »Funktionsnetze« aufmerksam, in die Designprodukte und Architekturen der Moderne eingelassen sind.[70]

Die Annahme, dass die den Serienprodukten vorausgehenden Prozesse ebenso geplant sind wie die Produkte selbst, war also ein Kurzschluss.[71] Die Verwechslung von Produkt und Prozess und damit die Forderung, Designprozesse müssten reine Planungsprozesse sein, wurzelte jedoch nicht nur im technokratischen Rationalismus der damaligen Zeit. Sie wurzelte auch in der Unschärfe des englischen Wortes Design, das die Tätigkeit des Designens (›to design‹) ebenso wie dessen Produkt (›the design‹) meinen kann.

Was kann dann noch aus der Methodenbewegung gewonnen werden?

Durch die Methodenbewegung war – ungeachtet ihres technokratischen Rationalismus' – ein Diskurs um die Gestaltung des Gestaltungsprozesses in Gang gesetzt worden, der mit dem (vermeintlichen) Scheitern der Bewegung nicht beendet war. Trotz der Schließung der HfG Ulm und dem Ende der Methodenbewegung

69 | Bruno Latour: *Wir sind nie modern gewesen. Versuch einer symmetrischen Anthropologie. Frankfurt am Main:* Suhrkamp 2008, S. 153.

70 | Albrecht Wellmer: *Zur Dialektik von Moderne und Postmoderne. Vernunftkritik nach Adorno.* Darin: *Kunst und Industrielle Produktion. Zur Dialektik von Moderne und Postmoderne.* Frankfurt am Main: Suhrkamp 1985, bes. S. 130.

71 | Auch der Designjournalist Gerrit Terstiege hebt diesen Aspekt immer wieder hervor und unterscheidet stets zwischen Prozessen und Produkten. Etwa hier: »[D]er Blick hinter die Kulissen der Designentwicklung […] macht deutlich, auf welchen Irrwegen, Abwegen und Umwegen Gestalter zu ihren Formen fanden, die später so naheliegend und selbstverständlich erscheinen. Wenn sie sich perfekt ausgeleuchtet und fabrikneu in Showrooms, Auslagen und Regalen präsentieren, ist den Dingen nichts mehr von der Mühe ihrer Genese anzusehen.« Gerrit Terstiege: *The Making of Design: Vom Modell zum fertigen Produkt.* Basel: Birkhäuser 2009, S. 6.

erwies sich die Idee der wissenschaftlichen Methodik als sehr erfolgreich – und zwar nicht nur für den Zeitraum von etwa zehn Jahren, in dem das gesamte *Design Methods Movement* Bestand hatte, sondern weit darüber hinaus.[72]

Man würde der Methodenbewegung zudem unrecht tun, würde man ihre Ideen wegen ihrer mangelnden Anwendbarkeit gänzlich zurückweisen. Denn die Methodologie war nur vorderhand ein anwendungsbezogenes Konzept. Sie muss auch im Sinne einer programmatischen Designauffassung und als theoretische Position verstanden werden. Insbesondere Alexanders Methode ist für einen Designbegriff – unabhängig von der Frage der Anwendbarkeit – noch immer hinsichtlich des hier formulierten Gedankens eines Zusammenhangs von Form und Kontext relevant.[73] Auch der im *Design Methods Movement* vorausgesetzte Designbegriff ist innerhalb der Theorien des Designs heute eine wichtige Position. Die Methoden stehen, wie Mareis erklärt, im Zentrum der »disziplinären Aushandlungsprozesse« des Designs.[74]

Die Forderung nach wissenschaftlichen Designmethoden findet sich in der Gegenwart etwa in Zusammenhang mit dem Diskurs um praxisbasierte (Design-)Forschung wieder. *Research through Design*, also eine Forschung, die aus der gestalterischen Praxis selbst wissenschaftliche Erkenntnisse sowie neue Forschungsmethoden abzuleiten versucht, spielt insbesondere in den sich nun etablierenden PhD-Programmen eine Rolle.[75] Dennoch muss bemerkt werden, dass hier die Wissenschaftlichkeit unter anderen Vorzeichen gedeutet wird als in der späten Moderne. Ein »mechanisches Ideal der Naturerklärung«,[76] das das Wissenschaftsbild der Methodenbewegung dominiert hatte – kann heute freilich keine Referenz mehr sein. Die Frage, wie Gestaltungsprozesse strukturiert sind oder strukturiert werden könnten, lässt sich schließlich nicht anhand einer von außen auf das Design übergestülpten Methodik klären. Der Methodenbegriff wurde daher aktualisiert. So entwickelt Design seine Methoden jeweils mit Blick auf einen bestimmten Entwurfsprozess, also aus der Situation heraus – wie zum Beispiel Gui Bonsiepe hervorhebt:

72 | Vgl. Mareis 2011, S. 35.

73 | Vgl. hierzu: Bonsiepe 1967, S. 16. Hier äußert sich Gui Bonsiepe unter anderem zu Christopher Alexanders *Notes on the Synthesis of Form* und dessen Überlegungen zur Komplexität von Designproblemen.

74 | Claudia Mareis: *Eine multidisziplinäre Geschichte. Designforschung, Kreativitätstechniken und Methodenfragen*. In: Claudia Mareis, Christof Windgätter (Hg.): *Long Lost Friends. Wechselbeziehungen zwischen Design-, Medien- und Wissenschaftsforschung*. Zürich: Diaphanes 2013, S. 221.

75 | »Mit dem Modell ›Research through Design‹ wurde unlängst eine ›projektgeleitete‹ Form der Designforschung etikettiert, die sowohl wissenschaftlich anerkannt, als auch für die Designpraxis produktiv sein soll.« Mareis 2010, S. 3. Die Dissertation von Katharina Bredies beispielsweise fällt in diesen Bereich: Katharina Bredies: *Gebrauch als Design. Über eine unterschätzte Form der Gestaltung*. Bielefeld: transcript 2014.

76 | Vgl. Hans-Jörg Rheinberger: *Historische Epistemologie zur Einführung*. Hamburg: Junius 2007, S. 15.

> »[...] Methodologie würde sich erübrigen, wenn jeder Entwurfsprozeß aus und an sich selbst seine Entwurfsmethode entfalten würde, denn Methode steht und fällt mit der Hypothese, daß es beim Gestalten Invarianten gibt, aus denen sich ein Gerüst für das Gestalten bauen lasse. Dieses undialektische Zerreißen von allgemeinem Handlungsschema und besonderem Handlungsinhalt zeugt gegen jegliche Methodologie in ihrer bisherigen Form. Dieser Widerspruch wäre auszutragen.«[77]

Damit kann die Frage, wie Formgebungsprozesse strukturiert sind, am besten entlang der konkreten Designprozesse geklärt werden und anhand der tatsächlichen Entstehung von Artefakten. Ich will dieser Praxis im Folgenden weiter nachgehen.

5. Improvisation in der Braun-Werkstatt

Ich habe in den letzten Kapiteln bereits unterschiedliche Fälle von Improvisation dargestellt, insbesondere die Improvisationen in den frühen Jahren der Braun-Designabteilung, als der erste Rasierer erfunden wurde und man mit knappen Ressourcen hantierte. Dabei hatte ich festgestellt, dass noch bei der handwerklichen Umsetzung anhand von Improvisation Formentscheidungen getroffen werden.

Dennoch ist fraglich, ob von den bisherigen Beispielen schon auf das ganze Problem der Konzeption des Designprozesses geschlossen werden kann. Denn Braun-Feldweg und die Protagonisten des *Design Methods Movement* hatten in ihren Bestimmungen von Design einen ganz bestimmten Bereich, und zwar das klassische Industriedesign im Blick, der bei meinen Beispielen bisher noch nicht vorkam. Der Arbeitsprozess bei Sebastian Herkner läuft, empirisch betrachtet, nicht auf das automatisch produzierte Massenprodukt hinaus, das wegen seiner hohen Anzahl den paradigmatischen Ankerpunkt des klassischen Designbegriffes bildete. Der Sessel *Coat* wird in handwerklich orientierter Manufakturarbeit hergestellt. Bei meinem Beispiel des ersten Braun-Rasierers wiederum handelte es sich zwar, wie ich entgegen der üblichen historischen Perspektive argumentiert hatte, um ein industrielles Produkt, das – obwohl es von Technikern und Ingenieuren stammt – in meiner Lesart des Designprozesses schon auf einer Form von Gestaltung beruht. Aber auch hier müsste der Nachweis der Improvisation noch weiter gehen und den Weg der Designabteilung bis hin zum typischen Industriedesign verfolgen. Daher will ich im nächsten Kapitel Momente von Improvisation in der berühmten Braun-Designabteilung darstellen. Dafür kehre ich zurück in die Braun-Werkstatt und überspringe gleichzeitig einige Jahrzehnte der Rasierer-Forschung, in denen sich die erste, improvisiert anmutende Testapparatur in ein gängiges Massenprodukt verwandelt hat.

Über einen Zeitraum von vierzig Jahren wurde die Designabteilung bei Braun von Dieter Rams geleitet. Zentrales Element der Designabteilung war die Modell-

77 | Bonsiepe 1967, S. 23.

bauwerkstatt, die die Hälfte der Abteilung einnahm (siehe Abb. 21). Die Modelle, die hier entstanden, waren zentrale Werkzeuge für die Entwerfer, um Rasierapparate, Wasserkocher, Kaffeemaschinen, Radios und viele weitere Elektrogeräte zu entwickeln. Diese Material- und Formexperimente aus vier Jahrzehnten Modellbautätigkeit lagern im Archiv des *Museums für Angewandte Kunst* (MAK) in Frankfurt am Main. Allein von den Rasierern gibt es dort über 100 verschiedene Modelle. An diesen Modellen werden der Entwurfsprozess und die Formentscheidungen nachvollziehbar und retrospektiv beobachtbar.

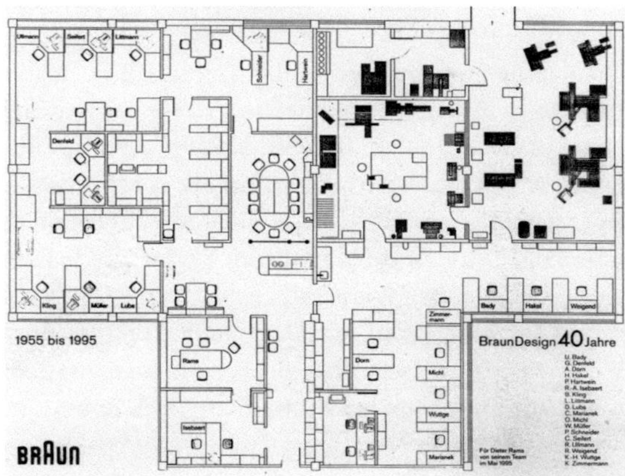

Abb. 21: Grundriss der Braun-Designabteilung. Zeichnung, die als Geschenk für Dieter Rams von seinem Team erstellt wurde. Linke Hälfte: die Arbeitsplätze der Designer, Besprechungsräume, Modellarchiv. Rechte Hälfte: Modellbauwerkstatt und Arbeitsplätze der Modellbauer und Techniker.

Die Tüftelei des Designers Roland Ullmann

Die Modellsammlung im Archiv des MAK in Frankfurt zeigt, dass die Arbeit der Designer, nachdem der Rasierer insgesamt halbwegs funktionierte, vor allem auf kleinere Weiterentwicklungen und Details abzielte. Es wurden Griffnoppen am Rasierer angebracht, die einen weichen Kontrast zu der ansonsten harten Stahlhülle bildeten. Verschiedene Knöpfe und Anordnungen von Bedienelementen wurden ausprobiert. Weiterhin war auch die Scherfolie mit ihrem speziellen Muster sowie ihre Befestigung und Reinigung ein wichtiger Gegenstand von Experimenten und Anpassungen.[78] Insgesamt wurde das Gehäuse des Apparats mit der Zeit schmaler und zugleich länger, weil sich die elektrischen Bauteile nach und nach verkleinerten. Auch wenn die Typenform des Rasierers als solche festgelegt war, so waren

78 | Die Griffnoppen, die dafür sorgen, dass der Rasierer nicht aus der Hand gleitet, wurden zum ersten Mal beim *micron plus 2000* von 1979 (Designer: Roland Ullmann) benutzt.

diese Details keinesfalls unbedeutend – sie dienten dazu, sich von der Konkurrenz zu unterscheiden.

Mit der Weiterentwicklung der Rasierapparate war von 1972 an der Designer Roland Ullmann betraut. Roland Ullmann war – wie viele Designer der 1970er Jahre – beeinflusst von der Methodologie der HfG Ulm. Er hatte an der HfG Offenbach Industriedesign studiert – eine Nachfolgeinstitution der HfG Ulm. Roland Ullmanns Diplomarbeit, die von Bernhard E. Bürdek betreut wurde, war auf den Braun-Designprozess und dessen Methoden fokussiert. Anhand eines Leuchtenentwurfs spielte Ullmann alle analytischen Schritte eines typischen Entwurfsprozesses durch, wie ihn Bürdek in seinen Arbeiten zur Methodologie skizziert hatte.

Ullmann war jedoch gleichzeitig eingebunden in den Berufsalltag. Schon während seines Studiums arbeitete er in der Designabteilung unter der Leitung von Dieter Rams an konzeptionellen Designprojekten mit. Nach seiner Diplomarbeit entwickelte er in Zusammenarbeit mit den Modellbauern in der Werkstatt, den Laboringenieuren und anderen Designern die Rasierer nicht nur auf formaler Ebene, sondern auch auf technischer Ebene. Er sollte schließlich seine ganze Karriere der Firma Braun und den Rasierapparaten widmen.[79]

So verbinden sich in Roland Ullmanns Arbeit und Designauffassung die Ideen aus seinem Studium bei Bernhard E. Bürdek mit den Fragestellungen aus dem Berufsalltag bei Braun. Mit Blick auf die Arbeit bei Braun bemerkt Ullmann in seiner Diplomarbeit, dass auch hier – trotz aller Produktplanung und Analyse im Vorhinein – improvisiert werden muss:

> »Planung sollte nicht zum Selbstzweck ausarten. Improvisation, Entschlußfreude und Initiative müssen stets hinzukommen. Die Unternehmensleitung ist in jeder Situation vor die Aufgabe gestellt, die optimale Relation zwischen Planung und Improvisation herzustellen.«[80]

Insbesondere die ständige Verkleinerung der Rasierapparate prägte seine alltägliche Arbeit, da kleinste Veränderungen an der Form im Zehntel-Millimeterbereich sich bereits maßgeblich auf die Funktion des Rasierers auswirken konnten. Meist kam er diesen Veränderungen erst auf die Spur, nachdem er Funktionsmodelle im Maßstab 1:1 gebaut hatte. Roland Ullmann hatte ein großes Interesse am technischen Detail und versuchte daher, seine Konzepte so bald wie möglich und ohne Umwege über Pläne in der Werkstatt auszuprobieren. Anstatt die handwerkliche

79 | Roland Ullmann betont immer wieder, dass er nicht ausschließlich Rasier gestaltete, sondern auch Hifi-Geräte, Zahnbürsten, Wasserkocher usw. Aber die Gestaltung der Rasierapparate war seine Hauptaufgabe.

80 | Roland Ullmann: *Programmgestaltung und Produktentwicklung am Beispiel eines elektrotechnischen Unternehmens.* Fa. Braun AG Kronberg, HfG Offenbach – Diplomarbeit 1975, S. 41. Die Arbeit ist einsehbar in der Bibliothek der Hochschule für Gestaltung Offenbach.

Arbeit an den Modellen an die Modellmacher zu delegieren, stand er oft selbst in der Werkstatt. So entstanden über die Jahre hinweg zahlreiche Modelle und Studien.

Roland Ullmanns Vorgehen lässt sich am besten an einem Prinzipmodell darstellen, das dem Rasierapparat mit beweglichem Scherkopf (*Flex control universal*) vorausging (siehe Abb. 22–25). Das Modell besteht aus gefrästem und geschliffenem Plexiglas, es ist etwa fünf cm lang und ungefähr so breit wie der spätere Rasierer.

Im Gegensatz zu den meisten anderen Modellen in der Sammlung, die schon recht genau ausgearbeitet sind, wurde der Rasierer bei diesem Modell auf seine basale Geometrie reduziert. Das Modell bezieht sich nicht auf den gesamten Entwurf, sondern nur auf ein technisches Detailproblem, und zwar auf den Spalt zwischen Scherkopf und Halterung. Das Modell ist außerdem, anders als das spätere Produkt, asymmetrisch. Der bewegliche Rasierkopf, der von der Seite her betrachtet eine konische Form hat, aber unten abgerundet ist, wurde mittels zweier Drahtstücke in die Halterung eingehängt. Diese Drahtstücke sind nicht abgeschnitten, stattdessen ragen sie an den Seiten noch heraus. Das mittlere Stück Plexiglas, das später den Scherkopf bilden soll, passt zwar gut zwischen die beiden Seitenteile, welche die Halterung bilden. Die Halterung hat jedoch einen Überstand, sie ragt über den Scherkopf hinaus. Außerdem sind die beiden Seitenteile der Halterung unterschiedlich breit. Während das linke, abgerundete Stück recht fragil anmutet, ist das rechte, breitere Stück immer noch scharfkantig – es besitzt noch die Form, die es durch die Bearbeitung mit der Fräse erhalten hat. An der breiten Seite ragen wiederum zwei runde Metallstäbe heraus, die an einen Schuko-Stecker erinnern. Sie verbinden die rechte Seite mit dem Rest des Modells, das einfach zusammengesteckt ist. So wirkt das Modell in mancher Hinsicht unfertig und improvisiert. Formal scheint es den Rasierapparaten nicht sehr zu ähneln.

Ich habe Roland Ullmann zu seiner Arbeit an den Modellen und insbesondere zu dem Modell des Schwingkopfrasierers befragt.[81] Welche Rolle spielte es im Entwurfsprozess? Welche Bedeutung hat es für den Designer gehabt und wurde bei seiner Herstellung improvisiert?

Roland Ullmann erklärte mir, dass es ihm bei dem Modell zunächst weniger auf die äußere Form ankam, als darauf, ein technisches Prinzip darzustellen:

> RU: Das ist ein rein technisches Modell. Es ging um die Bewegung oder das Schwenken eines beweglich aufgehängten Scherkopfes. Was passiert, wenn ich dieses Teil nicht gerade, sondern schräg mache? Man kann bei dem Modell den Drehpunkt sehr gut erkennen. Damit sich der Scherkopf bewegen kann, braucht es Luft. Ich wollte herausfinden, wie groß der Spalt zwischen Scherkopf und Halterung wird.

81 | Das vollständige Interview mit Roland Ullmann vom 09.02.2013 findet sich im Anhang. Viele weitere Angaben über Modellreihen, Jahreszahlen und Designer habe ich dem von Jo Klatt und Günter Staeffler herausgegebenen Band *Braun + Design Collection* entnommen (Klatt/Staeffler 1995).

Und ich wollte sehen, wie ich den Spalt an der Unterseite visuell schließen kann. Wenn Sie die Vorderseite anschauen, sehen Sie den Spalt nicht mehr.

Das Problem, das es hier zu lösen galt, war das Auswechseln der Scherfolie – ein Verschleißteil.[82] Dieses Problem tauchte immer wieder auf und bildete über Jahrzehnte einen wichtigen Baustein im Produktentwicklungsprozess der Rasierapparate. Während die frühen Rasierapparate aus den 1950er Jahren das mühsame Auswechseln der Folie anhand von Schrauben und Hebeln erforderten, so war die Folie inzwischen an einem Plastikteil befestigt worden, das bloß auf den Rasierapparat gesteckt wurde. Jetzt aber musste dieses Prinzip mit in den beweglich aufgehängten Scherkopf integriert werden. Das Teil, das es nun zu konstruieren galt, war viel kleiner als die bisherigen Halterungen, die von außen aufgesteckt werden konnten. Es verkantete sich, weil es über eine Gerade eingefädelt werden musste (siehe Abb. 28, S. 111). Roland Ullmann versuchte, anhand der Schräge die Scherfolienaufnahme nutzerfreundlicher zu gestalten.

Aufgrund der Schräge veränderte sich gleichzeitig die Geometrie des Scherkopfes und die Geometrie der Halterung. Zwar hatte Roland Ullmann eine ungefähre Vorstellung, wie die schräge Form der Scherfolienhalterung die Bewegung des Scherkopfes beeinflussen würde. Aber die Technik ließ sich nur am konkreten Modell weiterentwickeln.

Das Modell gelangte nun zu seiner vergleichsweise eigentümlichen Form, weil es dazu dienen sollte, die Idee von dem schrägen, beweglichen Scherkopf auszuprobieren. Die Metallstifte auf der rechten Seite hatten den Zweck, die Einzelteile des Modells einerseits zu verbinden, andererseits sollte sich der Spalt zwischen Schwingkopf und Halterung immer noch variieren lassen. Das Modell konnte auseinandergenommen und wieder zusammengesetzt werden – es handelte sich schließlich mehr um ein Werkzeug für den Entwurf als um die Darstellung einer fertigen Form.

RU: Ich hätte den Abstand zwischen dem Scherkopf und der Halterung anhand der Winkel berechnen können. Trotzdem ist man mit einem einfachen Modell oft schneller. Ich sehe – anders, als wenn ich mich ans Zeichenbrett setze oder an den Computer – unmittelbar die technische Konsequenz. Man ist ungeduldig als Designer.
AF: Sie sparen also Zeit durch das Modell?
RU: Ich spare mit Sicherheit Zeit. Ich habe deshalb auch nur eine Seite gebaut. Zwar kann man den Scherkopf rausnehmen und rumdrehen. Aber ich habe nur die rechte Seite genauer bearbeitet. Das ist sozusagen nur ein halbes Modell.

Roland Ullmann wollte die Geometrie nicht berechnen. Er wollte sofort wissen, ob seine Idee mit der Schräge funktioniert. Weil er die Form des Rasierapparates

82 | Dieses Verschleißteil war ein weiterer Grund für den kommerziellen Erfolg des Rasierapparates: Ähnlich wie bei Rasierklingen mussten immer wieder neue Folien nachgekauft werden.

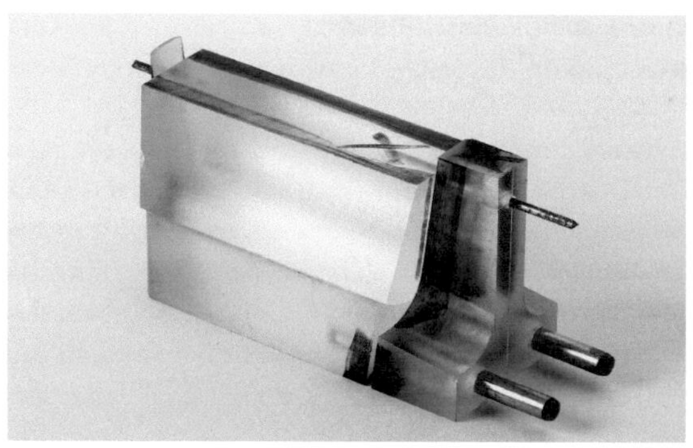

Abb. 22

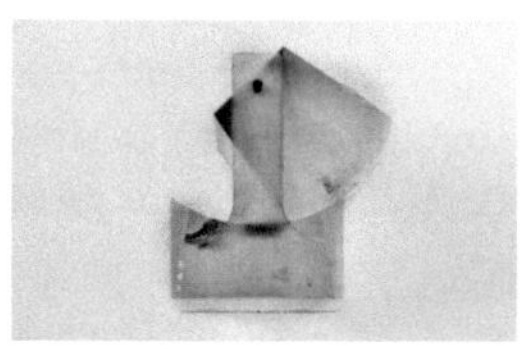

Abb. 23

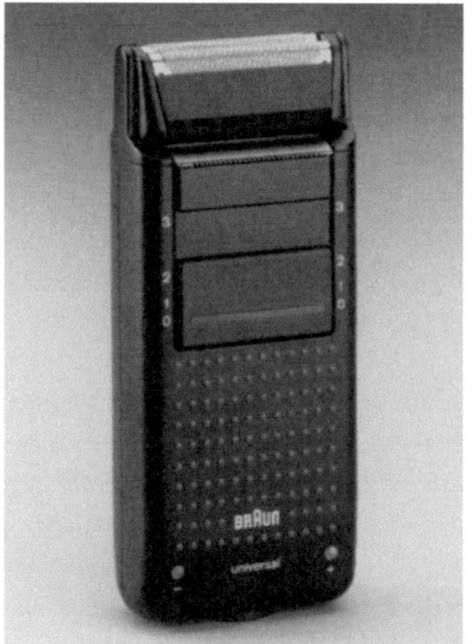

Abb. 26

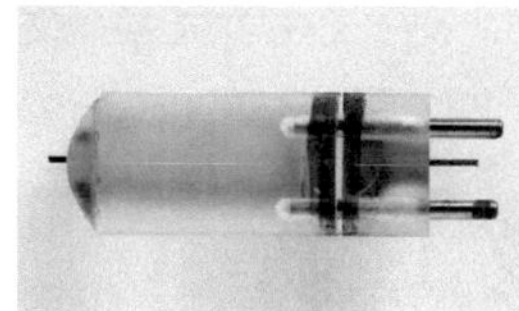

Abb. 24

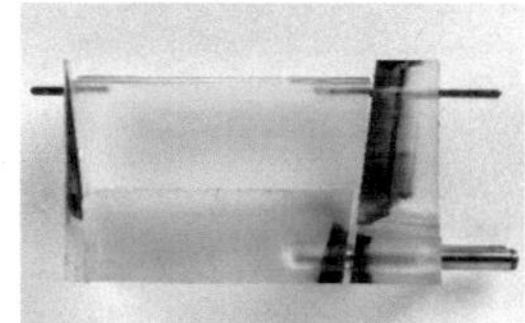

Abb. 25

Abb. 22: Prinzipmodell des beweglichen Scherkopfes mit Schräge, Roland Ullmann/Fa. Braun, ca. 1989.
Abb. 23 bis Abb. 25: Verschiedene Ansichten des Modells des beweglichen Scherkopfes.
Abb. 26: Die Version des Rasierers, die schließlich in Serie ging. *Der Flex control 4515 universal* (Roland Ullmann, 1990) hat zwar eine schräge Aufnahme für die Scherfolie, aber der bewegliche Scherkopf insgesamt verläuft gerade.

jedoch in all seinen Details noch nicht kannte und er keinen genauen Plan gezeichnet hatte, musste Roland Ullmann in der Werkstatt improvisieren, um das Modell bauen zu können.

Beim Bau des Modells achtete Ullmann nicht auf die gesamte Gestaltung des Rasierapparates oder auf die Details der äußeren Form. Er visualisierte nur das grobe Prinzip: Die linke der beiden Seiten ist nur andeutungsweise abgerundet, die rechte Seite ist überhaupt nicht weiter bearbeitet worden. Während die rechte Hälfte des Modells sich auf das Detail der Schräge bezieht, umfasst die linke Seite mit der abgerundeten Kante schon Elemente einer möglichen Form. Es handelt sich um ein bloß vorläufiges Modell, es wurde nur soweit gebaut, bis es Aufschluss über das Problem gab, das es zu lösen galt.

Das Modell mutet auch deshalb skizzenhaft und vorläufig an, weil der Designer darauf nachträgliche Markierungen angebracht hat. Das Plexiglas ließ sich zwar leicht an der Fräse bearbeiten und dabei millimetergenau zurechtschneiden. Durch die Transparenz des Materials ist der Spalt zwischen der Halterung und dem beweglichen Scherkopf jedoch schwer zu erkennen. Normalerweise wurde das Plexiglas in der Modellbauabteilung von Braun daher farbig lackiert. Dies war jedoch zu aufwendig: Schließlich ging es dem Designer nicht um die Farbe, sondern um das technische Detail. Um trotzdem die einzelnen Teile des Modells voneinander unterscheiden zu können und insbesondere um den hauchdünnen Spalt erkennen zu können, hat Roland Ullmann die Kante einfach mit schwarzem Filzstift markiert.

Die Herstellung seines Modells ist jedoch, wie Ullmann betont, keinesfalls als triviale Bastelei zu bewerten:

> RU: Unsere Modellbauabteilung war immer auf dem neuesten Stand der Technik, wir haben nicht gebastelt. Die Rasierermodelle mussten immer im Maßstab 1:1 gebaut werden, viele Teile waren daher nur wenige Millimeter groß. Den Abstand zwischen den beiden Teilen hätte ich nicht ermitteln können, wenn ich gepfuscht hätte. Man muss strukturiert vorgehen. Man hat ein Bild im Kopf, das man ausprobieren will. Man muss also ganz diszipliniert sein. Bis zu einem gewissen Punkt und dann erst setzt die Improvisation ein. Und zwar, wenn Sie sehen: das geht, es ist schwierig, aber wenn ich es so oder so mache, dann geht es.

Roland Ullmann ist in Bezug auf die Improvisation eher skeptisch, weil er Improvisation mit Pfusch und Ungenauigkeit assoziiert. Er sieht seine Modellbautätigkeit als strukturiertes Vorgehen, das einer Idee folgt. Improvisation – damit meint er vermutlich Formentscheidungen, die er durch Experimentieren in der Werkstatt trifft – setzt erst dann ein, wenn er auf Probleme stößt. Für ihn ist insbesondere der Modellbau mit Genauigkeit und Disziplin verbunden.

Improvisation darf dennoch nicht mit Pfusch oder Bastelei verwechselt werden. Dass das Modell im Ergebnis unfertig wirkt, hat auf dessen Qualität sowie

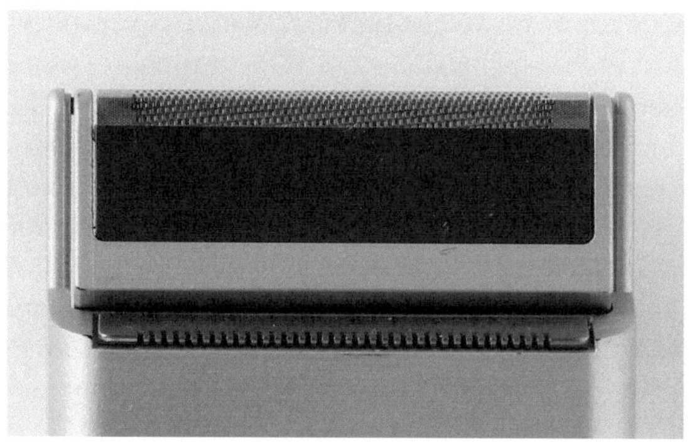

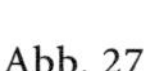

Abb. 27

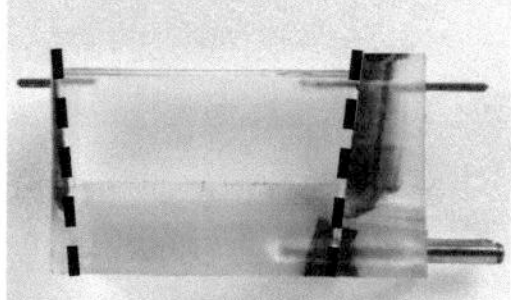

Abb. 28

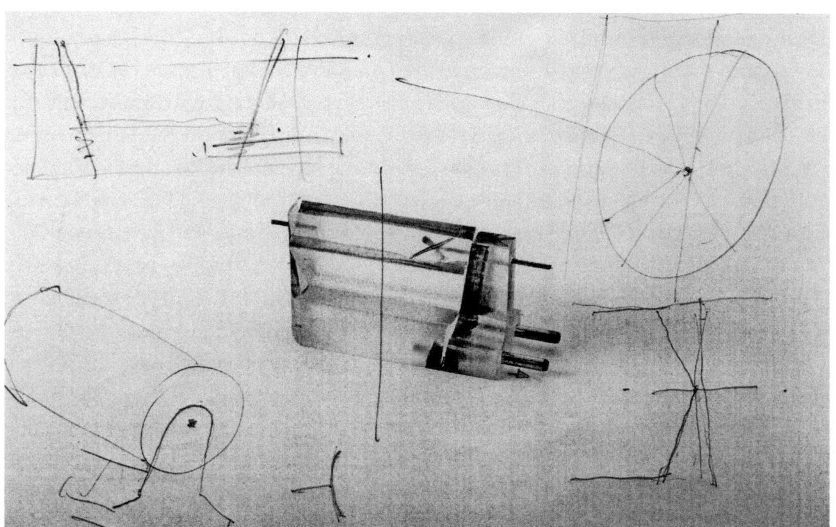

Abb. 29

Abb. 27: Bisherige Geometrie bei einem älteren Modell, noch mit gerader Halterung für die Folie.
Abb. 28: Prinzipmodell. Zur Verdeutlichung habe ich die angeschrägten Seiten hervorgehoben.
Abb. 29: Zeichnung Roland Ullmanns vom 28.01.2014 auf meiner Fotografie des Schwingkopfmodells, entstanden während des Gesprächs über die Modelle. Anhand der Zeichnung rekonstruierte Ullmann die Überlegungen, die seinem Modell vorausgingen.

auf den Nutzwert für den Entwurfsprozess keinen Einfluss. Die Teile formvollendet zusammenzusetzen war hier überhaupt nicht das Ziel. Roland Ullmann wollte vielmehr am Modell ausprobieren, wie groß der Spalt sein musste, damit sich der Scherkopf gut bewegen lässt. Improvisation und strukturiertes Arbeiten müssen an dieser Stelle also keinen Widerspruch bilden. Roland Ullmann hatte ein konkretes Ziel, das es zu verwirklichen galt, nämlich die Verbesserung der Aufnahme für die Scherfolie. Auch Charles Jencks und Nathan Silver betonen in diesem Sinne, dass eine solche Zweckgerichtetheit ein wesentlicher Zug der Improvisation ist: »*Ad hoc* means for this specific need or purpose.«[83] Der Improvisation jegliche Überlegung und Zielgerichtetheit abzusprechen, wäre hier also eine Fehlinterpretation der Improvisation.

Zwei Schlüsse können aus diesem Beispiel für die Analyse des Designprozesses gezogen werden. Die Art und Weise, wie Roland Ullmann arbeitet, bringt zum einen sein besonderes Designverständnis zum Ausdruck. Er verbindet Entwurf und Realisierung, anstatt sie als getrennte Sphären zu betrachten. Dies steht wiederum im Widerspruch zu den Prozessdarstellungen, die ich in Kapitel vier diskutiert hatte. Die Methodenbewegung hatte in ihren Designprozessdarstellungen eine bestimmte Arbeitsteilung vorgesehen. So suggerieren die Darstellungen aus dem *Design Methods Movement*, dass in einem Designprozess ein fertiger Plan entstünde, der dann bloß noch umgesetzt wird. Die Designprozessdiagramme der Methodenbewegung stellen den Designprozess als Planungstun dar, sie setzen dabei die Rationalität der Serienproduktion dem Designprozess gleich. Die Trennung von Planung und Ausführung wird aber in den Prozessen der Designer bei Braun ständig unterlaufen, wie nicht zuletzt Ullmanns improvisiertes Modell gezeigt hat. Es ist ein Produkt handwerklicher Arbeit, an dem der Designer im Dialog mit dem Material sowie durch Improvisation Formentscheidungen trifft. Zum anderen ist die Arbeitsweise Roland Ullmanns geprägt von einer gewissen Affinität zur Tüftelei, wie wir sie schon in der Arbeit der Techniker an den ersten Versionen des Rasierers kennengelernt haben.

Die Improvisation findet ebenso auf Seiten der Ingenieure, Handwerker und Techniker statt wie auf Seiten der Designer, die mit der Konzeption eines Produkts betraut sind. Auf beiden Seiten finden Formentscheidungen statt. Gleichwohl will ich nicht sagen, dass damit das Prinzip der Arbeitsteilung insgesamt obsolet wird. Es ist noch immer, wenn man auf den Prozess der industriellen Produktion blickt, konstituierend für Design an sich. Mit Blick auf die Methoden und die Designprozesse kann jedoch gesagt werden, dass sich der Erfolg der Designabteilung auch daraus ableitete, dass man die Grenzen des Designs im Alltag nicht allzu ernst nahm. Wie etwa der Designhistoriker Rudolf Schönwandt mit Blick auf das Braun-Design bemerkt, wäre, auf den Designprozess bezogen, eine vollständige Trennung zwischen den einzelnen Phasen des Designprozesses problematisch zu sehen. Ziel eines

83 | Jencks/Silver 1972, S. 15.

Designprozesses sei eben nicht »[...] eine Menge optimaler Einzellösungen zu realisieren, sondern ein neues Produkt, in dem alle Einzellösungen, Einzelleistungen und Einzelelemente zu einer überzeugenden Einheit integriert sind.«[84] Damit aus der Menge von unterschiedlichen Elementen, die den Designprozess ausmachen, eine »überzeugende Einheit« wird, müssen Design und Technik sich verbinden.

> So muss »[...] der Designer auch zusammen mit der Technik dafür sorgen, dass sich sein Entwurf produzieren lässt. Es hat also keinen Sinn, wenn er beispielsweise eine Oberflächengestaltung vorschlägt, die mit den verfügbaren Produktionstechniken zu wirtschaftlichen Kosten nicht hergestellt werden kann.«[85]

Design muss die Wechselbeziehungen zwischen Formgebung und Produktionstechnik in der Werkstatt stets auch mit durchspielen.[86] Um dieses Zusammenwirken von Design und Technik zu verdeutlichen, benutzt wiederum Dieter Rams den etwas sperrigen Begriff »Gestalt-Ingenieur«: »Der Designer ist der ›Gestalt-Ingenieur‹. Er synthetisiert aus den verschiedenen Elementen – den Vorgaben bzw. Festlegungen von Seiten der Technik, der Produktion, des Marketing usw. – das konkrete Produkt.«[87]

Dabei ist der Gedanke, dass Design ein Form und Technik synthetisierender Prozess ist, keinesfalls eine Braun-spezifische Angelegenheit. Mit der Synthese kommt ein Motiv zum Tragen, das sich durch verschiedene Ansätze der Designtheorie zieht. So bestimmt beispielsweise Christopher Alexander das Design als einen die Form synthetisierenden Prozess. Auch bei Bürdeks Prozessdarstellungen spielt die Idee der Synthese eine Rolle. Herbert Simon aber bringt die Idee der Synthese auf den Punkt: Für ihn bedeutet Synthese das Zusammenziehen verschiedener Faktoren zu einem Entwurf.[88]

84 | Schönwandt 1980, S. 38–39.

85 | Ebd., S. 41.

86 | Mit der Feststellung, dass Design von Technik abhängt, hatte daher auch Braun-Feldweg recht. Er wollte aber universelle Normen einführen, denen das Design zu folgen hätte. Vor dem Hintergrund meiner Überlegungen zur Improvisation kann gesagt werden, dass sich ein Designprozess stets in Wechselbeziehung mit der Technik vollzieht. Design und Technik verändern sich im Designprozess gegenseitig, Normen würden hier nicht greifen.

87 | Dieter Rams zit. in: François Burkhardt, Inez Franksen (Hg): *Design. Dieter Rams.* Berlin: Gerhardt 1980, S. 187.

88 | Vgl. Herbert Simon: *The Sciences of the Artificial.* Cambridge (Mass.): The Mit Press 1996 (1969), S. 4. Simon grenzt Design von den Natur- aber auch von den Geisteswissenschaften ab. Design sei synthetisierendes Tun. Darin begründet Design eine »dritte Wissenskultur« (Vgl. Simon 1996 S. 8). Es sei jedoch angemerkt, dass Simons Designbegriff ein äußerst weiter Designbegriff ist, darunter fallen auch Softwareprogrammierung und Ingenieurwissenschaft. Diese Diskussion um das Eigene des Designs zieht sich seit den Anfängen der Designtheorie durch die Diskurse, dennoch kommt man nicht umhin anzuerkennen, dass sich inzwischen eine eigene Theorie gebildet hat. Vgl. hierzu besonders Sandra Groll: *Das Design und seine Begriffe / The Words for Design.* In: form 256, August 2014.

Dieses synthetisierende Potenzial des Designs wird insbesondere dann sichtbar, wenn ein Modell gemacht wird. Ein Modell verkörpert die verschiedenen Ebenen des Entwurfs und fasst sie als Einheit zusammen. So treffen in dem soeben diskutierten Modell Entscheidungen zu seinem technischen Design und seinen konstruktiven Details ebenso wie die handwerklichen Kenntnisse Roland Ullmanns und dessen Hang zur Tüftelei zusammen.

Für Roland Ullmann handelt es sich außerdem nicht um ein einzelnes Modell. Es steht vielmehr in einem Zusammenhang mit anderen Modellen (siehe Abb. 30), die sich alle auf die Idee eines beweglichen Scherkopfes beziehen. So bemerkt Ullmann:

> RU: Man springt zwischen den Versuchen hin und her. Ich habe nicht einzelne Rasierer entwickelt, sondern Baukasten-Lösungen, die dann bei unterschiedlichen Versionen des Rasierers zum Einsatz kamen.

Das Prinzipmodell bildete dabei einen wichtigen Schritt, wie Ullmann bemerkt. Die schräge Aufnahme für die Folie kommt bei diesem Modell zum ersten Mal vor und bildet ein wesentliches technisches Detail, das bis heute Verwendung findet, und zwar auch im Zusammenhang mit Rasierapparaten, die keinen beweglichen Scherkopf haben. Es bezieht sich gleichzeitig auf die anderen vorherigen Modelle und es nimmt Aspekte späterer Modelle vorweg.

Weil es verschiedene Aspekte eines Entwurfs auf einmal beinhaltet, konnte es nicht in einem arbeitsteiligen Prozess entstehen, die Elemente mussten durch Improvisation verbunden werden. Es diente dem Designer dazu, sich an eine Form heranzutasten und die Form dabei gleichzeitig auch zu entwickeln. Denn Roland Ullmann konnte noch nicht wissen, wie die neue Geometrie sich auf die Funktionsweise des Rasierapparates auswirken würde. Erst die Herstellung eines Modells erlaubte es ihm, die Größe des Spalts zwischen Scherkopf und Halterung genauer zu bestimmen.

Nicht nur die ersten Rasierapparate, auch spätere, elaboriertere Versionen des Rasierapparates beruhen also auf Improvisation. Die Arbeit des Braun-Designers Roland Ullmann passiert über weite Strecken in der Werkstatt und nicht am Reißbrett. Dabei spielen – wie schon im Designprozess Sebastian Herkners – improvisierte Modelle eine wesentliche Rolle. Sie scheinen das Design quasi mitzuproduzieren. Sie können nicht vollständig mit einem zuvor gefassten Plan zur Übereinstimmung gebracht werden. Das Vorgehen Roland Ullmanns ist darin typisch für Designprozesse insgesamt.

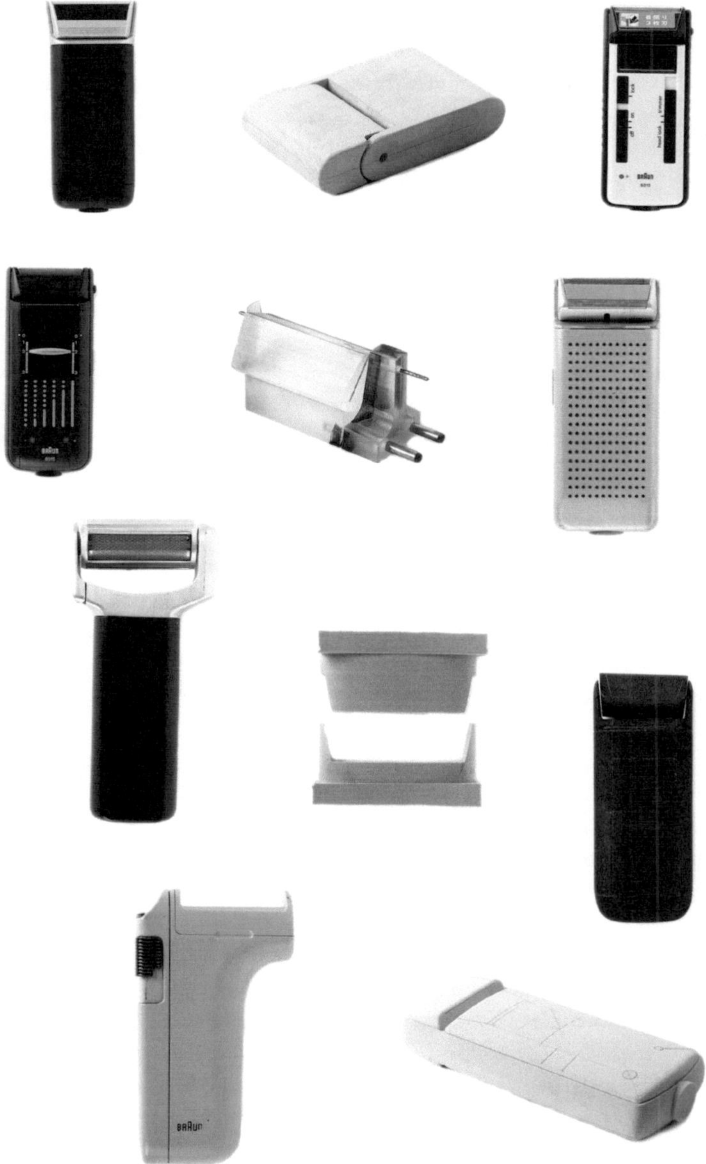

Abb. 30: Verschiedene Modelle aus dem Depot des MAK Frankfurt. Diese Modelle können alle mit der Idee des beweglichen Rasierkopfes in Verbindung gebracht werden, obwohl sie aus unterschiedlichen Jahrzehnten stammen. Der Zeitraum erstreckt sich ungefähr von Ende der 1960er Jahre bis in die 1990er Jahre.

Improvisierte Modelle zwischen Repräsentation und Konzeption

Dass Modelle anhand von Improvisation gemacht werden und dass Modelle sich genau deshalb als besonders produktiv für den Designprozess erweisen, lässt auf einen Modellbegriff schließen, der in Ullmanns Erklärungen ebenso wie in den Erläuterungen von Sebastian Herkner mitschwingt. Modelle haben wesentlichen Anteil an gestalterischen Formgebungsprozessen, »entwerfen heißt, modelle zu konstruieren.«[89] schreibt etwa Otl Aicher in seinem berühmten Text *Die Welt als Entwurf*. Gleichwohl gibt es viele Bestimmungen von ›Modellen‹ im Design. Die Art und Weise, wie ein Modell gemacht ist, kann – nicht nur im Design – sehr unterschiedlich sein. Auch gedankliche Modelle könnten hier also diskutiert werden. Wie ich meine, ist jedoch insbesondere das Modell in seiner engeren Bedeutung, und zwar das materielle Modell, wesentlicher Bestandteil von Designprozessen. Als konkretes Artefakt ist es, anders als Zeichnungen, Computermodelle und Renderings, immer schon näher am tatsächlichen, ebenfalls materiellen Designprodukt.

Dies hat mit einem bestimmten Verständnis des Verhältnisses von Modell und Konzept zu tun. Man kann nicht von einem unmittelbaren Abbildungsverhältnis zwischen Modell und Entwurf ausgehen.[90] So waren die materiellen und improvisierten Modelle, die ich bislang betrachtet habe, durch eine bestimmte Unvollständigkeit und Unschärfe gekennzeichnet. Sie bildeten das Dargestellte nicht in Gänze ab, sondern nur in Teilen. Diese Unschärfe wiederum hängt mit der Improvisation zusammen, die gebraucht wird, um die Modelle überhaupt erst herstellen zu können. Jedes Modell hat Unschärfen, sofern es sich auf eine eigene, neue und noch zu entwickelnde Form bezieht. Die Geometrie des Schwingkopfrasierers etwa wurde durch Improvisation ermittelt. Roland Ullmann ging es dabei nicht darum, sein Modell komplett zu finalisieren.[91] Das Prinzipmodell des Schwingkopfrasierers zeigte nur einen Ausschnitt des gesamten Produkts. Und das 1:5-Modell des Sessels von Sebastian Herkner ähnelte dem späteren Produkt nur von der Struktur her, weil es sehr grob gearbeitet war. Ebenso wie Ullmanns Modell scheint es schon von vornherein als vorläufiges und unvollständiges Modell angelegt worden zu sein.

Unvollständigkeit ist dann nicht als problematisch anzusehen, sie ist vielmehr produktiv. Die Unvollständigkeit scheint mir der wesentlichste Zug insbesondere von improvisierten Modellen zu sein, und sie ist konstitutiv für das Modell an sich. Der Wissenschaftshistoriker Hans-Jörg Rheinberger macht Vorläufigkeit und Unvollständigkeit sogar als wesentlichsten Zug von Modellen aus. Ein Modell ist

89 | Otl Aicher: *Die Welt als Entwurf*. Berlin: Ernst & Sohn 1991, S. 195.

90 | Vgl. Wendler 2013, bes. S. 19.

91 | So schreibt Reinhard Wendler, dass »[…] das Ende eines Modellierungsprozesses ebenso wie das Modellsein eines Gegenstandes von der Auffassung und den Zwecken ab[hängt], die man mit ihm verfolgt. Wir sagen „Halt! Und das ist es dann“ […] wenn auch nur im Rahmen einer spezifischen Auffassung. Weil die Modelle sich weder begrifflich bestimmen lassen, sind auch Anfang, Verlauf und Ende eines Modellierungsprozesses nur nachträglich bezüglich konkreter Situationen bestimmbar.« Ebd., S. 96.

für ihn nur so lange ein Modell, wie es nicht zuviel vom Gegenstand vorwegnimmt, auf den es sich bezieht.[92] Zwar gibt es immer eine gewisse notwendige »Repräsentationsbeziehung« zwischen dem Modell und dem abgebildeten Gegenstand, jedoch: »Vom Standpunkt des Forschungsprozesses aus behalten Modelle genau so lange ihre Funktion, wie diese Repräsentationsbeziehung ein wenig unscharf bleibt [...].«[93] Das unvollständige Modell verweist auf noch offene Fragen des Entwurfs und es bleibt anschlussfähig für Verbesserungen und Anpassungen sowie für Interpretation.

Sofern das Modell den Gegenstand nicht genau abbilden muss, ist es also auch nicht entscheidend, ob ein Modell für diesen besonderen Entwurf gedacht war beziehungsweise eigens dafür hergestellt wurde. Reinhard Wendler betont daher, dass Modelle in unterschiedlichen Kontexten unterschiedliche Bedeutungen annehmen können. Es kann sogar jeder beliebige Gegenstand als Modell dienen.[94] Beim Braun-Rasierer beispielsweise wurde die Idee mit der abgeschrägten Seite später nicht genau in der Art und Weise realisiert, wie sie bei dem Prinzipmodell zu sehen war. Am Serienprodukt selbst blieb von der ursprünglichen Idee von der schrägen Halterung für den Scherkopf nur dessen abgeschrägte Form übrig. Insgesamt bleibt der Scherkopf gerade (siehe Abb. 26). Die Idee wurde also von einem früheren Modell ausgehend auf eine spätere Variante des Rasierers übertragen.

Dieses Vorgehen setzt nicht nur einen bestimmten Begriff von ›Modell‹, sondern auch ein produktives Verständnis des Begriffes Repräsentation voraus. Eine Repräsentation ist im Design niemals nur eine stumme Abbildung eines Planes oder der vorgestellten Idee, vielmehr kann sich durch sie ein Entwurf verändern.

Ein solches Verständnis von Repräsentation findet sich insbesondere bei Bruno Latour. Bei Latour wird durch die Repräsentation der Gegenstand, auf den sie sich bezieht, ähnlich wie dies bei Modellen geschieht, transformiert. Latour diskutiert dies etwa in seinem Buch *Die Hoffnung der Pandora* am Beispiel der Arbeit einer Gruppe von Urwaldforschern, die den Übergang zwischen Urwald und Savanne im brasilianischen Boa Vista erforschen. Sie erzeugen Repräsentationen indem sie Steine, Urwaldboden und Regenwurmspuren in Diagramme, Proben usw. verwandeln. Die einzelnen Repräsentationstechniken sind dabei miteinander verkettet, sie vermitteln erst als Zusammenhang eine Vorstellung davon, wie sich der Übergang von der Savanne in den Urwald vollzieht. Dem Urwaldboden und den Regenwürmern wird anhand von Repräsentationstechniken eine transportable Form gegeben. Die Wissenschaftler benutzen zum Beispiel einen Pedokomparator, in dem sich der Urwaldboden wie in einem Setzkasten sortieren, katalogisieren und schließlich transportieren lässt. Weil sich durch solche Repräsentationstechniken

92 | Vgl. Rheinberger 2006 (1), S. 16.

93 | Ebd.

94 | Vgl. Wendler 2013, S. 90.

die erforschte Natur aber auch in bestimmter Form verändert, werden die Techniken selbst zu aktiven Akteuren im Forschungsprozess. Sie verändern insbesondere den Blick der Forscher auf die Natur und sie ermöglichen neue Schlüsse in Bezug auf die Zone zwischen Urwald und Savanne in Boa Vista: Es zeigt sich, dass zwischen Savanne und Urwald eine Austauschbeziehung herrscht.

Ähnlich ist es im Design. Die Repräsentationen, die Sebastian Herkner erzeugt, befinden sich in einem netzwerkartigen Zusammenhang, die verschiedenen Modelle, Zeichnungen und Objekte seiner Sammlung weisen Beziehungen zueinander auf.[95] Weil ein Modell selten alle Aspekte eines Entwurfs umfassen kann und soll, müssen im Entwurfsprozess viele Einzel-Modelle hergestellt werden.[96] Auch das Modell des Schwingkopfrasierers konnte erst im Zusammenhang mit mehreren anderen Modellen seine Bedeutung entfalten (siehe Abb. 30).

Modelle haben unterschiedliche Komplexitäten, sie können sich auf unterschiedliche Stadien eines Entwurfs beziehen. Wie Rudolf Schönwandt mit Blick auf den Braun-Designprozess bemerkt, gibt es sogar unterschiedliche Modell-Stufen:

> »Zu Beginn einer Entwicklung sind das rasch gemachte Modelle aus leicht bearbeitbaren Materialien. Sozusagen dreidimensionale Skizzen. Daneben entstehen Modelle, an denen nur konstruktive Probleme untersucht werden – z. B. die Verbindung von Bauteilen – und bei denen es noch gar nicht um Gestaltung im eigentlichen Sinne geht. [...] Je konkreter die Vorstellungen der Designer werden, umso realistischer und vollständiger werden auch die Modelle. Die letzten Modelle sind absolut detailgenau, oft sogar funktionsfähig. Sie lassen sich mit dem Auge kaum noch von Serienprodukten unterscheiden.«[97]

Entscheidend ist dabei weniger die (Abbildungs-)Genauigkeit eines Modells, als vielmehr die Frage, auf welchen Teilaspekt eines Entwurfs sich ein Modell bezieht. Wichtig ist daher auch nicht unbedingt, zu welchem Zeitpunkt im Designprozess ein Modell entstanden ist. Designer sprechen den Modellen daher verschiedene Rollen zu. Sie sprechen von einem Funktionsmodell, wenn ein Modell sich nur auf technische Aspekte eines Produkts konzentriert, wie beispielsweise das Prinzipmodell des Rasierers. Außerdem gibt es das sogenannte Proportionsmodell bzw. Designmodell, das sich auf formale, oft auch auf ergonomische Aspekte bezieht.[98] Schließlich gibt es noch die besonders in der Architektur notwendige, aber auch im

95 | Gleichwohl lässt sich das Bild der Repräsentationskette nicht vollständig mit dem Designprozess zur Deckung bringen, denn wie Latour betont, ist eine Voraussetzung der gelungenen Repräsentationskette, dass sie reversibel bleibt, und die Repräsentationen bis hin zu ihren Ursprüngen zurückverfolgt werden können. Vgl. Bruno Latour: *Die Hoffnung der Pandora. Untersuchungen zur Wirklichkeit der Wissenschaft.* Frankfurt am Main: Suhrkamp 2002, S. 85. Design hingegen richtet sich auf das Zukünftige, es ist nicht auf diese Rückverfolgbarkeit angewiesen.

96 | Vgl. Wendler 2013, bes. S. 85 und 203.

97 | Schönwandt 1980, S. 44 ff.

98 | Einige solcher Designmodelle finden sich in Abbildung 30.

Design gängige Kategorie des Maßstabsmodells. Gemeint ist ein Modell, das den Entwurf, auf den es verweist, verkleinert oder manchmal sogar vergrößert.[99] Erst durch diese Bezeichnungen wird die Funktion eines Modells bestimmbar. Schließlich werden die verschiedenen Modelltypen in der Praxis nicht unbedingt klar getrennt. Meist handelt es sich um Kombinationen von verschiedenen Modelltypen.

Unvollständigkeit und Interpretierbarkeit sind jedoch nicht die einzigen Aspekte eines produktiven Modellbegriffs. Die Wissenschaftstheoretikerin Evelyn Fox Keller geht davon aus, dass ein Modell nicht nur unscharf ist und darin in bestimmter Weise von dem dargestellten Gegenstand abstrahiert, sondern sogar über den Entwurf hinausgehen kann. Sie betont, dass man, anstatt von einem Modell »von etwas« zu sprechen, in produktiver Weise von einem Modell »für etwas« sprechen müsse.[100] Das erste 1:5-Modell des Sessels in Sebastian Herkners Designprozess beispielsweise war näher an dem Entwurf, auf den der Designer hinauswollte, als spätere und wesentlich genauere Modelle. Es nahm den Entwurf vorweg, es hatte quasi Anteil an seiner Hervorbringung. Modelle sind in diesem Sinne mehr Werkzeuge als Abbildungen, sie sind »Träger eines Denkprozesses«.[101]

Der Kunsthistoriker Reinhard Wendler hat diesen Aspekt des Modellbegriffs genauer bestimmt. Weil der Entwurf durch Modelle entwickelt wird, das Modell sich aber ausgehend von einem Entwurf formiert, muss ein Modell, wenn es gemacht wird, paradoxerweise »sich selbst enthalten«.[102] Reinhard Wendler erläutert, dass Modelle deshalb ein *Wicked Problem* im Sinne des Planungstheoretikers Horst Rittels auslösen.[103]

Rittel spricht in Bezug auf solche Designprobleme von »bösartigen Problemen«, weil sie viele unüberschaubare Faktoren enthalten. Ein Designproblem kann nie vollständig gelöst werden.[104] Anders gesagt: Designprozesse sind unvorhersehbar.

Wenn man die Idee der unauflösbaren Paradoxie von Planung und Anwendung auf die materiellen Anteile des Designs und auf das Modellieren überträgt, so zeigt sich, dass am Modell anschaulich wird, was auch für den Entwurfsprozess als Ganzen gilt. Im Fall des Schwingkopfrasierers etwa lag der Plan des Modells – wie

99 | Vgl. Tim Parsons: *Thinking, Objects. Contemporary Approaches to Product Design.* Lausanne / Worthing: AVA Academia 2008, S. 183 ff.

100 | Vgl. Evelyn Fox Keller: *Models of and Models for. Theory and Practice in Contemporary Biology.* In: Philosophy of Science 67 (Proceedings), 2000, S. 72–86. Zit. in: Inge Hinterwaldner, Martina Merz: *Editorial.* In: Johannes Bruder, Inge Hinterwaldner, Martina Merz, Reinhard Wendler (Hg.) *Rheinsprung. Zeitschrift für Bildkritik 11* (2011) Basel: eikones NFS Bildkritik, S. 3. URL: http://www.rheinsprung11.unibas.ch (letzter Zugriff 2.1.2017)

101 | Wendler 2013, S. 25.

102 | Vgl. ebd., S. 9.

103 | Ebd., S. 11.

104 | Vgl. hierzu auch: Horst W. J. Rittel, Wolf D. Reuter: *Planen, Entwerfen, Design. Ausgewählte Schriften zu Theorie und Methodik.* Stuttgart: Kohlhammer 1992.

auch der Entwurf, auf den sich das Modell bezieht – dem Designer nicht schon genau vor, er entstand vielmehr in Wechselwirkung mit der Konstruktion seines Modells. In diesem Sinne kann sich ein Plan – also der Entwurf – im Design auch nur in Wechselbeziehung mit seiner Anwendung entwickeln.

Überspitzt gesagt bestimmt nicht nur der Plan das Modell, sondern auch umgekehrt das Modell den Plan. Plan und Modell können nicht genau voneinander getrennt werden. Das Modell muss den Plan mit hervorbringen und dabei muss improvisiert werden, wie Reinhard Wendler erklärt:

> »Das Modell kann sich vor allem deshalb nicht selbst enthalten, weil es auch dann eigene, unvorhergesehene Wirkungen zeitigt, wenn man die Auswirkungen des Modells in diesem zu verkörpern und damit zu berücksichtigen versucht. Der modellgestützte Planungsprozess kann die nachfolgenden Handlungen nicht vollends vorwegnehmen, sodass diese unauflösbar Elemente spontaner Improvisation beinhalten.«[105]

Improvisation erscheint hier als Übergangsmethode, die eine Lücke zwischen Planung und Anwendung füllt. Sie ist notwendiger Anteil von Modellbauprozessen und notwendiger Anteil von Design. Die Herstellung eines Modells scheint die Improvisation quasi herauszufordern. Reinhard Wendler betont, um diesen Anteil des Modells am Entwurf zu verdeutlichen, dessen »aktives Potenzial«.[106] Indem Modelle ein »gewisses Eigenleben« zu entfalten scheinen, kann ein Modell nicht als stummes Ding verstanden werden, es scheint als Akteur den Designprozess mit zu beeinflussen.[107]

Dies ergibt sich insbesondere aus den materiellen Eigenheiten des jeweiligen Modellbauverfahrens. In Folge der Paradoxie, dass ein Modell von einem Entwurf gebaut werden muss, der noch nicht feststeht, kann der Designer nicht wissen, wie sich sein Material verhalten wird. So schreibt Reinhard Wendler:

> »Dass [...] die Folgen des Aufeinandertreffens einer entwerferischen Idee und des konkreten Modellierungsmaterials vorweg nie restlos bestimmbar sind, geht insbesondere auf den Umstand zurück, dass sich während der Modellierung eine endgültige Vorstellung des zu planenden Gebäudes ja überhaupt erst entwickelt.«[108]

Material und Technik, ihre Verfügbarkeit sowie ihre konkrete Verwendungsweise sind in einem ganz buchstäblichen Sinne verantwortlich für die Improvisation.

105 | Wendler 2013, S. 10.

106 | Ebd., S. 201.

107 | Vgl. ebd., S. 30. Schon deshalb können sie nicht dem Planungsparadigma, wie es im *Design Methods Movement* formuliert wurde, unterworfen sein.

108 | Ebd., S. 11.

Zwar wissen die Designer aufgrund ihrer handwerklichen Erfahrung um die Eigenheiten der Materialien, die sie verwenden. Sie denken diese schon mit, um mögliche Unvorhersehbarkeiten in Schach zu halten. Der Modellbau wird aber, weil jedes Modell von Fall zu Fall anders ist, selbst den erfahrensten Modellmacher zu Ergebnissen führen, die er nicht beabsichtigt hat. Aufgrund der Improvisation wird sich ein Modell schließlich immer ein wenig von der eigentlichen Idee unterscheiden.

Mit der Modellbau-Improvisation entsteht also Neues. Man kann daher prinzipiell nicht von einer unmittelbaren Abbildungsbeziehung zwischen dem Modell und seinem Gegenstand ausgehen. Das Modell geht zwar von Vorgaben aus, die beispielsweise in einer technischen Zeichnung vermerkt sind. Es muss diese Vorgaben aber transzendieren, weil eine technische Zeichnung oder eine Idee nicht alle Aspekte des dreidimensionalen materiellen Modells umfassen kann.

Dieser hier aufgeführte Zusammenhang von Modell und Entwurf ist für das allgemeine Verständnis des Designprozesses nicht unerheblich. Am paradoxen Status des Modells zwischen Abbildung und Konzeption wird zugleich das Spannungsverhältnis von Improvisation und Planung deutlich, das den Designprozess insgesamt kennzeichnet. Was kann nun über den systematischen Ort von Improvisation im Designprozess gesagt werden? Wie hängen Methode bzw. Planung und Improvisation zusammen?

6. Improvisation als Formfindungsmethode

Die Annahme, dass Improvisation eine Formfindungsmethode ist, bildet einen wichtigen Bestandteil meiner Arbeit. Dies liegt mit Blick auf die Designmethodologie jedoch nicht unbedingt nahe. Denn als Methode verstand man etwa im *Design Methods Movement* eine wiederholbare Strategie sowie planerisches Tun. Improvisation hingegen kann sich qua Definition nicht wiederholen, jede Improvisation ist eine neue singuläre Handlung, die auf jeweils neue, singuläre Rahmenbedingungen rekurriert. Improvisation im Sinne einer kohärenten Methode allgemeine, simple und klare Züge zuschreiben zu wollen wäre daher ein hoffnungsloses Unterfangen.

Improvisation hat nun aber insofern methodische Züge, als dass sie in allen Gestaltungsprozessen produktiven Anteil an Entwürfen hat und immer wieder vorkommt. Die Umstände, die zur Improvisation führen, sind in den Entwurfsprozessen an sich angelegt. In der konkreten Situation des Entwerfens passiert Unerwartetes. Das müssen nicht nur Fehler sein, das können auch glückliche Momente im Sinne eines ›kairós‹ sein, der bestimmte Lösungen suggeriert, die von dem gefassten Plan nicht vorweggenommen werden. Was aber ist damit gemeint? Christopher Dell lokalisiert den ›kairós‹ (den günstigen Augenblick) zwischen Zufall und Absicht:

> »Der kairós entsteht zwischen Zufall, tyche und Kunst, techne, als dritter Modus des Handelns. [So] handelt es sich für Aristoteles bei dem Zufall um eine Gabe Gottes. Die Technik, die Kunst, ist dagegen etwas dem Menschen Zugehöriges, seinem Können zuzuschreiben. Aus der Verbindung der beiden entsteht der günstige Augenblick. In ihm geht das Handeln nicht gegen den Fluss der Situation, sondern geht in ihn ein. Vermittelst des kairós nutzt das Handeln die in der Situation vorhandene Kausalität und verstärkt sie.«[109]

Ein solcher Moment entstand etwa bei der versuchsweisen Produktion der Scherfolien in der Braun-Werkstatt, als ein Werkzeug zweckentfremdet wurde, um das Langlochmuster stanzen zu können. Anhand von improvisatorischer Tüftelei mussten die Braun-Entwickler hier die industrielle Fertigungstechnik für die Rasierfolie, aber auch die Form der Folie anpassen, um schließlich zu einem funktionierenden Serienprodukt zu gelangen. Dabei wurde eine Form gefunden, die sich patentieren ließ. Sebastian Herkner wiederum nutzte die Improvisation zum dreidimensionalen Skizzieren, wobei ihm schließlich das Design eines besonderen Musters als Bedruckung für den Sessel gelang. Der Braun-Designer Roland Ullmann benutzte improvisierte Modelle, um an ihnen die praktische Funktion einer Technik zu überprüfen, aber auch um diese Technik dabei gleichzeitig zu entwickeln. In allen drei Fällen, so unterschiedlich sie auch sein mögen, entstand durch Improvisation schließlich eine neue Form – und neue Formen zu gestalten, dies kann auch heute noch als die zentrale Aufgabe im sich stets verändernden Designfeld gelten.[110] Ich will zum Gedanken einer Methodologie der Improvisation zurückkehren und den Ort der Improvisation im Designprozess genauer bestimmen.

Die Unbestimmtheit des Entwerfens

Improvisation übernimmt im Design eine ganz bestimmte Funktion. So hatte ich in der Einleitung betont, dass Gestaltungsprozesse deshalb der Improvisation bedürfen, weil sie nicht planbar sind. Sie sind, anders als die Produkte des Designs, die in einem wiederholbaren und geplanten Prozess der Serienproduktion hergestellt werden, von einer prinzipiellen Unbestimmtheit gekennzeichnet. So weiß der Designer zu Beginn des Prozesses noch nicht, was genau er entwerfen wird.

Paradoxerweise produzieren Designer in Entwurfsprozessen trotzdem Modelle von diesen Entwürfen. Roland Ullmann beispielsweise musste eine Idee seines Entwurfs haben, um davon ein Modell bauen zu können, aber er baute das Modell, um seine Idee weiterzuentwickeln. Um seine noch unbestimmte Idee überhaupt realisieren zu können, benutzte er beim Modellbau in der Werkstatt eine Art eigene situative Methode. Ullmann musste improvisieren, Improvisation war das Bindeglied zwischen dem Entwurf und seiner Materialisierung.

109 | Dell 2002, S. 74 f.

110 | Vgl. Alexander 1994 (1964), S. 15.

Neuere Ansätze der Entwurfsforschung versuchen, entgegen den planungstheoretischen Ansätzen der 1950er und 1960er Jahre, Unbestimmtheit als zentralen Aspekt des Entwerfens zu begreifen. Die Philosophin Susanne Hauser argumentiert beispielsweise, dass Entwerfen ein Verfahren des Überschreitens sei, in dem sich der Entwerfer stets mit einer zukünftigen noch unbestimmten Situation konfrontiert sehe.[111] Darin liegt für sie die Produktivität des Designs.

Designtheoretische Ansätze haben in den 1980er Jahren ebenfalls die Unbestimmtheit des Designs gegenüber seiner technischen Determiniertheit betont. In der *Design Education Debate* versuchte man das Eigene des Designs hervorzuheben – und nicht dessen Wissenschaftlichkeit im Sinne naturwissenschaftlicher, quantitativer Methodik. Nigel Cross beispielsweise griff Horst Rittels Gedanken des *Wicked Problem* auf.[112] Cross beschreibt in seinem Buch *Designerly Ways of Knowing* Designprobleme als »ill-defined« – und schlägt vor, Designprobleme nicht ganz zu lösen, sondern stattdessen eine vorübergehende Methode des »satisficing« anzuwenden.[113] Der Designer solle sich einem Entwurf lieber schrittweise annähern.

Auch Donald A. Schön charakterisiert das Design als ein unüberschaubares komplexes Unterfangen, das weder durch Expertenwissen noch durch genau umrissene Aufgabenstellungen bewältigt werden kann. »Complexity, instability, and uncertainty are not removed or resolved by applying specialized knowledge to well-defined tasks.«[114] Interessanterweise liegt die Unbestimmtheit für Schön nicht in der Komplexität der Designprobleme begründet – wie es etwa Christopher Alexander betont hatte –, sondern darin, dass Designer konkrete Dinge entwerfen und produzieren:

> »A designer makes things. Sometimes he makes the final product, more often, he makes a representation – a plan, program, or image of an artifact to be constructed by others. He works in particular situations, uses particular materials, and employs a distinctive medium and language. Typically, his making process is complex. There are more variables – kinds of possible moves, norms and interrelationships of these – than can be represented in a finite model. Because of this complexity,

111 | Vgl. Susanne Hauser: *Verfahren des Überschreitens. Entwerfen als Kulturtechnik.* In: Sabine Ammon, Eva Maria Froschauer (Hg.): *Wissenschaft Entwerfen. Vom forschenden Entwerfen zur Entwurfsforschung der Architektur.* München: Fink, 2013.

112 | Horst Rittel stellte die Komplexität der zu gestaltenden Designprobleme als zentrales Problem heraus. Er bezeichnete Designprobleme als »bösartig«, sie sollten durch Planung »gezähmt« werden. Vgl. Horst Rittel: *Dilemmas in einer allgemeinen Theorie der Planung* (1973). In: Klaus Thomas Edelmann, Gerrit Terstiege (Hg.): *Gestaltung denken. Grundlagentexte zu Design und Architektur.* Basel / Boston / Berlin: Birkhäuser 2010, S. 277.

113 | Vgl. Nigel Cross: *Designerly Ways of Knowing.* Basel [u. a.]: Birkhäuser 2007 (1982), S. 23. Hier bezieht sich Cross auf Herbert Simons *Sciences of the Artificial.* Siehe Simon 1996, S. 102.

114 | Donald A. Schön: *The Reflective Practitioner. How Professionals Think in Action.* New York: Basic books 1983, S. 19.

> the designer's moves tend, happily or unhappily, to produce consequences other than those intended.«[115]

Der Designprozess ist gekennzeichnet von der Notwendigkeit, eine Reihe unterschiedlicher Darstellungen hervorzubringen, und zwar anhand konkreter Materialien und Werkzeuge. Das Gelingen dieses Prozesses ist nicht nur von einem vorher gefassten Plan, sondern auch von der jeweiligen Situation abhängig, und zwar von den Materialien und Werkzeugen, die der Designer nutzt. Jedes Designprojekt hat eigene Implikationen, der Designer arbeitet in besonderen, jeweils neuen Situationen und mit bestimmten Materialien und Formen. Dieser Prozess kann nicht in einem Plan antizipiert werden. Der Designer muss sich also ständig umorientieren. Seine Handlungen erzeugen nicht immer die gewünschten Ergebnisse, daher wird improvisiert.[116] Ein Designprozess wäre in diesem Sinne weniger als eine geschlossene Struktur zu verstehen denn als ein offener Prozess.

Man würde den Designprozess jedoch ebenso falsch verstehen wie die Vertreter der Planungsmethoden, wenn man von einer reinen Improvisation ausgehen würde und von einem ganz und gar unbestimmten Designprozess. So bemerkt etwa Christopher Dell, dass es gerade die Einschränkung und nicht die absolute Freiheit ist, die Improvisation – hier in einem allgemeineren Sinne – ermöglicht. »Improvisation erweist sich als Befähigung, mit einer begrenzten Anzahl einfacher Regeln und minimalen Strukturen eine große Anzahl Verhaltens-, Handlungs- oder Kommunikationsvarianten zu generieren.«[117] In diesem Sinne war ja auch das Modell von Roland Ullmann nicht komplett improvisiert, über weite Strecken des Prozesses benutzte Ullmann typische Modellbauverfahren. Das improvisierte Modell war eingebettet in die Routinen der Braun-Designabteilung.

Die Frage ist nun, welchen systematischen Ort man der Improvisation im Designprozess zuweisen muss und wie genau man die oben angesprochene offene Struktur zu verstehen hat. Wie können Improvisation und die Routinen des Entwerfens zusammengedacht werden?

Die Designprozesse, anhand derer man im *Design Methods Movement* die Routinen und planbaren Schritte des Designens zu beschreiben versucht hat, bedürfen zunächst einer Modifikation. Die Diagramme sehen vor, dass der Designer einen analytischen Prozess durchführt und dann einen rein konzeptionellen Formgebungsprozess. Diese Teile des Designprozesses liegen vor der Realisierung, also vor dem Produkt. Zwischen der Realisierung und der Analyse gibt es jedoch einen Übergangsbereich. Ich habe diesen Bereich in der Grafik (Abb. 18) grau markiert. Dieser Bereich scheint mir der entscheidende Moment zu sein, in dem die Improvisation und dabei auch Gestaltung stattfindet. Ich meine mit Gestaltung hier jene

115 | Ebd., S. 78f.

116 | Vgl. Ebd., S. 55.

117 | Dell 2012, S. 22.

Formentscheidungen, die Designer treffen, wenn sie im Umgang mit den konkreten Materialien und Techniken in der Werkstatt auf Unvorhergesehenes stoßen.

Um zwischen der gedanklichen Welt des Entwurfs und seiner Materialisierung einen Übergang herzustellen, braucht es Zweckentfremdungen und Übergangslösungen, die nicht ganz dem zuvor gefassten Plan entsprechen. An der Improvisation wird sichtbar, dass Produkte sich nicht allein durch Planung entwickeln, sondern im Wechsel zwischen Planung und Realisierung. Schon der einfache Handwerker in Sennetts Darstellung antiker Bautätigkeit musste daher Werkzeuge und Pläne umändern, um ein Vorhaben in ein Material übersetzen zu können und schließlich ein Projekt zum Funktionieren zu bringen.[118] Gleichzeitig ist diese Improvisation nicht nur als Mittel der Realisierung bedeutsam, sondern auch, weil sie Neues hervorbringt.

Weil Design und Materialisierung unauflösbar zusammenhängen, bestehen Designprozesse aus materiellen Repräsentationen eines Produkts, an denen der spätere Produktionsprozess erprobt, aber auch der Entwurf zugleich entwickelt wird. So wäre es problematisch, die beiden Sphären des Designs, also das Planen beziehungsweise das Entwerfen und die Materialisierung, trennen zu wollen. Ein materielles Designprodukt kann nicht durch eine rein gedankliche immaterielle Leistung entwickelt werden.

Dass dies extra gesagt werden muss, hängt auch damit zusammen, dass Design oft als ausschließliches Planungstun missverstanden wurde. Beispiele für ein auf die Planung fokussiertes Verständnis von Design liefern die Flussdiagramme des *Design Methods Movement*, die ich zu Beginn dieses Kapitels rekonstruiert habe. Der imaginierte Entwurf und seine konkrete Materialisierung können jedoch niemals passgenau zur Deckung gebracht werden, und damit ist der Designprozess völlig anders darzustellen als in den Flussdiagrammen der Methodenbewegung. Weder schlagen sich Pläne genau in den Materialisierungen nieder – sie bedürfen der Anpassung durch Improvisation – noch können die Pläne ausschließlich in der Werkstatt anhand handwerklicher Routinen und bekannter Methoden entwickelt werden. Und so ist es im Design notwendig, stets beides – also Improvisation sowie Routinen und bekannte Methoden – zugleich zu vollziehen.

Nun gilt es in einem zweiten Schritt zu bedenken, dass mit jeder Improvisation sich auch die Gegebenheiten des Entwerfens verändern. Weil beim Improvisieren Neues hinzutritt, verändert die Improvisation nicht nur den Entwurf, sondern auch die Methoden zu seiner Hervorbringung. Man muss neben der prozesshaften Entwicklung des Entwurfs auch eine prozesshafte Entwicklung des Entwerfens und die prozesshafte Entwicklung seiner Methodik in das Modell miteinbeziehen. Es muss dann von einem anderen Begriff von Methode ausgegangen werden, als wir ihn beim *Design Methods Movement* kennengelernt haben, und zwar von einem Begriff, der die Methode für Veränderungen anschlussfähig hält.

118 | Sennett 2009, S. 21.

Einen solchen Methodenbegriff benutzt beispielsweise Hans-Jörg Rheinberger. Für ihn sind Methoden »[...] prekäre Strategien der Wissensgewinnung [...]. Sie sind keine bloßen Katalysatoren, die ihrem Gegenstand äußerlich bleiben, sondern modifizieren und verbrauchen sich zugleich in ihrer eigenen Anwendung.«[119]

Der Designprozess besteht für den Entwerfer darin, sich zwischen den planerischen, allgemeinen Kategorien des Entwerfens und den Zufällen und Unvorhersehbarkeiten der Materialisierung hin und her zu bewegen (siehe Abb. 32). Dieser Prozess setzt sich ständig fort, denn ein improvisiertes Modell ist, auch wenn es wichtige Formentscheidungen beinhaltet, noch kein fertiges Produkt. Es bildet im Designprozess stets eine Zwischenstufe und muss im weiteren Verlauf des Designprozesses verbessert werden. Dies gilt sogar noch für die vermeintlich abgeschlossenen Produkte des Industriedesigns. Vom Braun-Rasierapparat etwa gelangen immer wieder neue Versionen auf den Markt. Wenn das Produkt in Serie geht, wird die Improvisation jedoch nicht mehr sichtbar sein. Sie wird in das Gesamtprodukt integriert und bildet zugleich dessen Voraussetzung.

Der Gestaltungsprozess als Experimentalsystem

Sofern Improvisation sich als maßgeblicher Motor des Neuen erwiesen hat, könnte man sogar soweit gehen, zu behaupten, dass Designer darauf abzielen, dass in ihren Designprozessen Improvisation passiert. Dann würden unabsehbare Momente gewissermaßen provoziert werden.

Nun bezieht sich die Improvisation aber auf stets wechselnde Rahmenbedingungen und kann qua Definition nicht gewollt werden. Sie konstituiert sich von Fall zu Fall neu, sie markiert, da sie »immer schon passiert ist«,[120] einen Moment in der Zeit, der sich nicht wiederholen lässt. Daher habe ich die Improvisationen der Designer rückblickend, und zwar anhand der Artefakte und Materialisierungen sowie anhand der Erzählungen der Designer rekonstruiert. Ich habe den Rahmen der Improvisation stets mitbeschrieben, um die eigentlich unbeobachtbare Improvisation diskutieren zu können. Nicht die Improvisation als solche ist dann das Entscheidende für die Methodologie, sondern der Rahmen, in dem sie geschieht. So liegt nicht in der einzelnen Improvisation, aber möglicherweise in der Gestaltung des Gestaltungsprozesses auf die Improvisation hin etwas Methodisches.

In diesem Kapitel gilt es zu klären, wie ein Gestaltungsprozess gestaltet sein kann, der Improvisation begünstigt. Die Praxis des Designers Sebastian Herkner sowie die Arbeit Roland Ullmanns, aber auch die Tüftelei der frühen Braun-Ingenieure ist bestimmt von einem Netzwerk aus Faktoren. Der Entwurf kann weder losgelöst von den Modellen, Techniken und Werkzeugen, noch losgelöst von den Ingenieuren,

119 | Rheinberger 2006 (1), S. 13. Rheinberger bezieht sich hier auf Gaston Bachelard: *Le nouvel esprit scientifique*. Paris: Félix Alcan 1934, S. 137.

120 | Das bemerkt auch der britische Philosoph Gary Peters: »Improvisation has always already happened.« Gary Peters: *Philosophy of Improvisation*. Chicago: University of Chicago Press 2009, S. 1.

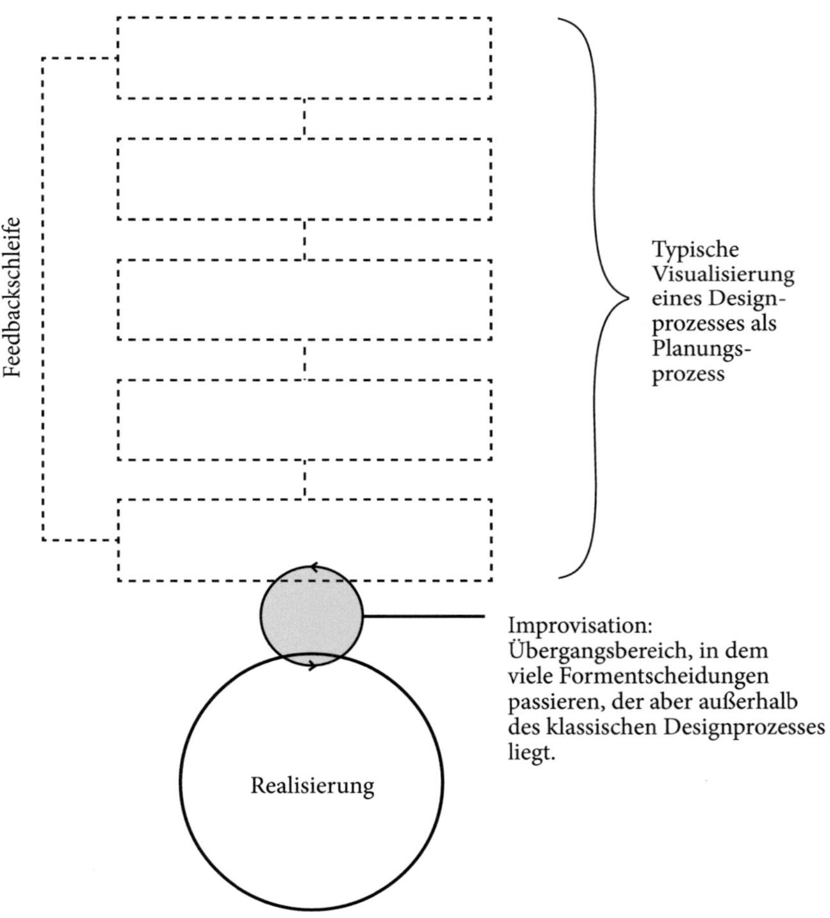

Abb. 31: Schematische Darstellung eines Designprozesses in Anlehnung an die Flussdiagramme mit Feedbackschleife aus dem *Design Methods Movement*. Sie beschränken sich auf die planerischen Anteile des Designs. Ich habe stattdessen in meinen Beispielen insbesondere den Übergangsbereich an der Grenze zwischen Planung und Realisierung (grau) betrachtet, in dem viele maßgebliche Formentscheidungen durch Improvisation passieren.

Handwerkern und Designern betrachtet werden. An meiner Rekonstruktion der Improvisation in den Entwurfsprozessen wird sichtbar, dass eine auf den einzelnen Entwerfer fokussierte Beschreibung des Designprozesses zu kurz gegriffen wäre. In der Improvisation beeinflussen verschiedene Akteure das Design, sogar Modelle scheinen ein Eigenleben zu entwickeln, sodass sie die Form des späteren Produkts mitbestimmen. Dieses Zusammenwirken von Artefakten, Materialien und Techniken mit dem Designer gilt es nun genauer darzustellen.

In Bezug darauf erscheint mir Rheinbergers Konzept des Experimentalsystems als aufschlussreich. Es bietet nicht nur mit seinem besonderen Modellbegriff Anschlüsse für ein Konzept des Designprozesses. Es ist insbesondere deshalb produktiv, weil Improvisation und Unbestimmtheit hier eine wichtige Rolle spielen. Schon die ersten Sätze in einem Aufsatz Rheinbergers mit dem programmatischen Titel *Man weiss nicht genau, was man nicht weiss. Über die Kunst, das Unbekannte zu erforschen* legen eine strukturelle Analogie zwischen Forschungs- und Designprozess nahe. Forscher sind, wie Rheinberger hier verdeutlicht, auf der Suche nach Neuem, sie haben mit Unbestimmtheit zu tun:

> »Man kann das Forschen [...] als eine Suchbewegung charakterisieren, die sich auf der Grenze zwischen dem Wissen und dem Nichtwissen bewegt. Das Grundproblem besteht darin, dass man nicht genau weiss, was man nicht weiss. [...] Es geht letztlich um das Gewinnen von neuen Erkenntnissen; und was wirklich neu ist, ist definitionsgemäß nicht vorhersehbar, es kann also auch nur begrenzt herbeigeführt werden.«[121]

Dieses Neue findet der Forscher jedoch nicht durch eine zufällige Entdeckung in der Natur vor. Im Zentrum des Forschungsprozesses steht stattdessen das mühevolle Hervorbringen einer empirischen Struktur – dem Experimentalsystem – in dem die Möglichkeit des Neuen angelegt ist. Und so fährt Rheinberger weiter fort: »Was wirklich neu ist, muss sich einstellen, und man muss Bedingungen dafür schaffen, dass es sich einstellen kann.«[122]

Mit dem Experimentalsystem ist nun freilich nicht ein einzelner Versuch gemeint, es handelt sich vielmehr um die Verkettung verschiedener Einzelexperimente, ähnlich wie die vielen Modelle, die den Designprozess bilden.[123] Rheinbergers Experimentalsysteme sind einmalige, soziale, technische und institutionelle Gefüge, es handelt sich um »dynamische Gebilde«, in denen, wie Rheinberger bemerkt, eine Form von Gestaltung passiert: »[I]n den Grenzen dieser dynamischen Gebilde geben Experimentalwissenschaftler den epistemischen Dingen Gestalt, mit denen

121 | Hans-Jörg Rheinberger: *Man weiss nicht genau, was man nicht weiss. Über die Kunst, das Unbekannte zu erforschen.* In: Neue Zürcher Zeitung, 5. Mai 2007.

122 | Ebd.

123 | Rheinberger 2006 (2), S. 24 f.

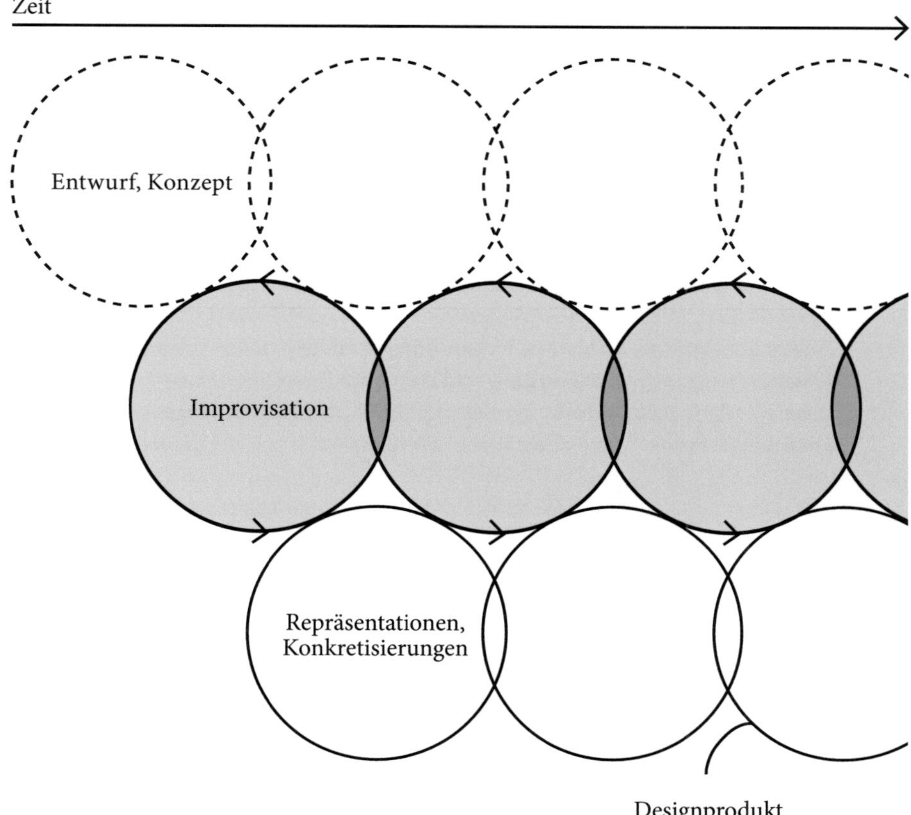

Abb. 32: Sich fortsetzender Prozess der Aushandlung einer Form anhand von Planung und Improvisation. Meine Zeichnung ist angelehnt an eine Zeichnung Bruno Latours in *Die Hoffnung der Pandora. Untersuchungen zur Wirklichkeit der Wissenschaft.* Frankfurt am Main: Suhrkamp 2002, S. 85.

sie sich beschäftigen.«[124] Indem der Experimentator den Dingen innerhalb der empirischen Struktur des Experimentalaufbaus eine Gestalt gibt, gewinnt sein Tun an konzeptioneller Qualität. Experimentieren ist in der Deutungsart Rheinbergers mehr als nur die bloße Überprüfung von Hypothesen. Damit richtet sich Rheinberger gegen ein Paradigma der Wissenschaftstheorie, wie es insbesondere in Karl Poppers Formel von der Falsifikation einer Hypothese durch ein Experiment zum Ausdruck kommt.[125] Ein Experimentalsystem soll – anders als in der Popperschen Idee von Forschung – nicht bloß Fragen beantworten und einen Prozess abschließen. Es soll dafür sorgen, dass sich stets auch neue Forschungsfelder eröffnen. Es handelt sich um ein offenes, nicht um ein geschlossenes System.[126]

> »Experimentalsysteme sind nicht Anordnungen zur Überprüfung und bestenfalls zur Erteilung von Antworten, sondern insbesondere zur Materialisierung von Fragen. [...] Man muß sich durch eine komplexe Experimentallandschaft hindurchschlagen, bis sich wissenschaftlich relevante einfache Dinge abzeichnen.«[127]

Indem das Experimentalsystem zwar Antworten, aber auch immer wieder neue Fragen erzeugt, wird der Fortgang und damit die Produktivität der Forschung gesichert. Dabei scheinen vorherige Schritte die nachfolgenden Möglichkeiten einerseits einzuschränken und andererseits überhaupt erst zu ermöglichen:

> »Eine Experimentalanordnung kann mit einem im Bau befindlichen Labyrinth verglichen werden, dessen bereits existierende Wände die Anordnung der neuen [Wände] zugleich beschränken und ausrichten, und die damit dem Experimentator zugleich die Sicht verstellen und ihn leiten.«[128]

Dieser Prozess setzt sich ständig fort. Das Experimentalsystem ist geprägt von Routinen sowie von Unvorhersehbarem.[129] Es wird zu einem »Generator von Überraschungen« und damit auch zu einem Generator von Improvisation.[130]

124 | Ebd., S. 9.

125 | Siehe: Karl R. Popper: *Logik der Forschung.* Tübingen: Mohr 1994. Rheinberger kritisiert Popper beispielsweise hier: »Einer langen, diesen Ansatz hinter sich lassenden wissenschaftsphilosophischen Tradition zufolge hat man Experimente als wohldefinierte empirische Prüfverfahren angesehen, die in einen ebenso wohldefinierten empirischen Rahmen eingebettet sind [...].« Rheinberger 2006 (2), S. 23.

126 | Ebd., S. 22.

127 | Ebd., S. 25.

128 | Rheinberger 2005, S. 57.

129 | So »[...] wissen die damit befaßten nie genau wie und wohin sich die Anordnung differenzieren wird. Sobald man genau weiß, was dabei herauskommt, ist sie kein Forschungssystem mehr.« Rheinberger 2006 (1), S. 97.

130 | Ebd., S. 9.

Wie aber ist dies zu verstehen? An dieser Stelle gilt es, sich genauer anzusehen, wie Rheinberger die Entstehung von neuen Ideen fasst. Rheinberger macht als wesentlichste Ursache des Neuen im Experimentalprozess das sogenannte ›unvorwegnehmbare Ereignis‹ aus:

> »Ich ziehe den Begriff des unvorwegnehmbaren Ereignisses dem in diesem Zusammenhang oft benutzten Begriff der ›Entdeckung‹ vor. [...] Unvorwegnehmbare Ereignisse meinen eben dieses Auftreten von Dingen und Zusammenhängen, nach denen man nicht gesucht hat.«[131]

Diese unvorwegnehmbaren Ereignisse, die der Improvisation, die ich beschreibe, sehr ähnlich sind, führt Rheinberger nicht auf eine kreative Leistung oder auf Talent zurück. Vielmehr entwickelt sich das unvorwegnehmbare Ereignis aus der Eigendynamik des Forschungsprozesses heraus:

> »Sie kommen überraschend, aber trotzdem passieren sie nicht einfach so. Sie werden aus der inneren Mechanik der experimentellen Zukunftsmaschine herausprozessiert. Dennoch können sie einen Experimentator dazu veranlassen, eine einmal eingeschlagene Forschungsrichtung vollständig zu verändern.«[132]

Diese Dynamik kennzeichnet Rheinberger mit dem Begriff der »Differentiellen Reproduktion«.[133] Mit ›differentieller Reproduktion‹ meint Rheinberger die Aufrechterhaltung der Bedingungen eines Experimentalsystems, sodass Vorhandenes genutzt und Handlungen wiederholt werden:

> »Der reproduktive Charakter des Experimentalprozesses hängt damit zusammen, daß er eine nicht abreißende Kette von Ereignissen darstellt, durch welche die materiellen Bedingungen zur Fortsetzung eben dieses Experimentalprozesses erhalten bleiben. Ein Experimentalsystem zu reproduzieren heißt Bedingungen aufrechterhalten – epistemische Objekte, Registriervorrichtungen, Modellorganismen, verkörpertes Wissen, Erfahrenheit –, auf deren Basis es weiter proliferieren kann.«[134]

Erst durch die Wiederholung dieser immergleichen Abläufe entstehen allmählich jene Differenzen, die es zu nutzen gilt, und die das Neue bedingen.[135] Rheinberger versteht die Differenz also in einem produktiven Sinne – nicht etwa als Widerspruch oder Störung im Gesamtsystem, sondern als notwendige Bedingung des

131 | Ebd., S. 167.

132 | Ebd.

133 | Rheinberger 2006 (2), S. 90.

134 | Ebd.

135 | Vgl. ebd., S. 89.

Neuen. Dabei darf die ›differentielle Reproduktion‹ nicht mit einem Prozess der Serienproduktion verwechselt werden, auch wenn der Begriff der Reproduktion dies suggeriert. Es geht nicht darum, Kopien desselben Produkts immer wieder herzustellen, wie bei der industriellen Massenproduktion. Dies hebt Rheinberger hervor:

> »Ich verwende den Ausdruck nicht, um die Kontinuität eines Experimentalprogramms gegenüber plötzlichen Brüchen und häufigen Wechseln zu betonen. Ich benütze ihn auch nicht im Sinne des Kopierens – der Herstellung von Duplikaten oder Repliken nach einem Original. Ebensowenig will ich darauf hinaus, daß gute Experimente nach Belieben wiederholbar, daß ihre Ergebnisse also in dem Sinne reproduzierbar sein müssen, der hier gewöhnlich gemeint ist.«[136]

Zwar basiert das Experimentalsystem auf einer bestimmten Form von Wiederholung. Aber dass es zu Differenzen kommt, liegt an der jeweils singulären Kombination der Techniken im jeweiligen Experimentalsystem.[137] Sie haben materielle Eigenheiten, wodurch Veränderungen im Gesamtsystem entstehen können. Die Differenzen entwickeln sich aus der Wiederholung, weil die Objekte und Techniken des Versuchsaufbaus aufgrund ihrer Historizität und wegen ihrer Materialität Variation erzeugen.[138]

Ohne Zweifel muss der Forscher bei der Erzeugung dieser Differenzen zwar Versuche wiederholen, aber eben nicht mit dem Ziel, vollständige Reproduktionen eines Ergebnisses hervorzubringen. So ist qua der hier beschriebenen Mechanismen die Miterzeugung von Differenzen im experimentellen Prozess, der etwas Gegebenes wiederholt, die Voraussetzung des Neuen:

> »Ein Experimentalsystem muß [...] zu differentieller Reproduktion befähigt sein [...], wenn und sofern es als »Generator von Überraschungen«[...] fungieren soll, als Vorrichtung zur Produktion wissenschaftlicher Neuerungen, die unser gegenwärtiges Wissen übersteigen. Reproduktion und Differenz sind zwei Seiten ein und derselben Medaille; ihr Wechselspiel bedingt die Umschwünge und Verschiebungen im Forschungsprozeß. Experimentalsysteme müssen, sollen sie produktiv sein,

136 | Rheinberger 2006 (2), S. 89 f.

137 | In Anlehnung an Deleuze. Bei Deleuze heißt es: »Die Differenz und die Wiederholung sind an die Stelle des Identischen und des Negativen, der Identität und des Widerspruchs getreten. Denn nur in dem Maße, wie man die Differenz weiterhin dem Identischen unterordnet, impliziert sie das Negative und läßt sich bis zum Widerspruch treiben. Der Vorrang der Identität, wie auch immer sie gefasst sein mag, definiert die Welt der Repräsentation. Das moderne Denken aber entspringt dem Scheitern der Repräsentation wie dem Verlust der Identitäten und der Entdeckung all der Kräfte, die unter der Repräsentation des Identischen wirken. Die moderne Welt ist die der Trugbilder *[simulacres]*.« Gilles Deleuze: *Differenz und Wiederholung*. Übers. von Joseph Vogl. München 2007 (1968 im frz. Original), S. 11.

138 | Vgl. ebd., S. 29.

> so organisiert sein, daß die Erzeugung von Differenzen zur reproduktiven Triebkraft der ganzen Experimentalmaschinerie wird.«[139]

Die ›differentielle Reproduktion‹ beinhaltet also das Zusammenspiel von Vorhandenem, das reproduziert wird, und Neuem, das sich mit den Differenzen einstellt. Es handelt sich um einen Aushandlungsprozess zwischen Gegebenem und Neuem.

Die Beziehung von Reproduktion und Differenz lässt sich leicht auf das Design übertragen. So bewirkt das Neue eine »Verschiebung« im Experimentalsystem, wie Rheinberger bemerkt.[140] Verschiebungen stellen die Fortentwicklung des Systems und damit dessen Produktivität sicher. Auch im Braun-Designprozess zog die Zweckentfremdung des Stanzwerkzeugs bei der Produktion der Rasierapparate in den 1950er Jahren eine solche Verschiebung nach sich. Vorher war dem Lochmuster keine besondere Bedeutung als gestalterisches Element beigemessen worden, zunächst standen der Motor, die Netzschnur und andere Mechanismen im Vordergrund des Gestaltungsprozesses. Von nun an handelte der Innovationsprozess von der besonderen Gestaltung der Folie. Das Augenmerk der Konstrukteure hatte sich verschoben.

Es kann, so heißt es bei Rheinberger, sogar dazu kommen, dass die Forschungsanordnung den Forscher zu »kalkulierter Improvisation zwingt«.[141] Insbesondere die Umnutzung von Werkzeugen erscheint bei ihm als ein übliches Mittel des Forschers, um Versuchsaufbauten zu konstruieren – mit teilweise überraschenden Ergebnissen:

> »Gängig verwendete Werkzeuge können im Prozeß ihrer Reproduktion neue Funktionen annehmen. Geraten sie in Zusammenhänge, die über ihre ursprüngliche Zwecksetzung hinausgehen, so können Eigenschaften an ihnen sichtbar werden, die bei ihrem Entwurf nicht beabsichtigt waren.«[142]

Auch Roland Ullmann betrachtete seine Rasierapparate nicht als abgeschlossene Produkte. Stattdessen entwickelte er technische Lösungen für Rasierer, die seinen Fundus bildeten und die er immer wieder neu zusammensetzen konnte. Sie gerieten in einen Prozess der differentiellen Reproduktion, jedes neue Modell beinhaltete mögliche Lösungen für die nächste Reihe von Apparaten. Die Schräge etwa, die Ullmann an seinem Prinzipmodell des Rasierapparates auf ihre Funktion hin überprüft hatte, kam zwar in der ursprünglich vorgesehenen Weise nicht zur Anwendung. Aber die Idee der Schräge wurde später benutzt, um die Aufnahme für die Folie zu verbessern – das Detail der Schräge findet sich bei vielen nachfolgenden Apparaten.

139 | Rheinberger 2006 (2), S. 9.

140 | Vgl. ebd.

141 | Ebd., S. 7.

142 | Vgl. Rheinberger 2006 (2), S. 34.

Insbesondere in den mühevollen und langwierigen Aspekten gleicht die Arbeit des Forschers im Experimentalsystem schließlich den Arbeitsprozessen der Techniker bei Braun. Sie müssen immer neue Varianten des Rasierers bauen, von denen nur einige wenige jemals zur Marktreife gelangten. Auch der Experimentator muss sein Spiel von Differenz und Wiederholung über einen langen Zeitraum vollziehen, bis er zu einem relevanten neuen Ergebnis gelangt.[143]

Sofern Design- und Forschungsprozess sich in der Improvisation kreuzen und beide Prozesse mit dem Unvorhersehbaren umgehen müssen, könnte man mit Rheinberger sagen, dass Naturwissenschaft Züge von Gestaltung hat und Gestaltung Züge von Naturwissenschaft hat. Wie Claudia Mareis bemerkt, »[...] macht sich das Design das wissenschaftliche Experiment – zumindest auf semantischer Ebene – zum Vorbild.«[144] Sie fährt fort:

> »[Statt] der Vorstellung einer linear fortschreitenden, vernunftbasierten, universell und überzeitlich gültigen Wissenschaft [...] wurden Brüche und Diskontinuitäten in der Geschichte des Wissens thematisiert, kontingente historische Entwicklungen und Randphänomene wurden aufgezeigt, ›Realität‹ wurde als ein künstlich erzeugtes, konstruiertes ›Produkt‹ verstanden, als inhärent fiktiv [...]«[145]

Auch wenn sich dieser Gedanke auf den letzten Seiten als sehr produktiv für das Verständnis des Designprozesses erwiesen hat, gehen die Gedanken Rheinbergers doch in mancher Hinsicht auf Kosten eines bestimmten Begriffs von Wissenschaft, der streng zwischen Natur und Kultur unterscheidet. So fragt Rheinberger:

> »Die in der Trennung von Natur- und Geisteswissenschaften festgeschriebene Dichotomie von Natur und Kultur steht [...] grundsätzlich zur Disposition. Was zwingt uns eigentlich, an dieser hartnäckigen kulturellen Leitdifferenz festzuhalten?«[146]

Rheinbergers Analyse setzt dabei auch die Idee voraus, dass Dinge im Sinne Bruno Latours Akteure sind – eine Diskussion, an die Rheinberger anknüpft.[147] Auch hinter Latours Akteursnetzwerken liegt wiederum die Idee des Experimentierens, die das Experiment als den Umgang mit spezifischen, an einen Kontext gebundenen Voraussetzungen bestimmt. Es muss davon ausgegangen werden, dass soziale Rahmenbedingungen, der historische Kontext, technische Bedingungen und

143 | Vgl. ebd., S. 96.

144 | Ebd., S. 15.

145 | Mareis 2011, S. 296.

146 | Ebd., S. 8.

147 | Vgl. Rheinberger 2006 (2), S. 10.

schließlich sogar die Gestaltung ebendieser Bedingungen die Forschungsergebnisse von Naturwissenschaftlern beeinflussen.[148]

Ebendiese Bedingungen lassen sich am besten in Fallstudien darstellen, womit ein ganzer Bereich der neuen Wissenschaftsforschung befasst ist. Dieser für das Design so interessanten und unter dem Label *Practice Turn* bekannt gewordenen Strömung der jüngeren Wissenschaftsforschung können neben Rheinberger und Latour beispielsweise auch Steve Woolgar sowie Karin Knorr-Cetina hinzugerechnet werden.[149] Die prozesshaften Beschreibungen des *Practice Turn*, insbesondere die auf die sozialen Prozesse im Labor gerichteten Beobachtungen Latours und Woolgars scheinen die Grenze von Natur und Kultur zu unterlaufen. Naturwissenschaftliche Forschungsprozesse, so argumentieren Latour und Woolgar, seien sozial konstruiert.

Problematisch wird es jedoch, wenn man die Übertragung nicht nur auf semantischer, sondern auch auf ontologischer Ebene vornimmt, also behauptet, Design sei Wissenschaft und Wissenschaft sei Design. Entwerfen und Wissenschaft bringen immer noch unterschiedliche Dinge hervor, wie Gui Bonsiepe argumentiert:

> »Der Wissenschaftler, der Forscher erzeugt neue Kenntnisse. Der Entwerfer erzeugt / ermöglicht neue Erfahrungen in der alltäglichen Lebensumwelt der Gesellschaft, Erfahrungen im Umgang mit Produkten, Zeichen und Serviceleistungen, darin inbegriffen Erfahrungen ästhetischen Charakters [...].«[150]

Forschungen über Design und über Wissenschaft können sich jedoch in ähnlichen Betrachtungsweisen kreuzen. Ein Beispiel für diese Beobachtungsperspektive ist die Arbeit des Kunsthistorikers Reinhard Wendler. Was heißt dies nun schließlich für die Figur des Gestalters?

Die Konzeption des Experimentalsystems, übertragen auf das Design, unterminiert das Paradigma des Einzel-Autors sowie die von der Moderne befürwortete Figur des Planers. Das gestalterische Subjekt, sei es nun der Planer oder der Autor, kann nicht mehr alleine als der Ursprung der Improvisation sowie der Formentscheidungen und des Neuen gesehen werden. Die Artefakte, die der Gestalter zum Teil selbst hervorgebracht hat, produzieren die Improvisation mit. Sie scheinen sich

148 | Siehe hierzu bes.: Thomas S. Kuhn: *Die Struktur wissenschaftlicher Revolutionen*. Frankfurt am Main: Suhrkamp 1973 (1962).

149 | Gemeinsam mit Steve Woolgar hat Latour in den 1970er Jahren die für die Wissenschaftsforschung maßgebliche Studie *Laboratory Life* verfasst.

150 | Gui Bonsiepe: *Von der Praxisorientierung zur Erkenntnisorientierung oder: Die Dialektik von Entwerfen und Entwurfsforschung*. In: Swiss Design Network, Ralf Michell (Hg.): *Erstes Design Forschungssymposium*. Zürich: *Swiss Design Network* 2004, S. 16f. Gui Bonsiepe meint mit ›Erfahrungen ästhetischen Charakters‹ nicht die ästhetische Erfahrung von Kunst. Gemeint ist vielmehr eine designmäßige Erfahrung des Ästhetischen an einem Produkt.

– überspitzt gesagt – zu verselbstständigen, wie am Fall des Modells von Sebastian Herkner sichtbar wurde.

In der Improvisation verschwimmen Design, Handwerk und Konstruktion. Die Grenzen zu anderen Disziplinen werden fließend. Die trennscharfe Unterscheidung zwischen dem Entwerfer und dem Handwerker, aus der die modernen Designbegriffe ihr Planungsparadigma ableiteten, kann über weite Strecken im Designprozess nicht aufrechterhalten werden. Schlussendlich nehmen, wie oben diskutiert wurde, auch Artefakte und Techniken Einfluss auf ein Designergebnis. Die Suche des Experimentators spannt sich zwischen den Routinen, Werkzeugen und Methoden der Forschung sowie zwischen dem Neuen, Unbekannten und Improvisatorischen des Prozesses auf. Mit Rheinberger verlagert sich die Notwendigkeit der Improvisation in die spezielle Konstellation von Akteuren und Artefakten, die den Prozess bilden. Wenn nun die Versuchsanordnung den Gestalter zur Improvisation zwingt, so müsste es umgekehrt möglich sein, durch die Art und Weise, wie ein Designprozess gestaltet ist, Improvisation zu provozieren. Jenes netzwerkartige Gefüge wird in der Tat schon von den Gestaltern selbst gestaltet, sodass darin Improvisation entsteht. Im dritten Teil dieser Studie sollen solche Projekte genauer betrachtet werden.

Teil III: Improvisation als Formprinzip

In den letzten Kapiteln habe ich gezeigt, dass Serienprodukten Improvisation vorausgeht, auch wenn die Produkte später nicht improvisiert anmuten. Dass improvisiert werden muss, ist der besonderen Situation des Entwerfens geschuldet: Das Ergebnis des Designprozesses ist unvorhersehbar, die Designer nähern sich – notwendigerweise – mittels Improvisation einer Form an. Dieser Designprozess kann jedoch nicht in einem ebenfalls improvisierten Produkt münden – die Improvisation selbst kann nicht in Serie gehen.

Im dritten Teil der Arbeit kommt der Improvisation nun eine andere Bedeutung zu als in den letzten Kapiteln. Es gibt, abgesehen von der bisher betrachteten, vorläufigen Prozess-Improvisation auch Designprodukte, an denen die Improvisation tatsächlich noch sichtbar bleibt. Improvisation, die ich als vorläufiges und prozesshaftes Phänomen bestimmt habe, wird hier immer mehr zum Formprinzip von Design. Genauer: Die Projekte, auf die es mir an dieser Stelle ankommt, sind auch an sich improvisiert. Gemeint ist der Umstand, dass sich die Improvisation auch bei der Herstellung noch auf das einzelne Produkt auswirkt. Als Formprinzip ist die Improvisation Herstellungs- und Entwurfsverfahren zugleich, Konzeption und Herstellung fallen zusammen. So muss nicht nur beim Designbegriff, sondern auch beim Improvisationsbegriff zwischen Produkt und Prozess unterschieden werden: Improvisation, die verschwindet, wenn das Produkt in Serie geht, ist zu unterscheiden von einer Improvisation, die in das Produkt eintritt. Es gibt also zwei Formen von Improvisation.

Das Feld der improvisierten Produkte umfasst sowohl Einzelstücke als auch Kleinserien, sie werden seit den 1970er und 1980er Jahren direkt in den Ateliers der Designer produziert. Diese Entwürfe sind im Vergleich zu den Serienprodukten aus Teil 1 und 2 als improvisiert markiert. Bei manchen dieser improvisierten Entwürfe handelt es sich um kleinere Serien, bei anderen wiederum wurde tatsächlich nur ein Exemplar angefertigt. Dabei verändert sich in einem Designprozess, der nicht per se auf Serienprodukte hinausläuft, die Rolle des Designers. Der Designer wird zum Produzenten, jedoch übernimmt er nicht die Rolle eines Industriellen, der hohe Auflagen von einem Produkt herstellt. Er agiert vielmehr wie ein Kunsthandwerker, der kleine Auflagen von einem Entwurf – zuweilen mit improvisatorischen Iterationen bei den einzelnen Exemplaren – in seiner Werkstatt selbst herstellt.

Ein solches Arbeitsmodell, bei dem Entwurf, Produktion und Vertrieb zusammenfallen, war vom klassischen Industriedesign rigoros zurückgewiesen worden. Es war froh um die Trennung des Designs vom Handwerk und sah die Designerfigur nicht auf der Seite der Produktion, sondern auf der Seite des gedanklichen Entwurfs. Erst postmoderne Strategien der Eigenproduktion sahen das Design sowohl auf der Seite der Produktion als auch auf der Seite der Konzeption. Das in den 1970er und 1980er Jahren entstandene Autorendesign ließ die Prinzipien des Funktionalismus hinter sich, um sich den Methoden der bildenden Kunst zuzuwenden. Für diese Kategorie von Gestaltung wandelte sich die Improvisation von einer Modellbaustrategie und von einem Formfindungsverfahren zum allgemeinen Produktionsprinzip, weil in der Improvisation Entwurf und Produktion zusammenfallen. Improvisation zieht sich nun seit der Postmoderne als Formprinzip durch das Autorendesign.

An Projekten und Prozessen, die Improvisation als Formprinzip nutzen, will ich nun folgende Fragen diskutieren: Wie ist der Improvisationsbegriff im Einzelnen zu bestimmen und welche Funktion hat die Improvisation in diesem Bereich von Design? Welchen Status hat hier die Bastelei? Geht allen Produkten, die improvisiert anmuten, auch ein improvisierter Prozess voraus?

7. Improvisation und Bastelei im ›Neuen Deutschen Design‹

Im Deutschen Design assoziiert man vor allem das ›Neue Deutsche Design‹ der 1970er und 1980er Jahre mit der Methode der Improvisation. Die sich Ende der 1970er Jahre bildende Strömung endete mit der Wiedervereinigung Deutschlands. Sie war trotz ihres kurzen Bestehens prägend für das Verständnis von Produktdesign im deutschsprachigen Designdiskurs. Readymade- und Recyclingstrategien sowie die Verwendung roher Materialien gehören heute zum Repertoire der gegenwärtigen Designindustrie.

Den Designern des ›Neuen Deutschen Designs‹ diente Improvisation als Formprinzip. Sie erzeugten Dinge, an denen die Improvisation sichtbar blieb und die als Produkte selbst noch improvisiert sind. Hierfür wurden Alltagsprodukte neu zusammengesetzt, demontiert, zweckentfremdet und somit umgedeutet. So wurde etwa ein Einkaufswagen zum Stuhl umgenutzt, ein Abtropfsieb wurde zur Obstschale, und aus alten Autoreifen machte man ein Sofa. Im ›Neuen Deutschen Design‹ versuchte man nicht, den ursprünglichen Verwendungszusammenhang der Materialien und Formen zu verstecken. Es ging vielmehr darum, die Verwendungszusammenhänge der Materialien zu transformieren und so mit der funktionalistischen Formgebung der Nachkriegsmoderne zu brechen. Die Wendung gegen die Gestaltungsparadigmen der Moderne, insbesondere gegen ihre Idee vom

Designer als Experten, bestand dabei darin, das (ansonsten verdeckte) Dilettantische und Gebastelte des Designs in den Vordergrund zu rücken.

Die Designer des ›Neuen Deutschen Designs‹ waren freilich nicht die Einzigen, die Improvisation als Formprinzip nutzten und Dilettantismus, Bastelei und Unvollständigkeit im Design sichtbar machten. Schon seit Ende der 1950er Jahre hatten italienische Gestalter die Gestaltungsprinzipien der Moderne so sehr transformiert, dass die Erzeugnisse der industriellen Produktion selbst zum Material von neuer Gestaltung werden konnten. Die Arbeiten der Brüder Achille und Pier Castiglioni gelten als Vorläufer der Readymade- und Collage-Strategien der gestalterischen Postmoderne. Sie befestigten für den Hocker *Mezzadro* (1957, seit 1970 in Produktion bei *Zanotta*) einen Traktorsitz an einem Stück gebogenen Flachstahl, der Hocker wurde durch ein rundes Stück Holz stabilisiert. Für die Leuchte *Toio* (1962 für *Flos*), heute ein Klassiker des italienischen Designs, montierten sie einen Autoscheinwerfer auf einem Stahlrohr, das mit zusammengesetzten Stahlprofilen beschwert war.

Methoden der Zweckentfremdung, der Bastelei und der Improvisation wurden dann vom deutschen Design aufgegriffen und weiterentwickelt. Gegenüber dem italienischen Design gab es hier jedoch eine besondere Konstellation: Gerade das deutsche Design war aufgrund der an der HfG Ulm entwickelten Methodologie und aufgrund der minimalistischen Formensprache für jenes rationalistische Verständnis von Design bekannt geworden, das ich in den oberen Kapiteln diskutiert habe. Dilettanten und Bastler, dies betonte beispielsweise der Autor und Designer Christian Borngräber, fallen aus dem Raster der vom klassischen Industriedesign vorgegebenen Designerkarriere: »Auch im Designbereich gibt es sie, die ›Genialen Dilettanten‹ – die Bastler –, die aufgrund ihrer Experimente [...] für eine herkömmliche Designerkarriere ungeeignet erscheinen.«[1] Anstatt eine anfängliche Improvisation allmählich zu einem Serienprodukt weiterzuentwickeln, machten die ›Genialen Dilettanten‹ die Bastelei schon gleich zum Produkt.

Gerade deshalb wurde gegen das ›Neue Deutsche Design‹ oftmals der Vorwurf erhoben, es handle sich dabei um einfache, minderkomplexe, ›faule‹ Designs. Das ›Neue Deutsche Design‹ sah sich, auch weil es seinen Standpunkt medial wirksam vertrat, dem Vorwurf ausgesetzt, es ginge dabei um einen geschickt platzierten Marketingschachzug zugunsten einzelner Autoren.

In der Idee, möglichst wenig zu designen und dabei einen möglichst großen Effekt zu erzielen, lag jedoch die Pointe des ›Neuen Deutschen Designs‹. Denn das ›Neue Deutsche Design‹ entlarvte Designtätigkeit und Designprozesse als bastlerisch und dilettantisch. Es brachte in seinen Produktionen diejenigen Tätigkeiten ans Licht, deren Erzeugnisse ansonsten in den Modellarchiven der Unternehmen verschwanden.

1 | Christian Borngräber: *Vor Ort – Leben am Rande des Wohnsinns*. In: Klaus Thomas Edelmann, Gerrit Terstiege (Hg.): *Gestaltung denken. Grundlagentexte zu Design und Architektur.* Basel / Boston / Berlin: Birkhäuser 2010, S. 200.

Drei Objekte sollen im Folgenden dazu dienen, die Methode des ›Neuen Deutschen Designs‹ sowie seine begrifflichen Implikationen zu erläutern: die Obstschale von Axel Stumpf (*Früchteschale*, 1984), der Einkaufswagenstuhl des Berliner Designers *Stiletto*[2] (*Consumer's Rest*, 1983) und das *Reifensofa* der Offenbacher Gruppe *Des-In* (1975). Alle drei Objekte sind Rekombinationen von Alltagsobjekten, die zweckentfremdet, reorganisiert, anders zusammengesetzt und in dieser Weise verfremdet wurden. Anders als im Fall des Taschenlampenrasierers wurden diese Dinge jedoch nicht als Übergangsobjekte betrachtet, sondern bereits als Entwurf. Die Designer des ›Neuen Deutschen Designs‹ brauchten keine Modelle, weil ihre Entwürfe im Moment ihrer Produktion in der Werkstatt entstanden.

Improvisation als Produktionsverfahren: Die *Früchteschale* von Axel Stumpf

Das ›Neue Deutsche Design‹ schlug die deutsche Nachkriegsmoderne mit ihren eigenen (Produktions-)Mitteln. Die industriellen, entsprechend den Paradigmen von Funktionalität, Materialgerechtigkeit und Brauchbarkeit konzipierten Dinge wurden in einen neuen Gebrauchskontext transformiert. Auf diese Weise entlarvte man die vom industriellen Formgestalter ursprünglich intendierten und sorgfältig vorausgeplanten Gebrauchsweisen als kontingent. Anschaulich wird dies insbesondere an der *Früchteschale* von Axel Stumpf (siehe Abb. 33). Axel Stumpf hatte für die Ausstellung mit dem Titel *Kaufhaus des Ostens* ein alltägliches, funktionales Produkt – ein profanes Abtropfsieb – zu einem Dekorationsobjekt umfunktioniert, und zwar zu einer Obstschale.[3]

Die Form der Schale ist nicht vorrangig an gängigen Maßstäben wie gelungenen Proportionen, Funktionalität und Materialgerechtigkeit orientiert. Mit den dünnen Drahtbeinen ähnelt die Schale mehr einer insektenartigen Skulptur oder dem Werk eines Hobbybastlers als einem designten Gegenstand. Dieser Eindruck wurde durch minimale Eingriffe in die Form des ansonsten noch deutlich erkennbaren Abtropfsiebes erreicht.

Die Form der Schale ergab sich quasi beiläufig. Sie musste nicht eigens designt werden. Der Designer nutzte vielmehr die schon gegebene Form des Siebes. Er veränderte das Sieb bloß, indem er an dem Sieb zwei ›Füße‹ mit zwei Flügelmuttern und vier weiteren Muttern an der Siebhalterung – zwei einfachen Drahtschlaufen – festschraubte. Das dritte ›Bein‹ der Schale bildet der ursprüngliche Henkel des Abtropfsiebes, der ebenfalls aus Draht besteht und einfach abgeknickt wurde. So

2 | Hinter dem Künstlernamen *Stiletto* verbirgt sich nicht ein Zusammenschluss von mehreren Entwerfern (wie im Fall einiger anderer Designgruppen des ›Neuen Deutschen Designs‹), sondern eine Einzelperson, Frank Schreiner, der in Berlin arbeitet. Vgl. Petra Eisele: *Deutsches Design als Experiment. Theoretische und ästhetische Manifestationen seit den sechziger Jahren*. Berlin 2000, S. 152. URL: https://opus4.kobv.de/opus4-udk/files/2/eisele_petra.pdf (letzter Zugriff 01.01.2017).

3 | Es gab auch einen mit dieser Idee verwandten Apfelpflücker als Obstkorb. Vgl. Spiegel 2/1985: *Neue Prächtigkeit*, S. 130.

hat die *Früchteschale* keine ›eigene‹ Form im engeren Sinne – es handelt sich letztlich immer noch um das Abtropfsieb.

Ebendiese Ambivalenz zwischen dem industriellen Ausgangsmaterial und der improvisierten Formgebung zu erreichen – darin lag das konzeptionelle Kalkül des Designers. Das Objekt wurde nicht weiter überarbeitet, sondern auf genau diese improvisierte Art und Weise als Kleinserie hergestellt. Die Schale wurde dann schließlich 1984 in der Ausstellung *Kaufhaus des Ostens* präsentiert und durch die Zuschreibung *Früchteschale* als Schale erkennbar gemacht. Die Namensgebung wurde damit, wie Hans Peter Albers festhält, nicht unerheblich für den Entwurfsprozess. Andernfalls wären die Objekte von ihrem Ursprungsmaterial kaum zu unterscheiden gewesen:

> »Halbzeuge, Sperrmüll und Fundstücke werden roh verarbeitet oder collagiert mit herkömmlichen Material nach der Devise ›Form follows fantasy‹, gar ›Form follows myself‹. Das Ergebnis: [...] nicht selten erst durch Benennung eindeutig bestimmbar, fast immer brauchbar.«[4]

Kleine Eingriffe in eine schon fertige Form sowie die bloße Idee für eine Zweckentfremdung reichten aus, um die Sperrmüllfundstücke und Halbzeuge als Designobjekte zu markieren. Wie die anderen im ›Neuen Deutschen Design‹ entstandenen Entwürfe war die *Früchteschale* von vornherein nicht als Serienprodukt konzipiert. So entstand eine neue Form der Designproduktion. Eigenproduktion war plötzlich nicht mehr verpönt, sie galt fortan als eine legitime Alternative zur seriellen Massenproduktion.

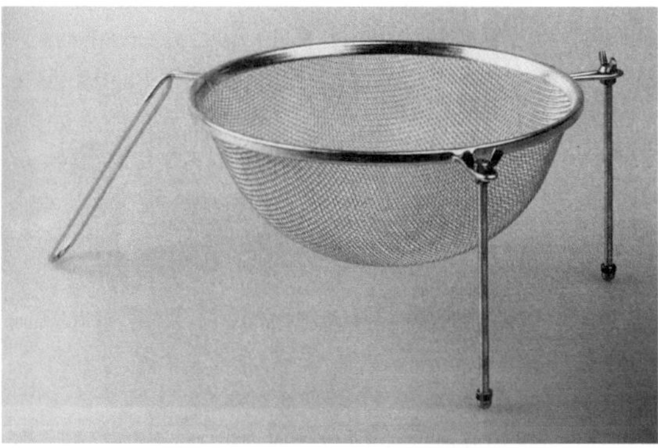

Abb. 33: *Früchteschale,* Axel Stumpf (1984) für das *Kaufhaus des Ostens.*

4 | Hans Peter Albers: *Museum von Sinnen. Der schönste Platz ist an der Theke.* In: Volker Albus, Michael Feith, Rouli Lecasta, Wolfgang Schepers, Claudia Schneider-Esleben (Hg.): *Gefühlscollagen, Wohnen von Sinnen.* Köln: Dumont 1986, S. 8.

Das *Kaufhaus des Ostens* war eine der ersten Plattformen dieser neuen Designrichtung. Die Ausstellung in den Räumen des heutigen Werkbund-Archivs in Berlin gilt als eine der wichtigsten Aktionen im Zusammenhang mit dem ›Neuen Deutschen Design‹.[5] Man entwarf Möbel und Haushaltsgeräte für einen imaginären Laden und benutzte dabei Produkte und Halbzeuge, die man in Baumärkten und Warenhäusern fand, als Material.

Mit Blick auf einfache Produktionsformen war die Improvisation für die Designer nicht nur ein Mittel, das sie gegen die Gestaltungsparadigmen der Moderne einsetzten. Neben dieser konzeptionellen Bedeutung diente ihnen die Improvisation auch dazu, die Massenproduktion zu umgehen. Durch die Verwendung von Halbzeugen und Fertigteilen ließen sich auf relativ einfache Art und Weise kleine Serien herstellen. Die Designproduktion kehrte zurück ins Atelier, wie Christian Borngräber schreibt: »In kleinen Ateliers und großen Fabriketagen – meist in Hinterhöfen, an Bahndämmen oder noch weiter draußen – wurden die Möbel entworfen und oft selbst gebaut.«[6] Der Designer, der qua Arbeitsteiligkeit vormals vom Produzenten abhängig gewesen war, konnte damit in diesem Sinne wieder selbst produzieren.

Man könnte diese Produktionen, weil es sich um handwerklich produzierte Einzelstücke und Kleinserien handelt, nun als einen Rückfall ins Kunsthandwerk begreifen. Diese Lesart aber würde den Bedeutungen, die sich aus der Historie des Materials ergeben, nicht gerecht. So sind die Entwürfe des ›Neuen Deutschen Designs‹ weiterhin von kunsthandwerklicher Gestaltung zu unterscheiden. Sie liegen immer noch auf Seiten des Designs, weil sie sich der Materialien aus dem industriellen Formenschatz bedienen. Den Einzelteilen der Schale ist das Prinzip der industriellen Massenproduktion immer noch inhärent. Das Sieb ist von seiner Form her ein auf ein automatisiertes Produktionsverfahren zugeschnittenes Produkt.[7] Die Herstellung des Siebes setzt Maschinen, Produktionswerkzeuge und eine präzise Verarbeitung voraus. In der Zweckentfremdung all dieser Teile zu einer dekorativen Obstschale wird mit dem pragmatischen Prozess der Massenproduktion eines funktionalen Alltagsproduktes gebrochen. Durch die Verbindung industrieller Formen mit handwerklichen Prozessen werden die Prinzipien des modernen Industriedesigns ironisiert.

Indem Improvisation und Zweckentfremdung zum Konzept erklärt werden, erreicht die Schale eine spezifisch gestalterische Qualität, insofern als dass hier eine funktionale Verschiebung erfolgt. Dass die Schale sich formal von dem

5 | Das *Kaufhaus des Ostens* wurde von Jasper Morrison, Andreas Brandolini und Joachim Stanitzek organisiert.

6 | Christian Borngräber: *Juste Milieu – Das innerste der Familie als Baustelle.* In: Volker Albus, Michael Feith; Rouli Lecasta, Wolfgang Schepers, Claudia Schneider-Esleben (Hg.): *Gefühlscollagen, Wohnen von Sinnen.* Köln: Dumont 1986, S. 32.

7 | Im industriellen Produktionsprozess werden das Gitter und die Metallumrandung erst als flache Scheibe produziert und dann gemeinsam tiefgezogen, sodass eine Halbkugelform entsteht. Dann werden die Drahtteile, also der Henkel und die Haken, an den Blechrand geschweißt.

ursprünglichen Sieb nur aufgrund weniger Transformationen unterscheidet – man könnte auch sagen: Dass die Schale unfertig anmutet, tut der gestalterischen Qualität keinen Abbruch. Die Unbeholfenheit der Improvisation und das Unperfekte wurden kurzerhand zum Konzept erklärt.

Die Provokation des bei der Schale zum Ausdruck kommenden Gestaltungskonzepts liegt jedoch nicht nur in der Transformation des funktionalen Massenprodukts in einen Dekorationsgegenstand. Die Provokation liegt auch darin, dass der eigentlich viel aufwändigere Designprozess umgangen wurde. Axel Stumpf hat sich bei der Herstellung der Schale einfachster Mittel bedient. Das Credo der Designer des *Kaufhaus des Ostens* wurde von Andreas Brandolini überspitzt so formuliert: »Entwicklungsaufwand scheuen und mit dem schmutzigen Gedanken der Besserwisser, von der Technik profitierend, Ästhetik und Funktion mit minimalem Aufwand effektvoll korrigieren«.[8] Die Designer verwandten das, was andere schon vorstrukturiert hatten und umgingen so den üblichen Designprozess.[9] Eine Zweckentfremdung, wie sie im Braun-Designprozess bei der Taschenlampenapparatur vorkam und im Prozess verschwindet, bildet hier schon das Produkt. Bei der *Früchteschale* liegt die Innovation nicht in der Gestaltung einer neuen Form oder in der technischen Ausführung. Die Innovation liegt vor allem in der Ursprungsidee, die eigentliche Ausführung hat dagegen wenig Bedeutung.

Gleichwohl wirkt die Schale in bestimmter Weise unfertig, denn die Idee der Schale besteht darin, dass die Einzelteile nicht aufwändig verdeckt, sondern sichtbar gelassen wurden. So offeriert die Schale dem Betrachter die Gelegenheit zur ideenreichen Spekulation über weitere Zweckentfremdungen. Die Schale wird damit auch potentiell anschlussfähig für noch weitere Improvisationen. Zu dieser Form der Improvisation bemerkt beispielsweise Charles Jencks:

> »[I]f it is not as refined and precise as other kinds of purposeful action, then at least it is more open, suggestive and rich in possibilities. The extraneous material suggests new uses, whereas the perfected and refined construction is usually confined to its specified ends.«[10]

An den Produkten des ›Neuen Deutschen Designs‹, so lässt sich dieser Gedanke weiter fortführen, kann nun beobachtet werden, dass sie das Moment der Unvollständigkeit an sich selbst noch sichtbar halten. Das Unvollendete, das normalerweise innerhalb des Prozesses vorkam, tritt nun in die Produkte ein, sodass diese selbst potentiell weitere Zweckentfremdungen und Improvisationen zulassen. Dadurch ergeben sich unterschiedliche Verweise sowohl auf die Technik der industriellen

8 | Andreas Brandolini zit. in: Volker Albus, Christian Borngräber: *Design-Bilanz* Köln: Dumont 1992, S. 42.

9 | Zum ›Hacking‹ von Dingen des Gebrauchs auch die Dissertation von Thilo Schwer: *Produktsprachen. Design zwischen Unikat und Industrieprodukt.* Bielefeld: transcript 2014.

10 | Jencks / Silver 1972, S. 16.

Produktion als auch auf die ursprünglichen Gebrauchszusammenhänge der Teile. So versuchten die Protagonisten des ›Neuen Deutschen Designs‹ als Gegenkultur zur klassischen industriellen Moderne eine Art ›Antidesign‹ herauszubilden, ähnlich wie es bei zeitgenössischen Arbeiten aus dem *Open Design* der Fall ist.

Trotz aller Betonung jener Aspekte, die das ›Neue Deutsche Design‹ vom klassischen Industriedesign abheben, gilt es im Hinterkopf zu haben, dass das ›Neue Deutsche Design‹, was seine Protagonisten angeht, enger mit dem klassischen Industriedesign verwoben war, als es scheinen mag.

Der Initiator des *Kaufhaus des Ostens* zum Beispiel, Hans »Nick« Roericht (Professor für Industriedesign an der Hochschule der Künste Berlin), war ursprünglich der HfG Ulm eng verbunden. Er hatte an der HfG Ulm studiert und war dem Ideal der industriellen Massenproduktion verhaftet. Seine Abschlussarbeit war ein stapelbares, modulares Hotelgeschirr, das von 1959 an von Rosenthal produziert wurde.

In den 1980er Jahren verschob sich allerdings sein Interesse von der Idee einer demokratischen Massenproduktion und der ›Guten Form‹ hin zur Eigenproduktion, zu individuell und nicht industriell gestalteten Produkten. Von nun an initiierte Roericht Projekte, in denen die Designer als Entwerfer, Produzenten und Verkäufer in einem auftraten. Viele seiner Studenten, insbesondere Oliver Vogt, haben später die Idee einer postindustriellen Produktion verfolgt und auf diese Weise die Ideen der HfG Ulm weiter transformiert.

Das Verhältnis von Moderne und Postmoderne ist im deutschen Design daher nicht per se das eines klaren Gegensatzes. Vielmehr scheinen modernes, technisches Design und postmoderne Eigenproduktion einander zu bedingen. Dies wird nicht nur an der *Früchteschale* mit ihren Verweisen auf die industrielle Produktion sichtbar. Dies gilt auch für andere Arbeiten des ›Neuen Deutschen Designs‹, und zwar insbesondere für den zu einem Stuhl umfunktionierten Einkaufswagen von *Stiletto.*

Der Designer als *Bricoleur* und Künstler: *Stilettos Consumer's Rest*

Neben der *Früchteschale* illustriert der Einkaufswagenstuhl *Consumer's Rest* von *Stiletto* (1983) die Idee des ›Neuen Deutschen Designs‹ in besonderer Weise (siehe Abb. 34). Auch hier handelt es sich um ein gewöhnliches Massenprodukt, das vom Designer modifiziert wurde.

Der Stuhl besteht aus einem modifizierten Einkaufswagen, dessen Vorderseite aufgetrennt und umgebogen wurde, und dessen Seitenteile nach Außen gebogen wurden, sodass der Einkaufswagen von der Form her an einen Sessel erinnert. Der Designer hat außerdem den Griff des Einkaufswagens abmontiert, sodass nur dessen Halterungen aus Draht, die nach hinten auskragen, übrig sind.

Der Einkaufswagenstuhl von Stiletto wird meist verstanden als eine ironische Brechung mit der ausufernden Massenproduktion und der Konsumkultur des

Designs der späten Moderne. Daher ziert der Einkaufswagenstuhl auch das Plakat der Ausstellung *Gefühlscollagen. Wohnen von Sinnen* (Kunstmuseum Düsseldorf, 1986), in der viele Arbeiten des ›Neuen Deutschen Designs‹ versammelt waren, sowie den dazugehörigen Katalog.

Der Stuhl *Consumer's Rest* zählt nun vielleicht deshalb zu den bekanntesten Entwürfen des ›Neuen Deutschen Designs‹, weil *Stiletto* anhand seines Entwurfs das Ansinnen der Bewegung in besonderem Maße auf den Punkt brachte. In seiner Trivialität führt der Einkaufswagen die Prinzipien des Designs, die Braun-Feldweg formuliert hatte und die der ›Guten Form‹ entsprechen, ad absurdum. Zwar ist der Einkaufswagen funktional und massentauglich. Es handelt sich um eine auf die Technik hin zugeschnittene Form. Normalerweise erleben wir den Einkaufswagen aber bloß als Objekt eines billigen und schnellen Konsums, und zwar im Supermarkt.

So offeriert der Stuhl vielfältige Bedeutungsebenen: Wie Petra Eisele betont, muss *Stilettos* Entwurfsstrategie als ein Rückgriff auf die Geschichte der Materialien und auf das »Reservoir an Dingen, die zur Neubearbeitung und zur ästhetischen Umwertung einladen« verstanden werden.[11]

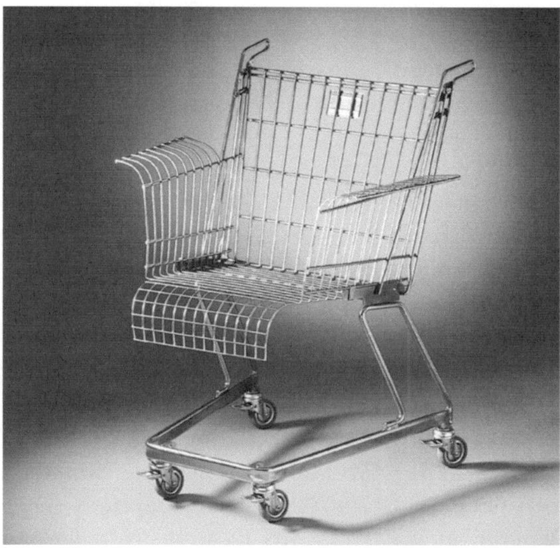

Abb. 34: *Consumer's Rest, Stiletto* (1983). Einkaufswagen, dessen Vorder- und Seitenteile zurechtgeschnitten und umgebogen wurden, sodass der Wagen sich als Sitzgelegenheit eignet.

11 | Eisele 2000, S. 149.

Der Einkaufswagen ist dabei nicht nur Werkzeug und Symbol des Konsums schlechthin und selbst schon ein massenproduzierter Gegenstand. Aufgrund der Gitterstruktur des Einkaufswagens erinnert der Stuhl auch an bekannte Designklassiker der 1950er und 1960er Jahre, insbesondere an Charles und Ray Eames' und Harry Bertoias *Wirechairs*, die ebenfalls aus Draht bestehen.[12] Der Einkaufswagen und die *Wirechairs*, dies entlarvt *Stilettos* Entwurf, basieren auf ähnlichen Techniken und Formprinzipien, wobei die Designklassiker der 1950er Jahre freilich keine Objekte billigen Konsums, sondern Statussymbole einer bürgerlichen Elite waren.

Nun ist hier im Zuge der weitergehenden Untersuchung von Improvisation als Formprinzip zu fragen, wie an einem derart kalkulierten und wohlüberlegten Entwurf Improvisation vorkommen kann. Handelt es sich allein schon deshalb um eine Improvisation, weil ein vorhandenes Produkt transformiert wurde?

Zwar hat hier eine Form von Improvisation stattgefunden, da ohne Umwege über die Serienproduktion ein schon fertig designtes sowie fertig produziertes Artefakt umfunktioniert, als Rohmaterial verwendet und zu einem neuen Entwurf erhoben wird. Dabei hat sich, ähnlich wie bei der von Charles Jencks formulierten Methode des Adhocismus, die Form aufgrund der vorliegenden Struktur des Einkaufswagens sofort entschieden. Der Designer hat die Idee der Zweckentfremdung nicht nur als Konzept, sondern auch als Formprinzip verstanden. Charles und Ray Eames hingegen mussten einen aufwändigen Aushandlungsprozess anhand von Modellen, Zeichnungen und Ähnlichem vollziehen, um zu ihrer Version des Drahtstuhls zu gelangen.

Stiletto wiederum bezieht sich in den Texten zu seinen Arbeiten nicht unmittelbar auf Improvisation, aber er spricht im Sinne des Strukturalisten Claude Lévi-Strauss von Bastelei, die man auch als eine Unterkategorie der Improvisation fassen kann. *Stiletto* erklärt die Bastelei zum Form- und Produktionsprinzip seiner Arbeiten: »Ich spiel' mit irgendwelchem Zeug rum und bastle daraus irgendwelche Sachen. Alles, was ich bis jetzt gemacht habe, ist gebastelt.«[13]

Auch andere Protagonisten des ›Neuen Deutschen Designs‹ beziehen sich auf die Bastelei. So schreibt etwa Christian Borngräber: »Auch im Designbereich gibt es sie, die genialen Dilettanten – die Bastler –, die aufgrund ihrer Experimente quer durch die Medien für eine herkömmliche Designerkarriere ungeeignet erscheinen.«[14] Die ›Genialen Dilettanten‹ waren eine Strömung innerhalb der experimentellen Pop-Musik gegen Ende der 1970er Jahre, die mit billigen, teils selbstgebauten Instrumenten Musik produzierten.[15]

12 | http://de.wikipedia.org/wiki/*Stiletto*_%28Künstler%29 (letzter Zugriff 10.02.2015).

13 | *Stiletto* zit. in: Eisele 2000, S. 147.

14 | Borngräber 2010, S. 200.

15 | Vgl. Volker Albus, Christian Borngräber (Hg.): *Design Bilanz. ›Neues Deutsches Design‹ der 80er Jahre in Objekten, Bildern, Daten und Texten.* Köln: DuMont 1992, S. 15.

Vor dem Hintergrund der sich in den 1980er Jahren bildenden Tendenz zur Eigenproduktion liegt es nahe, dass die Entwerfer des ›Neuen Deutschen Designs‹ mit der Figur des Dilettanten und des Bastlers kokettierten, und sie den unfertigen, vorläufigen und dilettantischen ›Look‹ der Bastelei zum Konzept machten. Auch Alessandro Mendini, dessen Arbeiten das ›Neue Deutsche Design‹ mitbeeinflusst hatten, sprach von einer »Spezialisierung im Dilettantismus«.[16]

Wie aber beschrieb Lévi-Strauss ursprünglich den Bastler (den *Bricoleur*)- der die Figur des Dilettanten auf Seiten des Designs verkörpert?

Claude Lévi-Strauss bestimmt die *Bricolage* beziehungsweise die Bastelei in seinem Text *Das Wilde Denken* als Formgebungsmethode. Anders als die Industriedesigner, die versucht hatten, ihre Objekte ausgehend von Prinzipien wie Funktionalität, Materialgerechtigkeit und Proportion zu gestalten, arbeitet der *Bricoleur* ausgehend von den Mitteln, die sich ihm direkt anbieten. Ähnlich wie die Entwerfer im ›Neuen Deutschen Design‹ stellt der Bastler aus vorgefundenen Formen Dinge her. Anders als der Ingenieur – die Gegenfigur zum Bastler – muss er sich mit dem behelfen, was er vorfindet. Der Bastler verwendet andere Methoden als ein Profi, so heißt es: »Heutzutage ist der Bastler jener Mensch, der mit seinen Händen werkelt und dabei Mittel verwendet, die im Vergleich zu denen des Fachmanns abwegig sind.«[17] Innerhalb der Situation des Bastelns haben diese Mittel aber ihre eigene, für den Bastler sinnvolle Begründung. Dinge, die schon eine Form und eine Funktion besitzen, werden umfunktioniert.

> »Von seinem Vorhaben angespornt, ist sein erster praktischer Schritt dennoch retrospektiv: Er muß auf eine bereits konstituierte Gesamtheit von Werkzeugen und Materialien zurückgreifen; eine Bestandsaufnahme machen oder eine schon vorhandene umarbeiten [...]. Alle diese heterogenen Gegenstände, die seinen Schatz* bilden, befragt er, um herauszubekommen, was jeder von ihnen ›bedeuten‹ könnte.«[18]

Die Arbeit des Bastlers beginnt damit, dass er sich einen Überblick verschafft. Lévi-Strauss beschreibt den Beginn einer Bastelei als ›Bestandsaufnahme‹. Ebenso wie ich es schon bei Sebastian Herkners Improvisation beobachtet hatte, dienen die Dinge aus der Sammlung als Ausgangspunkt. Bei Sebastian Herkner war die Sammlung von Materialien, Formen und Artefakten konstituierend für den Entwurf. Die Mittel beeinflussen das Ergebnis – wie Lévi-Strauss weiter ausführt:

16 | Alessandro Mendini, im Interview mit Wolfgang Schepers. In: Volker Albus, Michael Feith, Rouli Lecasta, Wolfgang Schepers, Claudia Schneider-Esleben (Hg.): *Gefühlscollagen, Wohnen von Sinnen.* Köln: Dumont 1986, S. 74.

17 | Lévi-Strauss 1977, S. 29.

18 | Ebd., S. 31.

> »Die Mittel des Bastlers sind also nicht im Hinblick auf ein Projekt bestimmbar [...], weil die Elemente nach dem Prinzip ›das kann man immer noch brauchen‹ gesammelt und aufgehoben werden. Solche Elemente sind also nur zur Hälfte zweckbestimmt: Zwar genügend, daß der Bastler nicht die Ausrüstung und das Wissen aller Berufszweige nötig hat; jedoch nicht so sehr, daß jedes Element an einen genauen und fest umrissenen Gebrauch gebunden wäre.«[19]

Dies führt den Bastler dann zu einer eigenen Form von Gestaltung:

> »Ein Eichenblock kann als Stütze dienen, der Unzulänglichkeit einer Fichtenbohle abzuhelfen; oder auch als Sockel, was die Möglichkeit böte, die Maserung und die Politur des alten Holzes zur Geltung zu bringen.«[20]

Auf diese Weise kann der Bastler die aufwändigen Formfindungs- und Fertigungsprozesse des Ingenieurs umgehen. Er bedient sich schon vorgeformter Materialien, die es ihm erlauben, auch ohne Fachwissen ein Projekt zu vollenden.

So ist der Bastler, weil er bloß die Reste früherer Projekte nutzt, zwar in seinen Möglichkeiten »von vornherein eingeschränkt«.[21] So schreibt Lévi-Strauss:

> »[D]iese Möglichkeiten bleiben immer durch die besondere Geschichte jedes Stücks begrenzt und durch das, was an Vorbestimmtem in ihm steckt, das auf den ursprünglichen Gebrauch zurückverweist, für den es gedacht war, oder auch durch die Anpassungen, die es im Verlauf vielfältiger Verwendungen durchgemacht hat.«[22]

Genau darin liegt jedoch in Lévi-Strauss' Lesart ein produktives Moment. Jede neue, vom Bastler geschaffene Struktur trägt die Spuren ihrer eigentlichen Verwendung immer noch in sich. Eine Qualität der *Bricolage* basiert daher in der dem gebastelten Objekt inhärenten Geschichte des Materials.

Nun nutzt der Bastler in ständiger Reorganisation und Rekonstruktion immer wieder die gleichen Gegenstände. Man kann sich dann sehr gut vorstellen, wie sich durch jede Bastelei die Bedeutung eines Gegenstandes (beziehungsweise der in der Bastelei zusammengeführten Gegenstände) verändert und sich, ähnlich wie bei Rheinbergers *Differentieller Reproduktion*, verschiebt.

19 | Ebd., S. 30–31.
20 | Ebd., S. 31.
21 | Ebd., S. 32.
22 | Ebd.

Die Mittel bleiben im ›Neuen Deutschen Design‹ als solche sichtbar – Bastelei und Produkt fallen in eins. Darin unterscheidet sich das ›Neue Deutsche Design‹ wesentlich von bisherigen Designstrategien, auch wenn diese ebenfalls über Bastelei und Improvisation zu ihren Formen gelangt sind. Man könnte nun sogar so weit gehen, zu behaupten, das ›Neue Deutsche Design‹ sei in diesem Sinne ›bloß Bastelei‹ gewesen. Dies würde auch die Argumentation von Lévi-Strauss nahelegen. Er unterscheidet zunächst den Experten, also den Ingenieur oder Wissenschaftler, von der Figur des Bastlers. Ein Ingenieur wendet – mit Lévi-Strauss' Worten – andere Methoden der ›Erkenntnisgewinnung‹ an als der Bastler. Während der Bastler, dem mythischen Denken zugeordnet, vorhandene Strukturen nutzt, muss der Wissenschaftler im Gegensatz dazu stets neue Strukturen und Formen schaffen:

> »[D]as mythische Denken, dieser Bastler, erarbeitet Strukturen, indem es Ereignisse oder vielmehr Überreste von Ereignissen ordnet [...], während die Wissenschaft ›unterwegs‹ allein deshalb, weil sie sich stets begründet, sich in Form von Ereignissen ihre Mittel und Ergebnisse schafft, dank den Strukturen, die sie unermüdlich herstellt und die ihre Hypothesen und Theorien bilden.«[23]

Die Hypothesen und Theorien des Wissenschaftlers und des Ingenieurs unterscheiden sich vom Ergebnis des Bastlers. Sie entstehen auf andere Weise und gehen von anderen Ausgangsmaterialien aus.

Dann aber nimmt Lévi-Strauss' Analyse der Bastelei eine Wendung. Denn Lévi-Strauss hebt den *Bricoleur* überraschenderweise auf eine Ebene mit dem Fachmann: »Aber täuschen wir uns nicht: Es handelt sich nicht um zwei Stadien oder um zwei Phasen der Entwicklung des Wissens, denn beide Wege sind gleichermaßen gültig.«[24] Um dies besser zu verstehen, muss man sich vergegenwärtigen, dass das Beispiel des Bastlers eine besondere Funktion innerhalb der strukturalistischen Analyse in Lévi-Strauss' Buch *Das Wilde Denken* besitzt. Es dient Lévi-Strauss dazu, das mythische Denken von den westlichen Wissenschaften zu unterscheiden, aber zugleich zu zeigen, dass beides gleichermaßen gültige Formen von »wissenschaftlicher Erkenntnis«[25] sein können: »Ganz wie die Bastelei auf technischem, kann das mythische Denken auf intellektuellem Gebiet glänzende und unvorhergesehene Ergebnisse zeitigen.«[26] So nivelliert Lévi-Strauss schließlich die Unterschiede zwischen Bastler und Ingenieur.

Strukturell scheinen sich die Ergebnisse des Bastlers und des Fachmanns zu gleichen, insofern sie gleichermaßen funktionieren. Die Bastelei ergibt für den Bastler vor dem Horizont seines Projekts Sinn, ebenso wie eine Hypothese innerhalb der

23 | Lévi-Strauss 1977, S. 35.

24 | Ebd.

25 | Ebd., S. 30.

26 | Ebd., S. 29f.

Strukturen der Wissenschaft für den Wissenschaftler ›Sinn‹ ergibt.[27] Darin besteht die Pointe von Lévi-Strauss' Text zur Bastelei.

Die Idee lässt sich leicht auf meine Diskussion von Designmethoden übertragen. Mit einem traditionellen Designbegriff würde man, entgegen der Lesart von Lévi-Strauss, den Designer eher auf der Seite des Ingenieurs und Planers als auf Seiten des Bastlers vermuten. Hinter dem Braun-Rasierer beispielsweise liegt eine ganze historisch gewachsene, in der Ingenieurstradition der Firma Braun stehende Produktionskette. Es braucht zu seiner Herstellung eine ganze Kaskade von Techniken der Materialverarbeitung. Dies wären, um es mit den Worten von Lévi-Strauss zu sagen, »die Strukturen, die Wissenschaft unermüdlich herstellt«.[28] Die Obstschale und der Einkaufswagen hingegen, als typische Beispiele für Bastelei, basieren auf der Anordnung von vorgefundenen Formen und Strukturen.

Dennoch ist im Sinne von Lévi-Strauss ein gebasteltes, improvisiertes Produkt ein ebenso »gültiges« Ergebnis, wie ein auf eigenen Formen, Techniken und Materialien basierendes Serienprodukt – weil beide in ihrem jeweiligen Kontext funktionieren. Der Braun-Rasierer und das *Reifensofa* würden dann semantisch auf einer Ebene liegen.

Mit Blick auf den Designprozess, der den Produkten vorausgeht, und zwar auch industriellen Produkten wie dem Braun-Rasierapparat, kann sogar gesagt werden, dass auch im industriellen Kontext tatsächlich gebastelt beziehungsweise improvisiert wird.

Dieser Vergleich mit Lévi-Strauss' *Bricoleur* wird im Übrigen auch in der Wissenschaftsforschung herangezogen, wenn es darum geht, ein Gegenmodell zu einer streng analytischen Vorgehensweise zu finden. So stellt Rheinberger das »konkrete Denken« des Bastlers als legitimes forschungsmäßiges Vorgehen des Wissenschaftlers heraus:

> »Ich möchte [...] betonen, daß das konkrete Denken im Zentrum des wissenschaftlichen Forschungsprozesses selbst seinen unhintergehbaren Platz hat, insbesondere wenn man diesen Prozeß unter seinen praktischen Aspekten betrachtet.«[29]

Zumindest was diese Praxis angeht, muss der Wissenschaftler ein Bastler sein:

> »Die Behauptung ist also, daß man, um abstrakte Wissenschaft im Sinne von Lévi-Strauss' Kategorien betreiben zu können, auf der praktischen Ebene nicht [...] ein Ingenieur sein muß, sondern eben gerade ein Bastler.«[30]

27 | Ebd., S. 35.
28 | Ebd.
29 | Rheinberger 2005, S. 102.
30 | Ebd., S. 104.

Dabei suggeriert Rheinberger, dass Bastelei und Forschung nicht nur von der Gültigkeit des Ergebnisses her betrachtet werden, sondern sogar methodisch auf einer Ebene liegen müssten.

Tatsächlich macht auch Lévi-Strauss schließlich deutlich, dass die Übereinstimmungen nicht nur in der Gültigkeit respektive im Funktionieren der Ergebnisse liegen, sondern auch in der Art und Weise der Hervorbringung. So kann der Ingenieur, wie ich es ja auch im Fall der Braun-Taschenlampenapparatur beobachtet habe, in seinen Mitteln ebenfalls eingeschränkt sein und darin fallweise auch zur Bastelei gezwungen sein. In solchen Fällen ist der Unterschied zwischen Bastler und Ingenieur, wie Lévi-Strauss schreibt, »[...] also nicht so absolut, wie man sich ihn vorzustellen versucht wäre [...]«.[31]

Strukturell betrachtet wäre nun alles Design Bastelei. Genau darin, dass sich die Unterscheidung zwischen Design und Bastelei an dieser Stelle nicht mehr an den Ergebnissen als solchen festmachen lässt, lag jedoch die Pointe des ›Neuen Deutschen Designs‹ sowie dessen Provokation gegen die bisherige, ungebastelte Gestaltung. Wenngleich die profane Bastelei und die Produktionen des ›Neuen Deutschen Designs‹ vom Ergebnis her gleichermaßen dilettantisch und unfertig anmuten, so wäre es ein Missverständnis, sie unterschiedslos auf einer Ebene zu sehen. Denn die Entwerfer des ›Neuen Deutschen Designs‹ haben die strukturelle Ähnlichkeit von Design und Bastelei zum Konzept gemacht, die Unperfektion der Produkte war gewollt, wie Jochen Gros, Mitglied der Gruppe *Des-In*, bemerkt: »Von Anfang an bestand [...] ein Fehler darin, im Unperfekten die Absicht dahinter zu übersehen.«[32] Das ›Neue Deutsche Design‹ profitierte vom Charme des Unfertigen, eben weil die bisherigen Designprodukte glatt und perfekt anmuteten. Und darin besteht die Wendung, die das ›Neue Deutsche Design‹ wieder zu etwas ›Professionellem‹ macht, und dann paradoxerweise weniger improvisatorisch und bastlerisch als vielmehr kalkuliert erscheinen lässt. Von Basteleien, die sich innerhalb des Designprozesses ergeben und deshalb letztlich unwillkürlich geschehen, kann hier nicht die Rede sein. Das ›Neue Deutsche Design‹ war zwar vom ›Look‹ her gebastelt, nicht aber von seiner Konzeption her.

Die Wendung des ›Neuen Deutschen Designs‹ lag darin, dass es die ansonsten verdeckte Improvisation des Designs sichtbar machte. Die Zweckentfremdung der Bastelei wurde – wie bei der Obstschale – zur Formidee. Während den Dingen des klassischen Industriedesigns ein aufwändiger Aushandlungsprozess anhand von Zeichnungen, Modellen und Prototypen vorausging, so vollzog sich dieser Aushandlungsprozess im ›Neuen Deutschen Design‹ in einem Zug mit der Produktion des finalen Objekts. Genauer gesagt: Es gibt quasi keinen Designprozess. So wird jeder Einkaufswagenstuhl genauso wie die ursprüngliche, improvisierte Version im

31 | Lévi-Strauss 1977, S. 33.

32 | Jochen Gros: *Möbel in »ÖKO-MODE«*. In: Volker Albus, Michael Feith, Rouli Lecasta, Wolfgang Schepers, Claudia Schneider-Esleben (Hg.): *Gefühlscollagen, Wohnen von Sinnen*. Köln: Dumont 1986, S. 94.

Atelier des Designers produziert. Bis heute stellt *Stiletto* den Stuhl in seiner Berliner Werkstatt selbst her.[33]

Die Verwendung von fertigen industriellen Formen als Material ist jedoch keine genuin gestalterische Strategie, sondern stammt ursprünglich aus der Kunst. Die Transformation von Alltagsgegenständen in einen anderen Kontext war nicht eine Erfindung der gestalterischen Postmoderne, sondern hatte vielmehr ihren Ursprung in der Kunstproduktion. In den 1960er Jahren stand die Unterscheidung zwischen Kunst und Nichtkunst zur Disposition. Nicht nur wurden Dinge des Designs zum Gegenstand künstlerischer Produktion gemacht, auch die Grenzen zwischen den Gattungen, also zwischen Malerei, Skulptur, Architektur, Photographie, Film und Musik lösten sich auf. Durch das Arbeiten mit Verfahren der seriellen Produktion, insbesondere mit Siebdrucktechniken, geriet die Idee der Singularität unter Druck. Die Kunsttheoretikerin Juliane Rebentisch spricht daher von einer Tendenz zur Entgrenzung, die seit den 1960er Jahren gängige Bestimmungen von Kunst infrage stellte.[34] Mit Duchamps Readymades war von Seiten der Kunst eine Annäherung an die Alltagskultur und an das Gewöhnliche erfolgt. Duchamp bediente sich bei seinen Readymades aus dem industriellen Formenschatz, sodass, wie Juliane Rebentisch betont, »[...] die Kunst hier gleichsam unter dem Deckmantel des gewöhnlichen Dinges auftritt.«[35]

Daher könnte man auf Seiten der Kunst eine Hinwendung zum Design vermuten. Dann würden Kunst und Design ineinanderfließen. In dieser Hinsicht bemerkt Michael Erlhoff, der mit der Leitung der *Abteilung Design* bei der documenta 8 beauftragt worden war:

> »Die Entscheidung, erstmals eindringlich Design in eine documenta zu integrieren, ist wohlbegründet, da – erstens – in den vergangenen Jahren Designformen eindrücklich ins Bewusstsein und in die gesellschaftliche Diskussion rückten, weil – zweitens – vonseiten der Kunst wie vonseiten des Design die Abgrenzungen zwischen beiden Bereichen ins Wanken gerieten, außerdem wegen der Beobachtung – also drittens –, daß die argumentative Dimension des Design nun – ähnlich neuen Tendenzen der Kunst – Erfahrbarkeit und Gegenständlichkeit der Objekte radikal auf die Probe stellt.«[36]

Nicht nur der Readymade-Charakter der Entwürfe aus dem ›Neuen Deutschen Design‹ sorgte dafür, dass eine Diskussion um das Verhältnis von Design und Kunst in

33 | Auch der Aufwand und der Preis, den der Designer mit dem Artefakt erzielt, treten weit auseinander: Der ursprüngliche Einkaufswagen stammte von Aldi. Der Preis des von Frank Schreiner modifizierten Einkaufswagens hingegen betrug 415 Mark. Vgl. Spiegel 2 / 1985: *Neue Prächtigkeit*, S. 130.

34 | Vgl. Rebentisch 2013, S. 16.

35 | Ebd., S. 122.

36 | Michael Erlhoff: *100 Tage in Kassel. Kunst und Design zur documenta 8. Mißverständnisse gegen Mißverstand.* In: form 118 II 1987, S. 22.

Gang gesetzt wurde. Die Debatte entzündete sich auch daran, wie die Objekte präsentiert wurden. Da es sich hauptsächlich um Einzelstücke und Kleinserien handelte, eigneten sich die Entwürfe nicht für den klassischen Vertrieb über Kaufhäuser und Läden. Um dennoch einen Markt für die Objekte aus der Eigenproduktion zu schaffen, gab es Versuche, sich in der Kunstwelt zu positionieren.[37] Ausstellungen in Museen, insbesondere *Möbel Perdu – Schöneres Wohnen* (Museum für Kunst und Gewerbe Hamburg, 1982) und die Ausstellung *Gefühlscollagen – Wohnen von Sinnen* sowie eine eigene Sektion innerhalb der *documenta 8* markierten das Interesse am ›Neuen Deutschen Design‹ von Seiten der Kunstinstitutionen. Schließlich berichteten auch große Nachrichtenmagazine wie der Spiegel über die Bewegung.[38]

Die Produktionen des ›Neuen Deutschen Designs‹ wären dann als Objekte der Kunst zu verstehen, weil sie nicht mehr als Gebrauchsobjekte im Sinne der strengen Kategorien des bisherigen Designs bestimmt werden können, weil sie im Museum dem Gebrauchskontext enthoben sind. Sie offerieren zudem über die bloße Funktion hinausgehende Deutungsmöglichkeiten oder, wie Michael Erlhoff es umschreibt, neue »Dimensionen der Erfahrbarkeit«.[39]

Um noch weitere Nähen zur Kunst herzustellen, berief man sich auf eine ›Zeichenhaftigkeit‹ der Entwürfe: »Nicht die Funktion der Gegenstände, sondern ihre Gestaltqualität und Symbolkraft sind das Entscheidende«,[40] schreibt etwa Volker Fischer. Es entwickelte sich in den 1970er Jahren ein ganzes designtheoretisches Feld, das um das Problem der Produktsprache kreiste. Das Designobjekt sollte von nun an nicht mehr nur, wie im bisherigen Design, Gegenstand des Gebrauchs sein, es sollte zum Beispiel »Vehikel für die Vermittlung ideologischer Prozesse«[41] sein. Der ›Offenbacher Ansatz‹ versuchte nach dem Credo *from function to meaning* (Bernhard E. Bürdek) statt des Zwecks die Sinndimension von Artefakten zu beschreiben.

Es wäre jedoch ein fundamentales Missverständnis von Design und Kunst, angesichts der methodischen Überschneidung in der Formfindung das ›Neue

37 | Siehe hierzu auch: Sabine Foraita: *Borderline. Das Verhältnis von Kunst und Design aus der Perspektive des Design.* Braunschweig: Hochschule für Bildende Künste (Diss.) 2005.

38 | Spiegel 2/1985: *Neue Prächtigkeit*, S. 130.

39 | Michael Erlhoff: *100 Tage in Kassel. Kunst und Design zur documenta 8. Mißverständnisse gegen Mißverstand.* In: form Nr. 118 (II 1987), S. 22.

40 | Volker Fischer: *Pop Histoire.* In: Volker Albus, Michael Feith, Rouli Lecasta, Wolfgang Schepers, Claudia Schneider-Esleben (Hg.): *Gefühlscollagen, Wohnen von Sinnen.* Köln: Dumont 1986, S. 83.

41 | François Burkhardt: *Italienische Design-Avantgarde zwischen Realismus und Neomoderne.* In: Volker Albus, Michael Feith, Rouli Lecasta, Wolfgang Schepers, Claudia Schneider-Esleben (Hg.): *Gefühlscollagen, Wohnen von Sinnen.* Köln: Dumont 1986, S. 59. Es ist jedoch fraglich, ob die Politisierung als ein Alleinstellungsmerkmal des ›Neuen Deutschen Designs‹ gegenüber der Moderne sein kann, da Bauhaus und Werkbund bereits gesellschaftspolitische Ziele verfolgt hatten. Es ist stattdessen richtiger zu sagen, dass das ›Neue Deutsche Design‹ die Ausrichtung des Designs änderte, und zwar weg vom erzieherischen Anteil der ›Guten Form‹ hin zu Individualisierung der Produktkultur und ökologischen Überlegungen.

Deutsche Design‹ und Duchamps Readymades und dann in einem nächsten Schritt auch die ganze Kunst und sämtliches Design auf einer Ebene zu sehen.

So konnte die Idee des Readymades nicht einfach auf Designseite wiederholt werden, weil das klassische (Ulmer) Industriedesign bereits eine wichtige Beziehung zum Gewöhnlichen und Alltäglichen unterhielt. Man denke etwa an das Stapelgeschirr von Hans »Nick« Roericht, die Braun-Rasierapparate oder auch an den Raacke-Koffer. Dies waren nicht nur Gestaltungen im Hinblick auf technische Innovation, sondern auch im Hinblick auf den Alltag der Nutzer. Das Alltägliche und Gewöhnliche zu gestalten war bereits genuiner Teil des Programms des gestalterischen Modernismus. In der Verwendung von gewöhnlichen Dingen allein lag also noch keine Provokation. Für den Kunsthistoriker Wolfgang Schepers sind die Arbeiten des ›Neuen Deutschen Designs‹ daher »[...] keine ›Ready-Mades‹ im streng historischen Sinn, weil es dem Gestalter nicht um das provokative Herzeigen bisher nicht ›Design-würdiger‹ – so wie Anfang unseres Jahrhunderts nicht ›Kunst-würdiger – Dinge geht [...].«[42]

Auch stellt sich dann, wenn Kunst und Design miteinander kurzgeschlossen werden und alle Unterschiede fallengelassen werden, ein begriffliches Problem. Die Unterscheidung von Design und Kunst ist schon aus systematischer Sicht, wie Juliane Rebentisch argumentiert, nützlich: »[...] schließlich sollte man ja selbst im Blick auf die Übergangsphänomene noch die Pole angeben können, die sich da aufeinander öffnen.«[43] Ein Begriff von Kunst, der im Zuge der Entgrenzungstendenzen seit den 1960er Jahren den Begriff von Autonomie ganz aufgibt, wäre »konzeptuell leer«, wie Rebentisch festhält.[44] Umgekehrt wäre dann Design, das für sich in Anspruch nimmt ›autonom‹ im Sinne der Kunst zu sein, ohne eigenen Bezugspunkt. So würde die besondere Kategorie des Einzelstücks innerhalb des Designs zum Beispiel einen eigenen Werkbegriff erfordern, der nicht von einer Autonomie im Sinne von Kunst ausgeht.[45]

Was Kunst ist und was nicht, steht und fällt, wie Juliane Rebentisch erklärt, mit der Frage nach ihrer Autonomie.[46] Die Autonomie der Kunst wird jedoch nicht mehr durch die Einzigartigkeit des Kunstwerks oder seine Gattung bestimmt, sondern durch die besondere Struktur der ästhetischen Erfahrung, die nur Kunstwerken zu eigen ist.

42 | Wolfgang Schepers: *Möbel zwischen Kunst und Design*. In: Volker Albus, Michael Feith, Rouli Lecasta, Wolfgang Schepers, Claudia Schneider-Esleben (Hg.): *Gefühlscollagen, Wohnen von Sinnen*. Köln: Dumont 1986, S. 37.

43 | Rebentisch 2013, S. 33.

44 | Juliane Rebentisch: *Ästhetik der Installation*. Frankfurt am Main: Suhrkamp 2003, S. 13.

45 | Siehe: Tido von Oppeln: *Für einen Werkbegriff im Design*. In: Jörg Huber, Burkhard Meltzer, Heike Munder, Tido von Oppeln (Hg.): *It's Not a Garden Table. Kunst und Design im erweiterten Feld*. Zürich: Ringier 2011.

46 | Vgl. Rebentisch 2003, hier bes. S. 9–17.

> »Autonom ist Kunst nicht, weil sie auf diese oder jene Weise verfaßt ist, sondern weil sie einer Erfahrung stattgibt, die sich aufgrund der spezifischen Struktur der Beziehung zwischen ihrem Subjekt und ihrem Objekt von den Sphären der praktischen und der theoretischen Vernunft unterscheidet.«[47]

Für Juliane Rebentisch wird ein Gegenstand erst dann Kunst, wenn er einen eigenen, kunstspezifischen Prozess der ästhetischen Erfahrung in Gang setzt. Die Erfahrung eines Werks der Kunst spielt sich dabei zwischen dem Subjekt und dem Gegenstand der ästhetischen Erfahrung ab. »Ästhetische Erfahrung [...] gibt es nur in Bezug auf einen ästhetischen Gegenstand; umgekehrt wird dieser zum ästhetischen nur durch die Prozesse der ästhetischen Erfahrung.«[48] Kunstwerke sind dann – wie Rebentisch im Anschluss an Adorno argumentiert, durch einen »Rätselcharakter« bestimmt.[49] Insbesondere bei Grenzfällen wie dem Readymade – das nicht mehr wegen seiner Medialität oder seiner Gattung als Kunst erkennbar ist – bemerken wir dann den strukturellen Unterschied zwischen einem Gegenstand der Kunst und einem Gegenstand des Designs. Am Readymade markiert das »Rätselhaftwerden des gewöhnlichen Dings«[50] die Differenz zu einem Gegenstand des Designs.

Diese Rätselhaftigkeit wird im Fall des Readymades durch eine bloss minimale Transformation hervorgerufen. Dennoch verändert sie unsere Erfahrung des vorliegenden Gegenstandes.

> »Denn die künstlerischen Verfahren der Verfremdung, der Dekontextualisierung, der spezifischen Markierung, wie minimal sie auch sein mögen, zielen darauf, uns in ein verändertes Verhältnis zur Welt der Gebrauchsgegenstände zu setzen. Besonders augenfällig wird diese Operation dort, wo wir es mit Gegenständen zu tun haben, die uns, anders als diejenigen Objekte, die wir im emphatischen Sinne unter den Titel »Design« stellen würden, zu alltäglich, zu banal, zu nah sind, als dass uns ihre spezifische Gestaltung auffallen würde. Kunst zielt dann darauf, den gewöhnlichen Dingen ihre Vertrautheit zu nehmen, durch die sie in unserer Wahrnehmung unauffällig geworden sind [...].«[51]

Es geht also darum, unseren Blick auf die Dinge des Gebrauchs zu verändern. So kann, auch wenn Designprodukte ähnlich wie Readymades aus vorliegenden Teilen zusammengesetzt, in Galerien gezeigt und als Einzelstücke verkauft werden, hier von Kunst im emphatischen Sinne nicht die Rede sein. Trotz Zeichenhaftigkeit und Galeriekontext handelt es sich immer noch potentiell um Gegenstände des

47 | Ebd., S. 12.

48 | Ebd.

49 | Rebentisch 2013, S. 34.

50 | Ebd., S. 133. Hier nimmt Juliane Rebentisch Bezug auf einen Text von Arthur C. Danto: *Die Verklärung des Gewöhnlichen. Eine Philosophie der Kunst.* Frankfurt 1984.

51 | Ebd, S. 133f.

Gebrauchs. Sie haben keinen Rätselcharakter. Dies gilt im Übrigen auch für Dinge, die in ihrer Funktion zunächst unbestimmt sind, wie eine umbaubare Lampe oder ein modulares Möbelsystem. Sie bleiben grundsätzlich, was sie sind, sie haben einen »spezifischen Sinn«.[52] Im Unterschied zu diesen in Bezug auf ihre Funktion offenen Gebrauchsgegenständen ist das offene Kunstwerk, wie Juliane Rebentisch ausführt, »[...] von einer Spannung durchzogen, die noch dem vielgestaltigsten Gebrauchsgegenstand – eben weil er von sich aus, das heißt als Gegenstand des Gebrauchs, keinen Rätselcharakter hat – nicht in vergleichbarer Weise innewohnt.«[53] Selbst der im Museum präsentierte Designgegenstand bleibt mit Rebentisch ein Designgegenstand, weil er auf die bloße Möglichkeit seines Gebrauchs verweist. Auch der Einkaufswagenstuhl und die Obstschale bleiben immer noch – trotz aller Verweisungszusammenhänge, die sie offerieren, in erster Linie als Stuhl und Schale erkennbar. Sofern auch das ›Neue Deutsche Design‹ auf diese Weise schließlich auf die Kategorie des Gebrauchs rückführbar ist, handelt es sich eben um Design und nicht um Kunst.

Recycling-Strategien: Das *Reifensofa* der Gruppe *Des-In*

Nicht nur begriffliche Debatten um Verfahren künstlerischer oder gestalterischer Produktion gaben Anlass zur Diskussion über die Grenzen des Designs. Im Zuge der Ölkrise und der beginnenden Ökobewegung begannen Designer, die bisherigen, auf Massenproduktion und Funktionalismus fokussierten Designbegriffe in Frage zu stellen.[54] Sie waren mit ihrer Rolle als Dienstleister der Industrie unzufrieden.[55] Das Industriedesign hatte das ursprüngliche Versprechen einer Demokratisierung

52 | Rebentisch 2013, S. 33. Auch Umberto Eco – auf den sich Rebentisch bezieht – vertritt die Auffassung, dass ein Kunstwerk wesentlich durch seine verschiedenen Deutungsmöglichkeiten bestimmt ist. Daher die Rede vom ›Offenen Werk‹. Ein Verkehrsschild etwa (ein Gebrauchsobjekt), erklärt Umberto Eco, kann dagegen »ohne Irrtum nur in einem einzigen Sinne aufgefaßt werden und hört, wenn es phantasiehaft umgedeutet wird, auf, dieses Signalschild mit seiner besonderen Bedeutung zu sein.« Umberto Eco: *Das Offene Kunstwerk.* Frankfurt am Main: Suhrkamp 1973, S. 30.

53 | Ebd., S. 34. Hier bezieht sich Rebentisch auf Alexander García Düttmann, der ebenfalls auf die Idee der Rätselhaftigkeit verweist. Bei Düttmann heißt es: »Je mehr man in das Kunstwerk eindringt, es nach- oder mitvollzieht, je mehr man es nach der Seite seines Was hin aufschliesst und sich mit ihm vertraut macht, desto schlagartiger klappt es plötzlich zu und entwindet sich der Teilnahme, desto verblüffter und verwirrter erfährt der Teilnehmende die Fremdheit der Kunst, die Unmöglichkeit, sie einem Zweck unterzuordnen und ihre Hervorbringung als sinnvoll zu rechtfertigen.« Alexander García Düttmann: *Tief Oberflächlich.* In: Jörg Huber, Burkhard Meltzer, Heike Munder, Tido von Oppeln (Hg.): *It's Not a Garden Table. Kunst und Design im erweiterten Feld.* Zürich: Ringier 2011, S. 184.

54 | Johannes Lang hat diese sich seit der Ökobewegung entwickelnde Prozessästhetik aus Sicht der Kunstwissenschaft dokumentiert. Siehe: Johannes Lang: *Prozessästhetik. Eine ästhetische Erfahrungstheorie des ökologischen Designs.* Basel: Birkhäuser 2014.

55 | Vgl. Abraham A. Moles: *Die Krise des Funktionalismus.* (1968) In: Klaus Thomas Edelmann, Gerrit Terstiege (Hg.): *Gestaltung denken. Grundlagentexte zu Design und Architektur.* Basel/Boston/Berlin: Birkhäuser 2010.

der Produktkultur nicht einlösen können.[56] Das Design der ›Guten Form‹ steckte nun in einem Dilemma: Die von Werkbund und Bauhaus ursprünglich angestrebten Ziele von Langlebigkeit, Materialgerechtigkeit und Ehrlichkeit wurden durch die ständige Neuauflage der Produkte unterminiert.[57] Somit schienen die Grundlagen des klassischen Industriedesigns auf dem Spiel zu stehen.[58] Im Rahmen erster ökologischer Überlegungen zur Überflussgesellschaft waren die Grenzen des Industriedesigns sichtbar geworden. Diese Diagnose findet sich insbesondere bei Albrecht Wellmer. Die Probleme der Moderne, so Wellmer, sind auf die Probleme der Massenproduktion, nämlich die mangelnde Möglichkeit der Individualisierung, Geschichtslosigkeit und Traditionszerstörung und in besonderem Maße auf Naturzerstörung zurückzuführen. Mehr noch: Sie sind von ihrer Gestaltung her allein auf den Zweck reduziert: »Die Reduzierung des Schönen auf das Zweckmäßige [...] bewirkt, daß die industriell gefertigten Gegenstände alles Bedeutungshafte von sich abstoßen und zum Zeichen ihrer Funktion, zum bloßen Mittel werden.«[59]

Die von dem Designtheorie-Professor Jochen Gros 1974 an der HfG gegründete Gruppe *Des-In* setzte daher die Verwertung vorgefundener Objekte an die Stelle des üblichen massenproduzierten Designs. Die Recycling-Entwürfe von *Des-In* wurden von den Designern selbst produziert und auf lokalen Märkten verkauft.[60] Zugleich entwickelten *Des-In* Ideen, wie auch Konsumenten die Entwürfe in Eigenproduktion selbst herstellen könnten, sie experimentierten mit partizipatorischen Gestaltungsansätzen. Im Zentrum des Designkonzepts von *Des-In* stand die Verwendung umweltschonender Materialien und Produktionstechniken. Dies bedeutete einen Bruch mit allem bisherigen Design. Die Produktionen von *Des-In* – etwa ein aus Offsetblech gefalteter Lampenschirm oder ein Tischbock aus ›Knüppelholz‹ – muten äußerst rudimentär an.

In der Rückführung des Designs auf vorgefundene, recycelte und unbehandelte Materialien waren *Des-In* die Wegbereiter des ›Neuen Deutschen Designs‹. Außerdem nahmen sie die Produktionsstrategien des holländischen Designs der 1990er Jahre (*Droog*) vorweg, und schließlich müssen aktuelle Tendenzen im

56 | Etwa hier: »Noch ein Klischee: Massenfabrikation ist demokratisch! Längst wird von Sozialwissenschaftlern und Ökonomen zur Requalifizierung der Arbeit das ›Ende der Massenfabrikation‹ verkündet.« Borngräber 2010, S. 196.

57 | Diese ökonomischen und ökologischen Implikationen der Funktionalismusdebatte sind für mich jedoch weniger ausschlaggebend, da ich Improvisation zunächst einmal als Formgebungsmethode betrachte und nicht noch weitere, damit verbundene Probleme der Ökonomie und Ökologie. Teilweise spielen sie aber in die heutige Diskussion um das *Open Design* hinein.

58 | Auch Wolfgang Fritz Haugs Kritik der Warenästhetik, eine marxistische Konsumkritik der 1970er Jahre, trug maßgeblich zur Krise des klassischen Industriedesigns bei. Hierzu: Wolfgang Fritz Haug: *Kritik der Warenästhetik. Gefolgt von Warenästhetik im High-Tech-Kapitalismus*. Frankfurt am Main: Suhrkamp 2009.

59 | Wellmer 1985, S. 116.

60 | Mitgründer waren die Studenten Philine Bracht, Bernd Brockhausen, Michael Walz, Michael Kurz, Lothar Müller und Irmtraud Hagmann. Die Gruppe existierte bis 1980.

Autorendesign und in der *Maker-Kultur* ebenfalls mit den bei *Des-In* vorweggenommenen Ideen in Verbindung gebracht werden.

Das wohl bekannteste Stück von *Des-In*, das *Reifensofa* (1975, siehe Abb. 35) gilt als einer der ersten Entwürfe des ›Neuen Deutschen Designs‹. Es wurde aus gebrauchten Autoreifen, einem Jutesack, der mit Stroh gepolstert wurde, und Seilen zusammengesetzt. Die Reifen wurden einfach übereinandergestapelt, sie bilden an den Seiten Armlehnen. So greift der Entwurf auf formaler Ebene die Grundstruktur eines gewöhnlichen Sofas auf – es besitzt Armlehnen und eine Rückenlehne.

Der Eindruck der Vorläufigkeit und des Prozesshaften wird durch die Art und Weise der Präsentation verstärkt: Das Sofa wurde vor einer maroden Fabrikwand fotografiert. Auch hier kann man von dem Objekt ausgehend auf dessen Entstehungsprozess schließen.

Das *Reifensofa* muss als Versuch gesehen werden, Gebrauchtes wiederzuverwerten. Die Reifen waren tatsächlich recycelt worden. Mehr noch als für *Stiletto* und Axel Stumpf, die das ästhetische Leitbild der ›Guten Form‹ sowie das Prinzip der Serienproduktion ironisierten, stand für die Offenbacher Gruppe *Des-In* der Umweltgedanke im Vordergrund.[61] In diesem Zusammenhang ist auch die Idee zu verstehen, dass die Entwürfe von den Nutzern selbst umgesetzt werden sollten.[62] Das *Reifensofa* war als ein Vorschlag konzipiert, wie der Nutzer gebrauchte Reifen zu einem eigenen, individuellen Sofa umfunktionieren und damit wieder verwerten kann.

In dieser Hinsicht ist das *Reifensofa* jedoch, verglichen mit den anderen im ›Neuen Deutschen Design‹ entstandenen Entwürfen, eine Ausnahme. Denn vornehmlich diente die Improvisation im ›Neuen Deutschen Design‹ nicht der Partizipation, also der Öffnung des Designs für Laien. Die Entwerfer problematisierten die Formgebungsprinzipien des Modernismus vielmehr, indem sie die Improvisation zur Methode der ›professionellen‹ Gestaltung erklärten. Die Entwürfe wurden dann genau so, wie man sie ursprünglich improvisiert hatte, als Serien produziert. Von der Ausführung her waren sie jedoch kaum von gewöhnlichen Hobbybasteleien zu unterscheiden. Dies gilt umso mehr für die *Des-In*-Entwürfe, die zum Nachbau anregen sollten und damit tatsächlich zum Gegenstand von Hobbybastelei werden sollten.

An welcher Stelle kann hier nun noch eine Grenze zwischen Design und Bastelei gezogen werden? Erfuhr die Bastelei vielleicht eine Transformation?

Was die Produktionen des ›Neuen Deutschen Designs‹ angeht, so kann die Unterscheidung zwischen Design und Bastelei weniger über die Ausführung oder über die Methode vollzogen werden – denn in diesen beiden Hinsichten sind die Arbeiten von der ›echten‹ *Bricolage* kaum zu unterscheiden – als über die Konzeption, die punktgenau an den Bruchstellen des klassischen Industriedesigns ansetzte.

61 | Vgl. Bürdek 1991, S. 348 sowie: Eisele 2000, S. 102.

62 | Siehe hierzu die Dokumentation der *Des-In*-Arbeiten auf der Seite von Jochen Gros: http://www.jochen-gros.de/A/*Des-In*.html (letzter Zugriff 29.03.2015).

Durch die Eigenproduktion brachen die Protagonisten des ›Neuen Deutschen Designs‹ mit der im Industriedesign vorgenommenen Trennung des Designs vom Handwerk, außerdem brachen sie mit der Trennung von Planung und Ausführung, da die Bastelei gleichzeitig ihr Produkt ist. Auch von der Methode her war das ›Neue Deutsche Design‹ als Antithese zum Industriedesign und dessen Planungsmethoden geeignet.

Die Geste des Dilettantismus und die Hinwendung der Designer zur Hobbybastelei ist insgesamt im Kontext der bisherigen Designgeschichte zu sehen. Die Entwerfer des ›Neuen Deutschen Designs‹ verfolgten eine von der bisherigen Gestaltung informierte, bewusste Strategie. In dieser Intentionalität scheint ein wesentlicher Unterschied zwischen Design und Bastelei zu liegen. Charles Jencks beispielsweise merkt an, dass sich Bastelei und Ingenieurwesen (beziehungsweise Design) weniger in ihrer Art oder Qualität unterscheiden, als in ihrer Intention: »The distinction between *bricolage* and engineering or science is one of degree and intention rather than of kind or quality [...]«.[63]

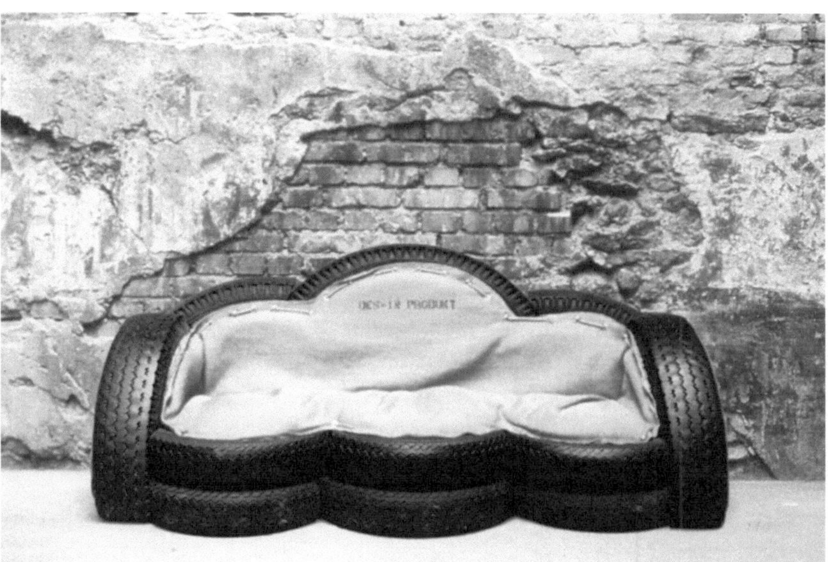

Abb. 35: *Reifensofa*, *Des-In* 1975. Aus alten Autoreifen, einem Jutesack sowie Polsterung zusammengesetztes Möbel (Foto: Jochen Gros).

63 | Jencks / Silver 1977, S. 17.

Noch ausführlicher diskutiert wird dieser basale Unterschied in einer Studie zum sogenannten *Non Intentional Design* von Uta Brandes, Sonja Stich und Miriam Wender, die im Zusammenhang mit gestalterischer Improvisation viel zitiert wird. Sie schreiben: »Non Intentional Design (NID) bezeichnet die alltägliche Umgestaltung des Gestalteten durch die Nutzerinnen und Nutzer. Es schafft kein neues Design, es gebraucht nur, ersetzt dadurch aber Altes und erzeugt Neues.«[64] Die Autorinnen trennen die Tätigkeiten der ›Laien‹ von denen der ›Profis‹. Beim *Non Intentional Design* geht es um die Aneignung des bereits Gestalteten durch Improvisation. Kurz gesprochen: Es handelt sich um Zweckentfremdungen im Alltag.[65] Gegenstand dieser Aneignungen sind, wie im ›Neuen Deutschen Design‹, industrielle Massenprodukte, die sich auch für andere Zwecke eignen. Meist sind dies Behälter aller Art, besonders Einmachgläser und Obstkisten, das als Flaschenöffner verwendete Feuerzeug, aber auch typische Bastelarbeiten wie das Bett aus Euro-Paletten. Auf den ersten Blick ähneln sie der Obstschale, dem Einkaufswagenstuhl und dem *Reifensofa*, aber: »NID [Non Intentional Design] beschreibt das, was Menschen ohne gestalterische Absicht, sozusagen unproblematisch und meist situativ, in Gang setzen, weil sie sich ein Problem vergegenwärtigen oder für sich Probleme lösen müssen oder wollen.«[66] Die alltäglichen Zweckentfremdungen sind so beschaffen, dass sie nicht mit einer Formgebungsabsicht korrelieren.

> »Nicht intentionales Design bedeutet, Dinge spontan, aus einem momentanen Bedürfnis heraus, umzunutzen. Die Intentionen für diese Umnutzung sind weder gestalterischer, künstlerischer noch kommerzieller Natur.«[67]

Die Zweckentfremdungen des ›Neuen Deutschen Designs‹ hingegen müssten den Autorinnen zufolge als intentional gelten, sofern sie vor dem Horizont eines Gestaltungsprojektes, und zwar als Teil eines Konzepts zu sehen sind. Deshalb werden sie von den Autorinnen der Studie als »intentionales Gestalten« bewertet, obwohl sie sich auf den ersten Blick kaum von der reinen Bastelei unterscheiden.[68]

Die auch ›Anti-Design‹ genannten Entwürfe des ›Neuen Deutschen Designs‹ erschienen gegenüber dem Pragmatismus der Nachkriegsmoderne schrill, laut und

64 | Uta Brandes: *Non Intentional Design.* In: Michael Erlhoff, Tim Marshall (Hg): *Wörterbuch Design.* Basel: Birkhäuser 2008, S. 291.

65 | Vgl. ebd., S. 10. Zweckentfremdung bezeichnet für die Autorinnen den Widerspruch zwischen der gewollten und der tatsächlichen Nutzung eines Produkts. »Zwei Parameter werden immer wieder zitiert, anhand derer sich die Eigenart eines Objektes ablesen lässt: Die Funktion und die Form eines Gegenstandes. Während die Funktion dem Objekt sozusagen »Vernunft« verleiht und darüber sein Dasein rechtfertigt, verkörpert die Form diese im Sosein des Objekts. [...] Bezogen auf NID stellen wir allerdings fest, dass spätestens im Gebrauch ähnliche Formen für denselben Zweck verwendet werden.« Brandes / Stich / Wender 2008, S. 55.

66 | Ebd., S. 13.

67 | Ebd., S. 35.

68 | Vgl. ebd., S. 19.

eigenwillig. Mehr noch: Man verhöhnte den Ulmer Funktionalismus und seine Gesetzmäßigkeiten. So schrieb etwa Axel Stumpf, einer der Mitinitiatoren des *Kaufhaus des Ostens*, des Ausstellungsprojekts von Berliner Studenten:

> »Das *Kaufhaus des Ostens* geht eine neue, aufregende Liaison mit der Industrie ein. Wir gebrauchen, verwerten und verdauen das, was sie sowieso ausstösst. Wir starten eine Entdeckungsreise durch die Lagerhallen der Fabriken, durchstöbern die vollen Regale der Groß-, Zwischen- und Einzelhändler [...] – überall warten potentielle Möbel auf uns, überall springen uns Halb- und Fertigzeuge in die Finger, die neu zusammengesetzt werden wollen.«[69]

Dieser Dilettantismus ist also – und dies gilt es im Folgenden genauer zu diskutieren – nur Vorderhand der Dilettantismus einer alltäglichen Bastelei. Es handelt sich um eine ausdrücklich gegen die gestalterische Moderne gewendete Strategie. Selbst wenn im ›Neuen Deutschen Design‹ Zweckentfremdungen vorkommen, so werden diese bewusst als Formprinzip gegen die bisherige Gestaltung eingesetzt.

Improvisation als Provokation gegen den gestalterischen Funktionalismus

Die – wenn auch vordergründige – Tendenz zur Laienhaftigkeit hatte nicht unerhebliche Folgen für den Designbegriff. Indem man Improvisation und nicht Planung zum Formprinzip machte, wandte man sich von den Paradigmen des bisherigen Designs ab. Das Paradigma der Serienproduktion, die Idee des Funktionalismus, aber auch die Trennung des Designs vom Handwerk erschienen brüchig. Die Leistung des ›Neuen Deutschen Designs‹ lag daher weniger auf der Ebene der Gestaltung einzelner Formen, als in seiner konzeptionellen Strategie. Die Arbeiten, und dafür ist insbesondere das *Reifensofa* paradigmatisch, markieren einen bestimmten Moment innerhalb der Designgeschichte, in dem sich der bisherige strenge Funktionalismus der Nachkriegsmoderne als problematisch erwiesen hatte. Man kritisierte das moderne Design insbesondere für seinen Optimismus gegenüber der Technik der Serienproduktion,

> »[weil] der Umgang mit dem Reiz der Unvollkommenheit, dem Unfertigen, der Materialrohheit, dem Aus-der-Bahn-Geratenen dem optimistischen Grundanspruch der klassischen Moderne entgegenläuft. Mehr noch: Er verletzt durch den Verweis auf die Endlichkeit aller Produkte und die Unendlichkeit der Wiederverwertung das Berufsethos herkömmlicher Designer, das sich im endlosen

69 | Axel Stumpf: *Manifest des Kaufhaus des Ostens*, abgedruckt in: Max Borka: *Nullpunkt. Nieuwe German Gestaltung*. Herford 2009, S. 120.

> Reproduzieren vermeintlich neugearteter und neugestalteter Funktionstüchtigkeiten im Produktdesign manifestiert.«[70]

Was nun die verschiedenen Designpositionen im ›Neuen Deutschen Design‹ eint, ist ihre Opposition zum Funktionalismus. Was aber steckt hinter diesem Begriff?

Als Begründer des Funktionalismus gilt der Chicagoer Architekt Louis H. Sullivan mit seiner Formel des *Form Follows Function*. Diese Formel, die in den allgemeinen Sprachgebrauch eingetreten ist, erschien erstmals in Sullivans Aufsatz *The tall office building artistically considered* von 1896. Hier jedoch war *Form Follows Function* nicht im Sinne des technokratischen Rationalismus gemeint, der der Idee heute oftmals angelastet wird.[71] Vielmehr wollte Sullivan die Idee des *Form Follows Function* in Analogie zu Formen aus der Natur verstanden wissen. Ähnlich wie natürliche Formen sich in evolutionären Prozessen an der Funktion orientieren, sollte auch Gestaltung sich aus der Funktion her ableiten lassen:

> »Whether it be the sweeping eagle in his flight, or the open appleblossom, the toiling work-horse, the blithe swan, the branching oak, the winding stream at its base, the drifting clouds, over all the coursing nun, form ever follows function, and this is the law. Where function does not change, form does not change.«[72]

Wie Claudia Mareis betont, darf Sullivan aber nicht als alleiniger Urvater dieser Idee gesehen werden, »[...] vielmehr hatte sich die Formel im Kontext der Chicagoer Schule, der Sullivan angehörte, zu jener Zeit schon zu einem ›Allgemeingut‹ verfestigt [...].«[73]

Von nun an galt die Idee des *Form Follows Function*, von Sullivan zugespitzt, als Leitmotiv der modernen Gestaltung. Sie entwickelte sich jedoch immer mehr zum Selbstzweck des modernen Industriedesigns. Sinnbildlich für einen solcherart

70 | Albus/Borngräber 1992, S. 16.

71 | Andreas Dorschel zum Beispiel macht daher auf eine Doppeldeutigkeit des Wortes Funktion aufmerksam: Funktion kann sowohl praktische Funktion bzw. Zweck als auch technische Funktionsweise bzw. Produktionsweise meinen. Vgl. Andreas Dorschel: *Gestaltung. Zur Ästhetik des Brauchbaren.* Heidelberg: Winter 2003, S. 38. In dieser Weise haben insbesondere Architekten ihre gestalterischen Entscheidungen als ›funktional‹ legitimiert, etwa ein besonders hohes Haus, das deshalb ›funktional‹ zu sein scheint, weil es die Möglichkeiten der Technik ausschöpft. Andreas Dorschel schlägt nun vor, immer zwischen Zweck und Technik zu unterscheiden und einen Gegenstand erst dann ›funktional‹ zu nennen, wenn beide Dinge zusammenwirken. Vgl. ebd.: S. 39f. Bruno Latour kritisiert den Funktionalismus, wie Dorschel, weil er eine Dichotomie zwischen Funktion und Design begründet, welche die Möglichkeit nahelegt, die Form auch von der Funktion zu trennen und damit das Design, wenn man es als Form auffasst, als etwas Zusätzliches und der Funktion Äußerliches zu behandeln. Vgl. Latour 2009.

72 | Louis H. Sullivan: *The tall office building artistically considered.* In: *Lippincott's monthly magazine*, Philadelphia 1896, S. 408.

73 | Mareis 2014, S. 64 unter Bezugnahme auf einen Aufsatz von Annette Geiger: *›Form follows function‹ als biozentrische Metapher.* In: Annette Geiger, Stefanie Hennecke, Christin Kempf (Hg.): *Spielarten des Organisatorischen in Architektur, Design und Kunst.* Berlin 2005, S. 51–67.

falsch verstandenen Funktionalismus ist Adolf Loos' Streitschrift *Ornament und Verbrechen* (1908). Adolf Loos radikalisierte die Idee Sullivans und assoziierte damit eine rein auf die Funktion reduzierte Gestaltung, die alles Überflüssige weglassen solle. Funktionalismus im Sinne Loos' bedeutete die Abwesenheit des Ornaments. Von nun an war das Ornament in der Gestaltung verpönt. Diese Haltung vertrat beispielsweise auch Dieter Rams in seinen berühmten *Zehn Thesen zum Deutschen Design*. Er forderte: »Gutes Design ist so wenig Design wie möglich«.[74] Design sollte als ein Prozess der ständigen Reduktion verstanden werden, etwa durch das Einsparen von Material und Volumen. Dieses Programm wurde bis 1995, als Rams die Firma Braun verließ, für alle Braun-Entwürfe durchgehalten.

Besonders an der HfG Ulm setzte sich eine strenge Auslegung des *Form Follows Function* durch, die viel weiter ging als das ursprünglich von Sullivan angedeutete Verhältnis von Form und Funktion.[75] Die Methodologie, und darauf zielt meine Kritik schließlich ab, verkürzte den Gestaltungsprozess, weil sie die materiellen Anteile der Gestaltung ausblendete. Dies hing auch damit zusammen, dass man die Idee des Funktionalismus auf die Gestaltungsprozesse als solche übertragen hatte. Die Gestaltungsprozesse sollten ebenso rational verlaufen wie die im Sinne einer technischen Rationalität hergestellten Serienprodukte. Improvisation und Bastelei, die notwendigerweise dann vorkommen, wenn Formen materialisiert werden müssen, passten nicht in das schlüssige Bild des funktional durchorganisierten Designprozesses.

An der HfG Ulm hatte man also eine Interpretation der Frage des Verhältnisses von Form und Funktion vertreten, die alle Aspekte eines Produkts, auch seine ästhetischen Anteile, unter dem Begriff der Funktion subsumierte.[76] Während Braun-Feldweg – als ein ›gemäßigter Funktionalist‹ – beharrlich darauf hingewiesen hatte, dass die Form nicht nur technischen oder funktionalen, sondern auch »irrationalen« Ursprungs sein müsse,[77] hatte Max Bill, Rektor und Mitgründer der HfG Ulm, konstatiert, dass eine Form sich stets aus der Funktion heraus entwickelt. Dies wird etwa in seinem Aufsatz *Schönheit aus Funktion und als Funktion* von 1949 deutlich. Hier heißt es, die Dinge sollten »[...] gestaltetet [sein] im sinne einer

74 | Rams 1995, S. 6f.

75 | Vgl. Spitz 2002, S. 15.

76 | Klaus Krippendorff etwa nennt die vier Unterpunkte von Funktion, wie sie Max Bill an der HfG Ulm lehrte: 1. Die technische Funktion, womit alle mechanischen und technischen (Gebrauchs-) Zusammenhänge eines Gegenstandes gemeint sind (nicht zu verwechseln mit der Herstellung). 2. Materialgerechtigkeit, gemeint damit ist die Verwendung eines Materials in dem Kontext, der ihm am ehesten entspricht. 3. Herstellungsfunktion (Hier kommt der Aspekt des Funktionalismus zum Tragen, auf den vor allem Braun-Feldweg aufmerksam machte, nämlich die Anpassung einer Form auf die industrielle Reproduktion hin). 4. Ästhetische Funktion: Mit Max Bill war dies das Zusätzliche an einem Produkt, was nicht unter die ersten drei Punkte fällt. Hier hatte zwar die Kunst einen gewissen Anteil an der Gestaltung, jedoch: »In Ulm, the aesthetic function came to embrace such virtues as consistency, simplicity, symmetry, clarity, cleanliness, and honesty [...].« Krippendorff 2006, S. 298ff.

77 | Braun-Feldweg 1966, S. 60.

schönheit, die aus der funktion heraus entwickelt ist und durch ihre schönheit eine eigene funktion erfüllt.« [78]

Diese Form des Funktionalismus hatte zwar zu einem sehr erfolgreichen, minimalistischen Gestaltungsstil geführt. Der Funktionalismus geriet jedoch – wie auch die darauf basierenden Designmethoden – in eine Krise und wurde spätestens gegen Ende der 1960er Jahre zu einem Kampfbegriff der Designtheorie. An die Stelle des singulären, handwerklichen Produkts hatte der Funktionalismus eine immergleiche, durchschnittliche Form gesetzt, wie Albrecht Wellmer bemerkt:

> »Industrielle Massenprodukte entbehren mit der Individualität auch einer wichtigen Bedingung der Sprachlichkeit: Sie können die Zwecke, die sie verkörpern, nicht individualisieren, und dies setzt der Möglichkeit eines aus der Vermittlung von Materialien, Formkonstruktionen und Zwecken resultierenden Ausdrucks Grenzen.«[79]

Die Kritik kam zuallererst aus den Reihen von Designern, welche die Idee des Funktionalismus ursprünglich selbst mitgetragen hatten. In der Folge wurde Funktionalismus zu einem Kampfbegriff. Heute plädiert etwa Wolfgang Jonas dafür, den Begriff ganz zu »archivieren«.[80]

In der Zeitschrift *form* gab es Ende der 1960er Jahre eine Diskussion über die Tragfähigkeit des Funktionalismus. Hier äußerten sich auch Vertreter des *Design Methods Movement*, die nicht nur die Probleme der Methodologie, sondern zugleich die Probleme eines einseitigen und falsch verstandenen Funktionalismus ansprachen. So schreibt etwa Abraham A. Moles, der auch zum Umfeld der HfG Ulm gezählt werden kann:

> »Innerhalb bestimmter Sektoren der Produktion und Konsumption wird der Funktionalismus gewiß seine Gültigkeit bewahren. Doch ist der Funktionalismus in der jüngsten Periode der westlichen Zivilisation in das Kräftefeld der Überflußgesellschaft gerückt.«[81]

Es gab eine Diskrepanz zwischen der strengen Auslegung des Funktionalismus und den tatsächlichen Produktionen der Designer. Christopher Alexander zum Beispiel wollte alle Formen aus ihren Funktionen respektive aus dem Kontext ableitbar

78 | Max Bill: *Schönheit aus Funktion und als Funktion.* In: Klaus Thomas Edelmann, Gerrit Terstiege (Hg.): *Gestaltung denken. Grundlagentexte zu Design und Architektur.* Basel / Boston / Berlin: Birkhäuser 2010, S. 35.

79 | Wellmer 1985, S. 128.

80 | Wolfgang Jonas' Kommentar zum Beitrag *Die Krise des Funktionalismus* von Abraham A. Moles (1968) In: Klaus Thomas Edelmann, Gerrit Terstiege (Hg).: *Gestaltung denken. Grundlagentexte zu Design und Architektur.* Basel u. a., Birkhäuser 2010, S. 270.

81 | Moles 2010 (1968) S. 271.

machen. Das Problem der ›Notes‹ und der hier in ihrem Ansatz bereits vorformulierten *Pattern Language* bestand aber darin, dass Alexander unkalkulierbare Formentscheidungen im Designprozess, etwa bei der Materialisierung von Modellen anhand von Improvisation, ausklammerte. Damit entgingen Alexander jedoch wesentliche Momente der Formgebung. Eine Form kann aber nicht ausschließlich aus ihrem Kontext oder aus der Technik oder aus einem Set von Anforderungen heraus entwickelt werden. Zum einen, weil es immer einen Übergang zwischen der abstrakten Beschreibung des Problems und dessen Konkretisierung im Produkt braucht. Diesen Übergang bewerkstelligen Designer mittels der Methode, die ich als Improvisation identifiziert habe. Zum anderen, weil es immer auch etwas Ästhetisches, Irrationales an einem Designobjekt geben muss. An einem Designprodukt, auch am Braun-Rasierer, gibt es immer etwas, das in der Funktion nicht aufgeht, wie etwa die Noppenstruktur des Rasierapparates, die auch als zusätzliches Ornament verstanden werden kann.[82]

Insbesondere Adorno war im Zuge der Funktionalismusdebatte für ein solch produktives Verständnis des Ornaments eingetreten. Er bezeichnete in seinem Vortrag vor dem Werkbund (*Funktionalismus heute*, 1965) die Streitschrift von Loos als dogmatisch und eindimensional: Das Zweckfreie (Ornament) am Gegenstand sei geschichtlich begründet und darin in bestimmter Weise funktional: »Zweckfreies und Zweckhaftes in den Gebilden sind darum nicht absolut voneinander zu trennen, weil sie geschichtlich ineinander waren.«[83]

Ein Ornament ist im Kontext industrieller Produktion oftmals der Rest einer überkommenen handwerklichen Produktionsweise, die am industriell produzierten Gegenstand wiederholt wird. Adorno argumentierte dabei nicht gegen die Idee von Funktionalität an sich, sondern gegen eine allzu strenge Auslegung des Funktionalismus: »Selbst die reinsten Zweckformen zehren von Vorstellungen wie der formaler Durchsichtigkeit und Faßlichkeit, die aus künstlerischer Erfahrung stammen; keine Form ist gänzlich aus ihrem Zweck geschöpft.«[84] Es muss also ein Moment der Subjektivität hinzutreten, das man in der Alltagssprache mit ›Kreativität‹ bezeichnen würde.

Während Adornos Kritik sich auf die strukturellen Bedingungen der Designproduktion bezog, so veranschaulichten die Designer des ›Neuen Deutschen Designs‹ die Widersprüche des Funktionalismus an den Produkten selbst. So ist etwa der von *Stiletto* zum Stuhl umgebaute Einkaufswagen nicht mehr nur durch seine ursprünglich beabsichtigte Funktion determiniert. Vielmehr zeigt *Stilettos* Entwurf, dass auch industrielle Formen wie ein Einkaufswagen mehrere, teilweise von der ursprünglichen Intention stark abweichende Funktionen zulassen. Eine nur auf einen Zweck begrenzte Relation zwischen Form und Funktion kann in einem

82 | Erstmals beim *Micron*. Dieses Modell wurde ebenfalls von Roland Ullmann entworfen und gelangte 1976 auf den Markt.

83 | Adorno 1977, S. 378.

84 | Ebd.

»mechanischen Funktionalismus«[85] nicht aufgehen. Industrielle Formen können mehrdeutig sein, insofern sie potentiell auch andere Gebrauchsweisen zulassen. Dies zeigt sich insbesondere dann, wenn die Dinge der Industrie, wie es im ›Neuen Deutschen Design‹ durch Bastelei geschah, in andere Kontexte übertragen wurden.

Es wäre jedoch verkürzt, die Funktionalismuskritik und die Strategien der Eigenproduktion allein im Kontext des deutschen Industriedesigns der Nachkriegsmoderne zu sehen. Die Opposition zum Funktionalismus formierte sich vielmehr im Zuge der gestalterischen Postmoderne innerhalb einer breiteren Strömung im Design, und zwar insbesondere im Anschluss an das italienische *Radical Design*.[86] So konnte in den 1960er Jahren und danach ein deutlicher »Bruch mit der Moderne« festgestellt werden.[87] In der Abkehr von den seriellen Produktionsprinzipien der Moderne entstand nun eine neue Lust am Experimentellen und am Spiel mit den Formen, wie Volker Fischer ausführt:

> »Der geradezu krankhafte Grad an Neutralität und Anonymität des normalen, massenindustriell gefertigten Designproduktes, aber auch der Architektur, hat den Griff zu Assoziationen, Symbolen, Dekoren, Fassaden und Fiktionen, – allgemein den Griff in die Geschichte provoziert. [...] Stilsplitterung und Zitatcollage sind dabei die überwiegenden Gestaltungsstrategien. Dabei sind die historischen Stile der Hochkunst nur eines, möglicherweise ein beiläufiges Potential. Auffällig ist, daß alles mit allem kombiniert werden kann, und daß Zitate aus zeitgleichen Strömungen, nicht nur aus historischen, genommen werden können.«[88]

Mit den Designstrategien des Postmodernismus assoziiert man jedoch weniger das ›Neue Deutsche Design‹ als in erster Linie die Arbeiten der italienischen Gruppen *Alchimia* und besonders *Memphis*. *Alchimia* wurde 1976 von den Architekten Alessandro Mendini und Ettore Sottsass in Mailand gegründet. Die Gruppe vermarktete in den folgenden Jahren die Entwürfe noch etwa 100 weiteren Gestaltern und Architekten. 1981 spaltete sich die Gruppe *Memphis* mit Ettore Sottsass von *Alchimia* ab.[89] Während im ›Neuen Deutschen Design‹ durchaus Produktgestalter die Szene bestimmten, entwickelte sich das italienische *Radical Design* vor allem aus der Architektur heraus. Dabei sahen sich die postmodernen Gestalter einerseits in Opposition zum modernen Industriedesign. Andererseits versuchten sie, ihre Methoden als Weiterentwicklung des bisherigen Designs zu beschreiben, wie beispielsweise François Burkhardt bemerkt:

85 | Zum Begriff des mechanischen Funktionalismus: Wellmer 1985, S. 120.

86 | »Postmoderne steht gleichermaßen für den Bruch mit der Moderne wie für die andauernde Auseinandersetzung und Reibung mit ihr.« – schreibt etwa Claudia Mareis. Mareis 2014, S. 91.

87 | Siehe hierzu: Rebentisch 2003, S. 13.

88 | Fischer 1986, S. 85.

89 | Vgl. Ebd., S. 83f.

»Die verschiedenen Bewegungen, die insgesamt die Moderne ausmachen, wurden in der Situation der Neubesinnung nach dem Zweiten Weltkrieg analysiert und in dem Bewußtsein, daß sie in ihrer Thematik nicht erschöpft oder abgeschlossen, sondern vielmehr noch entwickelbar sind, zum Anknüpfungspunkt.«[90]

So bezog man sich in einerseits kritischer, andererseits affirmativer Weise auf die Formen des Bauhauses. Ein sehr deutliches Beispiel hierfür ist Alessandro Mendinis Transformation des *Wassily-Sessels* (1978), wobei er den Lederbezug des ursprünglichen Stahlrohrmöbels mit camouflageartigen Applikationen versah. Dieser formale Bruch mit den Prinzipien des Bauhauses war als Aktualisierung des Bauhaus-Klassikers gemeint. Der ursprüngliche Klassiker wurde durch die hinzugefügten Gestaltungselemente als ›neu‹ markiert.

Auf diese Weise wurde durch die Rekombination vergangener Stile nach einer eigenen Formensprache gesucht, welche die technischen Errungenschaften der Moderne nicht negiert, sondern transzendiert. Zwar produzierte man im italienischen *Radical Design* zunächst vor allem Unikate und Kleinserien. Als typisch für diesen Zug des Postmodernismus in der Gestaltung gilt auch das berühmte *Carlton*-Regal von Ettore Sottsass Jr., das 1981 erstmals in Mailand zusammen mit anderen *Memphis*-Produktionen unter dem Stichwort *New Design* präsentiert wurde.[91] Dieses Regal zeigt, dass viele Möbel aus dieser Zeit mehr Mikroarchitekturen waren als Produktentwürfe – es markiert die deutliche Beeinflussung des Designs durch die postmoderne Architektur.

Bei *Memphis* und *Alchimia* tauchten die Formen der Postmoderne, also die Dekore, die geometrischen Formen und die historischen Bezüge nun nicht im Sinne einer improvisatorischen Strategie auf. Dekor und Stilmix waren zwar als Provokation gegenüber der modernen Formgebung zu verstehen, gewissermaßen im Sinne eines anarchischen »anything goes«[92] (Feyerabend). Ähnlich wie im ›Neuen Deutschen Design‹ verwandte man auch hier vorgefundene Formen. Es handelte sich jedoch nicht um die unmittelbare Verwendung von industriellen Produkten als Material, sondern um Zitatcollagen und Ornamentkombinationen.

90 | Das Projekt der postmodernen Gestalter war auf italienischer Seite freilich nicht die gänzliche Ablehnung der Moderne, sondern vielmehr deren Weiterentwicklung. Vgl. François Burkhardt 1986, S. 59.

91 | Vgl. http://www.design.museum.de/de/sammlung/100-masterpieces/detailseite (letzter Zugriff 29.03.2015).

92 | Feyerabend wendet sich in seiner Schrift gegen bisherige, von der Praxis der Forschung losgelöste Theorien des Positivismus: »It is clear [...] that the idea of a fixed method, or of a fixed theory of rationality, rests on a too naive view of man and his social surroundings. To those who look at the rich material provided by history, and who are not intent on impoverishing it in order to please their lower instincts, their craving for intellectual security in the form of clarity, precision, ›objectivity‹, ›truth‹, it will become clear that there is only one principle that can be defended under all circumstances and in all stages of human development. It is the principle: anything goes.« Paul Feyerabend: *Against Method. Outline of an Anarchistic Theory of Knowledge*. London: Verso 1993, S. 18f.

Das Design der italienischen Avantgarde entwickelte sich in eine Richtung, die eher der von Charles Jencks diskutierten »Sprache der Postmodernen Architektur« entsprach als der *Bricolage* oder Jencks früherer Idee des Adhocismus.[93] Jencks Begriff der Postmoderne diente den Gestaltern von *Memphis* und *Alchimia* als Vorbild. Hierbei ging es um die eklektische Mischung vergangener Stile, wie Jencks in seinem Aufsatz *Was ist Postmoderne?* bemerkt:

> »Die Kultur der Postmoderne ist dem Wesen nach eine eklektische Mischung zwischen einer beliebigen Tradition und der nahen Vergangenheit: Sie ist die Fortsetzung der Moderne und zugleich ihre Transzendenz. Ihre besten Werke sind bezeichnenderweise doppelsinnig und ironisch, denn sie machen gerade aus der schwierigen Situation der breiten Auswahl, dem Konflikt und der Diskontinuität der Traditionen einen eigenen Charakterzug.«[94]

Dieser als beliebig kritisierte Zug in der postmodernen Gestaltung mündete, wie etwa Bazon Brock anmerkt, in einem ›Stil der Stillosigkeit‹.[95] Man warf den Gestaltern der Postmoderne vor, sie hätten keine eigenen Formen und keinen gestalterischen Fortschritt hervorgebracht.

Der Stil der Stillosigkeit erwies sich jedoch als marktfähiger als die Recycling-Strategien. Das *Radical Design* hatte im Gegensatz zum ›Neuen Deutschen Design‹ eine größere Nähe zur Industrie, und zwar nicht zuletzt aufgrund der vielen, im Norden Italiens ansässigen Möbelfabrikanten. So betätigten sich Alessandro Mendini und Paola Navone als Berater für die Industrie, die Firma Alessi legte eine Teegeschirr-Serie auf, die ab Mitte der 1970er Jahre entstandenen Entwürfe des *Radical Design* waren für die Serienproduktion konzipiert. Auf diese Weise erreichte die Postmoderne schließlich die heimischen Wohnzimmer, die späten 1980er und 1990er Jahre waren geprägt von einem eklektischen Stilmix aus klassizistischen, modernen und industriellen Formen.[96]

Wie aber hängen das ›Neue Deutsche Design‹ und die postmodernen Gestaltungstheorien der Rekombination und Zitatcollage nun zusammen? Sind dies nicht eigentlich zwei Formen der postmodernen Gestaltung, die auf jeweils unterschiedliche Weisen Kritik an der Moderne üben?

Es wäre an dieser Stelle verkürzt, die eigene Bedeutung von Improvisation und *Bricolage* innerhalb der gestalterischen Postmoderne zu übersehen. So wäre es falsch, Improvisation und *Bricolage*, weil sie ebenfalls von der Rekombination

93 | Bes.: Charles Jencks: *Die Sprache der postmodernen Architektur.* Stuttgart: Deutsche Verlagsanstalt 1978.

94 | Jencks 1990 (1986), S. 7.

95 | Bazon Brock zit. in: Volker Albus; Michael Feith; Rouli Lecasta; Wolfgang Schepers; Claudia Schneider-Esleben (Hg.): *Gefühlscollagen, Wohnen von Sinnen.* Köln: Dumont 1986, S. 86.

96 | Vgl. Burkhardt 1986, S. 64f.

des Vorgefundenen handeln, als beliebig und rückwärtsgewandt zu kritisieren. Improvisation und *Bricolage* können nicht einfach unter eine Idee von postmoderner Gestaltung subsumiert werden, die in einem eklektischen Stilmix die Formen der Moderne transzendiert. Vielmehr muss man zwei Formen des gestalterischen Postmodernismus unterscheiden.

Der Kunstkritiker Douglas Crimp etwa diskutiert Aneignungsstrategien von Künstlern und Architekten vor dem Hintergrund des Verhältnisses von Moderne und Postmoderne.[97] Er unterscheidet Entwürfe der architektonischen Postmoderne, die, ähnlich wie die von mir oben diskutierte Obstschale, ihr Material sowie ihre Konstruktion offenlegen, von Entwürfen, bei denen historische Stile scheinbar wahllos kombiniert wurden. Die Beispiele, auf die sich Crimp bezieht, sind das Gehry-Haus in Santa Monica (1978) und im Vergleich dazu das Portland-Gebäude von Michael Graves (1980). Bei beiden Entwürfen haben wir es mit einer Aneignung von gegebenen Formen zu tun. Sie fallen, wie es Crimp ausdrückt, in einen Zeitraum der »kulturellen Verschiebung« zwischen Modernismus und Postmodernismus.[98]

Crimp unterscheidet die Architekturen von Michael Graves von den Arbeiten Frank O. Gehrys: Die Arbeiten von Graves rekombinieren vorhandene Stile, und Gehry schafft Materialkompositionen, indem er Fertigbauteile sowie Materialien aus dem Bauhandel verwendet.[99] Graves benutzt vergangene Stile und greift auf Formen zurück, die vor der Moderne liegen. Der Stil Graves ist damit zwar der historischen Dimension von Architektur verbunden, er kann aber nicht über sie hinausgehen. Er produziert nichts Neues. Schlimmer noch: Der Entwurf von Michael Graves ist eklektisch und beliebig, weil er den Stil aus seinem historischen Kontext herauslöst.[100] So können die Stilcollagen von Michael Graves in beliebigen Fällen zur Anwendung kommen. Sie können zum Stoffmuster, zum Teekessel oder zum Wolkenkratzer werden.

Gehry hingegen verwendet industrielle Halbzeuge anstatt vergangener Stile. Genauer: Er eignet sich die Erzeugnisse der industriellen Produktion der Gegenwart an, und zwar Wellblech sowie Stahlprofile – also Fertigteile der Bauindustrie. Hierdurch kritisiert er die Moderne zwar aus einer postmodernistischen Perspektive. Aber indem er die industriellen Materialien als Materialien verwendet und nicht etwa als bloße Form oder Stil, bleibt seine Gestaltung aktuell. Sie reflektiert die materiellen Bedingungen aktueller Architekturproduktion. Dazu schreibt Crimp:

> »Gehrys Praxis [...] berücksichtigt die historische Lektion des Modernismus, selbst wenn sie die idealistische Dimension des Modernismus aus einer postmodernistischen Perspektive kritisiert. Gehry entnimmt der Geschichte ein konkretes Objekt

97 | Douglas Crimp: *Über die Ruinen des Museums*. Dresden: Verlag der Kunst Dresden 1996. Darin: *Das Aneignen der Aneignung*. S. 142ff.

98 | Crimp 1996, S. 141.

99 | Vgl. ebd., S. 142.

100 | Vgl. ebd., S. 142 ff.

> (das existierende Haus), keinen abstrakten Stil. Seine Verwendung von Gegenwartsprodukten aus dem Bauhandel reflektiert die aktuellen materiellen Bedingungen der Architektur.«[101]

Es kommt, so kann man es zusammenfassen, auf das Material an. Im Sinne von Crimp ist folglich ein progressiver Postmodernismus von einem regressiven Postmodernismus zu unterscheiden.[102] Insbesondere diejenigen Entwürfe des ›Neuen Deutschen Designs‹, die qua Improvisation an ihren Ergebnissen immer auch die Geschichte ihres Materials sowie deren aktuellen industriellen Kontext sichtbar halten, scheinen hier also Crimp zufolge in einem ›guten‹ bzw. progressiven Sinne postmodern zu sein.[103]

Anders als das *Radical Design* eigneten sich die Designer des ›Neuen Deutschen Designs‹ zeitgenössische Verfahren der industriellen Produktion an. Sie aktualisierten diese, indem sie das Material in einen anderen Zusammenhang überführten – wie im Fall des Einkaufswagens, der zum Möbelstück wird und dabei einerseits auf den Einkaufswagen als Werkzeug des Konsums, aber auch auf den Designklassiker der Eames, den *Wirechair* verweist.

Die Kritik der Postmoderne am Funktionalismus war schließlich, wie auch Claudia Mareis konstatiert, mehr als bloß Ausdruck eines »ästhetischen Unbehagens«.[104] Vielmehr umfasst die Kritik am Funktionalismus auch »gesellschaftspolitische, politische und moralisch-ethische Aspekte [...].«[105] Die Wendung des ›Neuen Deutschen Designs‹ gegen den Funktionalismus war nur zu diesem bestimmten Punkt in der Designgeschichte möglich und ist ohne die Kenntnis des besonderen Designdiskurses der Nachkriegsmoderne nicht verständlich.

Welchen konkreten Einfluss konnte das ›Neue Deutsche Design‹ hinausgehend über den deutschen Designdiskurs verzeichnen?

Zwar ließ der kommerzielle Erfolg des ›Anti-Designs‹ im Unterschied zu dessen medialem Erfolg zunächst auf sich warten.[106] Dennoch kann gesagt werden, dass vom ›Neuen Deutschen Design‹ ein indirekter Einfluss auf die Industrie, bzw. vor allem die Möbelindustrie ausging. Infolge des ›Neuen Deutschen Designs‹ konnten hier auch experimentelle und ›unfertige‹ Materialien in Betracht gezogen werden. So wurde es üblich, dass Kanten von Multiplex- und MDF-Platten, die ehemals von einer Kunststoffschicht verdeckt worden waren, nun sichtbar gelassen

101 | Ebd., S. 143.

102 | Ebd., S. 141.

103 | Diese Parallele zieht auch Volker Albus. Vgl. ders.: *Hetero-Design*. In: Volker Albus; Michael Feith; Rouli Lecasta; Wolfgang Schepers; Claudia Schneider-Esleben (Hg.): *Gefühlscollagen, Wohnen von Sinnen*. Köln: Dumont 1986, S. 11, sowie Albrecht Wellmer mit seiner Formel von der *Sichtbarkeit der Konstruktion*, hier in Bezug auf Charles Jencks Postmodernismus, in dem sich tatsächlich *beides* findet: Improvisation und Stilmix. Vgl. Wellmer 1985, S. 128.

104 | Mareis 2014, S. 91.

105 | Ebd., S. 91.

106 | Vgl. hierzu bes.: Spiegel 2/1985: Neue Prächtigkeit, S. 130.

wurden, so beispielsweise bei Axel Kufus' *FNP*-Regal, das von Nils Holger Moormann produziert wird. Derartige, zum Produkt gewordene Materialrohheit wurde zum anerkannten Teil von Gestaltung und hielt schließlich auch in die alltägliche Möbelproduktion von Vitra und Ikea Einzug.

Das ›Neue Deutsche Design‹ hatte außerdem einen Grundstein für postindustrielle Produktionsweisen der Gegenwart gelegt. Die Krise des Funktionalismus erforderte, wie etwa Jochen Gros anmerkt, eine improvisierte Eigenproduktion: »Tatsächlich ging es ja nicht nur um die Suche nach alternativen Produkten, sondern zugleich um alternative Produktionsformen, d. h. auch um andere professionelle Standards [...].«[107] Die Veränderung der professionellen Standards ergab sich dabei nicht nur aus der Opposition zum Funktionalismus und dem Konzept der Bastelei, sondern auch daraus, dass die Designer in ihren Hinterhof-Eigenproduktionen eben nicht die Perfektion der Industrieprodukte erreichten. Weil man aus der Not eine Tugend machte und das Ungenaue und Vorläufige der Bastelei zum professionellen Standard für einen Produktionsprozess sowie zum besonderen, individuellen Bestandteil des Produkts erhoben wurden, konnte das Design – zumindest in dem kleinen, von Gros adressierten Bereich – ohne den Maschinenpark der Industrie auskommen.

So ist es nicht zuletzt in den 1990er Jahren beim holländischen Designkollektiv *Droog*[108] gang und gäbe geworden, Produkte aufgrund ihres improvisierten ›Looks‹ zu vermarkten.[109] Ähnlich der Vorgehensweise beim ›Neuen Deutschen Design‹ kombinierten die *Droog*-Designer Halbzeuge, Fertigteile und Restmaterialien zu neuen Formen. Ein typisches Beispiel hierfür ist etwa die *Milk Bottle Lamp* von Tejo Remy (1991), eine aus neun Milchflaschen zusammengesetzte Leuchte. Anders als dem ›Neuen Deutschen Design‹ gelang es den *Droog*-Designern, *Bricolage*, Zweckentfremdung und Improvisation erfolgreich zu vermarkten.

8. Serielle Singularität

Viele Entwürfe der zeitgenössischen Gestaltung orientieren sich nun nicht mehr am Paradigma der Serienproduktion. Sie sind zwar Teil einer Serie, aber unterscheiden sich doch voneinander, sodass es sich schließlich um Einzelstücke handelt. Diese Gestaltungsstrategie will ich ›serielle Singularität‹ nennen und den Begriff anhand von drei Beispielen bestimmen.

Seit den 1970er Jahren hat sich – infolge des gestalterischen Postmodernismus – ein Markt für Kleinserien und Einzelstücke entwickelt, in dem die Designer an

107 | Gros 1986, S. 94.

108 | *Droog* wurde 1993 von Gijs Bakker und Renny Ramakers gegründet. Die bekanntesten Protagonisten von *Droog* sind: Richard Hutten, Hella Jongerius, Marcel Wanders, Jurgen Bey, Jooris Laarmann. Siehe hierzu: Renny Ramakers, Gijs Bakker: *Droog Design. Spirit of the nineties.* Rotterdam: 010 Publishers 1998.

109 | Siehe hierzu auch: Alice Rawsthorn: *Des-In.* http://maharam.com/stories/rawsthorn_*Des-In* (letzter Zugriff 29.05.2016).

der Grenze zum Handwerk arbeiten. Sie entwerfen Produkte, die von vornherein nicht für die industrielle Produktion konzipiert werden.[110] Damit gleichen sie aus, was man spätestens seit der Krise des Funktionalismus als Manko der Massenproduktion gesehen hatte: Die Gleichartigkeit der industriellen Form.[111] Dabei sind diese Arbeiten vor allem insofern für die vorliegende Analyse interessant, als dass an ihnen die Improvisation noch sichtbar ist.

Improvisation, so kann man sagen, ist eine Formgebungsmethode. Sie hängt jedoch im Unterschied zu systematischen Entwurfsmethoden von ihren jeweiligen kontingenten Rahmenbedingungen ab und ist deshalb unvorhersehbar, mithin erst im Nachhinein beobachtbar. Weil die Improvisation »immer schon passiert«[112] ist, ging es mir bisher um die Entschlüsselung eines Prozesses anhand der Artefakte (auch anhand von Fotografien, Prozessbeschreibungen), die noch von der Improvisation zeugen. Die Artefakte, in denen sich die Design-Improvisation materialisiert, verweisen wiederum auf ein Geflecht von Faktoren der Improvisation. Dies sind etwa Materialien und Techniken, aber auch der Gestalter selbst. Improvisierte Artefakte können aber auch Teil von Projekten sein, die nicht nur die Entwicklung eines seriellen Produkts zum Ziel haben, sondern die Entwicklung eines experimentellen Settings zur Hervorbringung von Improvisation oder sogar zur Hervorbringung mehrerer verschiedener (singulärer) Produkte eines Typus'. So könnte man die *Bricolage* als ein solches experimentelles Setting betrachten, weil sie Improvisation herausfordert.

Mit dem Prinzip der ›seriellen Singularität‹, das viele Entwürfe aus der gegenwärtigen Designproduktion kennzeichnet, meine ich ein Formgebungsverfahren, bei dem der Designer versucht, noch am einzelnen Designgegenstand Variation zu erzeugen, die auf genau diese Art und Weise nur bei diesem einzelnen Designobjekt vorkommt. Weil Improvisation hier sowohl der Formgebung als auch der Produktion dient, ist jeder einzelne Designgegenstand auf eine etwas andere Art und Weise improvisiert. Darin hebt sich die serielle Singularität von der auf den Prozess bezogenen Form von Improvisation ab.

In Bezug auf die serielle Singularität ist zu fragen, welches Verhältnis das Design hier zum Kunsthandwerk unterhält und ob die serielle Singularität in allen Fällen durch Improvisation zustande kommt oder durch verwandte, von der Improvisation zu unterscheidende Strategien. Würde man über das Ziel hinausschießen, wenn man von einer gewollten Improvisation sprechen würde? Kann die Improvisation – als das per se vorläufige, singuläre, spontane – gewollt sein? Ist Improvisation noch Improvisation, wenn sie nicht in einem Gestaltungsprozess

110 | Viele der Serien sind limitiert und überdies mit der Unterschrift des Designers versehen. Auch dieser Umstand rückt sie in die Nähe der Kunst. Das *Royal College of Art*, die *Design Academy in Eindhoven* und die *Écal* in Lausanne sind Designschulen, die Gestalter (unter anderem) auf dieses Feld hin ausbilden.

111 | Vgl. hierzu bes. Wellmer 1985, S. 128.

112 | Peters 2009, S. 1.

nebenbei geschieht, sondern Ziel dieses Prozesses ist? Und ist umgekehrt die völlig absichtslose Formgebung immer noch Improvisation oder müssen wir hier von Zufall sprechen? Es gilt zu diskutieren, ab wann die serielle Singularität in Absicht umschlägt oder umgekehrt in Zufall.

Dreidimensionale Skizzen aus Draht: Kiki van Eijk

Die Designerin Kiki van Eijk gehört zu einer Generation von holländischen Designern, für die das Paradigma der Serienproduktion keine Bedeutung mehr hat. Kiki van Eijk arbeitet in Eindhoven und hat an der Dutch Design Academy studiert, aus der das von der Kuratorin Renny Ramakers und dem Designer Gijs Bakker 1993 gegründete Designkollektiv *Droog* hervorging. Das Kollektiv *Droog* knüpfte in den 1990er Jahren an die Arbeiten des ›Neuen Deutschen Designs‹ an, und Kiki van Eijk zählt zur zweiten Generation von Design-Academy-Absolventen, die ähnlich wie die *Droog*-Designer in dem Bereich der Einzelstücke und Kleinserien arbeiten. Sie vermarkten ihre Arbeiten auf Ausstellungen und Artdesign-Messen wie der Design Miami / Basel oder bei den Parallelveranstaltungen zur Mailänder Möbelmesse.

Die zuweilen eklektisch und beliebig anmutenden Entwürfe der Designerin setzen sich aus vielfältigen Einflüssen zusammen. Kiki van Eijk verknüpft eine Tradition handwerklicher Produktion, die vor der Moderne liegt, mit aktuellen Techniken der digitalen Produktion. So verweist zum Beispiel die Arbeit *One More Time* (2011), eine Serie von Tischuhren, deren Zifferblatt von einem Drahtgerüst gehalten wird, auf digitale Modellierungsmethoden (Abb. 36–38). Die aus Draht gebogenen Uhren scheinen an die *Wireframe*-Modelle der CAD-Programme angelehnt zu sein. Die Uhren wurden jedoch nicht im digitalen Raum modelliert, sondern in einem Verfahren der seriellen Singularität produziert. Jede Uhr trägt deutlich die Spuren ihres Herstellungsprozesses: Der Draht wurde von Hand verbogen, verdrillt und gewickelt. Die Verbindungspunkte und die Schlaufen zeigen, wie die Form zusammengesetzt wurde. Die Uhr scheint gewissermaßen erst im Moment ihrer Produktion gestaltet worden zu sein. So entsteht der Eindruck einer vorläufigen, improvisierten Konstruktion. Zwar folgt die Form dem archetypischen, sehr allgemeinen Typus einer Tischuhr, die Uhr wirkt jedoch wie ein unbeholfenes Modell dieses Archetypen.

Dabei kann man die Uhren durchaus mit den Bastelei-Strategien des ›Neuen Deutschen Designs‹ in Verbindung bringen. Das Formfindungsverfahren der Improvisation wird hier zum Produkt – oder wie man auch sagen könnte: Der ›Look‹ des Unperfekten geht in Serie. Damit eine solche Form entsteht, muss der Draht tatsächlich von Hand aufgewickelt werden, denn der Draht könnte nicht mittels einer Maschine in dieser ungenauen Art und Weise geformt werden. Das Wickeln von Draht, eigentlich eine Behelfsmethode um Dinge vorübergehend zu verbinden, wurde hier zum Produktionsverfahren. Ähnlich wie den Arbeiten des ›Neuen Deutschen Designs‹ kann man der Arbeit *One More Time* ansehen, wie sie gemacht wurde, die Improvisation tritt hier in das Produkt ein. Eine Behelfsmethode – das Wickeln von Draht – wurde zum Produktionsprinzip.

Von den Uhren wurde eine limitierte Auflage von 14 Exemplaren in verschiedenen Farben hergestellt. Strukturell sind die Uhren zwar gleich, aber da der Draht bei jeder Uhr scheinbar tatsächlich von Hand aufgewickelt und verdrillt wurde, gerät die Form von Fall zu Fall immer wieder etwas anders, sodass hier von einer buchstäblichen seriellen Singularität gesprochen werden kann. Die Uhren unterscheiden sich in kleinen Details.

In ihrer modellhaft-ephemeren Anmutung ist die Uhr schließlich typisch für die Gestaltungsmethode der Designerin insgesamt. Im Vergleich zum klassischen industriellen Design muten die Arbeiten Kiki van Eijks kunsthandwerklich an. Kiki van Eijk geht es nicht darum, ein Ideal demokratischer Massenproduktion zu erreichen. Es geht ihr vielmehr um Exklusivität und um eine neue, dekorative Form des handwerklichen Arbeitens. Kiki van Eijk kreiert nicht Serienprodukte, sondern Kollektionen von Einzelstücken, die ähnlich wie in der Mode zu einem Thema zusammengefasst sind. Ihre Auftraggeber sind meist private Sammler oder Luxusmarken, weite Teile ihrer Kollektionen werden von Hand in ihrem Studio in Eindhoven produziert.

Auch andere Arbeiten der Designerin versuchen das Improvisierte am Produkt sichtbar zu halten.[113] Etwa die Arbeit *Cut and Paste*, 2010. Bei *Cut and Paste* wurden unterschiedlichste Formen und Materialien zu einer Kollektion von Möbelobjekten zusammengefügt. So türmen sich Kisten, Hocker und Podeste, die in unterschiedlichen Farben lackiert wurden, zu einem ›Totem‹ auf, das als Uhr fungiert.

Man kann diese Vorgehensweise als eine Art Collagetechnik verstehen. Die traditionellen Möbelstücke und Alltagsobjekte werden jedoch nicht unmittelbar als Material genutzt, vielmehr dienen die Objekte nur als Vorbild und werden dann zu einem Entwurf zusammengesetzt. Sie sind dann nicht als buchstäbliche Improvisationen zu betrachten.

Anders verhält es sich mit den Uhren, die tatsächlich in einem Verfahren der Improvisation produziert wurden. Die Form der Uhren wurde zwar nicht jedes Mal neu entwickelt. Stattdessen gibt es eine Art Schablone (Siehe Abb. 38), die die Montage der Uhren erleichtert. Auf der Schablone sind die einzelnen Arbeitsschritte notiert, und die ungefähre Form des Uhrengehäuses wird durch die Schablone bestimmt. Markierungen auf der Schablone geben die ungefähre Länge der Drahtstücke an und zeigen, an welcher Stelle sich eine Verbindung befinden soll. Die Schablone ist daher Werkzeug und Anleitung zugleich. Es handelt sich jedoch um keine exakte Schablone, welche die Form der herzustellenden Uhr millimetergenau vorwegnehmen würde. Die Markierungen sowie die Form des Holzbretts geben zwar an, wie ungefähr die Uhr zusammengesetzt werden muss. Die endgültige

113 | Dies bemerkt auch André Koch in einem Blogartikel über eine Präsentation der Arbeit in der *Vivid*-Galerie (Januar 2011). Siehe: http://www.detnk.com/node/8872 (letzter Zugriff 6.11.2014).

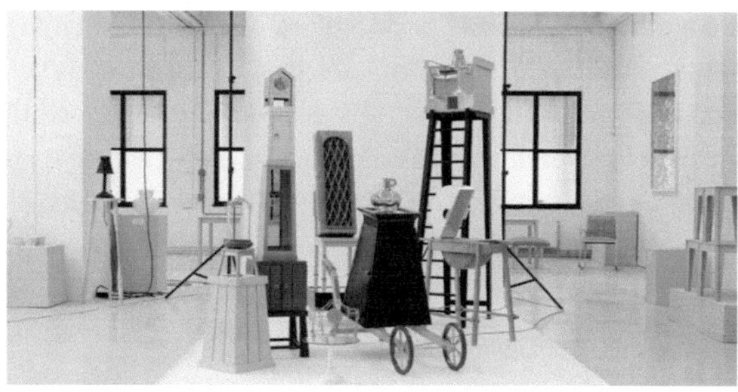
Abb. 36

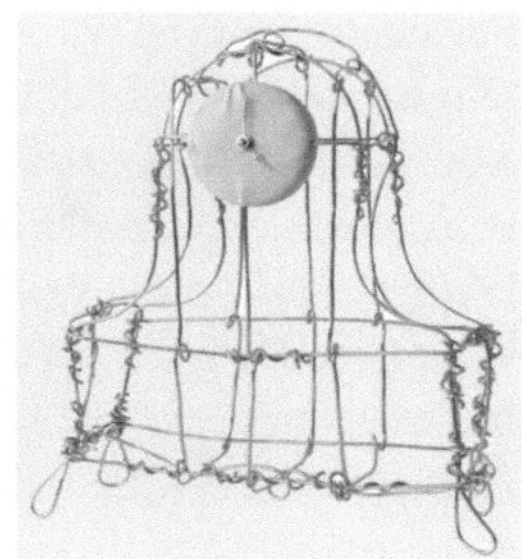
Abb. 37

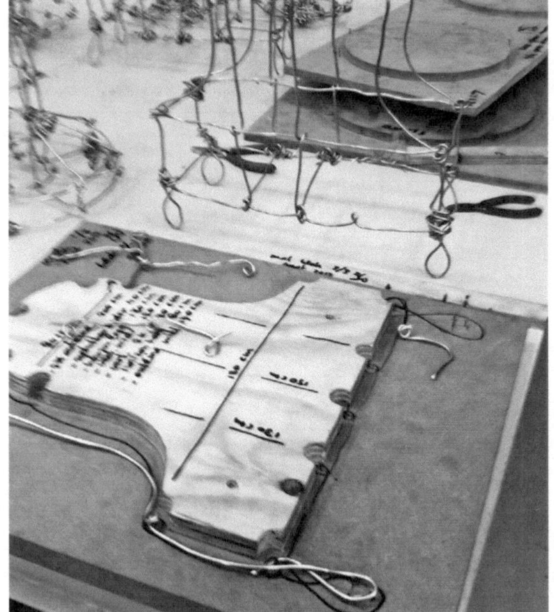
Abb. 38

Abb. 36: *Cut and Paste,* Kiki van Eijk (2010).
Abb. 37: *One More Time*, Kiki van Eijk (2011). Tischuhr aus 3mm-Aluminiumdraht mit einem Zifferblatt aus Keramik. Die Uhr ist etwa 40 cm hoch.
Abb. 38: Schablone, die dazu dient, die Uhr zu ›montieren‹. Die Schablone ist dabei Werkzeug und Anleitung zugleich: Auf der Schablone befinden sich Notizen und Markierungen, die angeben, wie der Draht zu wickeln ist und welche Abstände die einzelnen Drahtstreben haben. Die finale Form ist bei jeder Uhr anders, sie entscheidet sich erst im Moment ihrer Realisierung.

Formentscheidung bei jeder einzelnen Uhr wird demjenigen überlassen, der die Uhr herstellt. Die Schablone lässt einen Spielraum für Variationen, so muss derjenige, der das Gerüst zusammensetzt, notwendigerweise jedes Mal ein klein wenig von der vorgezeichneten Form abweichen und improvisieren, um die Uhr bauen zu können. Man könnte auch sagen: Die Improvisation wird hier im Prozess miteinkalkuliert. Dadurch, dass mit der Schablone die finale Form noch nicht festgelegt ist, kommt es hier zu einer Variation, durch die jedes Teil der Serie als singulär markiert ist. Die finale Form ist bei jeder Uhr anders, sie entscheidet sich erst im Moment ihrer Realisierung.

Dabei wirkt auch die Schablone selbst improvisiert. Sie wurde aus Sperrholz und MDF zusammengesetzt. Von Hand wurden um die Kontur herum Schlaufen sowie der Umriss der Uhr aufgezeichnet. An den Stellen, wo sich bei dem späteren Drahtgerüst die Knotenverbindungen befinden, sind Aussparungen ausgeschnitten worden.

Die Idee für dieses Projekt geht letztlich auf ein Modell zurück, das ursprünglich aus der Serie *Cut and Paste* und damit aus einem anderen Projekt stammte. Hier wurde mit Verbindungen aus Blumendraht experimentiert. Dabei entstand auch ein ähnliches Modell von einer Tischuhr im Maßstab 1:5. Die Uhr wurde in einem nächsten Schritt vergrößert, und genau so, wie sie als erste Improvisation entstanden war, produziert. Das ursprünglich skizzenhafte Modell wurde in ein ebenso skizzenhaftes Produkt übersetzt. Die Arbeit mit Modellen, die ohne weiteren Überarbeitungsprozess schon als ›Design‹ benutzt werden, ist ein wesentlicher Zug in der gesamten Arbeit Kiki van Eijks. In anderen Fällen wurden von Kiki van Eijk modellhafte Artefakte ›hochskaliert‹, sodass sie wie das vergrößerte Inventar eines Puppenhauses wirken.[114] Das Zifferblatt der Uhr wiederum besteht aus Keramik. Bei genauerem Hinsehen erscheint es aber nicht glatt und symmetrisch. Es hat vielmehr ebenfalls eigene unregelmäßige, zufällige Falten. Das Zifferblatt entstammt einem Keramikgussverfahren, das die Designerin schon viele Male zuvor benutzt hat und das eine textile Oberfläche simuliert.[115]

Vor dem Horizont meiner Betrachtungen zum Experimentalsystem wiederholt sich hier nun, was ich schon für die Industriedesignprozesse festgestellt hatte: Improvisation trägt zur Formfindung bei und erzeugt jene Differenzen, auf die es im Design schließlich ankommt. Zwar bildete auch bei dem Sessel von Sebastian

114 | Das bekannteste Beispiel ist ein Teppich mit einem Rosenmuster, der *Kiki Carpet* (2006). Der Teppich wirkt ebenfalls wie eine Vergrößerung eines Modells aus einem Puppenhaus.

115 | Um die Struktur von textilen Objekten abzubilden werden zunächst Stoffhüllen genäht und mit Polsterwatte gefüllt. Von diesen textilen Objekten fertigt die Designerin dann in ihrer Werkstatt Gipsformen. Beim Anfertigen der Gipsformen bilden sich die Falten und Unregelmäßigkeiten des ursprünglichen Textilobjekts auf der Negativform ab. Anhand der Negativform können dann schließlich viele Replikate aus Keramik von dem einstigen Textilobjekt gefertigt werden. So handelt es sich bei dem Zifferblatt nicht um eine buchstäbliche serielle Singularität. Die serielle Singularität wird bei dem Keramikteil nur simuliert, denn in der Gussform werden schließlich immer wieder die gleichen Formen reproduziert, ohne dass Varianten entstehen.

Herkner, den ich im ersten Teil dieser Arbeit diskutiert hatte, ein 1:5-Modell das Vorbild für ein späteres Produkt. Der Sessel *Coat* musste aber verschiedene Zyklen von Korrektur und Anpassung durchlaufen, bis daraus ein Serienprodukt wurde. Der Sessel als solcher war schließlich nicht mehr improvisiert.

Anders als im Fall der Industriedesignprodukte wird das improvisierte Verfahren nun bei jeder einzelnen Uhr wiederholt. So bleibt der vorläufige und skizzenhafte Modellcharakter aufgrund des improvisierten Produktionsverfahrens erhalten. Nun könnte man einwenden, dass die Improvisation hier zur Regel wird und es sich nicht mehr um eine echte Improvisation handeln kann, sofern die Uhren nicht mehr spontan und unmittelbar produziert werden wie das ursprüngliche Modell. Streckenweise scheint es sich hier um eine absichtliche Improvisation zu handeln, die ins Planerische kippt, weil bei der Herstellung der Uhren immer wieder auf eine ähnliche Art und Weise improvisiert werden muss. Es wird sogar eine Schablone benutzt, sodass eher ein ›Look‹ der Improvisation als eine ›echte‹ Improvisation entsteht. Worauf es mir in diesem Zusammenhang ankommt, ist jedoch weniger die besondere Originalität als die Bedeutung der seriellen Singularität und der Improvisation für die Konzeption des Entwurfs.

Singularität und Serialität standen im Design stets in einem gewissen Spannungsverhältnis, das sich insbesondere am ambivalenten Verhältnis des Designs zum Handwerk ausdrückt, welches auch in Braun-Feldwegs Diskussion über den Ursprung der Form zum Ausdruck kam. Diese Diskussion zeigte: aus der Analyse der Technik allein kann keine Form entstehen, es braucht das singuläre Moment der Idee, das zur Technik hinzutritt. Ebendieses Spannungsverhältnis machen Kiki van Eijk sowie die anderen in diesem Kapitel noch zu betrachtenden Designer an ihren Arbeiten sichtbar.

Interessant sind hierfür die Begriffe Hans-Jörg Rheinbergers. In Zusammenhang mit seinem Begriff der differentiellen Reproduktion gibt Rheinberger Differenzen als Verschiebungen im Gesamtsystem an. Sie sind kaum zu bemerken, fördern aber Entscheidendes zutage: Würde der Experimentator seine Versuche wiederholen, ohne dass sich darin etwas Neues ereignet, wären seine Bemühungen fruchtlos. Ein Versuch wird sich jedoch bei unablässiger Arbeit unweigerlich ein klein wenig von den vorherigen Versuchen unterscheiden. Die Differenz entwickelt sich aus der Wiederholung heraus, weil die Objekte und Techniken im Versuchsaufbau des Forschers bei ihrer Anwendung aufgrund ihrer materiellen Eigenheiten notwendigerweise Differenzen erzeugen.[116] Der Experimentator muss nun das ›Spiel‹ von Differenz und Wiederholung über einen langen Zeitraum vollziehen, bis er zu einer neuen Spur gelangt, die sich wirklich deutlich abzeichnet.[117] Die Differenzen sind dabei, grob gefasst, nur ein kleines Bruchstück des Neuen.

Damit will ich nicht sagen, dass Design- und Forschungsprozess hier auf einer Ebene liegen. Zwar geht es in beiden Fällen – ob im Design oder im von Rheinberger

116 | Rheinberger 2006 (2), bes. S. 29.

117 | Ebd., S. 96.

beschriebenen Labor – schließlich um Differenzen und um Originalität. Bei Kiki van Eijks Uhr kommt der Unterschied jedoch bloss zustande, weil ein Werkzeug (die Schablone) immer wieder ein wenig anders benutzt wird. Die Differenz als solche wird hier nicht zum Gegenstand weiterer Improvisation, wie es bei der ›richtigen‹ differentiellen Reproduktion der Fall wäre oder eben in einem Designprozess mit Modellen. Stattdessen geht es hier ausschließlich darum, Differenzen am Einzel-Produkt zu erzeugen und so einen ›Look‹ der Improvisation zu generieren. Die Uhren sind sich dann schließlich in ihrer Abweichung von der Ursprungsform her ähnlich, der Draht wird mal so und mal so gebogen, aber die Form wird nicht überarbeitet. Jedes Design beginnt mit derselben Ursprungsform, also der Schablone, es gibt keine wahrhaft neue Improvisation. Bei Rheinberger hingegen bauen die Differenzen aufeinander auf, hier werden Werkzeuge und Versuchsaufbauten durch die Differenzen transformiert und immer weiter durch neue, andere Improvisationen verändert. Für den Forschungsprozess würde ein Vorgehen wie das von Kiki van Eijk, das keine Differenzen in diesem emphatischen Sinne hervorbringt, unbedeutender sein, weil sich die Art und Weise der Hervorbringung der Differenz wiederholt. Rheinbergers Untersuchung bezieht sich außerdem auf einen Jahrzehnte andauernden Versuchszusammenhang – die Entdeckung der Proteinbiosynthese im Reagenzglas–, Kiki van Eijks Projekt dauerte hingegen nur wenige Wochen.

Gleichwohl erscheint das Spannungsverhältnis von Reproduktion und Differenz an dieser Stelle produktiv. Ohnehin ist es bei der seriellen Singularität nicht so entscheidend, ob es sich um immer wieder neue Improvisationen handelt. Entscheidender ist vielmehr, dass überhaupt Singularität an einem Designobjekt zum Ausdruck kommt und dass hier die Improvisation – oder vielmehr der ›Look‹ der Improvisation – gegen das perfekt geplante *Industrial Design* eingesetzt wird. Dafür genügt es, dass der Entwurf auf die Improvisation verweist – er muss nicht tatsächlich improvisiert sein. Die Uhr unterscheidet sich bereits aufgrund der kleinen Differenzen von einem Gegenstand der industriellen Produktion, der in einem automatischen Verfahren hergestellt wird. Und so bezieht sich der Entwurf immer noch auf die Serienproduktion.

Das erklärt in einem nächsten Schritt auch, dass der Gegenstand handwerklich produziert wird, ohne dass der Entwurf ins Kunsthandwerkliche kippt. Die Pointe der Arbeit wäre ohne die historische Trennung von handwerklichen Techniken und industrieller Formgebung unverständlich. Die Wiederholung der Improvisation bei der Produktion einer jeden Drahtkonstruktion macht nur Sinn vor dem Hintergrund des Spannungsverhältnisses von Serialität und Singularität, das am Objekt selbst und auf Ebene der Improvisation verhandelt wird, das aber auch ein allgemeineres Problem von Designproduktion ist.

Freilich knüpft Kiki van Eijk damit auch an die Strategien der Eigenproduktion der Postmoderne an. Diese konzeptionelle Wendung, durch die sich die Produktionen aus den Werkstätten der Designer von den Arbeiten des (Kunst-)Handwerkers abhoben, brauchte es auch im ›Neuen Deutschen Design‹. Die Entwürfe mussten ebenfalls auf das für das Design konstitutive Prinzip der Serienproduktion verweisen. Hier benutzte man nicht eine ungeformte Eichenbohle als Material, das geschnitten, gehobelt, geschliffen und lackiert werden musste. Stattdessen nutzte man in einer postmodernen Geste des ›Anything Goes‹ Dinge als Material, die in einem industriellen Herstellungsprozess entstehen: Schrauben, Gitter, Gewindestangen und Reifen usw. Im Fall der Arbeit *One More Time* handelt es sich – anders als im ›Neuen Deutschen Design‹ – nicht um die Aneignung von Materialien der industriellen Produktion. Die Aneignung und damit auch die Bezugnahme auf das industrielle Design bezieht sich auf die Ebene vor dem Produkt, und zwar auf den Designprozess. Kiki van Eijk übernimmt in der Herstellung der Kleinserie das Vorläufige und Ephemere eines ursprünglichen Modells, sie fördert dabei zutage, was der Designprozess an Formen ohnehin erzeugt. Daher hatte ich nicht nur von der seriellen Singularität, sondern auch von dem modellhaft-skizzenhaften Charakter des Entwurfs gesprochen. In ihrem Konzept, so könnte man sagen, benutzt die Designerin das Formfindungsverfahren der dreidimensionalen Skizze, das ich in Teil I und Teil II in Bezug auf die Industriedesignprozesse diskutiert habe, schon als Produktionsprozess. Die so entstehende serielle Singularität rekurriert schließlich nicht auf das Industrielle des Designs, sondern auf dessen Formgebungsmethoden. Ihr Material bilden – zumindest im Fall der Arbeit *One More Time* – die Designprozesse, die vor der Produktion liegen.

Kai Linkes Zufallsformen: *Ich War's Nicht*

Auch der Frankfurter Designer Kai Linke arbeitet mit Verfahren der seriellen Singularität. Kai Linke zeigt, dass Gussverfahren nicht zwingend serielle Formen hervorbringen müssen. Stattdessen werden die Formen in seinem Verfahren derart manipuliert, dass sie zu jeweils unterschiedlich ausgeprägten Differenzen an den Objekten führen. Seine Arbeit *Ich War's Nicht* (2009) umfasst zum Beispiel eine Reihe von archetypischen Möbelstücken: einen Hocker, einen Stuhl und zwei Tischböcke. Sie alle wirken merkwürdig deformiert – als ob sie aus einem weichen Material wie Schaumstoff oder Gummi bestehen würden. Sie sind jedoch aus Beton gegossen. Jedes Objekt ist dabei auf eine andere Art und Weise deformiert worden. Den Eindruck der Deformation hat der Designer erreicht, indem er flexible Gussformen benutzte.

Das Projekt *Ich War's Nicht* (2009) ist Kai Linkes Abschlussarbeit an der HfG Offenbach. In einer umfassenden Projektdokumentation zeigt der Designer, wie die Objekte entstanden sind. Er beginnt seine Arbeit mit der archetypischen Form eines vierbeinigen Hockers. Die Gussform für den Hocker beruht auf einem einfachen geometrischen Schnittmuster, das aus der Abwicklung aller Flächen des Hockers gewonnen wird (Abb. 40). Die Gussform wird dann aus Teppichresten, die mit Heißkleber verbunden werden, zusammengesetzt. Auf diese Weise entsteht ein beweglicher und zugleich stabiler Hohlkörper, oben befindet sich eine Öffnung zum Befüllen der Form.

In einem nächsten Schritt wird die Gussform mit einem besonderen Beton befüllt. Die zunächst geometrische und starre Hülle aus Teppich verändert ihre Anmutung: Nach dem Befüllen der Form hat sich die Geometrie gewissermaßen aufgelöst und ›von selbst‹ deformiert (siehe Abb. 41). Schließlich werden die Teppichteile entfernt, sodass ein merkwürdig starres und zugleich weich anmutendes Möbelobjekt entsteht. Kai Linke kann in dieser Weise durch das unvorhersehbare Zusammenwirken von Schwerkraft und Material immer wieder unterschiedliche Hocker erzeugen. Ganze Serien von Formen, die sich zwar untereinander ähneln, aber im Einzelnen unterscheiden, sind nun möglich. Anders als in einem gewöhnlichen industriellen Gussverfahren, bei dem die Form eines Objekts durch ein Werkzeug final bestimmt wird, kommt eine unvorhersehbare Form zustande (Abb. 39). Zugleich gehen alle einzelnen Hocker auf die gleiche Grundform zurück – und zwar auf den Archetypus des Hockers. Weil die Form von Mal zu Mal anders ausfällt, handelt es sich um ein Verfahren der seriellen Singularität.

Diese Arbeitsweise ist typisch für Kai Linkes Gestaltungsansatz. Verfahren der seriellen Singularität ziehen sich wie ein roter Faden durch das Portfolio des Designers. In einem anderen Projekt, und zwar bei der Serie *Blasted* (2010) macht Kai Linke sich ebenfalls die Eigenheiten des Materials zunutze. Hier wird Holz gesandstrahlt, sodass sich ein der Maserung folgendes Relief ergibt. Für die Arbeit *Crumpled Paper* (2011) zerknüllte er schließlich Papier und fertigte von der so entstandenen Struktur Gipsabgüsse an, die wiederum für Keramikformen genutzt wurden.[118]

Man könnte nun vermuten, dass diese Prozesse und insbesondere die Serie *Ich War's Nicht* technisch gesehen nicht besonders voraussetzungsreich sind. Beim Betrachten der Fotografien jedenfalls kann man sich vorstellen, wie einfach sich die Serie zuhause realisieren ließe. Dennoch demonstriert Kai Linke in seiner Projektdokumentation, wie viele Experimente es brauchte, um herauszufinden, welches Gussmaterial sich eignen würde. Erst eine Reihe von Versuchen mit immer neuen textilen Formen und Gussmaterial – wie Gips, Estrich und verschiedenen Bewehrungen aus Draht, Seil und Gitter – führten zu einem vollständigen Abguss des Möbels. So findet der Designer schließlich einen Hochleistungsbeton, der die erforderliche Dichte hat, die es erlaubt, den vollständigen Hocker zu produzieren.

In solchen Momenten sind Designprozesse auch Forschungsprozesse. Die Projektdokumentationen der Designer ähneln streckenweise Labortagebüchern von Wissenschaftlern. Meist enthalten sie Fotografien aus dem Prozess, Zeichnungen und erklärende Texte sowie Renderings oder Maßzeichnungen. Anders als Labortagebücher dienen sie aber auch der Präsentation der gestalterischen Prozesse. Das heißt, dass hier – wie auch in den Prozessvideos, die Designer seit den letzten fünf Jahren vermehrt produzierten – die Inszenierung des Objekts in den Vordergrund gerückt wird. Die Dokumentationen von Designern sind daher nie

118 | Siehe: http://www.kailinke.com (letzter Zugriff 29.03.2015).

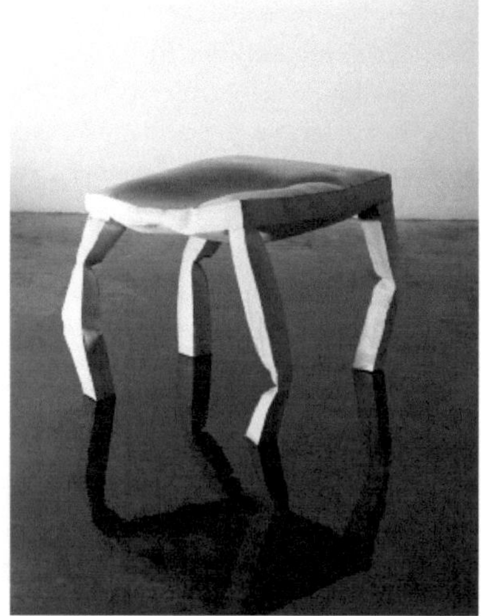

Abb. 39

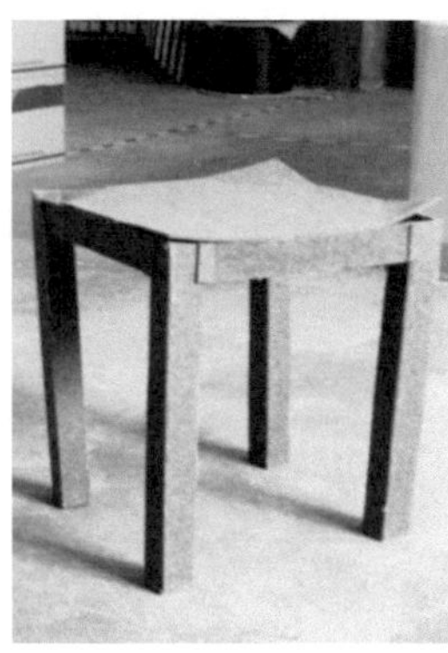

Abb. 40

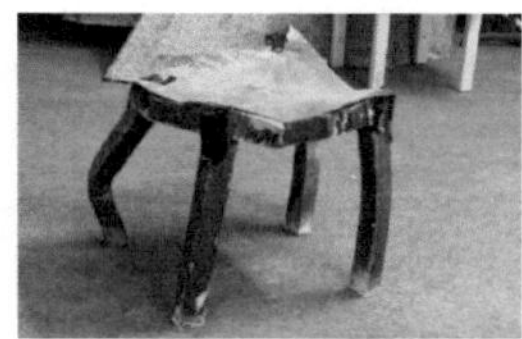

Abb. 41

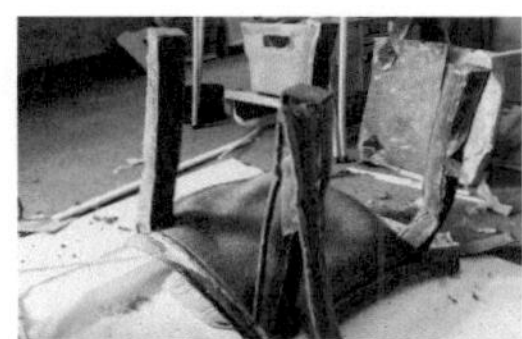

Abb. 42

Abb. 39: Hocker aus der Serie *Ich War's Nicht*, Kai Linke 2009. Der Designer hat verschiedene Materialien getestet, diese Version ist aus Beton.
Abb. 40: Mit der Heißklebepistole verbundene Filzteile, die eine flexible Gussform bilden.
Abb. 41: Die mit Estrich befüllte Gussform. Sie verändert sich durch das Gewicht des Estrichs.
Abb. 42: Entformungsprozess.

nur Beschreibungen der materiellen Prozesse. Sie dienen neben der Inszenierung auch der Kontextualisierung der Projekte und der Erörterung ihrer konzeptionellen Hintergründe. So erklärt Kai Linke seinen Versuchsaufbau: »Ziel [...] war es, eine Arbeitsweise zu entwickeln, in der die vorhandenen Deformationen nicht durch eine Krafteinwirkung von mir ausgelöst werden, sondern durch das Material selbst.«[119] Demnach sind seine Objekte Abdrücke einer zunächst gestalteten Form, die sich jedoch beim Befüllen mit dem flüssigen Material *unabsichtlich* verändert hat. Diese unabsichtliche Veränderung konnte jedoch erst an einer so einfachen Form wie dem Hocker vollkommen deutlich werden. Ähnlich wie Kiki van Eijk, der eine traditionelle Tischuhr als Vorbild diente, bediente sich auch Kai Linke einer archetypischen Form:

> »Vom ersten Versuch an orientierte ich mich an einfachen Ursprungsformen. Sie sind für jedermann als Normformen klar wiedererkennbar. Ebenso können Abweichungen – sprich Deformationen – erkannt und zugeordnet werden.«[120]

Erst an der archetypischen Form konnte, wie Kai Linke erklärt, die Deformation des Materials sichtbar werden.[121] Schließlich entsteht – ausgehend von einem Archetypen – eine in ihrer konkreten Ausprägung unvorhersehbare Form.

Nun habe ich erklärt, wie Kai Linke in einem Gussverfahren, das normalerweise zu immergleichen Formen führen würde, Einzelstücke im Sinne einer seriellen Singularität produziert. Er kreiert einen Versuchsaufbau, der es ihm ermöglicht, ausgehend von einfachen Archetypen als singulär markierte Designobjekte herzustellen. Aber handelt es sich schon allein deshalb um ein Verfahren, bei dem auch Improvisation als Formprinzip wirkt? Denn die Möbel Kai Linkes muten zunächst ebenso vorläufig und unfertig an wie Kiki van Eijks improvisierte Drahtgestelle.

Für Kai Linke handelt das Projekt weniger von Improvisation als von zufälliger Formgebung. Mit der Beschreibung *Ich War's Nicht* bringt Kai Linke auf den Punkt, dass die Form seiner Möbel ganz ohne sein Zutun zustande kam. Darin liegt die Pointe des Projekts. Innerhalb der Grenzen seines Versuchsaufbaus kommt immer wieder ein auf andere Weise deformiertes Objekt zustande. Wie die Deformation ausfällt, hängt jedoch nicht mit der Einwirkung des Designers zusammen. Es handelt sich vielmehr um eine rein zufällige – kontingente – Form.

Wie kann man an dieser Stelle Zufall und Improvisation unterscheiden? Für den Kunsthistoriker Christian Janecke ist die Absichtslosigkeit konstitutiv für (künstlerische) Formgebungsprozesse des Zufalls im Allgemeinen:

119 | Kai Linke: *Ich Wars Nicht.* Unveröffentlichte Projektdokumentation der Diplomarbeit von 2009, einsehbar in der Bibliothek der Hochschule für Gestaltung Offenbach, S. 9.

120 | Ebd., S. 6.

121 | Ebd.

> »Setzt man ›Zufälligkeit‹ [...] mit ›Unabsichtlichkeit‹ gleich, so wird alles ›Absichtliche‹ als ›unzufällig‹ firmieren. [...] Mit der Unabsichtlichkeit ist ein Begriff genannt, den die Philosophen und Naturwissenschaftler zwar selten mit dem Zufall in Verbindung bringen, der aber von größter Wichtigkeit für das Anwendungsgebiet der Kunst ist, denn hier geht es um die Produkte menschlicher Handlungen und menschlichen Willens.«[122]

Beim Zufall geschieht die Formgebung ohne Zutun des Subjekts. Hier entpuppt sich gerade die Abwesenheit des Autors als wesentliche Bedingung dafür, dass überhaupt Zufall stattfindet. Die im Fall des Hockers absichtslos zu nennende Vollendung einer Form durch den Zufall sagt dabei auch etwas über Kai Linkes Designbegriff aus. Die Zufälligkeit des Formgebungsprozesses unterhöhlt eine gängige Idee von Autorschaft, insofern die Form hier durch eine Maschine oder durch das Setting, das Kai Linke konstruiert hat, hervorgebracht werden kann, nicht aber durch das gestalterische Subjekt. Der Designer gestaltet die Form nur noch indirekt. Mit dem Titel *Ich War's Nicht* weist er seine Autorschaft sogar demonstrativ zurück.

In den Designprozessen, die ich anhand der handwerklichen Improvisation in den Werkstätten konturiert hatte, spielte das Subjekt hingegen eine wesentliche Rolle. Schon ganz zu Anfang dieser Arbeit hatte sich dieser Umstand als konstitutiv für das Vorkommen von Improvisation erwiesen, als ich argumentiert habe, dass Serienprodukte an sich nicht improvisiert sein können, weil im Zuge des industriellen Produktionsprozesses keine neuen Formentscheidungen getroffen werden können. Solange Dinge handwerklich produziert werden, ist es hingegen noch möglich, dass konzeptionelle Momente wie Improvisation bei der Produktion des einzelnen Artefakts vorkommen. Der Handwerker kann in die Form eingreifen und eigene Formentscheidungen treffen. So spielt also für die Improvisation die Absicht, ganz anders als beim Zufall, eine zentrale Rolle.

Auch wenn teilweise kontingente Rahmenbedingungen den Designprozess zu lenken und zu bestimmen schienen, so war es in meinen Beispielen schließlich immer der Designer oder der Handwerker, der die Formentscheidungen bestimmt. Dies wollten auch Charles Jencks und Nathan Silver mit ihrem Begriff des Adhocismus klar machen, so heißt es schon zu Beginn ihrer Arbeit: »*Ad hoc* means ›for this‹ specific need or purpose.«[123] Für die Frage nach dem Unterschied zwischen Improvisation und Zufall ist also die Frage nach dem Einfluss des Subjekts zunächst die Entscheidende. Dies kann und soll in Kai Linkes Versuchsaufbau gar nicht zum Zuge kommen. Kai Linkes Verfahren der seriellen Singularität ist vielmehr eine Art

122 | Christian Janecke: *Zufall und Kunst. Analyse und Bedeutung.* Nürnberg: Verlag f. mod. Kunst 1995, S. 10.

123 | Jencks / Silver 1972, S. 15.

analoger Zufallsgenerator.[124] Zwar kann ein Zufallsgenerator, der zum Beispiel in eine grafische Programmierumgebung wie *Grasshopper* eingelassen ist, Formen der seriellen Singularität produzieren. Aber das Programm kann dennoch keine Formentscheidungen im Sinne der Improvisation treffen – was auch für den Umgang mit Modellen im Design und insbesondere den Wechsel zwischen dem Arbeiten im CAD und dem Arbeiten in der Werkstatt von Bedeutung ist.

Den Schluss, dass Computerprogramme nicht improvisieren können, legt insbesondere Hubert L. Dreyfus' Diskussion des Unterschieds von künstlicher Intelligenz und menschlichen Handlungen nahe – auch wenn bei Dreyfus nicht von einer buchstäblichen Improvisation die Rede ist.[125] Dreyfus widerlegt die Annahmen von Herbert Simon und anderen KI-Forschern, die prognostiziert hatten, Computer wären zu »schöpferischem Verhalten« in der Lage.[126] Sofern Improvisation als die Überschreitung regelgeleiteten Tuns verstanden werden kann (respektive als schöpferisches Tun), kann es keine programmierbaren Regeln geben, die Improvisation erzeugen. Dies hat, erklärt Dreyfus, mit der grundsätzlichen situativen Bedingtheit des Handelns zu tun, weshalb jede Situation neu und einzigartig ist.[127] Schon in der Einleitung hatte ich das Situative als den wesentlichsten Zug der Improvisation ausgemacht und davon ausgehend ihre jeweiligen Rahmenbedingungen rekonstruiert.

Gegenüber der strikten begrifflichen Unterscheidung von Improvisation und Zufall muss jedoch angenommen werden, dass in einem Entwurfsprozess Zufall durchaus Anteil an Improvisation haben kann, und eine Form ebensowenig ausschließlich zufällig entstehen kann, wie ausschließlich improvisiert. Zufall kann ein Auslöser für Improvisation sein. Rheinberger beispielsweise deutet in Bezug auf das »unvorwegnehmbare Ereignis« an, dass Zufallsfunde dem Experimentalsystem eine neue Richtung geben können, sofern der Experimentator sie zu nutzen weiß:

> »Experimentalsysteme kann man also als Strukturen betrachten, die es möglich machen, dass sich solche Wendungen im Erkenntnisgewinnungsprozess ereignen, Strukturen also, die es erlauben, Zufälle produktiv zu verarbeiten, ja vielleicht

124 | In parametrischen Designprozessen werden Zufallsgeneratoren genutzt, um Variationen von einer Form – basierend auf bestimmten Parametern, die gleichbleibend sind – zu erzeugen. Zufallsmaschinen, wie die generativen Verfahren, die Architekten nutzen, um Fassadenteile oder ganze Serien von Gebäuden zu erzeugen, schaffen es, ohne Einwirkung des Subjekts eine Serie singulärer Teile zu erzeugen.

125 | Siehe: Hubert L. Dreyfus: *Die Grenzen künstlicher Intelligenz. Was Computer nicht können.* Aus dem Amerikanischen von Robin Cackett. Königstein / Ts.: Athenäum 1985 (1972).

126 | Ebd., S. 32.

127 | Vgl. ebd., S. 242.

überhaupt erst jene Form von Zufällen zu generieren, die sich produktiv verarbeiten lassen.«[128]

Hiermit wäre Zufall dasjenige, was im Experimentalprozess anhand von Improvisation weiterverarbeitet wird.

Kai Linkes Arbeit bietet neben der Parallele zu generativen Designprozessen und zufälliger Formgebung aber noch weitere Bezüge. Weil die finale Form des Möbels schließlich unbestimmt ist, könnte man zum Beispiel auch sagen, dass es Kai Linke darum geht, Formen zu gestalten, die offen sind.

Die Idee der ›offenen Form‹ stammt aus Umberto Ecos *Offenen Kunstwerk* (1973). Zwar handelt das *Offene Kunstwerk* vornehmlich von Prozessen der Interpretation und nicht von Prozessen der Produktion. Umberto Ecos Beschreibung des Rezeptionsvorgangs schließt aber gleichsam ein Moment der Produktion mit ein. Mit Eco ist das Kunstwerk offen hinsichtlich seiner Interpretation, dies konstituiert wiederum das Kunstwerk als Kunstwerk, weil es immer eine Pluralität von möglichen Interpretationen in sich vereint. So spricht Eco von »[jener] fundamentalen Offenheit, die jeder gelungenen künstlerischen Form eignet.«[129] Somit realisiert sich das Kunstwerk für Eco erst in der Wahrnehmung eines Rezipienten, es lässt darin unterschiedliche Weisen der Interpretation zu.[130]

Eco kommt auch auf Improvisation zu sprechen. Für Eco ist Improvisation dasjenige, das etwa bei der Montage von Live-Sendungen, die aus Filmschnipseln zusammengesetzt werden, entsteht. So schreibt Eco, das Produkt des Regisseurs würde »[...] ein seltsames Zusammenwirken von Spontanität und Machen sein, bei dem das Machen die Spontanität bestimmt und auswählt, aber die Spontanität Machen, Konzeption und Ausführung lenkt.«[131] Für Eco stellt die Live-Sendung ein »Möglichkeitsfeld« dar, das gleichsam die Voraussetzung einer offenen Interpretation bildet.[132] Was sich dem Regisseur an Material beziehungsweise an Wahlmöglichkeiten bietet, ist zwar kontingent, die Zusammenstellung der Schnipsel aber obliegt seinen Formentscheidungen. Damit scheint das Verhältnis von Zufall und Absicht in Formgebungsprozessen im Allgemeinen ambivalent zu sein.

So gilt auch für den Zufall, was ich für die Improvisation schon zu Anfang festgestellt habe: Eine Form kann niemals ausschließlich zufällig sein, sowie ein Designgegenstand niemals ganz und gar improvisiert sein kann. Ähnlich wie der Designprozess sich im Wechselspiel von Methodik und Planung vollzieht, bildet

128 | Hans-Jörg Rheinberger: *Experiment, Forschung, Kunst.* Vortrag bei der Jahreskonferenz der Dramaturgischen Gesellschaft, Oldenburg, 26.–29. April 2012. Abgerufen am 28.03.2015 unter: http://www.dramaturgische-gesellschaft.de/assets/Uploads/ContentElements/Attachments/Hans-Joerg-Rheinberger-Experiment-Forschung-Kunst.pdf.

129 | Eco 1973, S. 88–89.

130 | Vgl. ebd., S. 195.

131 | Ebd., S. 199.

132 | Vgl. Ebd., S. 203.

der Hocker von Kai Linke das Ergebnis eines Aushandlungsprozesses zwischen den vorherigen Formentscheidungen des Autors bei der Konstruktion der Gussform und den zufälligen Anteilen beim Gussvorgang. Der Hocker von Kai Linke ist das Produkt eines Vermittlungsprozesses zwischen der festen, konkreten Form, die als Schnittmuster schon definiert ist, und den zufälligen Anteilen, die hinzutreten, wenn der Designer die Hülle mit dem Gussmaterial befüllt, sich der Filz mit Wasser vollsaugt und das Gewicht die Beine zum Einknicken bringt.

Dass auch hier, obwohl Kai Linke den Zufall als Verfahren nutzt, Formentscheidungen getroffen werden mussten, zeigt sich insbesondere an den Fällen, die der Designer nicht ausgearbeitet hat. Versuche, bei denen der Hocker gänzlich seine Typenform verlor, er also nicht mehr ›vollständig‹ war, die Hülle so sehr nachgab, dass Material austrat oder schließlich die Beine zerbrachen, wurden aussortiert.

Damit entscheidet also wieder der Designer selbst, welche Formen ›gute‹ Zufälle sind und welche nicht. Und so nimmt er Einfluss auf die Form. Daher kann von Zufall nur im Hinblick auf bestimmte Aspekte des Hockers gesprochen werden. Manches ist weiterhin ausschließlich den Entscheidungen des Designers überlassen.[133]

Prozessdarstellungen im Video: Écal *Hot Tools*

Ich möchte im Folgenden ein drittes Projekt der seriellen Singularität diskutieren. Das Projekt *Hot Tools* (2012), in dem Studierende der Schweizer Hochschule Écal eine Reihe von improvisierten Glasobjekten produzieren, ist nicht nur ein Beispiel für Improvisation, die als Formprinzip wirkt. Es handelt sich vielmehr um die Entwicklung eines gesamten experimentellen Settings zur Hervorbringung mehrerer verschiedener, singulärer Produkte eines Typus.

Das Projekt handelt von der experimentellen Arbeit der Studenten in einer Glasbläserei unter Anleitung des französischen Designers Ronan Bouroullec. Die Idee des Projekts bestand darin, mit dem Paradigma der immergleichen Form in der Glasherstellung zu brechen, sowie neue Materialien für die Konstruktion der Formen auszuprobieren, wie Ronan Bouroullec berichtet:

> »After a visit lasting a few hours to the workshop of glassblower Matteo Gonet in Basle, students had to design and produce tools and utensils, and invent scenarios that would create an interesting effect in Matteo's artisanal glass-making process. We had five days to create a successful test palette.«[134]

Anstelle fertiger Produkte sollten Werkzeuge und Utensilien gestaltet werden, die zu eigenen Formen führen. Als Experimentalsetting diente die Werkstatt des Glasbläsers Mattheo Gonet in Basel.

133 | Was jeweils Zufall ist und was nicht, muss von Fall zu Fall entschieden werden, dies betont auch Christian Janecke. Siehe Janecke 1995, S. 10.

134 | http://lin-morris.com/hot-tools-by-ecal/ (letzter Zugriff 29.03.2015).

Dieses Setting wurde wiederum in einem Video dokumentiert, das die Arbeit der Studenten in der Glasbläserwerkstatt zeigt.[135] Es ist ein Beispiel für eine Praxis im zeitgenössischen Autorendesign, das seine Prozesse anhand von Videos dokumentiert sowie in bestimmter Weise inszeniert. Das eigentliche Produkt dieses Entwurfsprozesses ist somit nicht ein Glasobjekt, sondern vielmehr das Video, das im Internet verbreitet wird. Ich will daher weniger die materiellen Ergebnisse als den im Video gezeigten Prozess diskutieren.

In den ersten Einstellungen des Videos sehen wir eine Werkzeugwand, Öfen und einen Blecheimer mit kochendem Wasser. Zudem werden unterschiedliche Werkzeuge gezeigt. Sie unterscheiden sich maßgeblich von den Werkzeugen, die gewöhnlich der Herstellung von Glas dienen. Ein Werkzeug (*Mould in Motion*, Philip Grundhöver, Abb. 43 u. 45) besteht aus unterschiedlichen Holzsegmenten. Die Holzeile sind von außen trapezförmig, innen besitzen sie aber jeweils unterschiedliche Aussparungen in Form geometrischer Grundformen, sie sind dreieckig, rund oder rechteckig. Dieses Werkzeug und die damit produzierten Artefakte kommen der seriellen Singularität, auf die ich hinauswill, am nächsten. Die beweglichen Teile der Form können so gedreht und verschoben werden, dass jedes Glasobjekt von Fall zu Fall eine eigene Geometrie aufweisen wird (siehe auch Abb. 47). Im Grunde wurden dafür mehrere verschiedene Werkzeuge übereinandergestapelt und dann mittels einer Stange verbunden. Hierdurch ergibt sich ein Drehpunkt, um den herum die einzelnen Segmente der Form bewegt werden können. Diese Segmente lassen sich also entlang einer Achse drehen und einzeln aufklappen sowie unterschiedlich übereinanderstapeln.

Zunächst muss der Glasmacher eine Art Rohling produzieren, der ungefähr der Größe des Werkzeugs entspricht. Mit seiner Glasbläserpfeife nimmt er eine bestimmte Menge der zähflüssigen, heißen Glasmasse aus dem Ofen auf, die er zu einem Klumpen formt und dann zu einem länglichen Ballon aufbläst. Dabei muss der heiße Glasballon immerzu gedreht werden. Durch die Schwerkraft, durch das Drehen der Pfeife und durch die Luft, die der Glasbläser in den Ballon gibt, lässt sich die Form schon jetzt etwas bestimmen. Der Glasbläser bläst den Glasballon nun im Innern der Form auf, sodass das Objekt seine finale Struktur erhält. Normalerweise muss auch jetzt noch die Glasbläserpfeife gedreht werden. Hier aber kommt es nicht darauf an, eine rotationssymmetrische Form zu erzeugen. Im Gegenteil: Anstatt dass der Glasbläser den Glasballon dreht, beginnt ein Student, die einzelnen Segmente der Form zu verschieben, sodass sich die Anordnung der Formteile ändert. Die aus unterschiedlichen, beweglichen Segmenten zusammengesetzte Form erlaubt die unmittelbare Veränderung des Glaskörpers beim Abformen der heißen Glasmasse. Schon nach kurzer Zeit kann die Form – die überdies infolge der Hitze brennt – geöffnet werden (siehe Abb. 45). Das nun starre (aber immer noch heiße) Glasteil wird aus der Form genommen. Wir sehen nun den Abdruck der Formteile

135 | Écal: *Hot Tools*, Video, 2012. URL: http://www.youtube.com/watch?v=lJx6cF-H__I (letzter Zugriff 29.03.2015).

auf dem Glas – wie Bauklötze scheinen die einzelnen Segmente übereinandergestapelt zu sein, und dennoch bilden die Segmente gemeinsam ein vollständiges Objekt.

Selbst jetzt muss das Glasteil noch weiter bearbeitet werden. So wird der Boden des Glasteils, bevor es im Kühlofen langsam auf Raumtemperatur abkühlt, noch mithilfe einer Metallplatte geglättet.[136] Während das Glas vorher aussah wie ein Ballon, so hat es nun die Form der vorher gezeigten Segmente. Das finale Glasobjekt (siehe Abb. 43) ist nun deutlich als ein singuläres Artefakt markiert. Am Objekt sind die Spuren seiner Herstellung noch sichtbar: Die singuläre Anordnung der Teile hat sich ergeben, als der Student, während der Glasballon abgeformt wurde, die Formteile verschoben hat.

Das Beispiel ist nun insofern paradigmatisch für den Bereich der seriellen Singularität, als dass hier ein Glasbläserwerkzeug – das normalerweise in den Bereich der Serialität fällt – derart konstruiert wurde, dass es eben nicht die Produktion von gleichartigen Objekten eines Typus, sondern von sich unterscheidenden Objekten eines Typus erlaubt. Improvisiert ist dieser Prozess dann an genau der Stelle, wo das Objekt noch im Moment der Formgebung verändert und manipuliert werden kann. Welche Form das Glasteil erhält, entscheidet sich erst im Moment der Produktion – und nicht schon vorher bei der Konstruktion des Werkzeugs. Man kann sich nun vorstellen, wie auf diese Weise eine Reihe von Vasen produziert wird, die jeweils unterschiedlich, aber doch Teil einer Serie sind.

Der Glasbläserprozess ist gekennzeichnet durch eine besondere Geschwindigkeit, wie sie bei den bisherigen Prozessen nicht vorgekommen ist. Entscheidend für die Emergenz der Improvisation ist in diesem Fall, dass das Ganze in kürzester Zeit passiert. Der gesamte Prozess dauert weniger als eine Minute. Das Formen, Aufblasen und das Abkühlen passieren gleichzeitig; mehrere Personen müssen mithelfen, damit ein Glasobjekt entsteht.

Dass hier eine so schnelle Reaktion des Glasbläsers und der Studenten gefordert ist, hat mit den Eigenheiten des Glasbläserprozesses zu tun. Das Glas erstarrt normalerweise schon nach kurzer Zeit, wenn es abkühlt. Sobald es in eine Form geblasen wurde, lassen sich Änderungen nur noch mit Schwierigkeiten vornehmen. Auch ist das Aufblasen des Glasballons für den Glasbläser sehr anstrengend. Eine bestimmte Größe zu erreichen, erfordert jahrelanges Training.

Das Video mit den Glasbläserexperimenten beschränkt sich jedoch nicht nur auf die Vorführung der *Mould in Motion* von Philip Grundhöver. In einer weiteren Sequenz sehen wir ein anderes, variables ›Werkzeug‹, das in diesem Fall aus YTONG-Steinen besteht (siehe Abb. 46: *Stein*, Felix Klingmüller). Die rechteckigen Steine wurden versetzt übereinander angeordnet, sodass sich in der Mitte ein Hohlraum ergibt. Den Boden der Form bildet schließlich eine einfache Holzplatte. Ähnlich wie beim letzten Versuch wird auch hier die Glasmasse innerhalb der

136 | Das ist notwendig, da das heiße Glas derart von Spannungen durchzogen ist, dass es bei einem unmittelbaren Abkühlen in Scherben zerfallen würde. Glasfabriken haben für den Kühlprozess oft 10 – 20 m lange Öfen, in denen das Glas auf einem Förderband nach und nach heruntergekühlt wird. Während der Ofen zu Beginn meist ca. 800° C hat, sind es am Ende nur noch 20°.

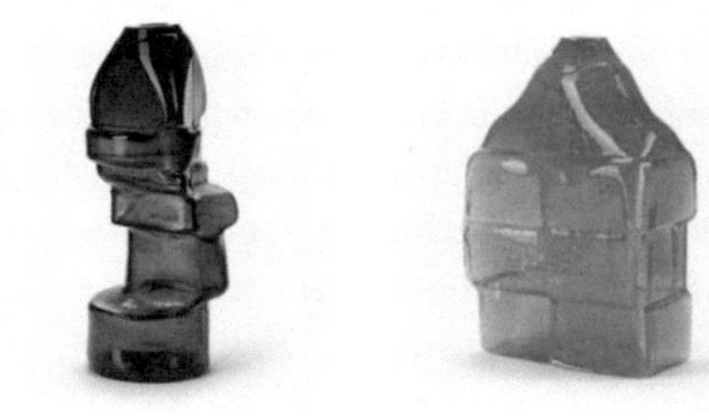

Abb. 43 Abb. 44

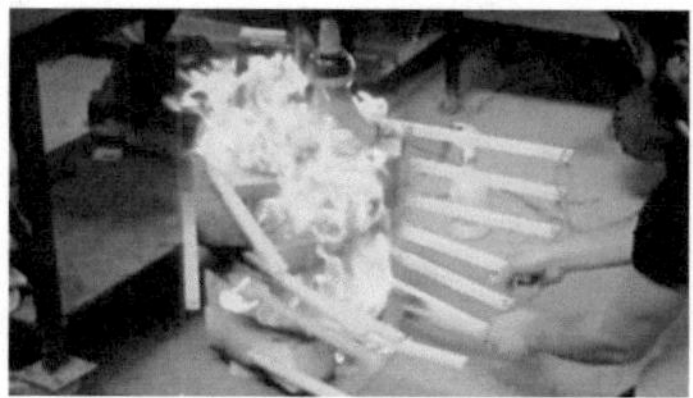

Abb. 45

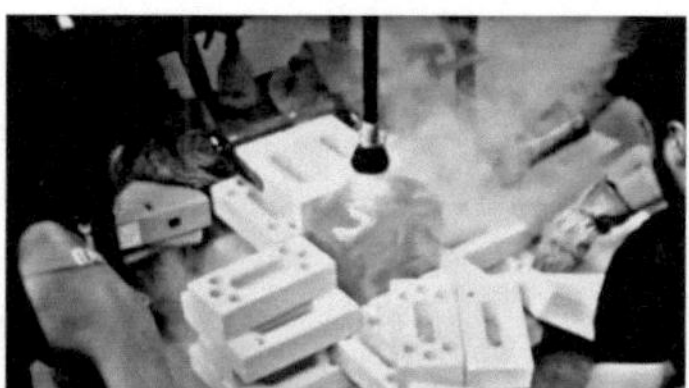

Abb. 46

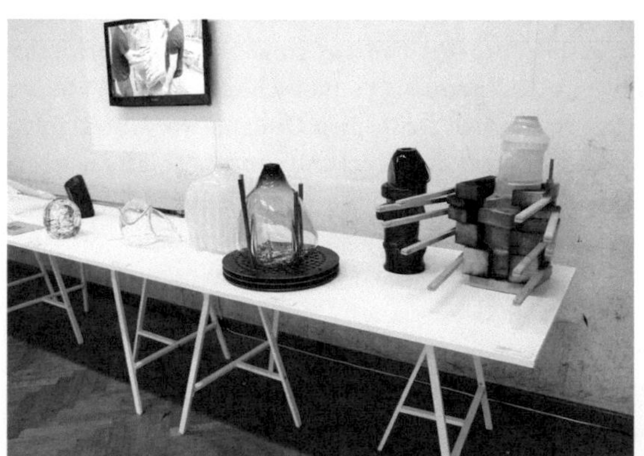

Abb. 47

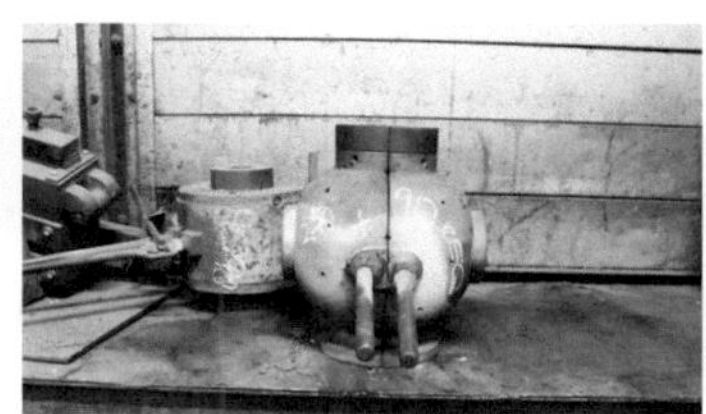

Abb. 48

Abb. 43: Glasobjekt *Mould in Motion,* Philip Grundhöver 2012 .
Abb. 44: Glasobjekt *Stein*, Felix Klingmüller 2012.
Abb. 45: *Mould in Motion*, Philip Grundhöver 2012 (Screenshot aus dem Video Écal Hot Tools).
Abb. 46: *Stein*, Felix Klingmüller 2012 (Screenshot aus dem Video Écal Hot Tools).
Abb. 47: Die Präsentation des Projekts *Hot Tools* bei der Vienna Design Week 2013.
Abb. 48: Typische Graphitform.

Form aufgeblasen. Dann müssen mehrere Studenten die Form öffnen. Sie müssen die Steine in letzter Sekunde und mitten im heißen Wasserdampf beiseite räumen, damit sich das Glasobjekt im richtigen Moment von den Steinen löst. Nun bringt der Glasbläser das noch heiße Glasteil zu der Halterung, wo er die Kappe – das ist der Glasrest, der den Glaskörper noch mit der Pfeife verbindet – mittels einer Art Zange und in einer gezielten Bewegung abbricht. An dieser Stelle sieht man auch, dass der vormals runde Glasballon eine rechteckige Form erhalten hat. Das Raster der versetzt übereinandergestapelten Steine hat sich deutlich auf der Außenwand des Glasobjekts abgebildet. Ähnlich wie bei einer Mauer – nur umgekehrt – besitzt das Glasteil Fugen. Auch hat das fertige Objekt eine etwas rauhe Oberfläche.

Man kann nun vermuten, dass sich auch hier jedes Mal ein etwas anderes Muster ergibt – je nachdem, wie die Steine gestapelt werden. In diesem konkreten Fall besteht die Pointe aber nicht nur darin, dass es sich hier um ein serielles und zugleich singuläres Formgebungsverfahren handelt, sondern darin, dass der Designer vorliegendes Material genutzt hat. Er hat die Teile der Form nicht eigens gestaltet, so wie es noch bei der ersten Form der Fall war, sondern Steine und damit Material zweckentfremdet, das in jedem Baumarkt erhältlich ist – ähnlich wie bei den Improvisationen der Bastler des ›Neuen Deutschen Designs‹. Im Unterschied zu deren Produktionen wird hier aber nicht der zweckentfremdete Gegenstand als solcher zum Material und zu einem Teil des Produkts. Vielmehr bleibt von dem zweckentfremdeten Gegenstand nur eine Spur – also den Abdruck der Steine – auf dem Objekt. Das versetzte Raster des Glasobjekts, das die Standardmaße und Proportionen des ursprünglichen YTONG-Steins aufnimmt, verweist noch auf den eigentlichen Zweck des Gegenstandes.

Im Zuge meiner Beschreibung ist deutlich geworden, dass es sich hierbei um Prozesse der seriellen Singularität handelt, bei dem jedes einzelne Objekt unterschiedlich und zugleich Teil einer Serie ist. Es wäre jedoch eine Beschränkung der Darstellung dieses Designprozesses auf seine Ergebnisse, nur die Glasobjekte als solche als improvisiert zu beschreiben. So ist die Improvisation auch vorher schon, und zwar bei der Konstruktion der Werkzeuge, vorhanden. Die im Video gezeigten Werkzeuge unterscheiden sich maßgeblich von üblicherweise in der Glasbläserei eingesetzten Formen, deren Konstruktion auf Expertenwissen beruht – die Glasherstellung unterliegt bestimmten Restriktionen.

Es lohnt sich daher, noch etwas genauer hinzusehen und zu untersuchen, wie Werkzeuge zur Glasherstellung normalerweise gestaltet werden. Herkömmliche, industrielle Glasbläserwerkzeuge werden aus Graphit hergestellt. Sie sind derart konstruiert, dass sie die Hitze gleichmäßig leiten. Wie in anderen industriellen Verfahren ist es hier nicht möglich, noch während der Produktion Änderungen an der Form vorzunehmen (siehe Abb. 48). Die Werkzeuge sind außerdem derart gestaltet, dass sie rotationssymmetrische Objekte produzieren. Zwar gibt es auch bei der traditionellen Glasherstellung Formen, die ähnlich wie die von mir betrachteten Werkzeuge nicht rotationssymmetrisch sind.

Unabhängig davon, ob es sich nun um eine rotationssymmetrische oder um eine eckige Form handelt, sind die Formen jedoch in jedem Fall ganz anders konstruiert als die Formen in dem Video.

Essentiell für eine gute Oberfläche ist zunächst, dass der heiße Glasballon die Form beim Hineinblasen nicht direkt berührt. Das heiße Glas würde die Form auf Dauer beschädigen und die Oberfläche des Glasobjekts würde Schlieren und Blasen bekommen. Daher werden die Formen vorher mit einer Mischung aus Wasser und Graphit eingesprüht; falls es sich um Holzformen handelt, werden diese im besten Fall ständig in Wasser gelagert. So bildet sich ein Dampfpolster zwischen dem heißen Glas und der Innenseite der Form. Des Weiteren sind die Formen so gestaltet, dass sie sich leicht öffnen und schließen lassen und ihre gesamte Handhabung möglichst einfach zu bewerkstelligen ist. Dies hat damit zu tun, dass das zähflüssige Glas schnell erkaltet und die Bearbeitung daher in einem kurzen Zeitraum erfolgen muss. So werden stets viele Glasobjekte in kürzester Zeit produziert, von denen bis zu einem Drittel Ausschuss sein können. Auch ist für das Glasblasen insgesamt die jeweils richtige Temperatur entscheidend. Bereits beim allmählichen Herunterkühlen der Glasteile im Ofen kann die kleinste Veränderung der Temperatur Spannungen im Material bewirken, wodurch das Glas nach und nach in Scherben zerfällt. Solche Materialspannungen können sich auch aus einer schlecht konstruierten Form ergeben, die die Hitze unterschiedlich ableitet. Zugleich bedeutet die Herstellung von Glasobjekten einen hohen personellen Aufwand – mehrere Glasbläser müssen arbeitsteilig zusammenarbeiten, damit ein Glasobjekt gelingt.

Aus all diesen Aspekten ergibt sich die Notwendigkeit, den Moment der Formung des Materials schon bei der Konstruktion der Formen so gut wie möglich vorzubereiten und Abweichungen mit einzukalkulieren: Eine ›gute‹ Form produziert im traditionellen Verständnis des Glasbläserverfahrens schließlich immergleiche Objekte.

Sofern die Werkzeuge nicht professionell konstruiert sind, sondern auf schnelle Art und Weise selbstgemacht wurden, schwingt in dem Ansatz der Studenten jene Affinität zur Bastelei mit, die ich schon in Bezug auf das ›Neue Deutsche Design‹ diskutiert habe. Ein professioneller Glasmacher würde kaum eine Form aus Ziegelsteinen benutzen, eben weil es ihm auf ganz andere Dinge ankommt als dem experimentierenden Gestalter, der sich nicht um die Qualität der Oberfläche sorgt, wenn es darum geht, eine ungewöhnliche Glasform zu erzeugen. In dieser Weise wird hier Improvisation gewissermaßen herausgefordert.

Weil dieses Projekt ähnlich wie die Arbeiten Kai Linkes und Kiki van Eijks von singulären Formen handelt, die in handwerklichen Prozessen entstehen, so könnte man resümieren, dass es sich um kunsthandwerkliche und nicht um gestalterische Prozesse handelt. Design war in der Moderne, wie ich zu Anfang diskutiert hatte, als das Serielle bestimmt worden. Am einzelnen Designprodukt können mit diesem Designbegriff keine Unterschiede mehr vorkommen.

Vom Ergebnis her betrachtet liegen Handwerk und Design hier zwar auf einer Ebene. Aber ebenso wie sich Kiki van Eijk auf die Modellierungsprozesse des Designs bezieht, nehmen die Gestalter in diesem Setting auf industrielle Verfahren Bezug, indem sie sich bewusst davon abheben. Vor diesem konzeptionellen Hintergrund ist dann die serielle Singularität immer noch Design, weil sie sich auf die spezifischen Formgebungsverfahren des Industriedesigns bezieht. Diese konzeptionelle Wendung richtet sich zwar gegen die Gleichartigkeit der industriellen Serie, nicht aber gegen das Design an sich, es operiert innerhalb der Grenzen von Design. Die Wendung der seriellen Singularität gegen das massenhaft produzierte Serienprodukt ist ohne das industrielle Design nicht denkbar. So geht das Projekt *Hot Tools* insbesondere auf die Logiken der industriellen Glasbläserei zurück. Die Gestalter manipulieren, und dies wird vor allem an der *Mould in Motion* von Philip Grundhöver deutlich, das industrielle Verfahren derart, dass innerhalb der Logik von Serialität als singulär markierte Formen möglich werden.

Das, was ich als Improvisation beschreibe, wird dann erst in den Sequenzen des Videos sichtbar. Die verschiedenen Weisen, wie die Studenten das Glas improvisatorisch bearbeiten, erschließen sich erst in der Betrachtung des Films. Die durch den improvisatorischen Prozess entstehenden Objekte können zwar von ihrer Oberfläche und der Form her auf den Formgebungsprozess verweisen. Aber die tatsächliche Improvisation, die zu der Formgebung geführt hat, ist ausschließlich in den Sequenzen des Videos sichtbar. Das Video der Écal-Studenten zeigt den improvisierten Formgebungsprozess, der zugleich der Herstellungsprozess der Objekte ist.

Das Video ist als integraler Bestandteil des Projekts *Hot Tools* im Kontext einer Praxis der Herstellung von Prozessvideos im aktuellen Produktdesign zu sehen, die die Produkte oder Projekte über deren jeweilige Form hinausgehend mit Bedeutung auflädt. Den Prozessvideos mit ihrer Sichtbarmachung von Produktionsverfahren scheint dabei eine eigene ästhetische Qualität innezuwohnen, sodass das Video selbst schon eine Form von Gestaltungsprojekt ist, weil es den Produktionsprozess weniger dokumentiert als inszeniert.

Das Video spielt eine wesentliche Rolle für dieses Projekt. So wurden die Objekte innerhalb von Ausstellungen immer auch zusammen mit dem Film sowie mit den Werkzeugen gezeigt, etwa bei der Vienna Design Week 2013 (siehe Abb. 47). In der Installation in einem alten Schulgebäude in Wien waren die Objekte auf einem Tisch so angeordnet, dass sie mit den dazugehörigen (Glasbläser-)Formen korrespondierten. Im Hintergrund an der Wand war ein Bildschirm, der die Produktion der Glasobjekte zeigte.

Die Präsentation des Prozesses im Video übertrifft die konkreten materiellen Ergebnisse des Prozesses an Popularität und Verbreitung, die einem traditionellen Designprodukt noch am nächsten kommen, bei Weitem. So könnte man auch spekulieren, das ganze Verfahren sei nur zum Zwecke der Herstellung des Videos initiiert worden. Man könnte auch sagen, dass es sich um eine Vorführung von

Improvisation handelt, in der die Werkzeuge der Glasbläser zu Requisiten werden. Der Film erklärt daher nicht nur, wie es zu den singulären Formen der Glasobjekte und zur Improvisation kam. Über das Zeigen des Entstehungsprozesses werden die Objekte auch mit Originalität aufgeladen, die sie ohne diese Prozess-Narration im Video nicht hätten. Warum aber machen sich Gestalter solche Videos zunutze? Sollten sie sich nicht eher auf ihre Produkte fokussieren?

In die Objekte scheint über den Film und das Zeigen der Werkzeuge sowie über die serielle Singularität ein *auratisches Moment* einzutreten.

Diese Vermutung mag in Bezug auf ein Projekt zeitgenössischer Designproduktion gewagt erscheinen, sofern mit Walter Benjamins Bestimmung von ›Aura‹ Designobjekte zunächst eben nicht unter den Begriff des Auratischen fallen. Auratisch sind für Benjamin Dinge, die in besonderem Maße von Originalität zeugen. Deshalb wird diese Eigenschaft Dingen der Kunst zugeschrieben, die – anders als technisch reproduzierte Dinge – schon von ihrer Produktionsform her einmalig sind. Gleichzeitig stellen bestimmte Reproduktionsformen den Kunstbegriff, der an der produktionsmäßigen Originalität des Werkes hängt, vor ein Problem. Der Grenzfall, über den bei Benjamin die Diskussion verläuft, ist bekanntermaßen die Fotografie und nicht das Designobjekt, für beide ist aber die technische Reproduzierbarkeit konstitutiv.[137]

Der Begriff der Aura ist nicht immer eindeutig, er taucht in Benjamins Texten in unterschiedlichen Zusammenhängen auf. In der *kleinen Geschichte der Fotografie* etwa gibt Benjamin zunächst materielle Eigenheiten eines Gegenstandes (wie z. B. Belichtungsfehler bei frühen Fotografien) als Aura an, weil sie im sprichwörtlichen Sinne aussähen wie eine ›Aura‹.[138] Später bringt Benjamin die Aura auf die berühmte Formel: »Eine einmalige Erscheinung einer Ferne, so nah sie sein mag.«[139] Diese Aura, so Benjamin, verkümmerte in der technischen Reproduzierbarkeit:

> »Man kann, was hier ausfällt, im Begriff der Aura zusammenfassen und sagen: was im Zeitalter der technischen Reproduzierbarkeit des Kunstwerks verkümmert, das ist seine Aura. Der Vorgang ist symptomatisch; seine Bedeutung weist über den Bereich der Kunst hinaus. Die Reproduktionstechnik, so ließe sich allgemein formulieren, löst das Reproduzierte aus dem Bereich der Tradition ab. Indem sie die

137 | Vgl. Tido von Oppeln: *Für einen Werkbegriff im Design.* In: Jörg Huber, Burkhard Meltzer, Heike Munder, Tido von Oppeln (Hg.): *It's Not a Garden Table. Kunst und Design im erweiterten Feld.* Zürich: Ringier 2011, S. 21.

138 | Vgl. Walter Benjamin: *Kleine Geschichte der Photographie.* In: Walter Benjamin: *Gesammelte Schriften.* Hg. von Rolf Tiedemann und Herrmann Schweppenhäuser, unter Mitwirkung von Theodor W. Adorno und Gershom Scholem. Frankfurt am Main: Suhrkamp 1991, Bd. I, erster Teil, S. 376.

139 | Ebd., S. 378.

> Reproduktion vervielfältigt, setzt sie an die Stelle seines einmaligen Vorkommens sein massenweises.«[140]

Wie aber kann Design dann auratisch sein? Ist nicht genau das, was Benjamin als konstitutiv für die Autonomie des Kunstwerks beschreibt, am Gebrauchsgegenstand mit der Abtrennung vom Handwerk und seinen singulären Formen schon längst verloren gegangen?

Aufschlussreich ist hierzu ein Text von Tido Oppeln, der ebenfalls den Aufsatz Benjamins, und zwar in Bezug auf Designobjekte von Autorendesignern diskutiert. Unter seinen Beispielen findet sich eine Arbeit des *Droog*-Designers Jurgen Bey, die *Tree-Trunk-Bench* (1998), deren Konzept in der Linie des ›Neuen Deutschen Designs‹ zu verorten ist. Die Bank besteht aus einem Baumstamm, der mit drei aus Bronze gegossenen Stuhlrückenlehnen versehen wurde. Das Konzept Beys sieht vor, dass der Käufer der Arbeit bloß die beiden Rückenlehnen erhält, den Baum aber selbst fällen muss, um dann die Rückenlehnen zu montieren. Die Bank sei, so Tido von Oppeln, eine Arbeit über »die Geschichte von Möbeln und deren Herkunft aus dem Handwerk und Kunsthandwerk. Der Baumstamm lässt sich unmittelbar als Metapher für das Tischlerhandwerk und den Möbelbau verstehen«.[141]

Um einen Bezug zu künstlerischen Praktiken herzustellen und Objekte wie die *Tree Trunk-Bench* als ›Werke des Designs‹ zu bestimmen, bezieht sich Tido von Oppeln auf eine bestimmte Wendung in Benjamins Werkbegriff. Seitdem Kunstwerke technisch reproduzierbar geworden sind, sei nicht mehr die metaphysische, sondern die geschichtliche oder gesellschaftliche Bedeutung die Grundlage der Kunst:

> »Dem Werk wird die Aura [...] erst durch die Wahrnehmung als Kunstwerk und einen entsprechenden Umgang mit demselben verliehen. Das originale Kunstwerk, das im Zuge industrieller Herstellungsverfahren im zwanzigsten Jahrhundert zunehmend zur Disposition steht, gründet nach Benjamin auf eine im Abendland etablierte rituelle und kulturelle Praxis. [...] Das autonome Werk bekommt im Gegenzug durch seine Fundierung auf die Politik nicht mehr eine metaphysische, sondern vielmehr eine gesellschaftliche Bedeutung zugesprochen.«[142]

Sofern Werke der Kunst nun ›von etwas‹ handeln, tritt zur Aura in Benjamins Sinne bereits eine ›Aboutness‹ hinzu, wie sie später Arthur C. Danto als konstitutiv für die Kunst bestimmt hat.[143]

140 | Walter Benjamin: *Das Kunstwerk im Zeitalter seiner technischen Reproduzierbarkeit.* In: Walter Benjamin: *Gesammelte Schriften.* Hg. von Rolf Tiedemann und Herrmann Schweppenhäuser, unter Mitwirkung von Theodor W. Adorno und Gershom Scholem. Frankfurt am Main: Suhrkamp 1991, Bd. I zweiter Teil, S. 477.

141 | Von Oppeln 2011, S. 25.

142 | Ebd., S. 21.

143 | Siehe Arthur C. Danto: *Kunst nach dem Ende der Kunst*, München: Fink 1996, S. 22.

Die Pointe Tido von Oppelns ist nun, dass die *Tree Trunk-Bench* wegen der Sichtbarmachung des Produktionsprozesses am Objekt über ihre technische und gebrauchsmäßige Funktion hinausgehend nun ebenfalls ›von etwas‹ handelt. Das ist in diesem Fall das Kunsthandwerk. Damit fällt die *Tree Trunk-Bench* unter jene Kategorie von Design, die an der Grenze zur Kunst operiert.

Auf diese Weise besitzt die Bench zwar keine Aura im Sinne der metaphysischen Bestimmung von Aura, die Benjamin in seinem Kunstwerkaufsatz vornimmt. Aber der Bench und den Glasobjekten der Écal-Studenten wohnt, weil sie beim Betrachter eine Form von Reflexion über den Herstellungsprozess des Objekts auslösen, etwas Auratisches inne. Wegen seiner seriellen Singularität unterscheidet sich das Projekt ebenso wie die Entwürfe Kiki van Eijks oder Kai Linkes von industriellen, mithin seriellen Designprodukten.

Die Entwürfe handeln, weil hier Kapital aus den besonderen technischen Implikationen ihres Produktionsprozesses geschlagen wurde, mehr noch als gewöhnliche Designobjekte von den technischen Bedingungen der Produktion. Von ihrer Form her verweisen sie – indem jedes Objekt etwas anders geraten ist – auf den eigenen Herstellungsprozess. Glasbläserei – normalerweise ein Verfahren der industriellen Massenproduktion, bei dem große Mengen in kurzer Zeit hergestellt werden – wird hier zum Gegenstand der seriellen Singularität. Dies wird erst durch das Video, das die Funktionsweise der Werkzeuge erklärt, deutlich.

Prozessvideos, die sich inzwischen als gängige Praxis im Produktdesign etabliert haben, stehen dabei in einem Zusammenhang mit der Tendenz, das Design wieder auf handwerkliche Praktiken wie den Modellbau zurückzuführen und an materielle Gegebenheiten zu koppeln, anstatt das Design auf die CAD-Planungstätigkeit am Rechner zu reduzieren.[144] Sie legen offen, dass der Designprozess am Ende selbst singulär, situativ und von verschiedenen Akteuren bestimmt ist, auch wenn Designer schließlich zu einer seriellen Form gelangen.

So haben wir es mit einer anderen Form von Gestaltung zu tun, die den Prozess gegenüber dem Einzelprodukt betont. Insbesondere in diesem letzten Fall wird der Prozess immer mehr zum Gegenstand von Gestaltung, und das einzelne Experiment oder Produkt wird immer weniger bedeutsam. Alle drei in diesem Kapitel diskutierten Projekte scheinen vielmehr die Möglichkeit der Improvisation schon zu antizipieren und in die Produktionsprozesse zu integrieren. Sie handeln von offenen Formen im Sinne Umberto Ecos, denn die Designer ›designen‹ die eigentlichen Formen der Objekte nur noch indirekt. So geht es darum, einen Versuchsaufbau zu entwerfen, diesen zu dokumentieren und dann den Prozess als Gestaltung zu präsentieren. Werkzeuge, Film und Experimente zusammengenommen ergeben erst das Gestaltungsprojekt. In dem Video gelangen technische Apparaturen,

144 | Hier meine ich digitale Renderings, die dafür sorgten, dass weniger Modelle gebaut wurden. Zur Zeit kann man jedoch eine Tendenz zurück zum Modell erkennen. Dies schließt aber den Gebrauch der CAD-Programme nicht aus, vielmehr stellt sich der Designprozess als ein Wechselspiel zwischen analogen und digitalen Medien dar.

Werkzeuge, Materialien und handwerkliche Praktiken sowie ihr Zusammenwirken in den Fokus, das Design der Glasobjekte erscheint nun weder ausschließlich als mysteriöser Schaffensprozess noch als Planungsprozess.

Ähnlich wie es in der gegenwärtigen Designtheorie eine neue Aufmerksamkeit für die Materialien und Techniken des Designs gibt, kann nun auch in der Designpraxis ein Interesse an Techniken und Materialien beobachtet werden, das nicht nur rein instrumentell ist. Technische Verfahren werden ebenso sorgfältig gestaltet wie die Produkte und ebenfalls als Gestaltung präsentiert. Die Improvisation ist nicht nur Formprinzip, sie wird auch Teil eines großangelegten offenen Designprozesses.[145] Von solch offenen Designprozessen soll das letzte Kapitel dieser Arbeit handeln.

9. Offenes Design / Partizipation

Wenn man die Gestaltungsprozesse beginnend mit den 1950er Jahren und den ersten Braun-Rasierapparaten über das *Design Methods Movement* in den 1960er Jahren bis hin zur gestalterischen Postmoderne verfolgt, so zeigen sich an den Konjunkturen der Improvisation in Designpraxis und -theorie verschiedene Weisen, wie der Designprozess konzipiert wurde.

Zwei auf den ersten Blick konträre Figuren haben dabei die Vorstellungen vom Designprozess seit der Moderne bestimmt. So diente die Figur des Designers, wie etwa Sabine Ammon schreibt, »[…] [d]er Inszenierung als Künstlerentwurf einerseits, der vollständigen Verwissenschaftlichung der Entwurfsverfahren andererseits.«[146] In den 1960er Jahren wurde der Designprozess als Planungsprozess konzipiert. Dann, in der Postmoderne, wurden Bastelei und Improvisation gegen die bisherigen Planungsmethoden sowie gegen eine strenge Auslegung von Funktionalismus in Anschlag gebracht. Die Funktionalismuskritik hatte zwar erreicht, dass man die Haltung der Moderne in Zweifel zog – die anstelle der Improvisation eben das Planerische und Technische des Designs betont hatte. Aber das ›Neue Deutsche Design‹ wendete die Bastelei schließlich doch in etwas Professionelles. Anstelle des Experten, Planers oder Ingenieurs setzte das ›Neue Deutsche Design‹ die Figur des Autorendesigners. Designer wie *Stiletto*, aber auch gegenwärtige Designer wie Kiki van Eijk arbeiten (im postmodernen Sinne) an der Grenze zur Kunst und mit künstlerischen Methoden.

All diese Prozesse blendeten jedoch das Problem der Teilhabe und damit der Integration von Nutzern aus. Die Autorschaft für einen Entwurf wird sowohl in der modernen Gestaltung als auch im postmodernen Autorendesign jeweils einer einzelnen Figur oder einer kleinen Gruppe von Spezialisten zugeschrieben.

145 | Heute zentriert sich der Designdiskurs um die Frage nach der Offenheit der Gestaltung und nicht um die Frage nach Planungsmethoden.

146 | Sabine Ammon: *Entwerfen – Eine epistemische Praxis.* In: Claudia Mareis, Christof Windgätter (Hg.): *Long Lost Friends. Wechselbeziehungen zwischen Design-, Medien- und Wissenschaftsforschung.* Zürich / Berlin: Diaphanes 2013, S. 133.

Sie scheinen durch ihre Position oder durch Talent und Können zum Entwerfen befähigt zu sein.

Dies jedoch widerspricht meinem Konzept des Designprozesses. Ich habe daher immer wieder gegen ein solches Modell von Designtätigkeit argumentiert, das auf einzelne Figuren und ausschließlich auf deren Expertentum oder Talent fokussiert ist – und damit die Rahmenbedingungen des Gestaltens vergisst.

Gerade dann, wenn improvisiert wird, wird ein viel komplexeres Gefüge von Faktoren sichtbar. Wir müssen auch technische Voraussetzungen, das Können der Handwerker und die besonderen Eigenheiten der Materialien als formgebende Instanzen betrachten. Designprodukte entstehen nicht aus dem Nichts heraus – im Gegenteil: Sie sind in eine netzwerkartige Struktur eingelassen, wie ich sie schon im Fall der Arbeiten von Sebastian Herkner skizziert hatte. Obwohl Sebastian Herkner als Autorendesigner arbeitet und als bekannter Akteur des Möbeldesigns in besonderer Weise der Figur des künstlerischen und gleichsam genialen Entwerfers entspricht, können seine Entwürfe dennoch nicht auf ihn alleine zurückgeführt werden. Am Entwurf sind immer auch Mitautoren, insbesondere Handwerker und Modellmacher beteiligt. Ihre Teilhabe realisiert sich über handwerkliche Improvisation.[147] Auch die Materialien und Verfahren des Designs sind keine stummen Dinge, die bloß vom Designer zu einer Form verbunden werden. So müssen insbesondere Modelle als aktive Teile des Netzwerkes, das den Entwurfsprozess bildet, betrachtet werden.

Im *Open Design* erstreckt sich ebendiese Netzwerkhaftigkeit über die Grenzen des einzelnen Produkts und über den Raum des Designstudios hinaus. Hier gibt es keine Produkte, sondern veränderbare – offene – Formen. Das *Open Design* setzt Planung und Anwendung in ein anderes Verhältnis, es ebnet die Differenz zwischen dem Designer und dem Nutzer ein. Im *Open Design* wird die Idee des unhierachischen Designprozesses, der auch Handwerker als Gestalter berücksichtigt, auf alle Ebenen des Gestaltungs-, Produktions- und Konsumptionsprozesses projiziert.

Was aber ist genau mit dem Begriff *Open Design* gemeint? Unter den Begriff *Open Design* fallen Projekte, in denen sowohl der Designprozess als auch das Designprodukt eine offene, veränderliche Struktur bildet. Improvisation spielt bei diesen Projekten eine zentrale Rolle, insofern es über den Weg der Improvisation gelingt, ein offenes Design auf je neue Situationen hin anzupassen.

Die Projekte des *Open Designs* stehen dabei in thematischem Zusammenhang mit partizipatorischen Ansätzen in postmodernen Designtheorien. Das Modell des Designprozesses, das ich vor allem im Kapitel 6 betrachtet hatte, soll nun

147 | Der Sessel *Coat* wurde nicht nur in der Werkstatt des Designers, sondern auch in der *Moroso*-Werkstatt weiterentwickelt und in seiner Form und Gestaltungsidee verändert. Den besonderen Anteil der Werkstatt an den Entwürfen betont insbesondere ein Domus-Interview mit dem Modellbauer Mansutti Marino anlässlich der Jubiläumsausstellung von *Moroso* in Mailand 2012. Siehe: Roberto Zancan: *Moroso: 60 Years of Prototypes.* In: *Domus* 961 / September 2012.

um weitere Akteure ergänzt werden. Als Neukonzeption des partizipatorischen Designprozesses handelt es von einem Design der Nicht-Designer, die in kollaborativen Prozessen Dinge gestalten. Sie können bestehende Entwürfe verändern. Zugleich können sie Produkte in ihren Werkstätten von vornherein selbst gestalten und herstellen. Am meisten anschaulich wird die Wirkungsweise des *Open Designs* am Beispiel des Selbstbau-3D-Druckers.

Der Selbstbau-3D-Drucker

Zwar existieren 3D-Druck-Techniken – genauer: additive Fertigungsmethoden schon seit Ende der 1980er Jahre. Sie sind vom Standpunkt des Entwicklungsingenieurs oder Produktdesigners aus betrachtet keinesfalls ein neues Phänomen.[148] Erste Produkte für den 3D-Drucker wurden von Designern bereits in den Nuller Jahren konzipiert, etwa der *Sinterchair*, ein im Lasersinterverfahren hergestellter Stuhl von Vogt und Weizenegger (2002), der eine veränderliche Struktur besitzt und darin bereits die Idee der individuellen Anpassung von Serienprodukten aufgreift. Die Berliner Brillenmanufaktur *Mykita* wiederum hat 2007 mit der Entwicklung 3D-gedruckter Brillengestelle begonnen, sie sind seit 2011 auf dem Markt.

Die Einführung von 3D-Druck in die Designprozesse war äußerst folgenreich. Die Pointe des Verfahrens liegt darin, dass es die Lücke zwischen Simulation und Artefakt im Designprozess schließt. Damit löst sich die Dichotomie zwischen dem am Rechner gezeichneten Modell und dem materiellen, in der Werkstatt hergestellten konkreten Gegenstand auf. Auch das Paradigma des abgeschlossenen Entwurfsprozesses hat keine Gültigkeit mehr. Jedes 3D-Druck-Objekt kann anhand der CAD-Daten geändert werden. Es handelt sich, kurzgefasst, um eine Maschine, die in der Lage ist, vor Ort und dezentral jeden beliebigen Gegenstand herzustellen, und zwar basierend auf einem 3D-Modell. Anders als in tradierten industriellen Produktionsprozessen, die die Konstruktion eines Werkzeugs für die Serienproduktion voraussetzen, kennt der Drucker keine finalen abgeschlossenen Formen mehr. Jedes Modell ist dann nur eine Variante innerhalb einer schier unendlichen Vielfalt von Formen; in parametrischen Designprogrammen können stets neue Modelle generiert werden.

Gleichwohl handelt es sich um eine Technik, die bislang ein Nischendasein gefristet hat. Zunächst wurde der 3D-Druck ausschließlich im Prototypenbau beim *Rapid Prototyping* eingesetzt. Erst als die Drucker mit dem Auslaufen der Patente, die in den 1980er Jahren erteilt wurden, in Form von Bausätzen oder Bauplänen als Schreibtischgeräte für jedermann frei verfügbar wurden, erlangten die Techniken plötzlich ein hohes Maß an medialer Aufmerksamkeit: Jeder konnte plötzlich einen 3D-Drucker in seiner Hobbywerkstatt selbst herstellen.

Was die Selbstbau-Drucker angeht, ist jedoch genau zwischen verschiedenen Produktionsverfahren zu unterscheiden. Anders als der Begriff 3D-Druck es im

148 | Roland Ullmann etwa experimentierte bei Braun schon Ende der 1990er Jahre mit einem Drukker des israelischen Herstellers *Stratasys*.

Allgemeinen suggeriert, gibt es bereits sehr unterschiedliche Techniken des ›Additive Manufacturing‹. Sie alle basieren auf dem Prinzip, eine Form aus Schichten, also additiv, aufzubauen. Einige Drucker schmelzen beispielsweise Kunststoffpulver mithilfe eines Lasers und bauen so nach und nach ein Modell auf. Manche Drucker ›belichten‹ auch, wie bei einer Lithografie, Pulver aus Gips oder aus Maisstärke. Ein weiteres Verfahren besteht in dem Laminieren von Papierschichten, von Metallfolie oder Kunststofffolie.[149] Unterschiedlichste Materialien, auch Metalle oder sogar Nahrungsmittel können Gegenstand von additiven Fertigungsprozessen sein. Wenn ich nun von 3D-Druck spreche, dann meine ich also nur eine bestimmte Technik, und zwar die mit dem Kunststofffadenprinzip operierenden FFF (*Fused Filament Fabrication*)-Drucker (siehe Abb. 49).

Allen Verfahren gemeinsam war bis vor Kurzem der Umstand, dass sie teuer waren und sich nur für geringe Stückzahlen eigneten.[150] Normalerweise wurde ein Drucker wegen der hohen Kosten nicht eigens angeschafft, die Druckteile wurden in Auftrag gegeben. Selbst das technisch vergleichsweise wenig voraussetzungsreiche, oft provisorisch anmutende *Fused-Filament*-Verfahren war trotz seiner zunächst geringen Genauigkeit sehr kostspielig. Dies hatte im speziellen Fall dieses Verfahrens mit den Patenten zu tun, die sein Erfinder, S. Scott Crimp, der Ende der 1980er Jahre einen der ersten Filament-3D-Drucker entwickelt hatte, dafür innehatte.

Als die Patente für das *Fused-Filament*-Verfahren vor einigen Jahren ausliefen, wurde es möglich, das Verfahren in einem *Open Source*-Projekt weiterzuentwickeln. Initiiert wurde das Projekt von Dr. Adrian Bowyer an der Bath-Universität 2005. Bowyers Ziel war es, die Demokratisierung der 3D-Druck-Technik voranzutreiben.[151] Er schuf die Grundzüge der *RepRap*-Plattform (*RepRap*.org).[152] Die hohen Kosten für den Drucker wurden im Zuge des Open Source-Verfahrens geringer. Die Materialkosten für den *RepRap*-Prusa Mendel-Drucker betrugen im November 2014 etwa 500 Euro, ein professioneller 3D-Drucker allerdings kostet normalerweise mehrere 10.000 Euro. Dieser Preisverfall markierte dann auch das Ende des Nischendaseins der 3D-Druck-Technologie.[153] Es entstand ein regelrechter medialer Hype.

Der Name *RepRap* steht für ›Replicating Rapid Prototyper‹. Weil es sich quasi um eine universelle Maschine handelt, kann der Drucker quasi auch sich selbst

149 | Siehe den 3D-Druck-Hauptartikel in der englischen Wikipedia, *Additive processes*. URL: http://en.wikipedia.org/wiki/3D_printing (letzer Zugriff 21.03.2013)

150 | Hier allerdings spielte es seit Ende der 1980er Jahren eine wichtige Rolle. Vgl. hierzu weiterführend auch den 3D-Druck Hauptartikel in der englischen Wikipedia, hier die Überschrift *Industrial uses*. http://en.wikipedia.org/wiki/3D_printing (letzter Zugriff 21.03.2013)

151 | Vgl. T. Rowe Price: *A brief history of 3D Printing*. URL: http://www.engineering.com/3DPrinting/3DPrintingArticles/ArticleID/6262/Infographic-The-History-of-3D-Printing.aspx (letzter Zugriff 27.02.2015)

152 | *RepRap*-Hauptseite. URL: http://*RepRap*.org/wiki/Main_Page (letzter Zugriff 27.02.2015)

153 | Vgl. Friebe/Ramge 2008, S. 125.

reproduzieren. Er kann Bauteile für weitere 3D-Drucker ausdrucken. Wie aber vollzieht sich dieser Übersetzungsprozess – technisch gesehen?

Der *RepRap*-Drucker verwendet das unter den additiven Fertigungsmethoden günstigste Herstellungsverfahren, das mit dem kleinsten technischen Aufwand realisiert werden kann, und zwar das Fused Filament-Verfahren. Dabei bildet ein CAD-Modell den Ausgangspunkt. Es wird anhand eines *Slicer*programms in Schichten unterteilt. Der *Slicer* ist die Schnittstelle zwischen dem Computermodell und der Maschine. Im *Slicer* werden die Parameter für den Druckprozess bestimmt, also die Schichtstärke und damit die ›Auflösung‹ des Werkstücks, die Anzahl von Konturen für die äußere Schicht, die Stellen, an denen bei Überhängen Stützmaterial mitgedruckt wird (der Drucker kann nicht in der Luft drucken) und schließlich auch die Geometrie des Füllmaterials. Je dünner eine Schicht ist, umso genauer ist der Druck, desto länger dauert aber auch der Druckvorgang.

Der *Slicer* beeinflusst nicht nur die Stabilität und die Genauigkeit des Werkstücks, das Slicing verleiht den schichtweise aus Kunststoff aufgebauten Drucken auch jenen besonderen ›Look‹, der sie als 3D-gedruckte Teile markiert. Er produziert dann den sogenannten *g.code*, einen Maschinencode, der die für den Druckprozess notwendigen Informationen, und zwar die Koordinaten jeder einzelnen Linie, enthält. Es handelt sich dabei um eine einfache Textdatei mit einer schier endlosen Liste von Befehlen: Die Welt des 3D-Druck ist eingeteilt in X,Y und Z. Der Drucker ist ein Gestell mit drei beweglichen Achsen, die jeweils ihre Entsprechung im kartesischen Raum des CAD-Programms haben. Entlang dieser drei Achsen bewegt sich, gesteuert durch den *g.code*, ein Druckkopf (*Extruder*), der einen Kunststofffaden schmilzt und diesen durch eine Düse (die *Nozzle*) presst. Linie für Linie trägt der Extruder flüssigen Kunststoff auf einer beheizten Druckbettoberfläche auf, Flächen werden durch Schraffuren erzeugt. Schicht für Schicht entsteht so ein Artefakt, wobei Größe und Materialverbrauch über die Dauer des Druckprozesses entscheiden.

Vom Prinzip her handelt es sich also quasi um eine digitalisierte Heißklebepistole, und darin entlarvt die technische Beschreibung das Verfahren auf den ersten Blick als trivial. Aber über die Schnittstelle des *Slicer*s sowie durch den Drucker entsteht nichts weniger als die Verbindung zwischen dem kartesischen Raum des Computerprogramms und der ›realen‹ Welt der Materialien. Mit dem Drucker ist es möglich, sehr detaillierte und komplexe Formen zu realisieren, wie sie nur in einem CAD-Programm konstruiert werden können.Viele der Formexperimente rund um den 3D-Drucker beschäftigen sich daher mit topologisch anspruchsvollen Objekten wie einer Möbiusschleife oder einer Kugel in einer Kugel.

Es handelt sich dabei jedoch nicht – wie oftmals vermutet wird – gänzlich um einen ›*What You see is What You Get*‹-Prozess, bei dem sich das Modell aus dem CAD-Programm einfach so materialisiert. Vielmehr ist der Prozess eng mit der Entwicklung bestimmter Materialien verbunden. Nicht alle thermoplastischen Kunststoffe eignen sich für den 3D-Druck. Die Filamente bestehen meist aus dem

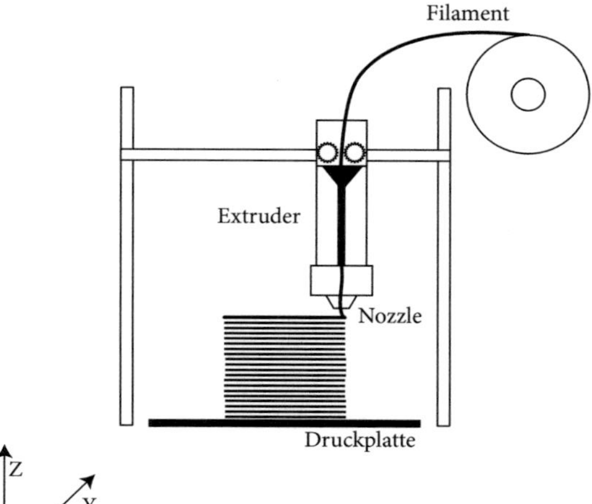

Abb. 49

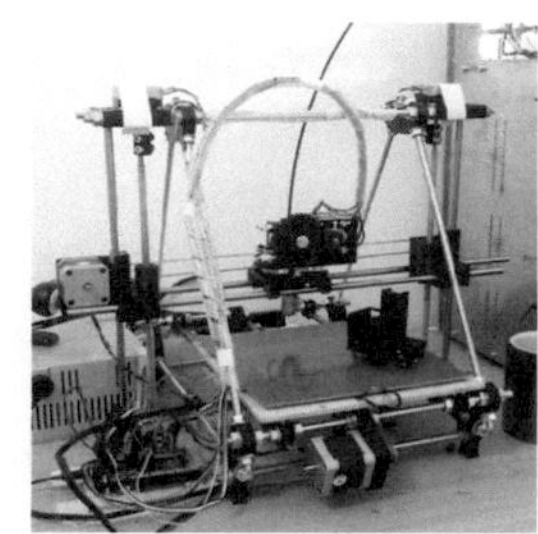

Abb. 50

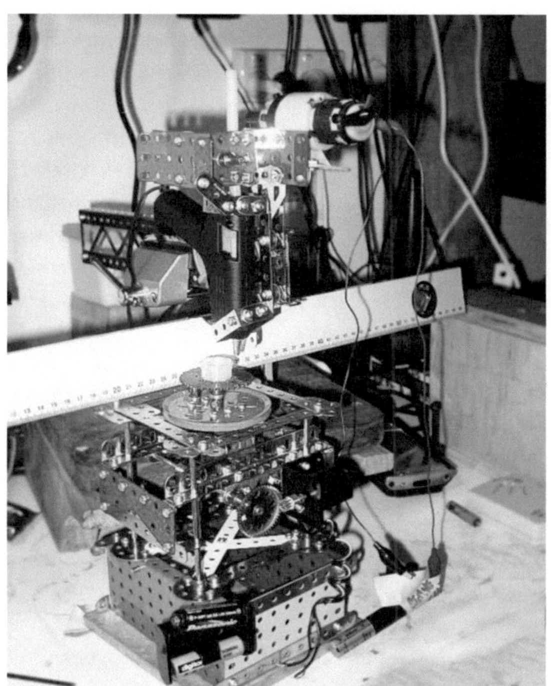

Abb. 51

Abb. 49: *Fused Filament Fabrication*-Prinzip (FFF).
Abb. 50: *RepRap Prusa Mendel*-Drucker.
Abb. 51: *Gluegunfabber*, Sebastien Bailard, 2009. Drucker bestehend aus einem Meccano- Baukastensystem (die britische Version von Fischertechnik) und einer Proxxon-Mini-Heißklebepistole.

aus Maisstärke gewonnenen PLA, das vom Schmelzpunkt und vom Fließverhalten her die für den Druckprozess besten Eigenschaften aufweist. Ebenso wichtig ist die Frage, ob ein Modell sich überhaupt für den Druckprozess eignet. Schließlich bestimmt das Slicing auch die Qualität des Modells. Die im *Slicer* eingegebenen Parameter wie Geschwindigkeit und Temperatur sind den Modellen zuweilen sogar anzusehen.

Anders als es die Idee einer digitalen Maschine vermuten ließe, ist dies dann weiterhin ein in höchstem Maße handwerklicher Prozess. Die Bearbeitung des CAD-Modells sowie das Slicing erfordern ein bestimmtes implizites handwerkliches Wissen, das nur durch Übung und Erfahrung im Umgang mit der Maschine erworben werden kann. Die Fehler, die das Verfahren dann unwillkürlich auch mitproduziert, sind stets eine Quelle von Improvisation und Bastelei. Nicht selten werden halbfertig gedruckte Modelle mit Klebeband repariert, damit die Maschine ihre Arbeit fortsetzen kann.

Dies zu diskutieren würde aber zu weit führen, es sind Improvisationen, wie ich sie bereits beobachtet hatte, die dem einzelnen Modell gelten, und die dazu dienen, das Modell zu realisieren, nicht aber das Verfahren weiterzuentwickeln. Mich interessiert vielmehr die Gestaltung der Maschine als solche.

Die Pointe des *RepRap*-Projekts liegt nun nicht unbedingt darin, dass man mit dem 3D-Drucker theoretisch ›alles‹ herstellen kann. Entscheidender für meine Diskussion ist vielmehr die strukturelle Bedeutung des Verfahrens im Designprozess. Der Umstand, dass der Drucker Kunststoff – das Material der industriellen Produktion schlechthin – verarbeitet, erweist sich dabei als besonders interessant. Die Herstellung eines Kunststoffprodukts würde normalerweise einen ganzen Maschinenpark sowie die Herstellung von teuren Werkzeugen erfordern, die nur eine bestimmte finale Form hervorbringen. Dies rentiert sich erst in der Massenproduktion, und so kreiste der Designprozess seit der Moderne stets um einen bestimmten, fest umrissenen Entwurf.

Dieses Paradigma wurde jedoch nicht durch das Lancieren eines billigen Industrieprodukts gebrochen, wie es Ende der 1980er Jahre im Fall der Tintenstrahldrucker geschehen war. Vielmehr waren es die Nutzer selbst, die den Drucker zu einem nun potentiell allseits verfügbaren Gegenstand hin entwickelten. Das Verfahren wurde demokratisiert. Mit dem *RepRap*-Drucker sollte jeder in die Lage versetzt werden, Alltagsprodukte zuhause auf seinem Schreibtisch zu realisieren. Aufgrund dieses Versprechens wurde der 3D-Drucker zum Symbol der ›Maker-Bewegung‹, ähnlich wie schon das offene Betriebssystem Linux zum Symbol der Open Source-Bewegung wurde.

Seit Herbst 2012, als die Drucker ausgehend von der Maker-Bewegung als Schreibtischgeräte verfügbar wurden, gab es eine endlose, niemals abreißen wollende Flut von Zeitungsartikeln, Fernsehberichten und Blogeinträgen zum Thema 3D-Druck und Maker-Kultur.

Dieser mediale Diskurs handelt, neben den technischen Implikationen des Verfahrens, vor allem von der Teilhabe an Gestaltung.[154] Aufgrund des 3D-Druckers, so vermuten viele, scheint sich eine Verschiebung von einer industriellen hin zu einer postindustriellen Produktion zu ereignen. Die einstmals durch den beschränkten Zugriff auf industrielle Produktionstechniken klar strukturierten Macht- und Wissensverhältnisse – von Designern und Produzenten auf der einen Seite und Konsumenten auf der anderen Seite – scheinen damit zur Disposition zu stehen. Daher wird diese Entwicklung insbesondere vor dem Hintergrund diskutiert, dass sich darin die nächste industrielle Revolution vollziehe.[155] Dies erklären zum Beispiel auch die Journalisten Holm Friebe und Thomas Ramge. Sie postulierten bereits 2008 ein Ende der Massenproduktion und riefen einen »Aufstand« der Konsumenten aus, die sich aktiv gegen die Industrie wenden und nicht mehr konsumieren, sondern Dinge anhand von Schreibtisch-3D-Druckern selbst produzieren.[156] Aber bedeutet die Demokratisierung der Produktionsmittel tatsächlich, dass hier eine Demokratisierung des Entwerfens stattfindet?

Ein Maker, dies sei hier angemerkt, ist jemand, der Dinge entwirft, produziert und gleichzeitig auch benutzt. In der Figur des Makers fällt die Figur des Designers, Architekten, Künstlers, Programmierers, Hackers, Entrepreneurs, Handwerkers und Ingenieurs zusammen.[157] Damit setzt das *Open Design* die Figur des Makers an die Stelle des Experten. Die Bestimmung des Makertums liegt in einer gewissen Anti-Professionalität.

In dieser Hinsicht ist der Maker keinesfalls eine ganz und gar neue Figur, er erinnert an den *Bricoleur.* Wie Lévi-Strauss bemerkte, sei dieser, ganz ähnlich wie der Maker, »[...] in der Lage, eine große Anzahl verschiedenartigster Arbeiten auszuführen; doch im Unterschied zum Ingenieur macht er seine Arbeiten nicht davon abhängig, ob ihm die Rohstoffe oder Werkzeuge erreichbar sind, die je nach Projekt geplant und beschafft werden müßten [...].«[158] Im Gegensatz zum *Bricoleur* arbeitet der Maker jedoch nicht allein für sich in seiner Werkstatt, sondern auf digitalen Plattformen oder in *FabLabs (Fabrication Laboratories)* zusammen mit anderen Makern an Projekten. In *FabLabs* kann jeder jederzeit Dinge dezentral und vor Ort selbst produzieren, Pläne für die Produktion von Dingen wie zum Beispiel dem

154 | Ebd., S. 8.

155 | Hierzu: Chris Anderson: *Makers. The New Industrial Revolution.* New York: Crown Business, 2012.

156 | Vgl. Holm Friebe und Thomas Ramge: *Marke Eigenbau. Der Aufstand der Massen gegen die Massenproduktion.* Frankfurt am Main: Campus 2008, S. 11–19.

157 | Beispielhaft hierfür ist die Plattform des *Make-Magazine*, die die Projekte der *Maker* publiziert: www.makezine.com.

158 | Lévi-Strauss 1977, S. 30.

Selbstbau-3D-Drucker werden im Netz geteilt.[159] Schauplatz der Maker-Gestaltung ist beispielsweise das *thingiverse*, eine Plattform mit Plänen für 3D-Druck-Artefakte im Netz, auf der beinahe jeder beliebige Gegenstand vom Kühlschrankgelenk bis zum Möbelstück als CAD-Datei frei verfügbar ist. Jeder kann einen Beitrag zum *thingiverse* leisten, Entwürfe je nach Gusto verändern und produzieren.

Alleine mit der Produktion von 3D-Daten ist jedoch noch kein Design gewonnen. Design umfasst zwar die Produktion von Formen, aber immer in Bezug auf einen spezifischen Kontext. Design produziert Innovationen. Neuheit, Originalität und damit auch Autorschaft scheinen im *thingiverse* jedoch keine zentralen Kriterien mehr zu sein, viele der Entwürfe wirken oberflächlich und beliebig. Es handelt sich um eine eklektische Mischung vergangener Stile, eigener Motive aus der Maker-Kultur selbst und schließlich um pragmatische, ein ganz spezifisches Problem lösende Konstruktionen. Diese Formen liegen außerhalb des Designs, weil sie die Prozesshaftigkeit vernachlässigen, die Design ausmacht. Sie verkürzen das Design auf die Produktion von Daten und dann auf deren Materialisierung im 3D-Drucker.

Dennoch wäre es zu kurz gegriffen, das *thingiverse* nach seinen einzelnen Formen zu beurteilen und es fortan als ›schlechte‹ Gestaltung abzutun. Man muss auf die Gesamtstruktur schauen. Am *thingiverse* und anderen netzwerkhaften Strukturen des *Open Designs* wird sichtbar, dass sich ausgehend von der Maker-Bewegung eine Veränderung des Selbstverständnisses der Gestalterfigur vollzieht. Konstituierend für das *Open Design* und das *thingiverse* ist die Zurückweisung der Prinzipien von Autorschaft und Expertentum, die das Industriedesign bisher geprägt hatten. Es geht dabei darum, alle Unterschiede zwischen Designern und Nutzern, auch auf der Ebene der Produktion, zu nivellieren. In der Maker-Bewegung wurde, entgegen der Gestaltungsparadigmen der industriellen Moderne, die den Experten in den Vordergrund stellten, der Laie zur Leitfigur.

Open Design basiert auf Transparenz. Das einstmals exklusive Wissen der Designer und Ingenieure um Design- und Produktionsprozesse wird im *Open Design* nicht versteckt, sondern sichtbar gemacht. Erst dadurch werden diese Prozesse anschlussfähig für eine Teilhabe durch die Nutzer.

Der Gedanke einer solchen Öffnung des Designprozesses ist freilich nicht neu. Zwar mag es den Anschein haben, dass die Idee der Öffnung des Gestaltungsprozesses für die Nutzer erst mit der Digitalisierung des Designprozesses ihren

159 | »FabLabs are places where digital culture and material production merge and enter a new stage.« Julia Walter-Herrmann, Corinne Büching (Hg.): *Introduction*. In: Dies.: *FabLab. Of Machines, Makers and Inventors*. Bielefeld: transcript 2013, S. 11. Am Anfang der Idee des FabLabs stand Ende der 1990er Jahre ein Forschungsprojekt am MIT, bei dem es darum ging, eine sich selbst reproduzierende Maschine zu entwickeln. Dabei stellte sich heraus, dass es zu kompliziert wäre, alle dafür erforderlichen Techniken zu durchdringen. Stattdessen wurde mit dem Kurs *How to Make (almost) Anything* eine am Basteln orientierte Vorgehensweise eingeführt.Vgl. Neil Gershenfield: *FAB. The coming revolution on your desktop – from personal computers to personal fabrication*. New York: Basic Books 2004, S. 5.

Anfang nahm. Den gesellschaftspolitischen Horizont des Selbermachens habe ich allerdings schon in Bezug auf den Begriff der Partizipation in Architektur und Design diskutiert. So steht diese Idee in Verbindung mit einer Strömung in der Designtheorie der Postmoderne, die von der Partizipation an Gestaltungsprozessen handelt. Ausserdem steht die Idee der Partizipation in Zusammenhang mit der Kritik am Funktionalismus. Insbesondere in der Architektur war schon in den späten 1960er Jahren begonnen worden, die klassische Rollenverteilung des Entwerfens, die von einer strengen Trennung zwischen dem Nutzer und dem Experten ausging, zu hinterfragen.[160]

Eine Gestaltung, die sich nur aus der Serienproduktion sowie aus ihren technischen »Zweckzusammenhängen« ableitete, hatte in eine Gestaltung allein im Sinne der industriellen Produktionsform geführt, wie insbesondere Albrecht Wellmer in einem Vortrag vor dem Werkbund 1985 erklärte:

> »[...] seit Mitte der 1970er Jahre ist allgemeiner ins Bewußtsein gedrungen, daß in der Welt der industriell gefertigten Produkte Zweckzusammenhänge sich niedergeschlagen haben, in ihnen sich verkörperlicht und verselbstständigt haben, die oft kaum noch in einen einsichtigen Zusammenhang gebracht werden können, mit dem, was die in dieser Welt lebenden Subjekte als den Zweckzusammenhang ihres Lebens anerkennen könnten.«[161]

Auf diese Weise hatte das Industriedesign die Werkbundideale kolportiert. Nicht nur war die Trennung von Mensch, Industrie, Handwerk und Kunst im Industriedesign weiter vorangetrieben worden, obwohl gerade in der Verbindung dieser Sphären das ursprünglich vom Werkbund anvisierte Ziel lag. Auch war die Praxis des Industriedesigns von den Nutzern entkoppelt. Es verfehlte den ursprünglichen Zweck der demokratischen Vermittlung von Alltagskultur, und zwar auf der Ebene der Designprozesse, aber auch auf der Ebene der Produkte selbst.[162] Es entstanden grundsätzliche Zweifel an der Figur des einzelnen Design-Autors oder Design-Experten, die die Designdebatten der Moderne bis hin zum Scheitern des *Design Methods Movement* bestimmt hatten.[163] Die anfängliche Begeisterung der Designer für eine demokratische Massenproduktion, wie sie etwa Braun-Feldweg zum Ausdruck gebracht hatte, war in Ernüchterung umgeschlagen. Industrielle Formgebung galt als vom Menschen entfremdet. Man forderte eine Individualisierung der Produkte, wie sie noch in Zeiten des Handwerks gegeben war, und man suchte nach Wegen der Eigenproduktion sowie nach einer neuen, zeichenhaften Formensprache.

Nun liegt alleine in dem Umstand, dass Designer sich nun an einer anderen Formensprache orientierten, noch keine Möglichkeit der Teilhabe. Albrecht

160 | Vgl. Mareis 2013 (2), S. 10.

161 | Wellmer 1985, S. 131.

162 | Ebd., S. 117.

163 | Vgl. Mareis 2013 (2), S. 9.

Wellmer weist darauf hin, dass der Designansatz des postmodernen Autorendesigns – und damit auch das ›Neue Deutsche Design‹ – bestimmte Probleme der Moderne reproduziert. So hatte das postmoderne Autorendesign zwar versucht, dem Funktionalismus auf der Ebene der Formgebung eine eigene Ästhetik entgegenzusetzen. Dies geschah in der Hoffnung, die Produkte ›individueller‹ zu gestalten und so eine differenziertere, vielfältigere Produktkultur zu schaffen.

Die auf eine Zeichenhaftigkeit der Entwürfe fokussierten Designstrategien der Postmoderne rückten jedoch gegenüber einem Design-Ingenieur, wie ihn Dieter Rams verkörpert hatte, den Design-Autor als eine künstlerische Figur ins Zentrum des Designprozesses. Letztlich verfehlten sie hierdurch doch wieder die Zweckzusammenhänge der Subjekte, die weiterhin von den Designprozessen ausgeschlossen blieben. Wie Albrecht Wellmer erklärt, beinhalteten Teile postmoderner Designtheorien trotzdem Chancen für eine Öffnung des Designs. Im Zuge eines Designkonzepts der Partizipation könnte eine »kommunikative Klärung der Zwecke«[164] in eine demokratische Praxis der Vermittlung zwischen Kunst und Industrie führen.

> »[So] wäre denkbar, daß die industrielle Produktion an kommunikativ geklärte Zwecksetzungen zurückgebunden würde und daß Kunst und ästhetische Phantasie sich in die kommunikative Klärung gemeinsamer Zwecke verstricken ließen. Dann könnten vielleicht Kunst und Industrie durch Vermittlung eines Dritten, nämlich im Medium einer aufgeklärten demokratischen Praxis, zu Momenten einer industriellen Kultur zusammenzutreten.«[165]

Im Sinne einer demokratischen Vermittlung der Zwecke formierte sich nun ein neuer Methodendiskurs.[166] Der Entwerfer sollte, statt als Autor aufzutreten, die Rolle eines Moderators einnehmen und in ein distanziertes Verhältnis zur Entwurfsaufgabe treten. Der eigentliche Formgebungsprozess sollte den Nutzern überlassen werden.[167] Die Figur des Designers als alleiniger Entwerfer sollte von einem demokratischen Aushandlungsprozess abgelöst werden. Und so richtete sich die Diskussion um Partizipation gegen die Idee eines einzelnen Autors. In den Designtheorien der Partizipation wird, wie die Architekturtheoretikerin Susanne Schregel schreibt, das dem Autor »allein zugeschriebene Werk relativiert«.[168]

Vor dem Hintergrund dieses Ideals der Partizipation erfuhren auch die eigentlich auf den Experten ausgerichteten Planungsmethoden des *Design Methods*

164 | Wellmer 1985, S. 133.

165 | Ebd.

166 | Vgl. hierzu bes.: Susanne Schregel: *Gestaltung und ihre soziale Organisation. Schlaglichter auf die Geschichte der Partizipation in den USA und Westeuropa (1960-1980).* In: Claudia Mareis, Matthias Held, Gesche Joost (Hg.): *Wer gestaltet die Gestaltung?: Praxis, Theorie und Geschichte des partizipatorischen Designs.* Bielefeld: transcript 2013. Aber auch: Lucius Burckhardt: *Wer plant die Planung? Architektur, Politik und Mensch.* Berlin: Schmitz 2004.

167 | Vgl. Schregel 2013, S. 35.

168 | Ebd., S. 36.

Movement eine Modifikation. So sah etwa Christopher Alexander den neuen Anwendungshorizont seiner *Pattern Language* – die Überarbeitung der in den *Notes on The Synthesis of Form* entwickelten Methode – darin, dass die Nutzer über den Umweg der Einflussnahme auf die Entwurfsmuster an Planungen teilhaben könnten.[169] Christopher Alexander versuchte auf diese Weise, seiner Methode eine neue Legitimation zu verschaffen.[170] Zugleich wurden neue Methoden entwickelt. Das Methodenset der Partizipation reichte von Interviewtechniken bis hin zu Experimenten mit konkreten Modellen. So gab es bereits in den architektonischen Partizipationsexperimenten der 1970er Jahre Methoden, bei denen den Nutzern konkrete Modelle vorgeführt wurden, die sie verändern durften.[171]

Ähnliche Methoden werden heute bei der Entwicklung digitaler Produkte zur Anwendung gebracht. Auch hier gibt es ein umfangreiches, differenziertes Methodenset. Dessen produktivstes Moment liegt für die Designforscherin Lisbeth Huybrechts zwischen einem *Open Design*, das gänzlich ohne Autoren auskommt und jenem typischen Designprozess, wie ich ihn beispielsweise anhand der Arbeit Sebastian Herkners diskutiert hatte.[172] Die hier entwickelten Methoden sind eng verknüpft mit der Idee einer praxisbasierten Forschung respektive einer Forschung durch Design. Eine Studie von Katharina Bredies etwa (*Gebrauch als Design*, 2014), die dem Feld des *Practice Based Research* zuzuordnen ist und die sich auf das partizipatorische Methodenset bezieht, geht von konkreten Prototypen aus. Es geht Bredies darum, die möglichen Verwendungen von textilen Interfaces aus dem Bereich der *Wearable Technologies* zu erforschen.[173] Dieses Projekt ist insofern interessant, als dass die Partizipation hier über konkrete Artefakte verläuft, und nicht nur Partizipation an Planungen ist. Die Nutzer können über Improvisation an der Gestaltung der Produkte teilhaben, und sie sich aneignen.

Designkonzepte der Partizipation sind vielleicht deshalb so anschlussfähig für den Bereich des *Practice Based Research*, weil mit dem Nutzer eine vom Entwerfer unabhängige Instanz hinzutritt. Die Teilnehmer der partizipatorischen Experimente sorgen für eine Rückkopplung der Planungen an die Notwendigkeiten des Gebrauchs. Sofern die Designer hier mehr Moderatoren eines partizipatorischen Versuchsaufbaus sind und die Designprodukte nur indirekt gestalten, treten sie in

169 | Vgl. ebd., S. 26.

170 | Vgl. hierzu auch Kühn 2009, S. 162.

171 | Vgl. Schregel 2013, S. 26. Freilich ist hier anzunehmen, dass das Modell in der Architektur einen anderen Status hat als das Designmodell. Der Maßstab unterscheidet sich. Während im Design Modelle oft im Maßstab 1:1 entstehen, sind Architekturmodelle zwingend Verkleinerungen.

172 | Siehe hierzu bes.: Liesbeth Huybrechts (Hg.): *Participation is Risky. Approaches to Joint Creative Processes.* Amsterdam: Antennae 2014. Die Autoren beziehen sich im Übrigen wiederholt auf Latours *Actor-Network-Theory*, die in Bezug auf die Partizipationsmethoden häufig genutzt wird. Vgl. Mareis 2014, S. 207.

173 | Siehe: Katharina Bredies: *Gebrauch als Design. Über eine unterschätzte Form der Gestaltung.* Bielefeld: transcript 2014.

eine gewisse Distanz zu den Entwurfsprozessen. Dies erlaubt eine Beobachterperspektive und eine empirische Vergleichbarkeit der Entwürfe.

Was mit Blick auf die partizipatorischen Entwurfsprozesse jedoch problematisch erscheint, ist die Verwendung des Begriffes ›Partizipation‹ als solchen. Das Asymmetrische Verhältnis zwischen Designern und Nutzern, zwischen Experten und Laien, zwischen Gestaltern und Nicht-Gestaltern wird mit dem Begriff der Partizipation nicht aufgelöst – im Gegenteil: Partizipation ist immer auch Partizipation an etwas, darin enthalten ist immer schon ein Dualismus zwischen Laien und Profis. Es muss immer eine Idee von Expertentätigkeit geben, auf die sich die Partizipation bezieht und die sich auf die Seite der Nicht-Experten hin öffnet.

Dass Expertentum und Planung miteinander verknüpft sind, darauf macht insbesondere Claudia Mareis aufmerksam: »Professionalisierung, Expertentum und Partizipationsbegehren stehen einander keineswegs komplementär gegenüber, sondern scheinen einander vielmehr zu bedingen.«[174] Somit wird das Verhältnis Nutzer-Designer durch die angesprochenen Partizipationsmethoden eher stabilisiert als dass es ausgehebelt wird:

> »Von kritischer Bedeutung ist bei all den unterschiedlichen Modellen, Projekten und Praktiken also die Frage, wie sich vorherrschende Macht/Wissen-Komplexe innerhalb von organisierten und dadurch zwangsläufig vorstrukturierten Teilhabeprozessen überhaupt neu konstituieren können – oder ob sich nicht im Gegenteil hegemoniale Machtgefüge und bestehende soziale Strukturen dadurch gerade reaktualisieren und stabilisieren.«[175]

Paradoxerweise scheint im Begriff der Partizipation bereits jene eindeutige Grenzziehung zwischen Experten und Laien verankert zu sein, die ja eigentlich unterlaufen werden soll.

Ich will daher die Diskussion der Partizipation hier abkürzen, nicht aber die Idee der Teilhabe als solche aufgeben. Ich hatte im Verlauf dieses Buches ein Designkonzept der Teilhabe verteidigt. Innerhalb meiner bisherigen Argumentation hatte ich anhand der Improvisation dargestellt, dass Formentscheidungen und Anpassungen beim Modellbau geschehen und schließlich sogar in der Produktion stattfinden können. Mit der Planung eines Produkts ist der Designprozess noch nicht abgeschlossen. Die technischen Bedingungen eines Herstellungsprozesses werden zwangsläufig immer auch darüber entscheiden, welche Form ein Produkt annimmt. Handwerker, Techniker, Nutzer und in einem weiteren Sinne auch die Materialien und Werkzeuge müssen als Mitakteure im Designprozess verstanden werden, sofern sie an der Improvisation teilhaben. Im Folgenden will ich daher ein Designkonzept vorschlagen, bei dem die Teilhabe auf der Seite der Materialisierungen ebenso wie auf konzeptioneller Ebene geschieht.

174 | Mareis 2013 (2) S. 18.

175 | Ebd.

Improvisation im Gestaltungsprozess des *RepRap*-Druckers

Es wäre eine Verkürzung des Designprozesses auf seine immateriellen Anteile, die Teilhabe bloss auf die vor der Materialisierung liegenden, planenden Aspekte von Design zu beschränken, wie es streckenweise im Anschluss des vom *Design Methods Movements* initiierten Partizipationsdiskurses der Fall war. Die Differenz zwischen Designern und Nicht-Designern würde durch eine problematische Trennung zwischen Planung und Materialisierung weitergeführt. Weite Teile des Designprozesses, dies hatte ich immer wieder betont, finden in der Werkstatt beim Modellbau und anhand von Materialexperimenten statt. Auch hier muss also Teilhabe stattfinden. Die Argumentation der *Open Design*-Bewegung ist daher, dass das asymmetrische Verhältnis von Designern und Nicht-Designern immer schon durch den beschränkten Zugriff auf Produktionstechniken stabilisiert wurde. Die zu gestaltenden Artefakte wurden am Ende von einer Firma produziert, die im Besitz der Techniken war, die zu ihrer Herstellung notwendig waren. Die Firma konnte über die Auflage, das Material, die Herstellungsweise, die Funktion und über die Form eines Produkts entscheiden.

Sofern wesentliche Formentscheidungen in den Designprozessen über Improvisationen bei der Materialisierung verlaufen, müssten die Nutzer in einem wirklich offenen Designprozess an diesen Formentscheidungen ebenfalls über materielle Improvisation teilhaben können, anstatt über den Umweg partizipatorischer Planungsmethoden. Und damit meine ich nicht, dass nun die Nutzer die Modelle für die Industrieprodukte tatsächlich bauen sollen.[176] Ich meine damit, dass die Partizipation dort geschieht, wo die Nutzer ein Produkt selbst herstellen.

Ich will hierfür mein Beispiel des DIY-3D-Druckers von einer anderen Seite aus betrachten. Beim *RepRap*-Projekt realisiert sich nicht nur die Idee einer für alle verfügbaren Produktionsmethode, die das Herstellen von Alltagsprodukten zuhause auf dem Schreibtisch ermöglicht. Der Drucker ist mehr als ein Werkzeug, dass seinem Nutzer die Eigenproduktion erlaubt. Das bei Wikipedia und auf anderen Plattformen wie thingiverse.com und instructables.com dokumentierte *RepRap*-Projekt stellt vielmehr eine Plattform mit Informationen dar, die es ermöglichen, einen eigenen Drucker zu bauen. An der Entwicklung dieser Pläne waren Bastler, Designer, aber auch das MIT Media Lab beteiligt. Die Bauteile für den Drucker sind als 3D-Dateien im Internet unter einer Open Source-Lizenz frei verfügbar. Improvisiert werden muss hier, weil die im Internet frei zugänglichen Pläne zum Bau des Druckers von dem jeweiligen Maker mit den Mitteln, die er gerade ›zur Hand hat‹, umgesetzt werden müssen.

Wie schon in den Prozessen des klassischen *Industrial Design*s basiert die Notwendigkeit der Improvisation auf dem Umstand, einen Plan zu realisieren, der nicht alle Aspekte der Umsetzung vorwegnehmen kann. Dabei geschieht Improvisation

176 | Modelle spielen in den Prozessen, die ich meine, eine weniger relevante Rolle, weil die Artefakte des *Open Designs* Modell und Produkt zugleich sind.

nicht nur an wenigen Stellen des Prozesses, sondern auf vielen verschiedenen Ebenen.

Im Ergebnis muten die Maschinen der Maker – verglichen mit industriellen 3D-Druckern – vorläufig und improvisiert an. Trotz ihrer vorsintflutlichen Anmutung sind diese Geräte aber Manifestationen eines sich neu organisierenden Designprozesses.

Im Gestaltungsprozess des *RepRap*-Druckers werden nun alle bisherigen Paradigmen der Gestaltung unterlaufen: Es handelt sich um einen offenen, prinzipiell unabgeschlossenen, dezentralen Entwurfsprozess mit Akteuren unterschiedlicher Disziplinen. Hier werden die Grenzen zwischen Nutzer und Gestalter sowie zwischen Planung und Ausführung, und ebenso die Idee einer zentralisierten und an einem Ort gebündelten Produktion unterlaufen. Hier findet jene Struktur von Gestaltung ihre systematische Umsetzung, die ich in Bezug auf das besondere Verhältnis von Ingenieuren und Handwerkern bei der Entwicklung des Braun-Rasierapparates schon beschrieben hatte. Sie nahmen über die Improvisation Einfluss auf das Design der Braun-Geräte.

Der Selbstbau-3D-Drucker wurde in einem Gestaltungsprozess entworfen, in dem eine Teilhabe über Improvisation nicht die glückliche Ausnahme ist, die zu neuen, unerwarteten Formen führt. Das *Open Design* ist vielmehr eine Struktur, in der diese Ausnahmen als ständiger Motor von Innovation mit einkalkuliert sind.

Der gesamte *RepRap*-Drucker muss vom Nutzer selbst zusammengebaut werden. Es handelt sich also nicht um ein im ursprünglichen Sinne ›fertiges‹ Produkt, der Drucker wird vielmehr von Mal zu Mal neu konstruiert und damit zugleich auch verbessert. Jeder Maker hat seinen eigenen, singulären Drucker.

Schon im Fall der Grundkonstruktion, die bei den meisten *RepRap*-Druckern normalerweise aus Aluminium- oder Gewindestäben sowie aus 3D-Druck-Verbindungen besteht, wird mit vorhandenen Materialien gearbeitet. Anstatt den Rahmen von Grund auf neu herzustellen, werden fertige Teile verwendet. So hat etwa jemand eine Milchbox als Rahmen für den 3D-Drucker zweckentfremdet (siehe Abb. 53). Die Milchbox wurde mit Aluminiumprofilen und Gewindestangen verstärkt, sodass ihre Kanten eine maßgenaue Führung für die Achsen des Druckers bilden. Diese Konstruktion nutzt die gegebene Stabilität der Kiste und spart die Herstellung eines Rahmens, wie der Maker *gmdownes* schreibt:

> »I began thinking of ways to build a Prusa into a rigid frame that was easy to construct (good) or already constructed (better). [...] Then, I either saw or remembered seeing piles of milk crates sitting behind a convenience store [...]«.[177]

In anderen Fällen ersetzen Konstruktionsbausätze aus dem Spielzeuggeschäft die Rahmenkonstruktion. Solche Bausätze stellen viele Teile des 3D-Druckers, etwa

177 | URL: http://www.instructables.com/id/MilkRap-Milk-Crate-*RepRap*/?ALLSTEPS (letzter Zugriff 1.12.2014).

Zahnräder und Zahnriemen, schon vorkonstruiert bereit. Diese Versionen von *RepRap*-Druckern basieren entweder auf dem britischen *Meccano*-Baukastensystem (siehe Abb. 51) oder auf Fischertechnik-Bausätzen. Die Bauanleitungen für diese Drucker sind ebenfalls auf der *RepRap*-Plattform frei zugänglich. Im Unterschied zu den üblichen *RepRap*-Druckern verwenden sie jedoch nicht ein PLA-basiertes Filament als Druckmaterial. Stattdessen kommt hier tatsächlich eine Heißklebepistole zum Einsatz, die entweder einfach in die Konstruktion eingebaut wird oder auseinandergenommen wird, sodass nur die Spitze und der Metallblock, in dem der Kleber erhitzt wird, verwendet werden. Die Heißklebepistole ersetzt das *Heat End* des normalen *RepRap*-Druckers und die Modelle sind dann nicht aus dem biologisch abbaubaren PLA, sondern aus Heißklebermaterial.

Sowohl die Heißklebepistole als auch die Kunststoffkiste sind überall verfügbare Alltagsprodukte. Dabei wohnt der Heißklebepistole – ebenso wie der Milchbox – etwas Vorläufiges inne. Mit einer Heißklebepistole stellt man zum Beispiel schnelle Designmodelle her, die jedoch nicht besonders dauerhaft oder exakt anmuten. Auch die Milchbox wird zuweilen Gegenstand von Zweckentfremdung und Improvisation, sie dient etwa zum Lagern von Werkzeug oder Ähnlichem und wird dabei zu einem Wohnaccessoire umgewidmet.[178]

Hier hat sich die Improvisation also verstetigt und in die Bedeutung dieser Produkte eingeschrieben, Improvisation ist bei der Heißklebepistole nicht die Ausnahme, sondern die Regel. Indem die Maker nun diese spezifischen Alltagsprodukte als konstruktive und funktionale Elemente für ihre Maschinen verwenden, nehmen sie auch auf den zuweilen improvisatorischen Verwendungszusammenhang Bezug. So sind die Konstruktionen der Maker quasi doppelt improvisiert – weil sie Vorhandenes nutzen, und weil sie überdies für die Improvisation typische Objekte wie die Plastikbox und die Heißklebepistole nutzen. Insofern wurden diese Bedeutungen schon miteinkalkuliert, man könnte sogar sagen: Die Improvisation geschieht hier nicht nur aufgrund von Materialmangel. Es geht darum, den 3D-Drucker aus behelfsmäßigem Material zusammenzusetzen. Die Improvisation geschieht also auch um ihrer selbst willen. Als Reminiszenz an die ursprüngliche Bastelei, auf die das *Open Design* weiterhin rekurriert, ist Improvisation dann nicht mehr nur ein Produktions- und Formprinzip. Die Konstruktionen sind als improvisiert markiert, sie halten das Selbermachen am Objekt selbst sichtbar.

Gleichwohl hat Improvisation, über ihre semantische Bedeutung hinausgehend, auch eine strukturelle Funktion im Designprozess des Selbstbau-3D-Druckers. So werden zum Beispiel Kunststoffboxen als Halterung für die Filamentrollen benutzt. In einem anderen Fall wurde der Filamenthalter aus Holzresten gebastelt. Diese ad hoc-Lösungen erscheinen zwar wenig elaboriert – es sind oft nur kleine Transformationen am schon fertig gebauten Drucker. Sie haben dennoch wesentlichen Anteil an der Funktionstüchtigkeit der Maschine.

178 | Vgl. bes.: Brandes, Stich, Wender 2009, S. 67.

Eine Reihe von Improvisationen dient dazu, eine gleichmäßige Temperatur des Bauraums zu erreichen. Durch das partielle Erhitzen des Materials (im Extruder) und durch das Abkühlen (auf dem Druckbett, damit eine neue Schicht gedruckt werden kann) bilden sich Spannungen im Material. So kann es beim Drucken von größeren Teilen vorkommen, dass der untere Teil des Modells abkühlt, während der obere Bereich des Modells noch bearbeitet wird. Dann entstehen entlang der Schichten Spalten, und das Modell verbiegt sich.[179] Um solche Fehler zu vermeiden, muss das Modell erwärmt werden. Deshalb wird gewöhnlich das Printbed (die Druckplatte) erhitzt und deren Temperatur anhand von Sensoren kontrolliert. Bei professionellen 3D-Druckern wird jedoch der gesamte Bauraum des Druckers erhitzt. Das Erhitzen des Bauraums hat jedoch allerlei konstruktive Konsequenzen: Sämtliche Teile müssen hitzebeständig sein und der Bauraum muss weitestgehend luftdicht verschlossen sein. Um dies zu umgehen, werden zum Beispiel transparente Kunststoffboxen aus dem Baumarkt über die Geräte gestülpt oder die Drucker werden notdürftig in transparente Folie oder in Rettungsdecken verpackt (siehe Abb. 54). Diese Verpackungen dienen dazu, die beim Druckvorgang entstehende Wärme zu speichern. Durch die Hülle bleibt die Wärme, die beim Drucken ohnehin entsteht, im Innern des Bauraums erhalten. Es ist auch kein Zufall, dass die Hüllen transparent sind, denn der Druckvorgang muss, für den Fall, dass Fehler passieren, beobachtet werden können.

Manchmal nutzen Maker auch einen Heißluftföhn, um den Bauraum zusätzlich zu erwärmen. Auch hier kommt es zu improvisierten, vorläufigen Lösungen. In einem Fall wurde der Föhn zunächst auf einen Stapel von Filamentrollen gelegt. Später wurde dann als Überarbeitung dieser Lösung eine Halterung gestaltet, die den Föhn fest mit dem Gestell verbindet. Diese Halterung wiederum kann nun ebenfalls im Drucker produziert werden, sie wurde als frei zugängliche CAD-Datei veröffentlicht.[180]

Auf diese Weise tritt die Improvisation wieder in die Pläne für den Selbstbau-3D-Drucker ein. Manche dieser Lösungen müssen sogar nicht mehr in den Plänen explizit beschrieben werden. Die Filamentrollenhalterung aus einer Kunststoffkiste zu bauen ist zum Beispiel keine überraschende Einzellösung mehr, sondern längst Teil der gängigen Vorgehensweise.

Improvisation bildet die Schnittstelle zwischen den abstrakten Bauanleitungen und deren Realisierung in der konkreten funktionstüchtigen Apparatur. Weil jeder Maker seinen eigenen Drucker baut und damit ein Drucker nicht – wie in der Serienproduktion – immer wieder auf genau dieselbe Art und Weise hergestellt

179 | Vgl. *3D-printing for beginners: A comprehensive introduction to 3D-printing technology,* 17.03.2014. URL: http://3dprintingforbeginners.com/3d-printing-technology/ (letzter Zugriff am 01.12.2014).

180 | Siehe: macskyver: *Development of a 3D Printed Part – Prusa Mendel Hair Dryer Heated Bed Mount.* URL: http://instructables.com/id/Development-of-a-3D-Printed-Part-Pr/ (letzter Zugriff 1.12.2016).

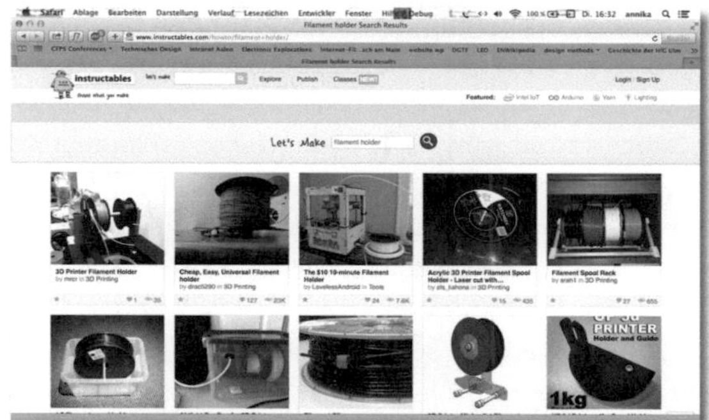

Abb. 52

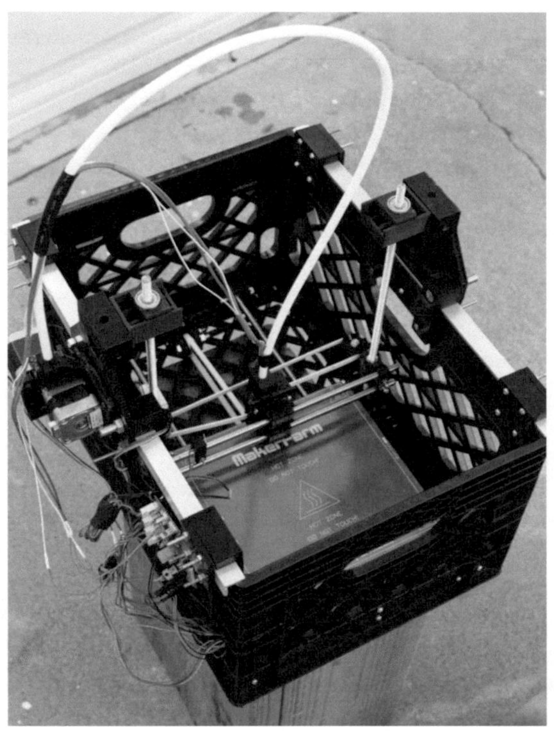

Abb. 53

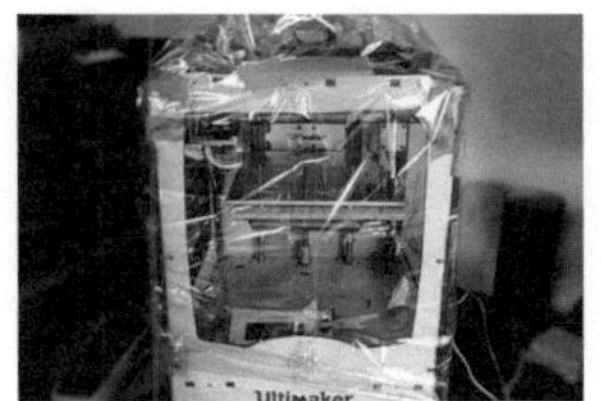

Abb. 54

Abb. 52: Versionen des *Filament Holders* bei instructables.com.
Abb. 53: *Milkrap* – Druckerrahmen aus einer Milchbox.
Abb. 54: Mit Folie umwickelter *Ultimaker*.

werden kann, kommt es zu Improvisation. Die Improvisation bildet auch hier, wie schon in den Kapiteln zum Industriedesign beschrieben wurde, den Übergang zwischen einem Plan und seiner Anwendung. Der Maker nutzt, was zur Hand ist. Improvisation wird – wie in den zuvor genannten Beispielen – zum Formprinzip, weil es jeden Drucker nur einmal geben wird und auch hier die Bastelei schon das Produkt ist, also die Improvisation und ihr Ergebnis zusammenfallen.

Im Universum der 3D-Druck-Tüftler eröffnet sich nun eine schier unendliche Fülle von Improvisationen. Sie alle könnten Material für noch weitere Improvisations-Analysen sein. Vor dem Hintergrund der bisherigen Beispiele aus den Werkstätten des Industriedesigns und aus dem ›Neuen Deutschen Design‹ zeigt sich dabei: Die Improvisationen der Maker sind strukturell kaum zu unterscheiden von den schon beschriebenen Improvisationen. Auch hier wurde Vorhandenes kombiniert. Das vermeintlich Perfekte und Serielle des Designs, das schon vom ›Neuen Deutschen Design‹ auf die Probe gestellt worden war, ist mit Blick auf die Designprozesse längst obsolet. Das *Open Design* aber greift nicht nur postmoderne Strategien der improvisatorischen Eigenproduktion auf. Es transformiert auch den Prozess der Gestaltung technisch komplexerer Dinge.

Das *Open Design* ist damit nichts anders als die Anwendung der Bastelei auf Technik. Dass dies gelingen kann, hängt mit einer strukturellen Verschiebung im Designprozess als solchen zusammen:

Die wesentlichste Veränderung gegenüber den bisherigen Entwurfsprozessen liegt in der Netzwerkhaftigkeit des *Open Designs*. Bisherige Entwurfsprozesse waren – egal ob sie von Einzelstücken oder Serienprodukten handelten – begrenzt auf einen Autor oder eine Gruppe von Spezialisten. Sie waren auf den Raum des Studios oder Designbüros begrenzt. Sie beschränkten sich auf ein zeitlich mehr oder weniger begrenztes Projekt. Auch wenn viele Aspekte des klassischen Designprozesses mit Blick auf die Improvisation bereits brüchig erscheinen müssen, so stellt das *Open Design* hier demgegenüber eine wesentliche Veränderung dar. Konnte das Wissen um die technischen Zusammenhänge eines Entwurfs zuvor den Raum des Studios nicht verlassen, so wurden diese Informationen im Zuge des *Open Designs* in einer netzwerkartigen Struktur frei zugänglich gemacht. Die Maker stellen ihre improvisierten Lösungen, auch wenn es sich um sehr einfache, trivial anmutende Verbesserungen handelt, online, sodass andere davon profitieren und sie weiterentwickeln können. Sie werden als Vorschläge in Bauanleitungen integriert. So werden sie gewissermaßen zum Plan, der wiederum durch Improvisation transformiert wird.

Erst mit dem *Digital Turn* wurde es möglich, dass ein derart komplexer Gegenstand wie ein 3D-Drucker von den Nutzern selbst gestaltet sowie produziert werden kann. Auf der *RepRap*-Plattform werden alle Formentscheidungen offengelegt, sodass das *Open Design* seine eigenen Gestaltungsprozesse ständig dokumentiert. Hier tritt nicht mehr der einzelne Entwurf in den Vordergrund, sondern ein prinzipiell unabgeschlossener Prozess zur Herstellung und Entwicklung eines prinzipiell unabgeschlossenen Entwurfs. Ein solcher unhierarchischer Entwurfsprozess ohne einen Autor kann ohne Improvisation nicht gelingen.

Die Netzwerkhaftigkeit des *Open Design* wiederum bedingt dann eine besondere Rolle der Improvisation. Im Unterschied zu den bisherigen Beispielen ist die Improvisation im *Open Design* Motor und Gegenstand ständiger Transformation. So bildet Improvisation im *Open Design* nicht mehr die Ausnahme, sondern die Regel. Sie verstetigt sich und findet in immer neuen Abwandlungen Eingang in die offiziellen Pläne. Die formale Unabgeschlossenheit der Entwürfe und deren potentielle Anschlussfähigkeit für weitere Improvisation, die sich am Fall des ›Neuen Deutschen Designs‹ nur andeutete und zunächst mehr ein konzeptioneller Schachzug gegen den Funktionalismus war, realisiert sich im *Open Design* als allgemeine Produktionsform. Designprozess und Designprodukt müssen nun als offene Struktur verstanden werden. In dieser Struktur können Produkte individuell auf die Situation hin, für die sie gemacht sind, entworfen werden. Darin besteht die Wendung, die das *Open Design* vom bisherigen Design unterscheidet.

Teilhabe und Improvisation

Die Verlagerung des Entwerfens in ein Netzwerk aus Akteuren ist, wie ich weiter oben angedeutet hatte, jedoch keine vollkommen neue Idee. Es handelt sich vielmehr um einen weiteren Zug innerhalb der postmodernen Designtheorien, der bloß erst jetzt mit den technischen Möglichkeiten der Digitalisierung seine Realisierung findet. Dies ist besonders mit Blick auf die Improvisation interessant. Rückblickend muss schon Jencks' und Silvers Improvisations-Manifest *Adhocism. The Case for Improvisation* von 1972 als eine frühe Bestimmung dessen gelesen werden, was sich heute in der Maker-Bewegung vollzieht. Ihr Text erscheint wie eine Blaupause für heutige Konzeptionen des *Open Designs* und insbesondere für den Designprozess des Selbstbau-3D-Druckers. Im Adhocismus kreuzen sich die Funktionalismuskritik der Postmoderne, Ideen zur Teilhabe an Gestaltung, die Suche nach einer neuen, umweltfreundlichen Produktkultur und schließlich Zukunftsvisionen in Bezug auf das digitale Entwerfen. Es lohnt sich, den Text von Jencks und Silver in dieser Hinsicht noch einmal genauer anzusehen.

Jencks setzt, in der Linie mit anderen postmodernen Designtheorien, zunächst bei einer allgemeinen Kritik an moderner Gestaltung an. Er argumentiert, dass sich die Massenproduktion verselbstständigt habe und dass große Konzerne nur noch einförmige, von den Bedürfnissen der Nutzer entkoppelte Dinge produzierten.

> »[...] today it is the large corporations who continue to believe in the virtues of standardization; they have to repeat a form often enough to pay off the initial investments in retooling for production; they manage specific demand through

advertisement, and offer the consumer a limited range of impersonal, stereotyped products.«[181]

Der Adhocismus hingegen soll die Gestaltung von der Planung bis hin zu Produktion demokratisieren und individualisieren:

»[...] a new mode of action is emerging, the rebirth of a democratic mode and style, where everyone can create his personal environment out of impersonal subsystems, whether they are new or old, modern or antique. By realizing his immediate needs, by combining *ad hoc* parts, the individual creates, sustains and transceds himself.«[182]

Stattdessen sollen die Nutzer an den Gestaltungen beteiligt werden. Und so ist der Adhocismus – über seine den Designprozess betreffenden, methodischen Implikationen hinausgehend – nichts anderes als ein gegen die Massenproduktion in Anschlag gebrachtes Manifest der Improvisation. Das *Reifensofa* der Gruppe *Des-In* ist zum Beispiel ein typisches im Sinne von Jencks' Adhocismus gestaltetes Objekt, weil hier ein industrielles Massenprodukt rekombiniert, recycelt und zu einem neuen Design umfunktioniert wird. Diese Form der Zweckentfremdung liegt für Jencks auf der ersten rudimentären Ebene von Teilhabe. »One of the most rudimentary methods is simply to change the attitude with which these objects were produced [...]«.[183] Hier werden die Produkte der Industrie schlichtweg anders benutzt als gedacht. Der Adhocismus soll darin aber auch eine Individualisierung der Produktkultur bewirken. In einem gelungenen Gestaltungsprozess müssten die Nutzer sich nun vielmehr auch selbst in die technischen und komplexen Produktionsprozesse einbringen.

»Nevertheless there are ways in which the individual can use today's complex standardized products without losing either the right to shape his personal environment or convey openly to the technical complexity of modern products.«[184]

Jencks und Silver sehen in der Improvisation die Möglichkeit, individuelle und zugleich umweltfreundliche Produkte herzustellen. Sie wollen die Nutzer ermutigen, schon Produziertes durch Aneignung zu verändern. Improvisation anhand von

181 | Jencks / Silver 1972, S. 55. Zur Modernekritik auch S. 58ff. Ein weiteres wichtiges Buch zu dieser Frage, das aber weniger von Improvisation als von Do-It-Yourself handelt, stammt von James Hennessey und Viktor Papanek: *Nomadic Furniture. How to build and where to buy lightweight furniture that folds, collapses, stacks, knocks down, inflates or can be thrown away and recycled. Being both a book of instruction and a catalog of access for easy moving.* New York: Pantheon 1973.

182 | Jencks / Silver 1972, S. 15.

183 | Ebd.

184 | Jencks / Silver 1972, S. 60.

Materialien und Formen der industriellen Kultur erlaubt Planung und Realisierung gleichzeitig.

Interessanterweise beinhaltet der Text auch ein frühes Konzept von *Open Design*. Weil der begrenzende Faktor des Adhocismus für Jencks und Silver in der Verfügbarkeit von passenden Teilen zu liegen schien sowie im beschränkten Zugriff auf Informationen zu deren Nutzung, sollten die Nutzer ihren Partizipationsprozess in einer netzwerkartigen Struktur organisieren.[185] Die Basis des nun von der Industrie unabhängigen, dezentralisierten Designprozesses müsste dann ein elektronischer Kommunikationsapparat bilden, der in seiner Ausbreitung in den 1970er Jahren freilich noch Spekulation war.

> »The electronic techniques of communication now allow decentralized design and consumption based on individual desire. [...] With an electrified consumer democracy, the time spent and the cost of consumption would plummet, and the impersonal subsystems of large corporations would be repersonalized by combining them *ad hoc* towards specific ends.«[186]

Alle Pläne sowie alle Konstruktionsprinzipien der Gegenstände wären dann frei verfügbar und damit modifizierbar. Die Massenprodukte der Konzerne könnten individualisiert und auf je unterschiedliche Bedürfnisse angepasst werden.

Heute realisieren sich diese Möglichkeiten der Produktion. Charles Jencks ergänzte daher seine Ausführungen zum Adhocismus in der 2013 neu aufgelegten Fassung des Buches um ein aktuelles Beispiel. Bei der Simulation der Marssonde *Curiosity*,[187] die aus disparaten Elementen vorläufig zusammengesetzt wurde, ergibt sich ebenfalls jene narrative Struktur, die der *RepRap*-Drucker, aber auch der Braun-Rasierapparat oder die Möbelentwürfe des ›Neuen Deutschen Designs‹ besitzen.

Die Marssonde, argumentiert Jencks, konnte überhaupt nur deshalb entstehen, weil die Technik, die der Sonde zugrundeliegt, nicht von Grund auf neu erfunden wurde, sondern weil vorhandene, etablierte Techniken mit neuen Komponenten kombiniert wurden. Die Marssonde besteht aus vielen einzelnen »Subsystemen«:[188] einem Roboterarm, Laser- und Röntgengeräten sowie geologischen Untersuchungsinstrumenten. Sie sind zusammengesetzt worden, ohne dass man sich bemüht hätte, Übergänge oder eine Hülle zu gestalten. In dieser Weise bleiben die Subsysteme

185 | Vgl. ebd., S. 63.

186 | Ebd., S. 55.

187 | In Kapitel 3 (*Mechanical, Natural and Critcial Evolution*) führt Charles Jencks noch eine ganze Reihe von anderen Maschinen an. Ebd., S. 39ff.

188 | »All creations are initially *ad hoc* combinations of past subsystems; nothing can be created out of nothing.« Ebd., S. 39.

sichtbar, was das Gerät zudem nachvollziehbarer erscheinen lässt.[189] Offenkundig zusammengesetzte Geräte wie die Marssonde Curiosity besitzen eine sichtbare Struktur.

> »Like all good adhocist conceptions, the parts of Curiosity show what they do, where they came from in the past, and how they were put together. Such legibility and dissectibility are key expressive aspects of adhocism, goals in themselves, part of the definition [...].« [190]

Der formale Bruch zwischen den technischen Einzelteilen, den man beim Braun-Rasierer durch die Gestaltung einer Hülle verdeckt hatte, bleibt bei der Marssonde noch sichtbar. Die Einzelteile des gesamten Marssonden-Konstrukts verweisen immer noch auf ihre Herkunft und doch bilden sie zusammen eine neue Gestaltung – ganz ähnlich wie beim *RepRap*-Drucker. Eine Gestaltung im Sinne des Adhocismus bleibt im Unterschied zu Gestaltungen, die ihre Einzelteile verdeckten, verständlich, interpretierbar und sogar anschlussfähig für neue Improvisation.

Jencks und Silver attackierten mit ihrer Idee des Adhocismus die gestalterischen Grundsätze der späten Moderne. Was im Adhocismus als gute Gestaltung gilt, muss nicht unbedingt derart aufgeräumt und klar strukturiert sein, wie etwa das von Dieter Rams in seinen *10 Thesen zum Design* umschriebene ideale Designprodukt.[191] Jencks und Silver schlagen – ähnlich wie das ›Neue Deutsche Design‹ – eine Rekombination des Bestehenden vor.

Darin wäre ihre Designtheorie zunächst als genuin postmodern zu bezeichnen. Das Ziel des Adhocismus ist, dass durch Improvisation viele verschiedene Formen entstehen, die ausdrucksvoller und komplexer anmuten als die monotonen Formen der Moderne.

> »Meaningful articulation is the goal of adhocism [...] it accepts everyone as an architect and all modes of communication, whether based on nature or culture. The ideal is to provide an environment which can be as visually rich and varied as actual urban life.«[192]

189 | Siehe hierzu auch Kap. 2: *The Pluralist Universe, or Pluiverse.* Ebd., S. 29ff. Hier geht es im Wesentlichen um die schon in Bezug auf das ›Neue Deutsche Design‹ angedeuteten Punkte der Historizität, des Pluralismus und des Eklektizismus.

190 | Jencks, Charles (Hg.); Silver, Nathan: *Adhocism. The Case For Improvisation.* Cambridge: MIT Press 2013 (1. Aufl. 1972, London, Doubleday and Company) S. VII.

191 | Siehe Rams 1995, S. 7.

192 | Jencks / Silver 1973, S. 73.

Improvisierte Konstruktionen können aufgrund der Sichtbarkeit ihrer Konstruktion repariert, angepasst und sogar nachgebaut werden. Sie sind anschlussfähig für die Teilhabe der Nutzer.[193]

Gleichwohl wäre es ein Missverständnis, an dieser Stelle eine allzu klare Linie zwischen Modernismus und Postmodernismus ziehen zu wollen. Technische Funktionszusammenhänge zum Gegenstand von Gestaltung zu machen, dies war schon ein Prinzip des Modernismus. Insbesondere Albrecht Wellmer sieht Parallelen zwischen den partizipatorischen Ansätzen in Charles Jencks' Postmodernismus und den Gestaltungsprinzipien eines gelungenen Modernismus. Gelungene Gestaltung mache ihre Konstruktionen sichtbar, etwa im Fall der Bauten Le Corbusiers.[194] Im Fall der Sichtbarkeit der Konstruktion, in der Offenlegung der Herstellungsweisen und der Zweckzusammenhänge, treten für Wellmer Postmodernismus und guter Funktionalismus wieder zusammen. So schreibt Wellmer:

> »Wo die Vollkommenheit der Konstruktion bei einsichtigen Zwecken, und sei es die gelungene Korrespondenz zum gestisch-motorischen Bewegungsraum des Körpers, in Ausdruck resultiert, dort erlangen die Dinge ein Eigengewicht, sind als funktional schöne zugleich mehr als bloße Mittel, ein Stück Zweckmäßigkeit ohne Zweck.«[195]

Wie Albrecht Wellmer erklärt, liegt in Jencks' Idee von Partizipation eine Besonderheit von Jencks' Postmodernismus, der nicht auf die eklektische Rekombination historischer Stile reduziert werden darf. In der Betonung der Geschichtlichkeit der Materialien und Verfahren sei Jencks ein »radikal Moderner«.[196]

> »Der für mich interessanteste Aspekt der Überlegungen von Jencks liegt dort, wo er einen Zusammenhang herstellt zwischen der Entfaltung der sprachlichen Dimension der Architektur einerseits, und neuen, partizipatorischen Formen der Stadtplanung andererseits.«[197]

Kurzgefasst plädieren Jencks und Silver für eine Demokratisierung der Produktionsmittel. Darin unterscheidet sich ihr Designkonzept von anderen Partizipationsmethoden der 1970er Jahre, die die Nutzer nur an den (immateriellen) Planungen beteiligen wollten und dabei mit der Materialisierung weite Teile des Designprozesses ausblendeten. Rückblickend ließe sich die Designtheorie des ad hoc beispielsweise auf Enzo Maris Selbstbau-Möbel (*Autoprogettazione*, 1974) anwenden oder auf die Pläne, die Oliver Vogt und Hermann Weizenegger anstelle fertiger Möbel an

193 | Zur Sichtbarkeit der Konstruktion: Wellmer 1985, S. 119.

194 | Vgl. Wellmer 1985, S. 120 u. S. 129.

195 | Ebd., S. 129.

196 | Ebd., S. 128.

197 | Ebd., S. 124.

die Konsumenten verkauften (*Blaupause*, 1993). Sie ließe sich auch auf die Behelfslösungen des gewöhnlichen Hobbybastlers anwenden, etwa auf das vom Bastler aus Euro-Paletten zusammengesetztes Bettgestell.

Designer sind an der Produktion dieser Formen ebenso beteiligt wie Konsumenten, Ingenieure und Künstler. Am Adhocismus, der mehr als nur eine Methode auf der Ebene des Designs der Designer ist, wird deutlich, wie Improvisation um das Element der Teilhabe erweitert werden kann und wie sich umgekehrt Gestaltung über die Improvisation in Bereiche des Designs einschreibt, die nach der Produktion und jenseits des eigentlichen Designs der Designer stattfinden. Hier wird Teilhabe an Gestaltung auf der Ebene der Materialisierung möglich. Der Adhocismus ist ein ubiquitäres Prinzip, das bisherige Unterschiede nivelliert. Und deshalb wird hier auch der Begriff der Partizipation nicht gebraucht.

Ich will wieder zurückkehren zu den ›Makern‹ und dem Selbstbau 3D-Drucker. Das *RepRap*-Projekt umfasst nicht ein einzelnes Produkt, sondern eine ganze Reihe von CAD-Bausätzen und Anleitungen, die in einem Flickenteppich von Lösungen und Improvisationen stets verbessert werden. Improvisation stellt den Motor des kollektiven Designprozesses dar, weil dessen Ergebnisse, die stets Zwischenergebnisse sind, dokumentiert und verbreitet werden. Vormals bestand der Designprozess zwar ebenfalls in einer sukzessiven Weiterentwicklung anhand von Improvisation. Mit der Vielheit der Lösungen sind nun jedoch auch eine auch eine Vielzahl von Akteuren am Entwurfsprozess beteiligt. In einer Art evolutionären Prozess entwickelt sich entlang vieler Varianten eine Lösung weiter. Elian Stefa, der Co-Kurator der *Adhocracy*-Ausstellung in Istanbul im Oktober 2012, zeigt auf, welche Folgen dies für die Autorschaft an den Entwürfen hat:

> »[...] all the files were shared, creating numerous answers to a same problem, and in turn potentiating the generation of endless others. Here the questions of authorship and ownership are blurred and ambiguous. Everyone builds on the work of others, standing on the shoulders of those who came before, expanding on common knowledge to take projects one step further (or a few steps back).[198]

Der Maker realisiert nicht ›sein‹ Design. Stattdessen produziert er ein Derivat oder eine Verbesserung des schon Bestehenden, jede Lösung wird dabei stets Einfluss auf die nachfolgenden Lösungen haben.

Wird Autorschaft nun durch das netzwerkartige Gefüge gänzlich obsolet? In der Maker-Kultur steht mehr der Prozess des Selbermachens im Fokus als das tatsächliche Ergebnis. An dieser Stelle liegt, wie ich meine, ein maßgeblicher Unterschied zum bisherigen Design. Im Modus des Selbermachens geht es darum, möglichst wenige Teile eines Druckers fertig zu kaufen, mithin möglichst viel zu

198 | Elian Stefa: *Exercising Freedom*. In: *Adhocracy*. Katalog zur gleichnamigen Ausstellung, Istanbul 2012, S. 50.

improvisieren. So heißt es etwa zu dem Projekt *Pirated Cup Cake* auf der *RepRap*-Plattform, dass ein dort gezeigter Drucker aus vorgefundenen und zweckentfremdeten Teilen besteht und er darin ein per se unabgeschlossenes Projekt darstellt: »This is an ever-in-progress build. This project is made 90% from kludge and improv hackery. [...] True DIY should be done on the lowest operating budget possible.«[199] Vor dem Hintergrund, dass ein Ehrgeiz der Maker stets darin liegt, möglichst alle Teile des Druckers selbst herzustellen oder wenigstens aus zweckentfremdeten, ›gehackten‹ Produkten zusammenzusetzen, erklärt sich auch das große Interesse an zunächst trivial anmutenden Improvisationen wie der Milchbox als Rahmen oder der Proxxon-Heißklebepistole als Extruder.

Man könnte nun vermuten, dass nicht nur aufgrund der Logik des *Open Design*-Prozesses, sondern auch um der Improvisation willen improvisiert wird. Improvisation wird hier sogar zum Beweis für die Echtheit, das heißt in diesem Fall zum Beweis für die Selbstgemachtheit des Gegenstandes: Sofern die 3D-Drucker, ausgehend von den Materialien, die sich in der Werkstatt des Makers befinden, stets auf eine eigene Art und Weise gebaut werden – und weil Improvisation hier zu besonderen, individuellen Lösungen führt – verweist eine Tüftelei immer wieder auf ihren Autor. Im Zuge dieses Aspekts von Bastelei bemerkte schon Lévi-Strauss, dass die Bastelei auf den Charakter des Bastlers hindeutet, und zwar:

> »[...] indem sie durch die Auswahl, die sie zwischen den begrenzten Möglichkeiten trifft, über den Charakter und das Leben ihres Urhebers Aussagen macht. Der Bastler legt, ohne sein Projekt jemals auszufüllen, immer etwas von sich selbst hinein.«[200]

In der Auswahl von Materialien, die an die spezielle Situation der Werkstatt gebunden sind, verweist die Bastelei auf den Bastler als ihren Urheber.[201]

So haben sich innerhalb der Maker-Kultur auch bestimmte Weisen des Zeigens der Improvisationen etabliert. Die Apparaturen werden nur selten vor einheitlichen Hintergründen fotografiert, sondern meist in Wohnzimmer- oder Werkstattsituationen. Die Wohnzimmer- und Schreibtisch-Fotos machen deutlich, dass die Basteleien an den Druckern ›zuhause‹, ›nicht-professionell‹, also tatsächlich im Modus des Selbermachens betrieben wurden. Diese Bilder verweisen dabei indirekt auf ihren Autor zurück, sie sind Spuren der Autoren, die die Anleitungen

199 | Benjamin Rockhold, Griffin Nicoll: *Pirated Cup Cake*. URL: http://*RepRap*.org/wiki/Pirated_CupCake (letzter Zugriff 29.03.2016).

200 | Lévi-Strauss 1973, S. 34f.

201 | Siehe ebd., S. 35.

verfassen.[202] Sie zeigen die Improvisation als Improvisation. In ihrem Zug zum Dilettantischen, so könnte man sagen, sind bereits die Bilder der Maker Teil einer Kultur, die sich auf die Vermarktung des Selbermachens fokussiert.

Die Praxis, Videos von Herstellungsprozessen zu zeigen, dient den Makern auch dazu, zu beweisen, dass eine Maschine oder ein Prozess funktioniert.[203] Neben zahlreichen Bildern, Screenshots und Zeichnungen werden die Projekte außerdem, wie ich es oben schon in Bezug auf das *Hot Tools*-Projekt dargestellt hatte, in Videos dokumentiert. Hier zeigen die Maker nicht nur, wie ihre Geräte funktionieren, sondern auch, dass sie funktionieren. Sie sind Beweise der ›Echtheit‹ der Produktionen und in diesem Fall ist Echtheit gleichbedeutend mit der tatsächlichen Selbstgemachtheit der Produktionen. So ist auch hier die Rolle des Autors immer noch in bestimmter Weise von Belang – sie ist jedoch nicht mehr nur allein den Designern vorbehalten, wie der Kurator Joseph Grima bemerkt:

> »In all of these, the point is not that authorship no longer exists, or that it is without value – it has simply shifted in definition. There is a form of authorship in all of these projects, but the relationship between the author and the user is no longer structured around the logic of an inviolable sacrality of the author.«[204]

Was am 3D-Drucker deutlich wird, ist schließlich als Symptom einer umfassenderen Verschiebung im Design insgesamt zu sehen, wie der Kurator Jan Boelen betont:

> »In the massively personalized world, the end results are not the focus, precisely because they are infinite. Instead, the attention shifts to processes. People demand to regain access to tools, be it a hammer or computer; and access to tools allows for a full understanding of how things work and a multiplication of results any given tool can have.«[205]

202 | Diese Kultur des Selbermachens wird auch in anderen Bereichen der Designforschung betrachtet. Thilo Schwer etwa nimmt in seiner Dissertation einen Versuch der Aktualisierung von Produktsprachen im Zuge dieser Bastlerkulturen vor. Er argumentiert, dass der Modus des Selbermachens in der DIY-Bewegung eine neue Form der Rezeption von Produkten darstellt, die als wechselseitiger Prozess gedacht werden muss. Dieser spielt sich zwischen dem Produkt und seinem Rezipienten ab und kann nicht als einseitig gerichteter Kommunikationsprozess verstanden werden, weil die Bastler die Produkte verändern. (Der Kommunikationsprozess verläuft über Objekte, nicht mittels Sprache). Thilo Schwer zeigt dies an unterschiedlichen Tendenzen zur Individualisierung von Alltagsprodukten (Handyhüllen), die schließlich in der sogenannten »Steampunk«-Bewegung (Bastler, die ihren Geräten Hüllen verpassen, die sich formal an dem Zeitalter der ersten industriellen Revolution orientieren) kumulieren. Siehe: Thilo Schwer: *Produktsprachen. Design zwischen Unikat und Industrieprodukt.* Bielefeld: transcript 2014.

203 | Die Videos der *Maker* finden sich im Blog des Make-Magazine, unter http://www.blog.makezine.org

204 | Joseph Grima: *A Brief History of Adhocracy.* In: *Adhocracy.* Katalog zur gleichnamigen Ausstellung, Istanbul 2012, S. 36.

205 | Stefa 2012, S. 50.

Hier verschiebt sich der Fokus von den einzelnen Produkten hin zur Prozesshaftigkeit von Gestaltung. Was für Folgen dies für das ›Design der Designer‹ hat, kann freilich auf den nächsten Seiten, die den Schluss der Arbeit bilden, nur angerissen werden.

Schluss: Der Designer als Prozessgestalter

Das klassische Industriedesign sowie der damit assoziierte Designprozess beruhten auf Grenzziehungen zwischen Designern und Nutzern, Designern und Handwerkern, Serienprodukten und Einzelstücken sowie theoretischen Plänen und praktischen Ausführungen. Improvisation, das habe ich in den letzten Kapiteln gezeigt, ermöglicht wiederum Formentscheidungen über ebendiese Grenzziehungen hinweg. Vor diesem Hintergrund stellt sich der Designprozess anders dar als noch im klassischen Industriedesign. Designer betätigen sich im Sinne eines Prozessdesigns immer stärker als Navigatoren in einem Netzwerk.

Das Design noch immer auf den ›gewöhnlichen‹ Designprozess mit einem fest umrissenen Entwurf sowie einem einzelnen Designer zu begrenzen, wäre nun zu kurz gegriffen. Zum einen, weil sich in der Improvisation die Differenz zwischen Designern und anderen Akteuren nivelliert – das wurde schon mehrfach für die ›normalen‹ Designprozesse diskutiert. Zum anderen, weil die Produkte selbst keine in sich abgeschlossenen Entitäten mehr sind. Sie erscheinen vorläufig und veränderlich. Dies deutete sich sowohl an den Basteleien an als auch an den Fällen der seriellen Singularität, bei denen sich Improvisation buchstäblich in das Produkt einschreibt. Gerade an den Entwürfen des *Open Designs* – aber auch schon am Braun-Rasierapparat, der über mehrere Jahrzehnte hinweg innerhalb eines großen Forschungszusammenhangs entwickelt wurde – zeigte sich, dass Produkte – mit Latour gesprochen – in Netzwerke, also in komplexe Strukturen eingelassen sind. Konsequentermaßen muss man den Designprozess nun als offenen Prozess darstellen. Auch das klassische Designprodukt kann in dieser Sichtweise nicht mehr auf einen abgeschlossenen finalen Entwurf begrenzt werden.

Was aber bleibt in meiner Konzeption des Designprozesses vom Design noch übrig? Müssen wir im Zuge des *Open Designs* das Design der Designer ganz aufgeben? Es gilt nun einen Designbegriff zu bestimmen, der für seine Grenzen anders argumentiert. Vermutlich – und hier gehe ich über meine Arbeit hinaus – kann jedoch auch vor dem Hintergrund des *Open Designs* noch gesagt werden, dass die Bestimmung von Christopher Alexander – »The ultimate object of design is form«[1]

1 | Christopher Alexander: *Notes on the Synthesis of Form*. Cambridge (Mass.): Harvard University Press 1994 (1964) S. 15.

– noch Gültigkeit hat. Hierfür will ich zurückkehren zu meinem Ausgangspunkt und darstellen, aus welcher Diskussion sich diese Problemstellung ableitet.

Die anfängliche Frage lautete, ob im Design überhaupt Improvisation vorkommen kann. Es zeigte sich, dass Improvisation innerhalb des Designprozesses, jedoch nicht am einzelnen Serienprodukt vorkommt. Es gibt somit einen strukturellen Unterschied zwischen Designprodukten und Designprozessen: Produkt und Prozess dürfen nicht miteinander kurzgeschlossen werden. Anhand von Fallbeispielen habe ich nachgewiesen, dass und wie in den Designprozessen Improvisation entsteht. An der Form von Improvisation, auf die ich mich beziehe – nämlich die materielle Improvisation, wie sie von Gestaltern beim Modellbau eingesetzt wird und die in alltäglichen Zweckentfremdungen von Werkzeug zum Tragen kommt – zeigte sich, dass Improvisation eine Formgebungsmethode ist. Es zeigte sich auch, dass Improvisation sogar Formprinzip sein kann, wenn sie in das Produkt eintritt (dies ist jedoch nicht bei Industriedesignprodukten der Fall).

Die Suche nach dem ›Wie‹ der Improvisation legte ein weiteres grundsätzliches Problem offen: Ist ein Gestaltungsprozess offen oder geschlossen gestaltet und welcher Spielraum wird der Improvisation eingeräumt? Dadurch gelangte ich zu einer Betrachtung von Diskursen zur Designmethodologie. In den 1950er und 1960er Jahren, als das Industriedesign sich professionalisierte, wurde der Designprozess, im Sinne des in der Moderne streckenweise dominierenden technokratischen Rationalismus, als geschlossener Planungsprozess gedacht.[2] Materielle, mithin improvisierte Momente wurden zugunsten von planerischer Tätigkeit verdrängt. Das sinnbildliche Beispiel dieses Ansatzes, der Braun-Rasierer, war aber in der Praxis eigentlich selbst schon Gegenstand von unabsehbarer Improvisation. Im Studio herumliegendes Material beeinflusste das Ergebnis manchmal mehr als man ursprünglich geplant hatte, auch Handwerker trafen Formentscheidungen. In der Realität des Entwerfens zeigten sich die Brüche und Grenzen des Industriedesignbegriffs, was nicht zuletzt auch den Designforschern des *Design Methods Movements* auffiel. Die mangelnde Anwendungsbezogenheit der Planungsmethoden trieb die Designmethodologie in eine Krise.

Während die Methodenbewegung das klassische Industriedesign mit seinen planbaren, automatisierten Prozessen zum Ausgangspunkt hatte, richtete sich das ›Neue Deutsche Design‹ mit seinen Zweckentfremdungen gegen das Paradigma der Serienproduktion. So erklärte die Postmoderne die mit handwerklicher Arbeit verbundene Improvisation zum allgemeinen Produktionsprinzip. Man kokettierte mit der Figur des Bastlers (als Produzenten), und man versuchte, sich auf die Seite der Kunst zu schlagen, indem man die improvisierten Dinge im Museum anstatt im Kaufhaus präsentierte.

2 | Als Gegenpol sei hier die am Bauhaus gelehrte Designhaltung genannt – dort war kein technokratischer Rationalismus am Werk, sondern die Idee der Verbindung von Handwerk, Kunst und Industrie.

Dadurch schien aber auch ein Legitimationsproblem für die Designer zu entstehen. In der Improvisation unterläuft der Designer die Grenze zum Handwerk und zur Kunst, der Designbegriff, der von der Moderne – vielleicht etwas zu scharf – konturiert war, zeigt Auflösungstendenzen: Alles ist Design, auch das Tun des Bastlers.

In der dritten Strömung, die gleichsam auf Elemente des postmodernen Diskurses, aber auch auf wichtige gegenwärtige Entwicklungen Bezug nimmt, ging es um die Frage der Teilhabe an Formentscheidungen. ›Gut‹ gestaltete Designprozesse beziehen die Nutzer mit ein. So sind aus Jencks' und Silvers Sicht insbesondere solche Gegenstände problematisch, die am Ende ein geschlossenes System bilden, weil sie keine nachträgliche Veränderung zulassen.[3] Sie plädierten daher für eine offene Gestaltung und für die Möglichkeit der Improvisation von Seiten der Nutzer. Realisiert hat sich der bei Jencks und Silver durch Improvisation vorangetriebene *Open Design*-Prozess insbesondere im Fall des 3D-Druckers.

Auch mit meinem Verständnis der Improvisation ist es weder der singuläre Autor noch der Experte, der das Neue produziert, vielmehr verlagert sich die Produktion des Neuen in eine Konstellation von unterschiedlichen Akteuren. Der Entwurfsprozess vollzieht sich in einem Wechselspiel von Planung und Realisierung, das durch Improvisation vorangetrieben wird. Diese Neuordnung des Designprozesses hatte sich schon an Sebastian Herkners Entwurfsprozess gezeigt. Hier ist beispielsweise zu fragen, wie sehr das improvisierte Modell mit seinen Eigenheiten im Sinne Latours eigentlich als am Prozess beteiligter Akteur aufzufassen wäre. Der erste Braun-Rasierer wiederum wurde durch die Zweckentfremdung eines Produktionswerkzeugs radikal verbessert. Hier waren nicht Designer an der Improvisation beteiligt, sondern die Werkstattarbeiter und Tüftler. Sie rekombinierten vorliegende Formen anhand von Improvisation, um zu einem Ergebnis zu gelangen. So sind Modelle, die einem Serienprodukt vorausgehen, vom Ergebnis her betrachtet, kaum noch von Bastelei zu unterscheiden.

Wie ist nun, wenn man die Linie vom Industriedesign der HfG Ulm über die Postmoderne und das Autorendesign bis hin zum *Open Design* und deren jeweiligen Improvisationen zieht, die Tätigkeit des Entwerfers innerhalb von solch offenen Designprozessen zu fassen?

Albrecht Wellmer beispielsweise argumentierte bereits 1985 in einem Vortrag vor dem Deutschen Werkbund, dass sich das Problem, mit dem sich der Werkbund ursprünglich auseinandergesetzt hatte, also die Frage einer möglichen Versöhnung von Kunst und Industrie im Design, schließlich zur Frage der Gestaltung von »Funktionsnetzen« verschoben habe.[4]

3 | Jencks und Silver sprechen beispielsweise an, dass Produkte als ›black boxes‹ konzipiert wurden, die sich nicht reparieren lassen. Siehe: Jencks / Silver 1972, S. 58ff.

4 | Wellmer 1985, S. 130. Zu dem Werkbund-Problem heißt es: »Meine These ist, daß die Probleme der ›zeitgemäßen Form‹ heute vor allem solche der Gebrauchsästhetik sind, für deren Bearbeitung das Modell eines Zusammenspiels von Kunst und Industrie sicherlich keine zureichende Idee mehr liefert.« Ebd., S.131.

Wie verhält sich nun diese Verschiebung hin zum Prozess und zur offenen, netzwerkhaften Struktur gegenüber den Methodendiskursen der 1960er und 1970er Jahre?

Die Methodenbewegung war kritisiert worden, und zwar auch auch von ihren ursprünglichen Verfechtern, weil sie den Blick auf die Designpraxis zu verstellen schien. Es entstand eine Lücke zwischen der Entwurfsmethodik und dem tatsächlichen Entwerfen, das von Improvisation geprägt war. Die für die Serienproduktion basale Idee der technischen Rationalisierung und Automatisierung war – wie es sich schon bei Braun-Feldweg angedeutet hatte – auf den Entwurfsprozess übertragen worden. Es geschah eine Verwechslung von Produkt und Prozess, ein technokratischer Prozess mündete in einer funktionalistischen Gestaltung, die dann wiederum nur durch Partizipation und Eigenproduktion durchbrochen werden konnte.

Es wäre aber falsch, die Methoden der 1960er Jahre mit Blick auf das heutige postdigitale Design, in dem analoges und digitales Entwerfen zu verschmelzen scheinen, abzutun. Vielmehr nahm die Methodenbewegung mit ihren modular organisierten Designprozessen vorweg, was sich heute am Fall einiger *Open Design*-Projekte auf der Ebene der Partizipation realisiert. Eine netzwerkhafte Organisation des Designprozesses, wie sie dem Selbstbau-3D-Drucker zugrunde liegt, setzt einerseits voraus, dass Nutzer improvisieren und sich industrielle Halbzeuge zur Realisierung ihres Projektes selbst aneignen. Andererseits müssen die in den offenen Prozessen gestalteten technischen Strukturen ebenfalls modular organisiert sein – andernfalls würden die jeweils eigenen Lösungen der Maker nicht zusammenpassen. Hier ist es – anders als in den ganzheitlich zu gestaltenden industriellen Artefakten aus dem klassischen Industriedesign –tatsächlich so, das die Summe von Teilen ein Ganzes ergibt – etwa bei dem Projekt *Open Structures* von Thomas Lommée (2009). Meine Kritik an den schaltkreisartigen Darstellungen, wie sie Bonsiepe und Maldonado etwa beim Tischlüfter *HL11* exemplarisch durchspielten, ist nun nicht, dass technische Produkte modular organisiert sind. Meine Kritik zielte vielmehr auf das Problem, dass die Modularität der Einzelteile auf den Designprozess übertragen wurde.

Der ›Digital Turn‹ hat den Designprozess in ein Netzwerk verlagert.[5] Wenn es im Zuge des *Open Designs* keine abgeschlossenen Produkte mehr gibt, wenn vielmehr die Nutzer die Produkte finalisieren, mithin durch Bastelei die letzten Formentscheidungen treffen, so wird die bisherige Aufgabe des Industriedesigners, nämlich Formentscheidungen bei abgeschlossenen, in Serie produzierbaren Produkten zu treffen, obsolet. Für den belgischen Designkritiker Jan Boelen etwa, der im Herbst 2014 eine Biennale in Ljubljana zum Thema der Kollaboration kuratierte, haben sich die Aufgaben des Designs aufgrund der von Wellmer thematisierten Funktionsnetze sowie aufgrund der Notwendigkeit der Auseinandersetzung mit

5 | Hierzu: Barbara Junge, Zane Scheiffele, Carola Zwick u. a. (Hg.): *The Digital Turn. Design in the Era of Interactive Technologies*. Berlin: eLab 2012.

gesellschaftlichen Problemstellungen endgültig in den Bereich der Gestaltung von Netzwerken verschoben.[6]

Boelen fasst den derzeitigen Umschwung in der Gestaltung von Dingen des Gebrauchs wie folgt zusammen:

> »The contemporary world is no longer a place of and for mass production and distribution; instead, design has migrated through the multi-layered networks of today towards local, specific, customizable scenarios where the designer is no longer an all-powerful creator, but an element in a network of collaboration and influence. Similarly, in a world over-saturated with products and projects, the fundamental goal of design ceases to become the production of yet another chair.«[7]

Die Gestaltung von Netzwerken soll es ermöglichen, dass Nutzer Produkte auf ihre Bedürfnisse hin anpassen, im Sinne einer individuellen Produktion. Hiermit negiert Jan Boelen nicht die Notwendigkeit des industriellen Serienprodukts. Folgt man aber seiner These, dass der Designprozess als Netzwerk verstanden werden muss, so kann kaum mehr davon ausgegangen werden, dass zukünftige Gestaltung sich noch ausschließlich mit der Erfindung von einzelnen, abgeschlossenen Formen für die Industrie auseinandersetzen wird.

> »Today, design has become a form of enquiry, of power, and of agency. With it, the role of any event that seeks to represent and disseminate design has also fundamentally changed. [...] [Design is] a tool to question and transform ideas about industrial production, public and private space, and pre-established systems and networks.«[8]

Damit sich auch die Produktion weiterentwickelt – und hierfür sprechen ökologische, ökonomische, politische und sogar ästhetische Überlegungen – verlagert sich der Gestaltungsprozess in den Produktionsprozess hinein, sofern die Maker die Produkte, die sie produzieren, auch individuell gestalten.

Wenn diese Vision sich realisiert und die Maker mehr als nur eine kleine ›Design-Avantgarde‹ werden, so hätte dies maßgebliche Folgen für die Gestaltung. Designer würden dann kaum noch einzelne Formen für die Industrie gestalten, sondern sich immer mehr als Navigatoren in einem Netzwerk betätigen.

6 | Darauf macht ebenfalls Claudia Mareis aufmerksam: »Der Akzent hat sich [...] in den letzten Jahren zunehmend vom Bereich der Problemlösung auf den der Problemstellung verschoben: Methoden und Perspektiven aus dem Design sollen dabei helfen, neu- oder andersartige Problem- bzw. Fragestellungen, Strategien und Entscheidungsprozesse im Umgang mit komplexen gesellschaftlichen Problemen zu entwickeln und anzuleiten.« Mareis 2014, S. 214.

7 | Jan Boelen: *Curatorial Statement*, 24. Design Biennale Ljubljana. URL: http://bio.si/en/about/ (letzter Zugriff 10.11.2014).

8 | Ebd.

Meine Betrachtungen zur Improvisation haben mich jedoch zu der Annahme geführt, dass wir gar nicht so weit gehen müssen zu sagen, Industriedesign sei obsolet. Von seiner Produktionsstruktur her ist Design auch in seiner traditionellen Form des Industriedesigns immer schon auch anschlussfähig für Kollaboration und Anpassungen gewesen.

Es kommt dabei auf die Perspektive an, Designprodukte nicht ausschließlich als historische Artefakte wahrzunehmen. Auch klassische Designprodukte markieren, selbst wenn es sich um vermeintlich abgeschlossene Produkte wie den Rasierapparat der Firma Braun handelt, im Sinne der offenen Struktur des Designprozesses immer nur Zwischenstände eines Arbeitsprozesses. Bezogen auf die Braun-Rasierer kann gesagt werden, dass es ihrem Designer Roland Ullmann nie darum ging, einfach nur einzelne Rasierapparate zu entwickeln. Vielmehr entwickelte er Lösungen für technische Probleme, die sich im Zusammenhang mit den Rasierapparaten ergaben. Diese wurden dann zu immer neuen Produkten kombiniert. Ullmann hatte bei seiner Entwurfstätigkeit also immer auch das Netzwerk, in das der Rasierapparat eingelassen ist, im Blick. Rückblickend scheinen also die Grenzen des Designs nie ganz eingehalten, sondern immer schon überschritten worden zu sein. Die Grenzziehungen aus der Moderne sind allerdings, wie ich meine, weiterhin in bestimmter Weise konstituierend für Design, solange man eine gewisse Durchlässigkeit dieser Grenzen mitdenkt. Die Designer des ›Neuen Deutschen Designs‹ unterscheiden sich, auch wenn ihre Entwürfe tatsächlich gebastelt sind, vom ›echten‹ Bastler, weil sie Bastelei zum Teil der Konzeption machten. Vom reinen Handwerker unterscheidet sich der Designer – dessen Modellbau zwar streckenweise handwerklich ist – dadurch, dass er auf ein Serienprodukt hinarbeitet. Im Gesamten gesehen muss er viele Modelle bauen, um zu einem Entwurf zu gelangen. Dabei vollzieht er ein Wechselspiel von Planung und Realisierung, das den Entwurfsprozess vorantreibt. Improvisation erscheint in diesem Setting nun als Motor des Neuen, und zwar in den Übergängen zwischen einem Plan und seiner Anwendung. Vom Künstler unterscheidet sich der Designer schließlich, selbst wenn durch seine Improvisation Einzelstücke entstehen, weiterhin, weil sie als Designdinge wahrgenommen werden. Sie hängen zusammen mit dem Designdiskurs, der immer auch auf die Idee des Seriellen und des Gebrauchs zurückführbar ist.

Designer gestalten Versuchsanordnungen ebenso wie Produktionsverfahren, dabei müssen sie freilich weiterhin Modelle bauen und Formen zeichnen. Beteiligt an diesen Prozessen sind immer auch Werkstattarbeiter, Ingenieure, Modellbauer, usw. So sollte die Rolle des Designers auf andere Bereiche geöffnet werden, in denen ebenfalls Formentscheidungen passieren. In einer zukünftigen Form des Designprozesses würde der Designer immer mehr mit den Bereichen um ihn herum interagieren. In seiner Rolle als Navigator in einem Netzwerk würde der Designer dann weniger als Autor oder Experte auftreten, sondern er würde die Struktur, in der die Produkte entstehen, versuchen zu gestalten. Kurzum: Designer sind dann als ›Prozessgestalter‹ zu betrachten, die sich als Navigatoren in den Netzwerken betätigen.

Sie gestalten in vielen Fällen weiterhin einzelne Formen, diese Formen können aber nur im Gesamtzusammenhang des Netzwerks gedacht werden, und nicht etwa – wie in der Moderne – als etwas Abgeschlossenes betrachtet werden. Die Autorschaft von Designern begründet sich daher immer weniger über die einzelne, innovative oder gar originelle Form. Es ist vielmehr die Idee einer Gesamtstruktur und der jeweils eigene, dahinterliegende Prozess, den ein Designer vollzieht und über den dann schließlich Autorschaft bestimmt werden kann.

Anhang

Interview mit dem Designer Sebastian Herkner

1. Improvisation

Annika Frye: Was ist für dich Improvisation?

Sebastian Herkner: Durch Improvisation komme ich zu neuen, anderen Lösungen, an die ich vielleicht zunächst nicht gedacht hätte, die ich aber im Endeffekt spannender finde als das, was ich eigentlich erzielen wollte. Improvisationen sind ja ursprünglich Notlösungen, um zum Ziel zu kommen. Bei dem Sessel hatte ich erst nicht das richtige Material zur Hand. Ich wollte auch keine Siebdruckvorlage für ein kleines erstes Modell machen müssen. Also habe ich die Latexfarbe, die noch in meinem Regal war, auf den Stoff gepinselt. Plötzlich kam diese ungenaue Kante zustande, daraus hat sich der Verlauf entwickelt. Durch Improvisation. Erst wollte ich das Modell in die Farbe tunken. Das Modell hat aber nicht in die Farbdose gepasst. Wenn ich es getunkt hätte, wäre es eine deutliche Kante geworden. Durch das Pinseln ist es aber frisselig geworden. Solche Ideen wie der Verlauf entwickeln sich durch den Prozess: durch den Modellbau, durch Kommunikation, durch Diskussion und so weiter.

AF: Was ist nicht Improvisation?

SH: Das perfekte Modell, das man sofort bauen könnte.

AF: Du hast nur dieses eine 1:5-Modell präsentiert?

SH: Genau. Dieses kleine Modell, das du hier fotografiert hast. Zusammen mit Materialtests und der Socke. Patrizia *Moroso* fand die Idee super, mit dieser Bedruckung – sowohl das Funktionale als auch das Ornamentale des Drucks. Sie sagte: »Ok, arbeite es aus«. Ich habe nur die eine Idee präsentiert, weil ich die super fand. Es geht ja am Anfang nicht darum, ein genaues Modell von einem perfekten Produkt zu präsentieren oder ganz viele verschiedene Varianten. Es geht um die Story. Die muss gut sein. Und die konnte ich schon mit dem Modell und der Socke erzählen.

AF: Also, du präsentierst nicht drei verschiedene Sofas, die sich dann gegenseitig etwas wegnehmen?

SH: Genau. Ich habe mir gedacht: Ich zeige nur die Idee, denn ich fand die Idee am stärksten. Ich wollte mir jetzt auch nicht irgendwelche Ideen aus dem Kopf pressen. Es sind noch andere entstanden, die sind jetzt in meiner Schublade. Und ich habe vorher mit einem gutem Freund drüber gesprochen, ein bisschen habe ich mir also von den anderen Feedback geben lassen. Dann war ich Anfang Dezember nochmal in Italien, da habe ich das komplette Programm präsentiert. Ich wurde durch die Firma geführt, und dann habe ich die digitalen Daten aufbereitet. Wir haben alle Details gezeichnet: Auch die Steppnaht hinten, das ist komplett 3D. Gestern war ich in Italien und habe den ersten halbfertigen Prototypen gesehen. Wir haben noch Details besprochen, etwa: Wie verläuft die Naht, wo ist der Reiß-

verschluss, wie dick soll die Steppnaht sein, passt die Größe usw. Jetzt bauen sie den einen Sessel fertig und danach skalieren sie quasi das 2-Sitzer-Sofa. Bei dem einen Beispiel definiert man die Radien, die Nähte und die Details. Die Couch ist ja der Sessel mal 2. Die Dimensionen ändern sich zwar, aber die Radien sind ähnlich, auch die Anbindung der Kissen zu diesem ›Body‹.
AF: Und das, was du auf das 1:5 Modell gepinselt hast, ist schon das Endmaterial?
SH: Nein, das ist Naturkautschuk. Manchmal ist die Frage: Wo kriege ich das Material her. Ich kann jetzt nichts aus Glas blasen, da kann man überlegen, ob man ein massives Plexiglas nimmt und an der Drehbank dreht, was man oft macht, damit es nach Glas aussieht. Oder man setzt es aus Kunststofffolie zusammen. Oder es geht eben nicht. Das ist oft schwierig, das war bei dem Glastisch, der jetzt von Classicon gemacht wird, auch so. Als ich den damals angefangen habe, drei Monate, bevor der Salone Satellite in Mailand beginnt, da habe ich einfach – auch, weil ich keine Zeit hatte, zu Glasbläsern nach Bayern zu fahren – ihnen die digitalen Daten geschickt und die haben dann die Holzform gemacht. Zum Glück hat alles zusammengepasst. Das war der Ausgangspunkt.
AF: Wo suchst du nach ›Inspiration‹?
SH: Ich sammle Bilder und Objekte. Meine Wohnung und mein Büro sind mein Materialfundus. Manchmal kommen die Ideen aber auch aus einem ganz anderen Bereich, etwa aus der Industrie, meistens eine Herstellungstechnik, wie bei der Babysocke. Umgekehrt kann man auch mit einem Material anfangen und gelangt dann erst zu einer Herstellungstechnik. Außerdem kann Etwas auch von der Form her abgeleitet sein. Ich kann sozusagen aus einer Idee, die ich erst für ein Sofa hatte, eine Leuchte machen. Oder ein Porzellanteller wird zum Lampenschirm. Für Inspiration gibt es jedoch kein Rezept. Das eine Mal ist es die komische Babysocke, dann wiederum fällt einem auf der Autobahn am Randstreifen etwas ein. Oder auf dem Flohmarkt. Diese Methode nenne ich ›Material-Driven‹. Es kommt aber immer auf die Transformation an. Ich gehe auch eher in Kunst- und Modeausstellungen als in Designausstellungen. Der größte Fehler im Design ist, sich nur auf seine Disziplin zu beschränken. Während des Studiums ist es wichtig, eigene Sachen zu machen und möglichst breit zu fächern. Bei dem Tisch, da wollte ich irgendwas mit Glasblasen machen, weil mich Glasblasen so interessiert hat und ich wollte es irgendwie ungewöhnlich verbinden, und dann habe ich Messing genommen, weil es von der Farbe her so gut passte. Dann wollte ich es umdrehen und habe gesagt: Ok, den Fuß mache ich jetzt aus Glas. Meistens ist der Fuß ja eher aus dem schweren Material, jetzt ist oben das schwere – um eine Irritation zu erzeugen. So ist der Entwurf entstanden. Der Tisch ist wahrscheinlich mein Leben lang eines meiner besten Teile. Manchmal ist das auch nervig, da kommen jeden Tag Anfragen. Das ist in gewisser Weise auch eine Bürde. Ich habe den Tisch 2009 das erste Mal beim Salone Satellite auf der Messe präsentiert. Aus den 2000 Neuheiten, die in Mailand vorgestellt werden, wurde dieser Tisch ausgewählt und von Wallpaper als eines der besten 10 gekürt. Der Tisch ist wie ein Stempel, wie ein Schlagersänger, der dann immer wieder seinen Song singen muss. Ich finde das ja positiv. Für einen selber: Man misst sich ja dann beinahe selber am Tisch.
AF: Also, würdest du sagen, dieser Tisch war dein ›Starting point‹?
SH: Ja, definitiv. Der Tisch war ausschlaggebend.
AF: Wiederholen sich bestimmte Formen, Themen und Materialien in deiner Arbeit, die du immer wieder verwendest?
SH: Materialien, die ›echt‹ sind: Glas, Metall. Also Materialien und Prozesse, die man schon lange kennt. Die Papierkörbe, das sind ja einfach geflochtene Papierschnüre. Ganz traditionelle Herange-

hensweisen also. Ich verwende die alten Techniken, weil es Spaß macht und weil sie bewahrt werden müssen. Ich war auch mit bei dem Glasbläser, als wir mit Classicon dort waren, und es war auch super zu erfahren, wie der Tisch entsteht. Was für eine Arbeit da drinsteckt! Es ist alles Handarbeit. Es ging auch darum, wie viel Imperfektion darf das Glas haben, wie viele Lufteinschlüsse darf es geben? Es darf welche geben, weil das kommuniziert: Handmade. Es ist kein China-Pressglas oder so.
AF: Wie würdest du deine handwerklichen Erfahrungen beschreiben? Bist du ein Profi oder ein geübter Laie?
SH: Ich habe keinen handwerklichen Beruf gelernt. Stefan Diez beispielsweise hat eine handwerkliche Ausbildung. Ich bin auf dem Land aufgewachsen, mein Papa hat viel gebastelt zuhause. Man lernt ja auch dazu mit der Zeit. Ich bin jetzt auch nicht so, dass ich das 100%ige Modell bauen muss, das 1:5-Modell vom Sessel reicht für die Kommunikation voll und ganz. Da reicht manchmal auch irgendein Handschmeichler oder so.
AF: Hast du ein Lieblingswerkzeug?
SH: Nassklebeband, das gibt es in zwei Farben und dann die Heißklebepistole. Wir machen auch gerne Sitzschalen aus Pappe – also ›furnieren‹ Pappe. Wir bauen ein Werkzeug und kleben dann Papp-Lagen mit Leim drauf – wie die richtige Sitzschale – und oben ist Leder drübergezogen. Das daneben, das ist eine Sitzschale aus Nassklebeband. Man kann auch Stahlrohr imitieren. Man nimmt einfach Kunststoffrohre aus dem Baumarkt. Das wird dann mit dem Heißluftföhn erwärmt und gebogen. Dann sieht es aus wie Stahlrohr.

2. Zusammenarbeit

AF: Wird auch bei *Moroso* improvisiert?
SH: Beim Prototypenbau wird natürlich auch wahnsinnig viel improvisiert, um sich heranzutasten. Zum Beispiel werden die Inlays, also die Kissen, erstmal getackert, dann sieht man, ob es passt. Manchmal zerschneidet man fertige Kissen. Wenn alles stimmt, wird das Ganze zur Näherin gebracht, die umkettelt die Kanten und näht nochmal nach. Das ist der einfachste Weg: Erstmal schnell tackern und wenn es passt, nimmt man die Tackernadeln raus und faltet es nochmal um. Als wir mit dem Entwurf angefangen haben, haben wir auch eine Bettdecke genommen und die mal über den Stuhl gelegt. Damit das wirklich so etwas Weiches, Flauschiges hat, wie ein Federkissen. Wo man wirklich einsinkt und der Sessel ist bequem. Das war die Aufregung: Wird dieses Ding am Ende bequem sein? Dann es war superbequem. Die Armhöhe hat gepasst – auch die Tiefe. Da kann man im Prozess natürlich auch noch improvisieren, indem man an manchen Stellen mehr Watte nimmt, oder etwas ändert, dies und das. Deshalb bin ich ja gestern nach Italien geflogen.
AF: Wieviel Anteil hat dein Assistent an den Entwürfen?
SH: Anteile an den Ideen oder der kompletten Umsetzung?
AF: Ich finde der Anteil der Idee an einem Entwurf ist zwar wichtig, aber auf die Umsetzung kommt es auch an.
SH: Die Idee kommt größtenteils von mir und dann ist es Ping-Pong. Es ist Teamwork. Oft hat mein Assistent den spannenderen Job, weil er es ausarbeiten und bauen kann. Bei mir ist der halbe Tag Organisation – jetzt muss ich z. B. ein Protokoll schreiben für *Moroso*. Bei dem Sessel werden nochmal alle Stoffe geändert, da saßen wir auch drei, vier Tage daran. Man macht oft Sachen doppelt und dreifach, weil sich irgendwelche Faktoren geändert haben.

AF: Wer ist denn noch an deinen Entwürfen beteiligt, z. B. bei der Umsetzung in der Werkstatt?
SH: Das geschieht in Kooperation mit den Werkstattarbeitern. Wenn ich nach einem speziellen Material oder einem Produzenten suche, dann frage ich Kollegen. Was natürlich viel effizienter für alle ist. Wobei ich das auch nicht mit jedem mache. Mit einigen ist das aber sehr harmonisch und fair, und da ist auch kein Neid dahinter, denn jeder arbeitet ja für komplett unterschiedliche Firmen.
AF: Habt ihr einen Atelierjargon – eine eigene Sprache, die ihr entwickelt, um über Entwürfe zu reden?
SH: Das ist projektabhängig. Bei dem Sessel haben wir gesagt: Das unten muss eher glatt sein, das oben eher weich, fluffig, relaxed. Und dann hatten wir natürlich die Bilder mit der Socke und dem Schuh. Man sucht nach Bildern.

3. Autorendesign

AF: Was bedeutet für dich Autorendesign?
SH: Ein Autorendesigner ist jemand, der selbständig arbeitet, alleine oder in der Gruppe. Der von Firmen angefragt wird und dessen Produkte mit seinem Namen kommuniziert werden – dass der Name bewusst dort steht. Es gibt bei bekannteren Designern Produkte, die schaue ich mir auf jeden Fall an. Man ist stolz, etwas von Konstantin Grcic zu besitzen. Autorendesign gibt es hauptsächlich im Konsumgüter- und Möbelbereich. Ein Autorendesigner ist in gewisser Weise wie ein Schauspieler oder Schriftsteller, man verkauft sich selber. Man muss sich natürlich immer weiterentwickeln, das sieht man dann bei manchen, da geht es nicht weiter. Man entwickelt sich ja außerdem mit der Marke mit. Die Marken, für die ich arbeite, die geben mir ja auch eine Richtung.
AF: Braucht ein Autorendesigner Theorie?
SH: Auf alle Fälle braucht man eine Haltung. Eine Position, eine Richtung. Die HfG Offenbach hat mir auf jeden Fall was gebracht für die Kommunikation mit Kunden, das Verkaufen eines Produktes beim Kunden. Auch für die Argumentation. Gerade so Skills wie Anzeichenfunktion, Symbolfunktion usw., das gibt es an vielen Schulen nicht, das ist auf alle Fälle sehr hilfreich.
AF: Wie kommunizierst du deine Ideen und welche Rolle spielt dabei ein Text und welchen Anteil haben visuelle Darstellungen?
SH: Ich kommuniziere mit dem Kunden am Telefon und per Skype. Skype eigentlich lieber, weil ich den Menschen dann sehe. Man kann auch Sachen zeigen. Die erste Präsentation ist meistens real, also das man sich wirklich trifft. Wenn ich gleich zu Beginn ein Pdf schicke, dann kann ich keine Reaktion sehen. Ich möchte wissen, warum eine Entscheidung gefallen ist. In der späteren Kommunikation dann schicke ich ein Pdf. Es gibt eine kurze Einführung, da steht dann drin, um was es geht bei dem Produkt, was das besondere ist, was es ›unique‹ macht, was das Ziel ist, welche Materialität. Dann kommen Materialbilder dazu usw. – Wort und Bild.
AF: Glaubst du, dass es ›Genies‹ gibt im Design?
SH: Es gibt bestimmt sehr Talentierte und Begabte. Ich glaube, das entwickelt sich, man wird ja nicht als Genie geboren. Man braucht eine große Auffassungsgabe, Beobachtungsgeist, analytisches Vermögen usw. Dadurch entsteht ein guter Entwurf. Daneben gibt es noch Faktoren: Das Material, die Herstellungsweise, Politik, die eigene Haltung. Es gibt Designer, die sind von allen geschätzt, wie ein Jasper Morrison oder ein Naato Fukasawa. Designer, die eine ganz klare, simple Linie fahren. Die tun niemandem weh, sage ich mal. Die kann sich jeder hinstellen – das ist nicht etwa negativ gemeint.

Grcic, der traut sich wesentlich mehr. Wenn du da an den Avus-Chair denkst, von Planck, den er dieses Jahr gezeigt hat, der Kunststoffstuhl mit Leder. Der war Thema Nummer eins auf der Messe, weil der wahnsinnig neu war – vielleicht zu früh, aber doch irgendwie so vertraut.

AF: Für welche Firmen arbeitest du?

SH: Seit zwei Jahren mit DeVorm, das ist eine relativ junge holländische Firma, die den Anspruch hat, mit nachhaltigen, ökologischen Materialen zu arbeiten, sie produzieren in Europa. Für Classicon, Moroso, für Carl Mertens aus Solingen, für Leff aus Amsterdam. Und Nanoo in der Schweiz. Außerdem arbeite ich für Pulpo. Pulpo ist eine metallverarbeitende Firma aus Lörrach.

AF: Du arbeitest ja hier in Offenbach in deiner Atelierwohnung. Warum bist du nicht nach Berlin gegangen?

SH: Das fragen mich die Kunden und die Presse auch immer. Die fragen aber: warum bist du nicht aus München? Konstantin Grcic und Stefan Diez sind doch auch aus München. Vor allem ausländische Firmen finden es überraschend, dass ich in Offenbach bin. Die wissen meistens nicht, wo das ist. Ich habe hier studiert, danach hatte ich eine Assistenz bei Peter Eckart, habe hier mein Netzwerk aufgebaut, habe hier diese Wohnung. Weil ich international arbeite, bietet es sich an, da der Flughafen in der Nähe ist. Natürlich ist man in drei Stunden mit dem Zug in Paris, bei meinem Kunden in Holland bin ich in 3,5 Stunden mit dem Zug – und nur mit Handgepäck von Tür zu Tür nach Italien drei Stunden. In Berlin gibt es kaum Herstellerindustrie, zudem sind da schon viele andere Designer. Durch die ganzen Messen kennt man ja viele Jungdesigner und so gut geht es denen in Berlin ja ehrlich gesagt auch nicht. Deshalb ist es auch ein Vorteil, hier zu bleiben. Ich vermisse Berlin nicht, ich fühle mich wohl hier. Die Messen in Frankfurt sind auch ein Standortvorteil. Ambiente und Tendence, die Materialmessen, Heimtextil und so. Und da gehe ich jedes Mal hin.

AF: Wie muss dein Büro aussehen, damit du dort gut arbeiten kannst? Hast du das so gestaltet oder ist es so geworden?

SH: Früher war es mehr eine Wohnung, es ist so gewachsen, und jetzt ist es mehr Büro als Wohnung. Der einzige private Bereich ist noch das Schlafzimmer hier hinter dem Regal. Und der Esstisch, an dem wir meistens zu Mittag essen – der wird dann immer mal hin- und her geschoben, wenn wir ein Foto machen müssen. Es wäre natürlich wünschenswert, das irgendwann getrennt zu haben, das geht aber momentan noch nicht.

AF: Ist das für dich Improvisation, dass du in deinem Studio wohnst oder Lifestyle?

SH: Das ist kein Lifestyle. Ich hätte hier gern ein Wohnzimmer. Wenn das *Moroso*-Sofa irgendwann kommt, dann muss es ja auch irgendwo stehen.

AF: Vielen Dank für das Interview!

Interview mit dem Designer Roland Ullmann

1. Modelle

Annika Frye: Bei diesen Modellen [Ich zeige auf meine Fotografien], die aus Holz sind, habe ich mich gefragt, von wann sie sind. Meine Theorie war die ganze Zeit, dass die Modelle aus Holz viel älter als die Modelle aus Hartschaum sind.
Roland Ullmann: [Sieht sich das Bild von dem Modell mit dem beweglich gelagerten Kopf an] Das müssten Sie ja wiedererkennen, wo das realisiert wurde. Gehen Sie davon aus, dass, wenn wir mal die Sachen auf diesem Stapel weglassen, also die genauen Modelle, bei denen schon die Grafik mit draufgedruckt ist, dass diese Sachen hier, dass ich die alle gemacht habe.
AF: Haben Sie selbst dort gestanden und das dann gefräst?
RU: In der Braun-Designabteilung war die eine Hälfte Atelier und die andere Hälfte Werkstatt. Wir haben mit allen möglichen Mitteln Modelle gebaut. Man könnte schon sagen, das sind ›emotional‹ gemachte Modelle. Zu der Zeit gab es diesen Modellschaum noch nicht, da hat man Holz oder Plexiglas genommen. Plexiglas für die präziseren Sachen. Auch für die High-End Modelle wurde immer Plexiglas genommen oder auch mit Metall kombiniert. Dieser Modellbauschaum, das weiss ich jetzt nicht ganz genau, wann der kam.
AF: Wann ist z. B. dieses Modell [Schwingkopf-Modell] entstanden? Haben Sie da improvisiert, als Sie das gemacht haben?
RU: Das ist ein rein technisches Modell. Es ging um die Bewegung oder das Schwenken eines beweglich aufgehängten Scherkopfes. Was passiert, wenn ich dieses Teil nicht gerade, sondern schräg mache? Man kann bei dem Modell den Drehpunkt, wo sich der Scherkopf bewegt, sehr gut erkennen. Damit sich der Scherkopf bewegen kann, braucht es Luft. Ich wollte herausfinden, wie groß der Spalt zwischen Scherkopf und Halterung wird. Und ich wollte sehen, wie ich den Spalt an der Unterseite ›visuell‹ schließen kann. Wenn Sie vorne hineinschauen, sehen Sie den Spalt nicht mehr. In diesem Bereich ist die Scherfolienaufhängung. Und man weiss ja, dass das Einfädeln über eine Schräge – also wenn es oben breit und unten schmal ist – dass das einfacher ist. Diese höchst filigranen technischen Elemente müssen im Handling so einfach wie möglich sein. Ich hab' immer die Augen zugemacht und die Rasierer getestet. Es gibt fast keinen Rasierer, wo man nicht die Scherfolie und den Scherkopf auch spiegelverkehrt eindocken kann.

Das Modell hat nur eine Seite, das habe ich nicht gespiegelt. Aber dieses Teil (den Kopf) können Sie herumdrehen und reinstecken. Die rechte Seite hat mich nicht interessiert, nur dieses Stück hat mich interessiert. Das ist nur ein ›halbes Modell‹, sozusagen. Ich habe sehr viel Technik gemacht. Der bewegliche Kopf war eine dieser Ideen, den gab es zu dem Zeitpunkt schon. Ich wollte jedoch eine Weiterentwicklung machen, und mein Vorschlag war, die Seite abzuschrägen. Auch andere Rasierer [etwa der 360° Complete] gehen auf dieses Modell zurück. Man ›springt‹ zwischen den Versuchen hin und her. Ich habe nicht einzelne Rasierer entwickelt, sondern Baukasten-Lösungen, die dann bei unterschiedlichen Versionen des Rasierers zum Einsatz kamen.

Dieses Modell zeigt erstmals die Schräge, die wir später immer wieder benutzt haben. Unsere Modellbauabteilung war immer auf dem neuesten Stand der Technik, wir haben nicht gebastelt. Die Rasierermodelle mussten immer im Maßstab 1:1 gebaut werden, viele Teile waren daher nur wenige Millimeter groß. Den Abstand zwischen den beiden Teilen hätte ich nicht ermitteln können, wenn ich gepfuscht hätte. Beim Ausprobieren in der Werkstatt muss man zunächst strukturiert vorgehen. Man hat ein Bild im Kopf, das man ausprobieren will. Alle meine Erfahrung hat gezeigt: Wenn man von Beginn an pfuscht, hat man am Schluss ein Ergebnis, wo man anschliessend doch wieder Probleme hat, die erneut Zeit kosten. Man muss also ganz diszipliniert sein. Bis zu einem gewissen Punkt und dann erst setzt die Improvisation ein. Und zwar, wenn Sie sehen: das geht, es ist schwierig, aber wenn ich es so oder so mache, dann geht es. Das kann man an diesem Beispiel gut zeigen.

AF: Und was bedeuten diese Edding-Markierungen auf dem Modell?

RU: Einfach, um das sichtbar zu machen. Weil das Transparente nicht so ideal ist.

AF: Dieser bewegliche Scherkopf existierte zu dem Zeitpunkt schon?

RU: Ja. [Blättert Bildmaterial durch.] Das war das erste Gerät mit dem Scherkopf überhaupt. [Modell mit Noppen-Buttons] Was sie hier sehen, ist aber so nie realisiert worden.

AF: Und wie wurden diese Griffnoppen eingegossen?

RU: Das war eines der allerersten Modelle. [Modell, bei dem einige Noppen fehlen] Hier erklärt es sich: Da ist ein Loch drin. Die sind am Modell weich, die sind ›Pilzköpfe‹, gewissermaßen wie ein Pilz, spritztechnisch hergestellt. Wir haben eine Spritzform gebaut, mit Weichkunststoff ausgespritzt, dann sind Pilzchen entstanden, die unten an so einem ›Stripe‹ zusammengebunden sind. Die wurden dann einzeln abgeschnitten und mit einer Pinzette und einer staken Lupe einzeln in die Löcher hineingesteckt. So sind die Modelle entstanden. Später wurde das anders gemacht. Das ist ja inzwischen ein Stand der Technik, dass man nicht nur zwei Materialien, sondern mehrere Materialien unterschiedlichster Art in einer Form durch mehrere Spritzguss-Zyklen herstellt.

AF: Sie haben dann anhand von diesem Modell eine Schräge angepasst?

RU: Man sieht sehr schön das Teil hier innen drin, das sogenannte Magazin, das man herausnehmen kann. Da hat es bei dem Gerät (mit geradem Kopf) gewisse Schwierigkeiten gegeben, man musste es sehr präzise einfügen. Oftmals ist man schneller bei einem Prinzipmodell. Ich hätte den Abstand zwischen dem Scherkopf und der Halterung berechnen können, anhand der Winkel. Trotzdem ist man mit einem einfachen Modell oft schneller. Ich sehe, anders als wenn ich mich ans Zeichenbrett setze oder an den Computer, unmittelbar die technische Konsequenz. Wenn man in der Theorie arbeitet, dann kommt man an irgendeine Grenze und hängt. Hier: Morgens in die Werkstatt und losgelegt, mittags um 12 Uhr hat man ein Ergebnis. Ich habe sofort einen konkreten Gegenstand auf dem Tisch liegen. Man ist ungeduldig als Designer.

AF: Sie sparen also Zeit durch das Modell?

RU: Ich spare mit Sicherheit Zeit. Ich habe deshalb auch nur eine Seite gebaut. Zwar können sie den Scherkopf rausnehmen und herumdrehen. Aber ich habe nur die rechte Seite genauer bearbeitet, das ist sozusagen nur ein ›halbes Modell‹. Jetzt hat mir dieser Spalt nicht gefallen. Aber beim Hinsehen, bei der Bewegung, konnte ich erkennen, dass diese beiden Flächen quasi in der Draufsicht einen Radius beschreiben [der Schwenkkopf und die Fläche darunter]. Der ist riesengross, im Tausenderbereich – die ›Emotionale Lösung‹, die dann sofort im Kopf ist, kann man hier bei den beiden Bildern sehr gut erkennen. Hier sind das Außenteil und das Innenteil parallel. Und diese beiden Teile sind, wenn sie draufgucken, mit einem grossen Radius beschrieben. Ich bin überzeugt, wenn ich diese Schritte nicht gegangen wäre, hätte das wesentlich länger gedauert und viel mehr Frustration erzeugt. So wusste ich, wie ich den Spalt [an der Unterseite, nicht an den Seiten] ›visuell‹ schließen kann, denn in Wirklichkeit ist er ja da. Aber wenn sie vorne reinschauen, sehen Sie es nicht mehr.

2. Die Braun-Designabteilung

RU: Ich bin 1972 zu Braun gekommen. Ich habe in der Designabteilung bei Dieter Rams angefangen. Ich hatte aber sofort einen Schreibtisch in dem sogenannten »Artur Braun Institut«. Das war in Kronberg auf der anderen Seite der Bahnschiene, die Gebäude sind noch immer in Familienbesitz. Artur Braun hatte nach dem Verkauf von Braun an Gillette 1967 noch vertragliche Arbeiten zu Ende zu bringen, unter anderem für neue Schersysteme für Rasierer. Das waren experimentelle Projekte, die ich zunächst bearbeitet habe. Das hat bei mir vier oder fünf Jahre gebraucht, bis das erste Produkt – das war zufällig ein Rasierer – auf den Markt kam. Ich habe eigentlich von der ersten Stunde an beim Rasierer die Dinge ›mental‹ zerlegt und technische Schwächen aufgedeckt. Ich habe im ganz frühen Stadium technisch konstruiert. Wenn man das nun genauer ansieht, das hat ja mit Design erstmal nichts zu tun. Ich habe im Rasiererbereich extrem viele technische Dinge gemacht. Was dann dazu geführt hat, dass ich so manchem Konstrukteur auf die Füße getreten bin, wenn ich gesagt habe: Ich möchte da keine Schraube, das geht auch ohne. Neben dem ganzen Können an Produktentwicklung ist es für den Designer (sowohl für den Angestellten als auch den freiberuflichen Designer) wichtig, Einfühlungsvermögen gegenüber anderen zu haben. Man kann zwar seine Ideen alleine entwickeln, aber im nächsten Schritt braucht man Partner. Im Unternehmen müssen Sie ihre Arbeit genauso verkaufen wie als Freischaffender.

Wir waren zu der Zeit unter zwanzig Leute. Von den Designern waren 1 / 3 Grafiker, und sechs Produktdesigner, der Siebte war Dieter Rams. Größer war die ganze Abteilung nicht. Das war auch Strategie, weil die Designabteilung dadurch immer stabil blieb, was den Personalbestand betrifft. Wenn es im Unternehmen kriselte, wurde überall abgebaut, nur nicht in der Designabteilung, weil wir sowieso immer unterbesetzt waren. Weil wir so kompakt waren, musste es für jede Produktlinie immer einen Ansprechpartner geben, einen verantwortlichen Produktdesigner. Nach außen hin hat die Designabteilung so dagestanden, dass jeder im Unternehmen wusste (und später auch weltweit, was die Fabrikation anbelangt): Rasierer macht der Ullmann, Haushalt: macht der Karlke, Hifi: macht der Hartwein. Innerhalb der Abteilung haben wir das völlig anders aufgebaut. Wir haben eigentlich in jedem Bereich zusammengearbeitet. Das war also von Jahr zu Jahr, bzw. innerhalb einer Dekade völlig unterschiedlich. Und Sie können sich natürlich vorstellen, dass man, wenn man zwanzig Jahre nur Rasierer macht, langsam verrückt wird. Ich habe immer sehr engen Kontakt mit den Laboringenieuren gehalten, mit externen Leuten auch. Das akkumuliert, hat man auf einmal überlegt: Da geht doch etwas im Hifi-Bereich, da könnte man doch was probieren.

AF: Also muss man im Unternehmen argumentieren?

RU: Ja, das große Plus bei Braun ist bis heute, dass wir direkt dem Vorstandsvorsitzenden berichtet haben. Wenn sie alle anderen Zwischensteps ausschalten können, haben sie einen wesentlich größeren Hebel. Wenn der Designer Ullmann dem Ingenieur sagt, was er machen soll, das funktioniert nicht. Das muss der Chef machen. In vielen Fällen nützt einem das Können nichts, wenn man seine Arbeit nicht verkaufen kann. Ich sehe es bei Braun als eine besondere Situation an, dass die Namen der Designer immer genannt werden im Zusammenhang mit den Produkten. Das war nicht immer so, darum mussten wir ziemlich kämpfen.

AF: Wurden die Rasierer für die Firma Braun patentiert oder für Sie als Designer?

RU: Das ist bei Angestellten immer so geregelt, dass sie die Arbeit, die sie innerhalb der Firma machen und die zu einem Patent führt, an die Firma abtreten. Es kann aber passieren, wenn ein Patent nicht verwendet wird, dass die Firma einem das freistellt, dass man das Patent zurücknimmt. Ist mir einige wenige Male passiert. Gerade beim Rasierer, diese ganze Scherkopfaufhängung, ist ziemlich viel patentiert worden. Natürlich ist das dann ausgearbeitet worden, mit Konstrukteuren, mit Technikern usw.

3. Die HfG Ulm und die Firma Braun

AF: Sie haben in Offenbach studiert. Mich würde interessieren, inwiefern Sie mit der ›Ulmer Methodik‹ in Berührung kamen. Die HfG Offenbach versteht sich ja gewissermaßen als deren Nachfolgeinstitution – die Braun-Entwürfe werden immer im Zusammenhang mit Ulm genannt.

RU: Das sind Fragen, die vor meiner Zeit entstanden sind. Alles was ich jetzt sage, kenne ich nur aus Erzählungen meiner Vorgänger, die alle noch bei Braun waren, in der Zeit, wo ich gestartet habe. Und zwar gab es eine Kooperation zwischen der Ulmer Hochschule und der Braun-Designabteilung, was auf Chef-Ebene vereinbart, also von den Gebrüdern Braun gewollt war. Das war eine tolle Konstellation bei Braun, da gab es auch Dr. Eichler noch, der Name ist Ihnen sicherlich geläufig. Eichler hat als ›Designphilosoph‹ in der Familie Braun ganz stark gewirkt. Es war eine Zeit, die man heute als ›Gelsenkirchener-Barock-Zeit‹ im Design bezeichnet. Denken Sie an den ›Grundig-Radius‹ und solche Sachen. Aber auch bei Haushaltsgeräten, wenn man mit unserem heutigen Auge schaut, die Sachen sahen damals einfach merkwürdig aus. Das war so eine Aufbruchsstimmung, das war immer noch die Nachkriegszeit. Dann sind die Gebrüder Braun zur Ulmer Hochschule gereist, und waren sehr beeindruckt, alleine vom Bauwerk. Ulm hat mit Sicherheit, rein philosophisch, bei Braun und Dieter Rams, Einfluss gehabt. Dieter Rams wurde eigentlich als Architekt eingestellt. Man hatte mit dem Designbegriff noch gar nicht so richtig gewusst: was ist das eigentlich? Obwohl, wenn man überlegt, Jahrzehnte vorher gab es ja bei der AEG schon Peter Behrens.

AF: Ulm und Braun waren also aneinandergekoppelt?

RU: Zum Beispiel im Hifi-Bereich. Rams hat damals, da hieß es noch ›Stereo‹, Rundfunkgeräte bzw. Plattenspieler entworfen. Herbert Lindinger, der Dozent an der HfG Ulm war, hat mit Sicherheit die Grundlagen gelegt, für die Baustein-Idee dieser HiFi-Sachen, diese Monobloc-Baustein-Idee. Es gibt ganz alte Arbeiten von ihm, die sind sicher in dieser Zeit der Zusammenarbeit entstanden. Dieter Rams hat das dann so aufgearbeitet und umformuliert, bis es in die Technik bei Braun hineingepasst hat. Das waren die Anfänge, man kann schon sagen, eine ›saubere Abwicklung‹ – da hat keiner dem anderen was weggenommen.

AF: Mich interessiert das vor allem deshalb, weil in Ulm bestimmte Methoden gelehrt wurden, die versucht haben, das Intuitive und Unvorhersehbare aus dem Gestaltungsprozess zu verbannen, sodass der Prozess analytischer wird – Gestaltung am besten messbar ist. Meine Beobachtung ist aber, dass Gestalter doch sehr viel improvisieren. Gerade in der Werkstatt beim Designmodellbau entsteht Improvisation. Deswegen interessiert mich, inwiefern Sie mit den Ulmer Ideen in Kontakt gekommen sind und ob das im Studium für Sie eine Rolle gespielt hat?

RU: Im Studium nicht, da hatte man nur die Informationen, die in den Fachzeitschriften veröffentlicht wurden. Den tieferen Einblick habe ich jedoch bekommen, als ich 1972 zu Braun gekommen bin.

AF: Vielen Dank, Herr Ullmann!

Literatur

Adorno, Theodor W.: *Funktionalismus heute. Vortrag gehalten auf der Tagung des Deutschen Werkbundes in Berlin am 23.Oktober 1965.* Aus: *Gesammelte Schriften* Band 10, 1 Frankfurt a.M.: Suhrkamp 1977.

Aicher, Otl: *die hochschule für gestaltung. neun stufen ihrer entwicklung.* In: Burkhardt, François und Franksen, Inez: *Design. Dieter Rams.* Berlin: Gerhardt 1980.
– *Die Welt als Entwurf.* Berlin: Ernst & Sohn 1991.

Albers, Hans Peter: *Museum von Sinnen. Der schönste Platz ist an der Theke.* In: Albus, Volker; Feith, Michael; Lecasta, Rouli; Schepers, Wolfgang; Schneider-Esleben, Claudia (Hg.): *Gefühlscollagen, Wohnen von Sinnen.* Köln: Dumont 1986.

Albus, Volker; Borngräber, Christian (Hg.): *Design Bilanz. Neues Deutsches Design der 80er Jahre in Objekten, Bildern, Daten und Texten.* Köln: DuMont 1992.

Alexander, Christopher: *Notes on the Synthesis of Form.* Cambridge (Mass.): Harvard University Press 1994 (1964).
– *A Pattern Language: Towns, Buildings, Construction.* Oxford University Press 1978.

Alperson, Philip; Dorschel, Andreas (Hg.): *Vollkommenes hält sich fern. Ästhetische Näherungen.* Wien / London / New York: Universaledition 2012.

Ammon, Sabine: *Entwerfen – Eine epistemische Praxis.* In: Mareis, Claudia; Windgätter, Christof (Hg.): *Long Lost Friends. Wechselbeziehungen zwischen Design-, Medien- und Wissenschaftsforschung.* Zürich / Berlin: Diaphanes 2013.

Anderson, Chris: *Makers. Das Internet der Dinge: Die nächste industrielle Revolution.* München: Hanser 2013.

Archer, Bruce: *Foreword.* In: Krippendorff, Klaus: *The Semantic Turn. A new Foundation for Design.* Boca Raton 2006.

Bachelard, Gaston: *Der neue wissenschaftliche Geist.* Übers. von Michael Bischoff. Frankfurt am Main: Suhrkamp 1988.

Bailey, Derek: *Improvisation. Kunst ohne Werk.* Übers. von Hermann J. Metzler und Alexander von Schlippenbach. Hofheim: Wolke 1987 (1980).

Bartels, Heiko; Fischer, Hardy; Hüskes, Charly; Hullmann, Harald: *Kunstflug über Ulm und anderswo.* In: Kunstforum Band 82 / Dez. 1985.

Bell, Daniel: *Die nachindustrielle Gesellschaft.* In: Welsch, Wolfgang (Hg.): *Wege aus der Moderne. Schlüsseltexte der Postmoderne-Diskussion.* Weinheim: VCH, 1988, S. 144.

Benjamin, Walter: *Das Kunstwerk im Zeitalter seiner technischen Reproduzierbarkeit.* In: *Gesammelte Schriften.* Hg. von Rolf Tiedemann und Herrmann Schweppenhäuser, unter Mitwirkung von Theodor W. Adorno und Gershom Scholem. Frankfurt am Main: Suhrkamp 1991, Band I, zweiter Teil.
– *Kleine Geschichte der Photographie.* In: *Gesammelte Schriften.* Hg. von Rolf Tiedemann und Herrmann Schweppenhäuser, unter Mitwirkung von Theodor W. Adorno und Gershom Scholem. Frankfurt am Main: Suhrkamp 1991, Band I, erster Teil.

Bill, Max: *Schönheit aus Funktion und als Funktion.* In: Edelmann, Klaus Thomas; Terstiege, Gerrit (Hg.): *Gestaltung denken. Grundlagentexte zu Design und Architektur.* Basel / Boston / Berlin: Birkhäuser 2010.

Bonsiepe, Gui: *Arabesken der Rationalität. Anmerkungen zur Methodologie des Design / Arabesques of Rationality. Notes on the Methodology of Design.* In: Ulm 19 / 20 (1967).
– *Von der Praxisorientierung zur Erkenntnisorientierung oder: Die Dialektik von Entwerfen und Entwurfsforschung.* In: Ralf Michell (Hg.): *Erstes Design Forschungssymposium.* Zürich: Swiss Design Network 2004.

– *Interface. Design neu Begreifen.* Mannheim: Bollmann 1996.

Bormann, Hans-Friedrich; Brandstetter, Gabriele; Matzke, Annemarie (Hg.): *Improvisieren. Paradoxien des Unvorhersehbaren. Kunst – Medien – Praxis.* Bielefeld: transcript 2010.

Borngräber, Christian: *Juste Milieu – Das innerste der Familie als Baustelle.* In: Albus, Volker; Feith, Michael; Lecasta, Rouli; Schepers, Wolfgang; Schneider-Esleben, Claudia (Hg.): *Gefühlscollagen. Wohnen von Sinnen.* Köln: Dumont 1986.
– *Vor Ort – Leben am Rande des Wohnsinns.* In: Edelmann, Klaus Thomas; Terstiege, Gerrit (Hg.): *Gestaltung denken. Grundlagentexte zu Design und Architektur.* Basel / Boston / Berlin: Birkhäuser 2010.

Brandes, Uta; Erlhoff, Michael; Wagner, Ingo: *Non Intentional Design.* Köln: Daab 2006.

Brandes, Uta; Stich, Sonja; Wender, Miriam: *Design durch Gebrauch. Die Alltägliche Metamorphose der Dinge.* Basel: Birkhäuser 2008.

Brandes, Uta: *Non Intentional Design.* In: Erlhoff, Michael; Marshall, Tim (Hg.): *Wörterbuch Design.* Basel: Birkhäuser 2008.

Braun-Feldweg, Wilhelm: *Beiträge zur Formgebung.* Essen: Heyer 1960.
– *Industrial Design heute. Umwelt aus der Fabrik.* Hamburg: Rowohlt 1966.
– *Normen und Formen industrieller Produktion.* In: Edelmann, Klaus Thomas; Terstiege, Gerrit (Hg.): *Gestaltung denken. Grundlagentexte zu Design und Architektur.* Basel / Boston / Berlin: Birkhäuser 2010.

Bredies, Katharina: *Gebrauch als Design. Über eine unterschätzte Form der Gestaltung.* Bielefeld: transcript 2014.

Burckhardt, Lucius: *Design ist unsichtbar.* In: Höger, Hans (Hg.): *Design = unsichtbar.* Ostfildern: Cantz, 1995.
– *Wer plant die Planung? Architektur, Politik und Mensch.* Berlin: Martin Schmitz Verlag 2004.

Bürdek, Bernard E.: *Design. Geschichte, Theorie und Praxis der Produktgestaltung.* Basel / Boston / Berlin: Birkhäuser 2005.
– *Design – auf dem Weg zu einer Disziplin.* Hamburg: Verlag Dr. Kovač, Zugl. Diss. Univ. für Angewandte Kunst Wien, 2012.
– *Design-Theorie. Methodische und systematische Verfahren im Industrial Design.* Stuttgart: Selbstverlag, 1971.
– *Einführung in die Designmethodologie.* Hamburg: Red. Designtheorie, 1975.

Burkhardt, Francois; Franksen, Inez (Hg.): *Design. Dieter Rams.* Berlin: Gerhardt 1980.
– *Italienische Design-Avantgarde zwischen Realismus und Neomoderne.* In: Albus, Volker; Feith, Michael; Lecasta, Rouli; Schepers, Wolfgang; Schneider-Esleben, Claudia (Hg.): *Gefühlscollagen, Wohnen von Sinnen.* Köln: Dumont 1986, S. 59.

Crimp, Douglas: *Über die Ruinen des Museums.* Dresden: Verlag der Kunst Dresden 1996.

Cross, Nigel: *Designerly Ways of Knowing.* Basel [u. a.]: Birkhäuser 2007 (1982).

Deleuze, Gilles: *Differenz und Wiederholung.* Übers. von Joseph Vogl. München 2007 (1968 im frz. Original).

Dell, Christopher: *Die improvisierende Organisation. Management nach dem Ende der Planbarkeit.* Bielefeld: transcript Verlag 2012.
– *Prinzip Improvisation.* Köln: Walter König 2002.

Dewey, John: *Die Suche nach Gewissheit. Eine Untersuchung des Verhältnisses von Erkenntnis und Handeln.* Frankfurt am Main: Suhrkamp 2001.

Dorschel, Andreas: *Gestaltung. Zur Ästhetik des Brauchbaren.* Heidelberg: Winter 2003.

Dreyfus, Hubert L.: *Die Grenzen künstlicher Intelligenz. Was Computer nicht können.* Aus dem Amerikanischen von Robin Cackett. Königstein / Ts.: Athenäum 1985 (1972).

Düttmann, Alexander García: *Tief Oberflächlich.* In: Huber, Jörg; Meltzer, Burkhard; Munder, Heike; von Oppeln, Tido (Hg.): *It's Not a Garden Table. Kunst und Design im erweiterten Feld.* Zürich: Ringier 2011.

Eco, Umberto: *Das Offene Kunstwerk.* Frankfurt am Main: Suhrkamp 1973.

Eisele, Petra; Bürdek, Bernhard E. (Hg.): *Design, Anfang des 21. Jh. Diskurse und Perspektiven.* Ludwigsburg: AvEdition 2011.

Erlhoff, Michael; Marshall, Tim (Hg.): *Wörterbuch Design.* Basel: Birkhäuser 2008.

Erlhoff, Michael: *100 Tage in Kassel. Kunst und Design zur documenta 8. Mißverständnisse gegen Mißverstand.* In: form 118 II 1987.

Feyerabend, Paul: *Against Method. Outline of an Anarchistic Theory of Knowledge.* London: Verso 1993.

Fezer, Jesko: *A non-Sentimental Argument. Die Krisen des Design Methods Movement 1962-1972.* In: Gethmann, Daniel; Hauser, Susanne (Hg): *Kulturtechnik Entwerfen. Praktiken, Konzepte und Medien in Architektur und Design Science.* Bielefeld: transcript 2009.

Fischer, Volker: *Pop Histoire.* In: Albus, Volker; Feith, Michael; Lecasta, Rouli; Schepers, Wolfgang; Schneider-Esleben, Claudia (Hg.): *Gefühlscollagen. Wohnen von Sinnen.* Köln: Dumont 1986.

Foraita, Sabine: *Borderline. Das Verhältnis von Kunst und Design aus der Perspektive des Design.* Braunschweig: Hochsch. für Bildende Künste, Dissertation 2005.

Fox Keller, Evelyn: *Models of and Models for. Theory and Practice in Contemporary Biology.* In: *Philosophy of Science* 67 (Proceedings) 2000, S. 72–86.

Friebe, Holm; Ramge, Thomas: *Marke Eigenbau. Der Aufstand der Massen gegen die Massenproduktion.* Frankfurt am Main: Campus 2008.

Gershenfield, Neil: *FAB. The coming revolution on your desktop – from personal computers to personal fabrication.* New York: Basic Books 2004.

Grcic, Konstantin, Plank, BASF (Hg.): *Myto: A Cantilever Chair.* München [u.a] 2008.

Grima, Joseph: *A Brief History of Adhocracy.* In: *Adhocracy.* Katalog zur gleichnamigen Ausstellung, Istanbul 2012.

Groll, Sandra: *Das Design und seine Begriffe / The Words for Design.* In: form 256, August 2014.

Gronert, Siegfried (Hg.): *Form und Industrie. Wilhelm Braun-Feldweg.* Frankfurt am Main: Verlag form, 1998.
– *Design und Wissen. Erkenntnis, Modell, Projekt.* In: Mareis, Claudia; Windgätter, Christof (Hg.): *Long Lost Friends. Wechselbeziehungen zwischen Design-, Medien- und Wissenschaftsforschung.* Zürich / Berlin: Diaphanes 2013.

Gros, Jochen: *Möbel in »ÖKO-MODE«.* In: Albus, Volker; Feith, Michael; Lecasta, Rouli; Schepers, Wolfgang; Schneider-Esleben, Claudia (Hg.): *Gefühlscollagen, Wohnen von Sinnen.* Köln: Dumont 1986.

Haas, Norbert; Nägele, Rainer; Rheinberger, Hans-Jörg (Hg.): *Virtuosität*, Eggingen: Edition Isele 2007.

Haug, Wolfgang Fritz: *Kritik der Warenästhetik. Gefolgt von Warenästhetik im High-Tech-Kapitalismus.* Frankfurt am Main: Suhrkamp 2009.

Hauser, Susanne: *Verfahren des Überschreitens. Entwerfen als Kulturtechnik.* In: Ammon, Sabine; Froschauer, Eva Maria (Hg.): *Wissenschaft Entwerfen. Vom forschenden Entwerfen zur Entwurfsforschung der Architektur.* München: Fink 2013.

Häußling, Roger: *Zum Design(begriff) der Netzwerkgesellschaft. Design als zentrales Element der Identitätsformation in Netzwerken.* In: Fuhse, Jan; Mützel, Sophie (Hg.) *Relationale Soziologie. Zur kulturellen Wende der Netzwerkforschung.* Wiesbaden: VS Verlag 2010, S. 137–162.

Heidegger, Martin: *Sein und Zeit.* Tübingen: Klostermann 2006 (1927).

Hennessey, James; Papanek, Viktor: *Nomadic Furniture. How to build and where to buy lightweight furniture that folds, collapses, stacks, knocks down, inflates or can be thrown away and recycled. Being both a book of instruction and a catalog of access for easy moving.* New York: Pantheon 1973.

Huybrechts, Liesbeth (Hg.): *Participation is Risky. Approaches to Joint Creative Processes.* Amsterdam: Antennae 2014.

Janecke, Christian: *Zufall und Kunst. Analyse und Bedeutung.* Nürnberg: Verlag f. mod. Kunst 1995.

Jencks, Charles (Hg.); Silver, Nathan: *Adhocism. The Case For Improvisation. Expanded and updated edition. With a new foreword by Charles Jencks and a new afterword by Nathan Silver.* Cambridge: MIT Press 2013 (1. Aufl. 1972, London, Doubleday and Company).

Jencks, Charles: *Die Sprache der postmodernen Architektur.* Stuttgart: Deutsche Verlagsanstalt 1978.
– *Was ist Postmoderne?*, übers. von Kathrin Dobai. Zürich u. a.: Artemis 1990.

Jones, John Chris.: *Design Methods: Seeds of Human Futures.* New York: John Wiley & Sons Ltd. 1970.

Junge, Barbara; Scheiffele, Zane; Zwick, Carola u. a. (Hg.)*: The Digital Turn. Design in the Era of Interactive Technologies.* Berlin: eLab 2012.

Klatt, Jo; Braun, Artur: *Max Brauns Rasierer. Die Geschichte einer erfolgreichen Erfindung.* Limitierte Wiederauflage eines Privatdrucks von 1996, Königstein 2007.

Klatt, Jo; Staeffler, Günter (Hg): *Braun + Design Collection. 40 Jahre Braun Design – 1955 bis 1995.* Hamburg: Jo Klatt Design Verlag 1995.

Klemp, Klaus: *Dieter Rams im Kontext.* In: Lovell, Sophie: *Dieter Rams. So wenig Design wie möglich.* Hamburg: Edel Germany 2013, S. 380.
– *Dieter Rams. Frühe Arbeiten* und: *Entstehung des Braun Design.* In: ders.; Keiko Ueki-Polet (Hg): *Less and More. The Design Ethos of Dieter Rams.* Berlin: Gestalten 2009.

Kluge, Friedrich; Seebold, Elmar: *Kluge. Etymologisches Wörterbuch der deutschen Sprache.* Berlin / New York: De Gruyter 2002.

Knorr-Cetina, Karin: *Die Fabrikation von Erkenntnis. Zur Anthropologie der Naturwissenschaft.* Revidierte und erweiterte Fassung. Frankfurt am Main: Suhrkamp 2012 (Titel im engl. Orig.: *The Manufacture of Knowledge. An Essay on the Constructivist and Contextual Nature of Science.* Oxford: Pergamon Press 1981).

Krippendorff, Klaus: *The Semantic Turn. A new Foundation for Design.* Boca Raton / London / New York: Taylor and Francis Group 2006.

Kühn, Christian: *Erste Schritte zu einer Theorie des Ganzen. Christopher Alexander und die »Notes on the Synthesis of Form«.* In: Gethmann, Daniel; Hauser, Susanne (Hg.): *Kulturtechnik Entwerfen. Praktiken, Konzepte und Medien in Architektur und Design Science.* Bielefeld: transcript 2009.

Kuhn, Thomas S.: *Die Struktur wissenschaftlicher Revolutionen.* Frankfurt am Main: Suhrkamp 1973 (1962).

Landgraf, Edgar: *Improvisation as art. Conceptual challenges, historical perspectives.* New York: Continuum 2011.

Lang, Johannes: *Prozessästhetik. Eine ästhetische Erfahrungstheorie des ökologischen Designs.* Basel: Birkhäuser 2014.

Latour, Bruno; Woolgar, Steve: *Laboratory Life: The [social] Construction of Scientific Facts.* Princeton: University Press Group Ltd, 1986 (Nachdruck 2013).

Latour, Bruno: *Das Parlament der Dinge: Für eine Politische Ökologie.* Frankfurt am Main: Suhrkamp, 2010.
– *Der Berliner Schlüssel. Erkundungen eines Liebhabers der Wissenschaften,* Berlin: Akademie Verlag 1996.
– *Die Hoffnung der Pandora. Untersuchungen zur Wirklichkeit der Wissenschaft.* Frankfurt am Main, Suhrkamp 2002.
– *Ein vorsichtiger Prometheus? Einige Schritte hin zu einer Philosophie des Designs, unter besonderer Berücksichtigung von Peter Sloterdijk.* In: Jongen, Marc: van Tuinen, Sjoerd; Hemelsoet, Koenraad (Hg.): *Die Vermessung des Ungeheuren. Philosophie nach Peter Sloterdijk. Paderborn:* Fink 2009, S. 356–373.
– *Wir sind nie modern gewesen. Versuch einer symmetrischen Anthropologie.* Frankfurt am Main: Suhrkamp 2008.

Le Corbusier: *An die Studenten – die ‹Charte d'Athènes›.* Hamburg: Rowohlt 1962.

Lévi-Strauss, Claude: *Das Wilde Denken.* Frankfurt am Main: Suhrkamp 1977, S. 29–36.

Linke, Kai: *Ich Wars Nicht.* Unveröffentlichte Projektdokumentation der Diplomarbeit von 2009, einsehbar in der Bibliothek der Hochschule für Gestaltung Offenbach.

Loewy, Raymond: *Häßlichkeit verkauft sich schlecht. Die Erlebnisse des erfolgreichsten Formgestalters unserer Zeit.* Düsseldorf u. a.: Econ 1953.

Lovell, Sophie (Hg.): *Dieter Rams. So wenig Design wie möglich.* Hamburg: Edel Germany 2013.

Maldonado, Tomás; Bonsiepe, Gui: *Wissenschaft und Gestaltung.* In: Ulm, 10 / 11 1964.

Mareis, Claudia; Windgätter Christof (Hg.): *Long Lost Friends. Wechselbeziehungen zwischen Design-, Medien- und Wissenschaftsforschung,* Zürich / Berlin: Diaphanes 2013. Darin: *Eine multidisziplinäre Geschichte. Designforschung, Kreativitätstechniken und Methodenfragen.*
– *Design als Wissenskultur. Interferenzen zwischen Design- und Wissensdiskursen seit 1960.* Bielefeld: transcript 2011.
– *Experimente zu einer Theorie der Praxis. Historische Etappen der Designforschung in der Nachfolge des Bauhauses.* In: *kunsttexte.de,* Themenheft 1: *Kunst und Design,* G. Jain (Hg.), 2010, www.kunsttexte.de (letzter Zugriff 26.11.2012).
– *Theorien des Designs zur Einführung.* Hamburg: Junius 2014.
– *Wer gestaltet die Gestaltung? Zur ambivalenten Verfassung von partizipatorischem Design.* In: Mareis, Claudia; Held, Matthias; Joost, Gesche (Hg.): *Wer gestaltet die Gestaltung? Praxis, Theorie und Geschichte des partizipatorischen Designs.* Bielfeld: transcript 2013 (2).

McGuirck, Justin: *Designs for life won't make you a living.* URL: theguardian.com, abgerufen am 18. April 2011.

Moles, Abraham A.: *Die Krise des Funktionalismus.* In: Edelmann, Klaus Thomas; Terstiege, Gerrit (Hg.): *Gestaltung denken. Grundlagentexte zu Design und Architektur.* Basel / Boston / Berlin: Birkhäuser 2010 (1968).

Munari, Bruno: *Design as Art.* übers. von Patrick Creagh. London: Penguin 2008 (1970).

Parsons, Tim: *Thinking, Objects. Contemporary Approaches to Product Design.* Lausanne / Worthing: AVA Academia 2008.

Peters, Gary: *The Philosophy of Improvisation.* Chicago: University of Chicago Press 2009.

Polanyi, Michael; Sen, Amartya: *The Tacit Dimension.* Chicago / London: University of Chicago Press 2009 (1966).

Polster, Bernd: *Braun. 50 Jahre Produktinnovation.* Köln: DuMont 2005.

Popper, Karl R.: *Logik der Forschung.* Tübingen: Mohr 1994.

Prechtl, Peter: *Modell.* In: Prechtl, Peter und Burkhard, Franz-Peter: *Metzler Philosophie Lexikon. Begriffe und Definitionen.* Stuttgart, Weimar 1999.

Ramakers, Renny; Bakker, Gijs: *Droog Design. Spirit of the nineties.* Rotterdam: 010 Publishers 1998.

Rams, Dieter: *Weniger, aber besser = Less but better.* Hamburg: Jo Klatt Design Verlag 1995.

Rebentisch, Juliane: *Ästhetik der Installation.* Frankfurt am Main: Suhrkamp 2003.
– *Theorien der Gegenwartskunst zur Einführung.* Hamburg: Junius 2013.

Reinhardt, Thomas: *Claude Lévi-Strauss zur Einführung.* Hamburg: Junius 2008.

Rheinberger, Hans-Jörg: *Epistemologie des Konkreten. Studien zu einer Geschichte der modernen Biologie.* Frankfurt am Main: Suhrkamp 2006 (1).
– *Experiment, Forschung, Kunst.* Vortrag bei der Jahreskonferenz der Dramaturgischen Gesellschaft, Oldenburg, 26.–29. April 2012. Abgerufen am 28.03.2015 unter: http://www.dramaturgische-gesellschaft.de/assets/Uploads/ContentElements/Attachments/Hans-Joerg-Rheinberger-Experiment-Forschung-Kunst.pdf
– *Experimentalsysteme und epistemische Dinge. Eine Geschichte der Proteinbiosynthese im Reagenzglas.* Frankfurt am Main: Suhrkamp 2006 (2).
– *Experimentelle Virtuosität.* In: *Virtuosität.* Haas, Norbert; Nägele, Rainer; Rheinberger, Hans-Jörg (Hg.), Eggingen: Edition Isele, 2007 S. 13–28 (1).
– *Historische Epistemologie zur Einführung,* Hamburg: Junius 2007 (2).
– *Iterationen.* Berlin: Merve 2005.
– *Man weiss nicht genau, was man nicht weiss. Über die Kunst, das Unbekannte zu erforschen.* In: *Neue Zürcher Zeitung,* 5. Mai 2007.

Ribbeck, Eckhart: *Die informelle Moderne – spontanes Bauen in Mexiko-Stadt,* Graben-Neudorf: awf-verlag 2002.

Richard, Birgit; Ruhl, Alexander (Hg.): *Konsumguerilla: Widerstand gegen Massenkultur?* Frankfurt am Main: Campus 2008.

Rittel, Horst W. J.; Reuter, Wolf D. : *Planen, Entwerfen, Design. Ausgewählte Schriften zu Theorie und Methodik.* Stuttgart: Kohlhammer 1992.
– *Dilemmas in einer allgemeinen Theorie der Planung.* In: Edelmann, Klaus Thomas; Terstiege, Gerrit (Hg.): *Gestaltung denken. Grundlagentexte zu Design und Architektur.* Basel/Boston/Berlin: Birkhäuser 2010.

Schatzki, Theodore R.; Knorr-Cetina, Karin; von Savigny, Eike (Hg.): *The Practice Turn in Contemporary Theory.* London u. a.: Routledge 2006.

Schepers, Wolfgang: *Möbel zwischen Kunst und Design.* In: Albus, Volker; Feith, Michael; Lecasta, Rouli; Schepers, Wolfgang; Schneider-Esleben, Claudia (Hg.): *Gefühlscollagen, Wohnen von Sinnen.* Köln: Dumont 1986.

Schön, Donald A.: *The Reflective Practitioner. How Professionals Think in Action.* New York: Basic books 1983.

Schönwandt, Rudolf: *Wie arbeitet Dieter Rams und sein Team bei Braun?* In: Burkhardt, François; Franksen, Inez (Hg.): *Design. Dieter Rams.* Berlin: Gerhardt 1980.

Schregel, Susanne: *Gestaltung und ihre soziale Organisation. Schlaglichter auf die Geschichte der Partizipation in den USA und Westeuropa (1960–1980).* In: Mareis, Claudia; Held, Matthias, Joost, Gesche (Hg.): *Wer gestaltet die Gestaltung?: Praxis, Theorie und Geschichte des partizipatorischen Designs.* Bielefeld: transcript 2013.

Schwer, Thilo: *Produktsprachen. Design zwischen Unikat und Industrieprodukt.* Bielefeld: transcript 2014.

Sennett, Richard: *Handwerk*. Berlin: Berlin-Verlag 2009.

Simon, Herbert A.: *The Sciences of the Artificial.* Cambridge (Mass.): The Mit Press, 1996 (1969).

Spiegel 2 / 1985: *Neue Prächtigkeit.*

Spitz, René: *hfg ulm. der Blick hinter den Vordergrund. die politische Geschichte der Hochschule für Gestaltung 1953 – 1968.* Stuttgart [u. a.]: Edition Axel Menges, 2002.

Stefa, Elian: *Exercising Freedom.* In: *Adhocracy.* Katalog zur gleichnamigen Ausstellung, Istanbul 2012.

Steffen, Dagmar (Hg): *Design als Produktsprache. Der »Offenbacher Ansatz« in Theorie und Praxis. Mit Beiträgen von Bernhard E. Bürdek, Volker Fischer, Jochen Gros.* Frankfurt am Main: Verlag form theorie, 2000.

Stumpf, Axel: *Manifest des Kaufhaus des Ostens.* In: Borka, Max: *Nullpunkt. Nieuwe G e r m a n Gestaltung.* Bielefeld: Kerber 2009.

Sullivan, Louis H.: *The tall office building artistically considered.* In: Lippincott's monthly magazine, Philadelphia 1896.

Suri, Jane Fulton: *Thoughtless Acts? Observations on Intuitive Design.* San Francisco: Chronicle Books (CA), 2005.

Terstiege, Gerrit: *The making of design. Vom Modell zum fertigen Produkt.* Basel: Birkhäuser 2009.

Ullmann, Roland: *Programmgestaltung und Produktentwicklung am Beispiel eines elektrotechnischen Unternehmens.* Fa. Braun AG Kronberg, HfG Offenbach – Diplomarbeit 1975, S. 41. Die Arbeit ist einsehbar in der Bibliothek der Hochschule für Gestaltung Offenbach.

Virno, Paolo: *Grammatik Der Multitude. Untersuchungen zu gegenwärtigen Lebensformen.* Berlin: Id-Verlag 2005.

Von Oppeln, Tido: *Für einen Werkbegriff im Design.* In: Huber, Jörg; Meltzer, Burkhard; Munder, Heike; von Oppeln, Tido (Hg.): *It's Not a Garden Table. Kunst und Design im erweiterten Feld.* Zürich: Ringier 2011.

Warnier, Claire; Verbruggen, Dries; Ehmann, Sven; Klanten, Robert: *Printing Things. Visions and Essentials for 3D Printing.* Berlin: Gestalten 2014.

Weckherlin, Gernot: *Maschinelle Entwurfshilfen. Architekturmaschinen und wissenschaftliches Entwerfen. Entwurfspraktiken und -theorien Ende der sechziger Jahre.* In: Gethmann, Daniel; Hauser, Susanne (Hg.): *Kulturtechnik Entwerfen. Praktiken, Konzepte und Medien in Architektur und Design Science.* Bielefeld 2009.

Wellmer, Albrecht: *Zur Dialektik von Moderne und Postmoderne. Vernunftkritik nach Adorno.* Frankfurt am Main: Suhrkamp 1985.

Wendler, Reinhard: *Das Modell. Zwischen Kunst und Wissenschaft*, München: Fink 2013.

Yaneva, Albena: *Made by the Office for Metropolitan Architecture. An Ethnography of Design.* Rotterdam: 010 Publishers 2009.

Zancan, Roberto: *Moroso: 60 Years of Prototypes.* In: Domus 961 / September 2012.

Online

Boelen, Jan: *Curatorial Statement. 24. Design Biennale Ljubljana.* URL: http: // bio.si / en / about / (letzter Zugriff 10.11.2014).

3D-printing for beginners: A comprehensive introduction to 3D printing technology, 17.03.2014. URL: http: // 3dprintingforbeginners.com / 3d-printing-technology / (letzter Zugriff am 01.12.2014).

3D-printing, englische Wikipedia. URL: http://en.wikipedia.org/wiki/3D_printing (letzter Zugriff 21.03.2013).

Écal: *Hot Tools*, Video, 2012. URL: http://www.youtube.com/watch?v=lJx6cF-H__I (letzter Zugriff 29.03.2015).

Eisele, Petra: *Deutsches Design als Experiment. Theoretische und ästhetische Manifestationen seit den sechziger Jahren.* Berlin 2000, URL: *https://opus4.kobv.de/opus4-udk/files/2/eisele_petra.pdf* (letzter Zugriff: 01.04.2017).

Gmdownes: Milkrap. URL: http://www.instructables.com/id/MilkRap-Milk-Crate-*RepRap*/?ALL-STEPS (letzter Zugriff 01.12.2014).

Gros, Jochen: *Des-In.* URL: http://www.jochen-gros.de/A/*Des-In*.html (letzter Zugriff 29.03.2015).

Herkner, Sebastian: URL: http://www.sebastianherkner.com/ (letzter Zugriff 29.03.2015).

Landgraf, Edgar: *Improvisation: Paradigma moderner Kunstproduktion und Ereignis.* Edited by Alexander Schlutz und Thomas Hilger, 2003. http://parapluie.de/archiv/ improvisation/kunstproduktion/ (letzter Zugriff: 01.04.2017).

Lin Morris: URL: http://lin-morris.com/hot-tools-by-ecal/ (letzter Zugriff 29.03.2015).

Linke, Kai: URL: http://www.kailinke.com (letzter Zugriff 29.03.2015).

Macskyver: Development of a 3D Printed Part – Prusa Mendel Hair Dryer Heated Bed Mount. URL: www.instructables.com/id/Development-of-a-3D-Printed-Part-Pr/ (letzter Zugriff 01.12.2016).

Make-Magazine: URL: http://www. blog.makezine.org (letzter Zugriff 29.03.2015).

OhmEye: OhmEye's Introduction and Orientation for 3D Printing with the RepRap Prusa Mendel (23.04.2011) URL: https://www.youtube.com/watch?v=B3D56IpACME (letzter Zugriff 27.11.2014).

Rawsthorn, Alice : *Des-In*, http://maharam.com/stories/rawsthorn_*Des-In* (letzter Zugriff 29.05.2016).

RepRap-Hauptseite, englische Wikipedia: URL: http://*RepRap*.org/wiki/Main_Page (letzter Zugriff 27.02.2015).

RepRap.org: *Tantillus.* URL: http://*RepRap*.org/wiki/*RepRap*_Options abrufbar. (letzter Zugriff 27.11.2014).

Rjacobsson: Enclosure for 3d printer using Ikea box. URL: http//www.instructables.com/id/Enclosure-for-3d-printer-using-Ikea-box/ (letzter Zugriff 02.12.2014).

Rockhold, Benjamin; Nicoll, Griffin: *Pirated Cup Cake.* URL: http://*RepRap*.org/wiki/Pirated_CupCake (letzter Zugriff 29.03.2016).

Rowe Price, T.: *A brief history of 3D Printing.* URL: http://www.engineering.com/3DPrinting/3DPrintingArticles/ArticleID/6262/Infographic-The-History-of-3D-Printing.aspx (letzter Zugriff 27.02.2015).

Thingiverse: URL: http://www. thingiverse.com (letzter Zugriff 29.03.2015).

Vitra Design Museum: *Carlton-Regal.* URL: http://www.design.museum.de/de/sammlung/100-masterpieces/detailseite (letzter Zugriff 29.03.2015).

Wikipedia: *Rasierer.* URL: http://de.wikipedia.org/wiki/Rasierer (letzter Zugriff 30.10.2013).

Wikipedia: *RepRap Project.* URL: http://en.wikipedia.org/wiki/*RepRap*_Project (letzter Zugriff 29.03.2015).

Zancan, Roberto: *Moroso: 60 Years of Prototypes.* In: *Domus* 961/September 2012.

Abbildungen

Abb. 21: Grundriss der Braun-Designabteilung. Zeichnung, die als Geschenk für Dieter Rams von seinem Team erstellt wurde (1995). Quelle: MAK Frankfurt. Abdruck mit freundlicher Genehmigung von Klaus Klemp (MAK).

Abb. 22: ›Prinzipmodell‹ des beweglichen Scherkopfes mit Schräge, Roland Ullmann / Fa. Braun ca. 1989. Dieses Modell entstammt der Modellsammlung des MAK in Frankfurt. Foto: Annika Frye im Archiv des MAK Frankfurt 2013. Abdruck mit freundlicher Genehmigung von Klaus Klemp (MAK).

Abb. 23, 24, 25: Verschiedene Ansichten des Modells aus Abb. 9. Foto: Annika Frye im Archiv des MAK Frankfurt 2013. Abdruck mit freundlicher Genehmigung von Klaus Klemp (MAK).

Abb. 26: *Flex control 4515 universal,* Roland Ullmann / Fa. Braun 1990. Aus: Jo Klatt / Günter Staeffler: *Braun+Design Collection,* Hamburg: Jo Klatt Design Verlag 1995, S. 201. Abdruck mit freundlicher Genehmigung von Jo Klatt.

Abb. 27: Modell des *Flex control 4515 universal,* Roland Ullmann / Fa. Braun ca. 1988. Dieses Modell entstammt der Modellsammlung des MAK in Frankfurt. Foto: Annika Frye im Archiv des MAK Frankfurt 2013. Abdruck mit freundlicher Genehmigung von Klaus Klemp (MAK).

Abb. 28: Ansicht des Modells aus Abb. 9. Foto: Annika Frye im Archiv des MAK Frankfurt 2013. Abdruck mit freundlicher Genehmigung von Klaus Klemp (MAK).

Abb. 29: Zeichnung Roland Ullmanns auf der Fotografie des Modells aus Abb. 9, entstanden während des Gesprächs am 28.01.2014. Abdruck mit freundlicher Genehmigung von Klaus Klemp (MAK).

Abb. 30: Verschiedene Braun-Rasierer-Modelle aus dem Depot des MAK Frankfurt, ca 1955–1995. Fotografien und Collage: Annika Frye im Archiv des MAK Frankfurt. Abdruck mit freundlicher Genehmigung von Klaus Klemp (MAK).

Abb. 31: Schematische Darstellung eines Designprozesses in Anlehnung an die Modelle des *Design Methods Movement,* Annika Frye.

Abb. 32: Sich fortsetzender Prozess der Aushandlung einer Form anhand von Planung und Improvisation. Angelehnt an eine Zeichnung Bruno Latours in: *Die Büchse der Pandora. Untersuchungen zur Wirklichkeit der Wissenschaft.* Frankfurt am Main: Suhrkamp 2002, S. 85.

Abb. 33: *Früchteschale* für das *Kaufhaus des Ostens,* Axel Stumpf 1984. Aus: Volker Albus, Christian Borngräber (Hg.): Design Bilanz: *›Neues Deutsches Design‹ der 80er Jahre in Objekten, Bildern, Daten und Texten.* Köln: DuMont 1992, S. 41. Abdruck mit freundlicher Genehmigung von Volker Albus.

Abb. 34: *Consumer's Rest, Stiletto* 1983. Abdruck mit freundlicher Genehmigung von *Stiletto.*

Abb. 35: *Reifensofa, Des-In* 1975. Abdruck mit freundlicher Genehmigung von Jochen Gros.

Abb. 36: *Cut and Paste,* Kiki van Eijk 2010.

Abb. 37: *One More Time,* Kiki van Eijk 2011. Foto: Studio Kiki van Eijk, gefunden bei dezeen. http://static.dezeen.com/uploads/2011/06/dezeen_One-more-time-by-Kiki-van-Eijk-4.jpg (letzter Zugriff 12.02.2013).

Abb. 38: Schablone zur Produktion des Entwurfs *One More Time,* Kiki van Eijk 2011. Foto: Annika Frye, 27.10.2012, im Atelier der Designerin.

Abb. 39: *Ich War's Nicht,* Hocker, Kai Linke 2009. Foto: Klaus Wäldele. Abdruck mit freundlicher Genehmigung von Kai Linke.

Abb. 40: Flexible Gussform aus Filz, Kai Linke 2009. Aus: Kai Linke: *Ich Wars Nicht.* Unveröffentlichte Projektdokumentation der Diplomarbeit von 2009, einsehbar in der Bibliothek der Hochschule für Gestaltung Offenbach. Foto: Kai Linke. Abdruck mit freundlicher Genehmigung von Kai Linke.

Danksagung

Dieses Buch geht auf ein Promotionsprojekt zurück, das aus der hier vorliegenden theoretisch-wissenschaftlichen Auseinandersetzung und aus einer Reihe von angewandten Gestaltungsprojekten besteht. Es wurde über seine Längen und seine Erfolge hinweg von drei Betreuern aus ganz unterschiedlichen Bereichen begleitet. Ihrer Zusammenarbeit ist das Gelingen dieses Experiments einer Verschränkung von Theorie und Praxis zu verdanken. Juliane Rebentisch hat, von Seiten der Kunsttheorie, mir nicht nur Orientierung innerhalb einer Vielzahl von Phänomenen und Konzeptionen der Improvisation im Design geboten, sondern insbesondere den Schreibprozess auf sorgfältige und kritische Weise begleitet. Bernhard E. Bürdek verdanke ich entscheidende Hinweise zu Fragestellungen und Ideen in den Designwissenschaften und insbesondere zu den Besonderheiten des deutschen Designdiskurses. Peter Eckart hat mit mir als Gestalter über die Eigenlogik des Entwerfens diskutiert, ihm verdanke ich unerlässliche Einsichten zur Prozesshaftigkeit von Design. Er hat mich in meiner Entwurfs- und Ausstellungstätigkeit unterstützt.

Die Hochschule für Gestaltung Offenbach hat den Rahmen geboten, in dem eine solche Arbeit überhaupt angefertigt werden konnte. Die Mitglieder dieser Institution, deren Namen ich an dieser Stelle nicht sämtlich aufzählen kann, haben mit ihrer jeweiligen Expertise zum Gelingen des Projekts beigetragen, vor allem die am Promotionsprogramm beteiligten Professoren. Danken möchte ich auch den anderen Doktoranden aus dem Promotionsprogramm, besonders Sebastian Mühl, Ellen Wagner und Mathias Windelberg, die diesen Text vorab gelesen haben.

Eine Reihe weiterer Personen aus dem Designbetrieb haben diese Arbeit oder mit ihr verbundene Projekte unterstützt. Hier möchte ich insbesondere Oliver Vogt danken, der meine Arbeit in eine konzeptionelle Richtung lenkte. Des weiteren möchte ich Claudia Mareis für ihr kritisches Gespür hinsichtlich thematischer Zusammenhänge danken. Sebastian Herkner und Roland Ullmann haben mir in Interviews Einblicke in Ihre Arbeit gegeben, ihrer Mitwirkung verdanke ich, dass meine Arbeit immer auch verbunden war mit dem Alltag des Entwerfens. Klaus Klemp hat mir Zugang zu wertvollen Archivmaterialien im MAK Frankfurt verschafft. Schließlich möchte ich auch Matylda Krzykowski danken, die mir nicht nur die Teilnahme an Ausstellungen und Diskussionen ermöglichte, sondern mit mir seither einen regen Diskurs um das Verhältnis von Theorie und Praxis führt.

Dieses Buch ist meinen Eltern Guido und Jutta gewidmet.

Architektur und Design

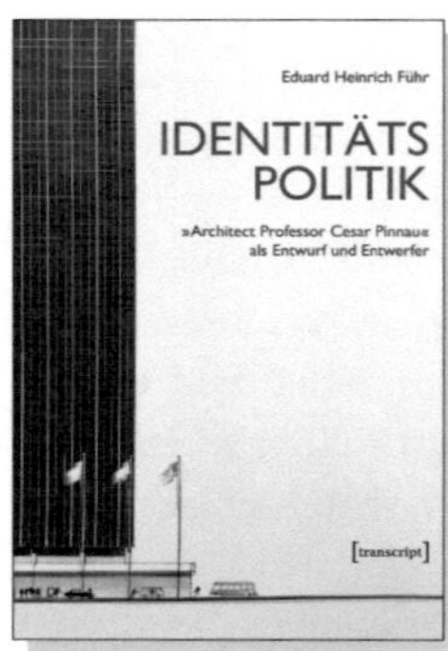

Eduard Heinrich Führ
Identitätspolitik
»Architect Professor Cesar Pinnau« als Entwurf und Entwerfer

September 2016, 212 S., kart., 24,99 € (DE),
ISBN 978-3-8376-3696-3
E-Book: 21,99 € (DE), ISBN 978-3-8394-3696-7

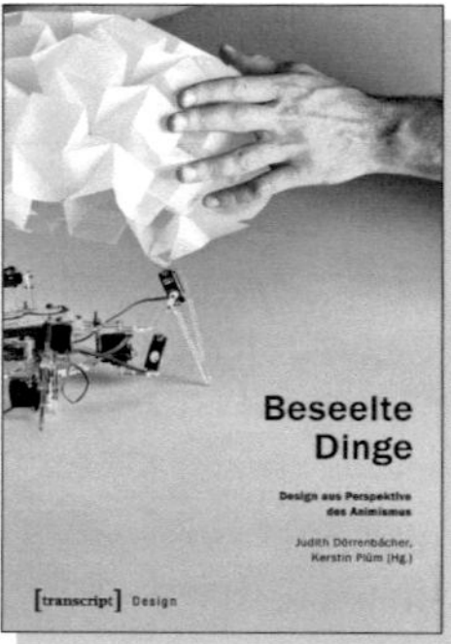

Judith Dörrenbächer, Kerstin Plüm (Hg.)
Beseelte Dinge
Design aus Perspektive des Animismus

September 2016, 168 S., kart., z.T. farb. Abb., 29,99 € (DE),
ISBN 978-3-8376-3558-4
E-Book: 26,99 € (DE), ISBN 978-3-8394-3558-8

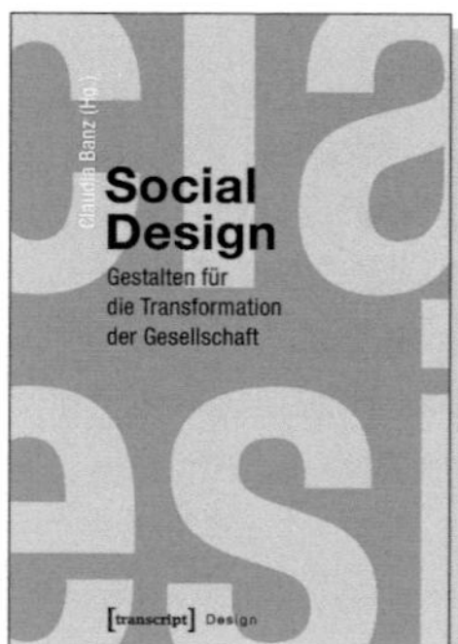

Claudia Banz (Hg.)
Social Design
Gestalten für die Transformation der Gesellschaft

August 2016, 200 S., kart., zahlr. Abb., 29,99 € (DE),
ISBN 978-3-8376-3068-8
E-Book: 26,99 € (DE), ISBN 978-3-8394-3068-2

Leseproben, weitere Informationen und Bestellmöglichkeiten finden Sie unter www.transcript-verlag.de

Architektur und Design

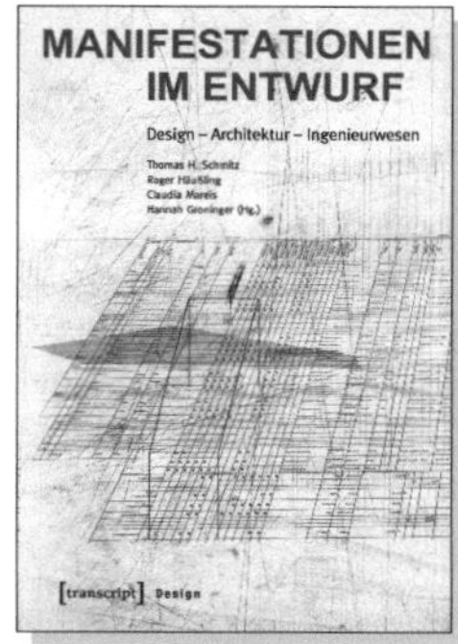

Thomas H. Schmitz, Roger Häußling, Claudia Mareis, Hannah Groninger (Hg.)
Manifestationen im Entwurf
Design – Architektur – Ingenieurwesen

Mai 2016, 388 S., kart., zahlr. z.T. farb. Abb., 29,99 € (DE),
ISBN 978-3-8376-3160-9
E-Book: 26,99 € (DE), ISBN 978-3-8394-3160-3

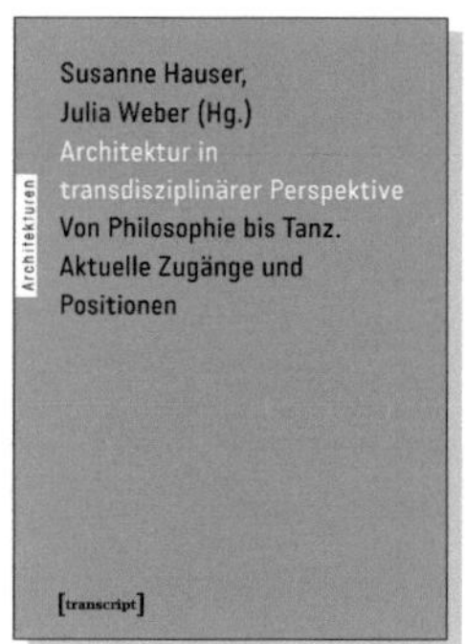

Susanne Hauser, Julia Weber (Hg.)
Architektur in transdisziplinärer Perspektive
Von Philosophie bis Tanz.
Aktuelle Zugänge und Positionen

2015, 402 S., kart., zahlr. Abb., 34,99 € (DE),
ISBN 978-3-8376-2675-9
E-Book: 34,99 € (DE), ISBN 978-3-8394-2675-3

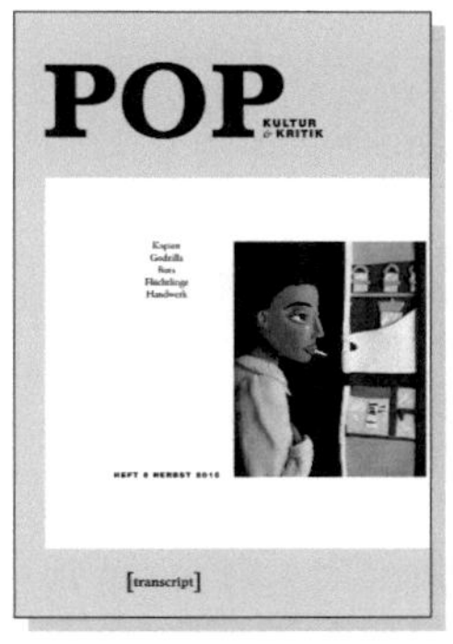

Thomas Hecken, Moritz Baßler, Robin Curtis, Heinz Drügh, Nadja Geer, Mascha Jacobs, Nicolas Pethes, Katja Sabisch (Hg.)
POP
Kultur & Kritik (Jg. 5, 2/2016)

September 2016, 176 S., kart., zahlr. Abb., 16,80 € (DE),
ISBN 978-3-8376-3566-9
E-Book: 16,80 € (DE), ISBN 978-3-8394-3566-3

Leseproben, weitere Informationen und Bestellmöglichkeiten finden Sie unter www.transcript-verlag.de